对

锻│造│世│界│一│流│企│业│基│石

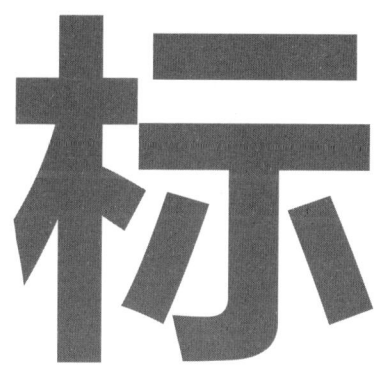

标

徐晓冬

等著

中央党校出版集团·国家行政管理出版社

图书在版编目（CIP）数据

对标：锻造世界一流企业基石 / 徐晓冬等著. —
北京：国家行政管理出版社，2021.3（2021.10重印）
ISBN 978-7-5150-2440-0

Ⅰ. ①对… Ⅱ. ①徐… Ⅲ. ①国有企业–企业管理–
研究–中国 Ⅳ. ①F279.241

中国版本图书馆 CIP 数据核字（2021）第 037522 号

书　　名	对标：锻造世界一流企业基石	
	DUIBIAO：DUANZAO SHIJIE YILIU QIYE JISHI	
作　　者	徐晓冬　等著	
责任编辑	陈　科　陆　夏	
出版发行	国家行政管理出版社	
	（北京市海淀区长春桥路6号　　100089）	
综 合 办	（010）68928903	
发 行 部	（010）68922366　68928870	
经　　销	新华书店	
印　　刷	北京盛通印刷股份有限公司	
版　　次	2021年3月北京第1版	
印　　次	2021年10月北京第2次印刷	
开　　本	170毫米×240毫米　16开	
印　　张	24.25	
字　　数	397千字	
定　　价	78.00元	

本书如有印装问题，可联系调换，联系电话：（010）68929022

序

习近平总书记在党的十九大报告中指出，要"推动国有资本做强做优做大"，"培育具有全球竞争力的世界一流企业"。2020 年 7 月 21 日，习近平总书记在企业家座谈会上指出，"企业家要立足中国，放眼世界"。这些重要论述为中国企业深化开放合作、对标世界一流、提升管理水平，乃至服务中华民族伟大复兴提供了根本遵循。面对当今世界百年未有之大变局，面对复杂、动态、突变、激烈的大国竞争，中国企业要对标学习世界一流，才能拥有大智慧、大视野、大情怀，才能在夯实企业管理协同基础上，在更高维度"见自己、见天地、见众生"，锻造组织协同治理基石，培养一大批价值善、战略准、制度好的世界一流伟大企业。

作为央企智库联盟副理事长，中国国际技术智力合作集团有限公司（以下简称"中智集团"）党委委员、副总经理，徐晓冬同志继 2019 年出版企业协同治理研究专著《基石：伟大企业的协同哲学》一书之后，推出新作《对标：锻造世界一流企业基石》。此书恰出版于国务院国资委部署中央及地方国有企业开展对标世界一流管理提升行动之际，很好地契合了当下众多企业的对标实际需求，可谓"生"逢其时。在国资委的指导下，中智集团下属的中智大学、中智培训中心具体承办"对标台塑等世界一流企业"研修活动，十多年来有近 3000 名中央企业管理者参加，为锻造企业治理基石作出贡献。徐晓冬同志带领中智大学团队在总结国企治理改革方面孜孜不倦、潜心研究，他们对企业组织协同治理体系的深刻洞悉和对国企改革发展趋势的敏锐把握，必将为改革三年行动计划、对标世界一流企业提供智力支持。

国有企业作为中国特色社会主义的重要物质基础和政治基础，是党执政兴国的重要支柱和依靠力量，必须全面增强国有经济竞争力、创新力、控制力、影响力、抗风险能力，努力在培育世界一流企业方面走在前列。

改革开放四十多年来，特别是党的十八大以来，我国国企改革发展取得了举世瞩目的成就，国企整体实力不断增强，管理运行机制日趋完善，布局结构不断优化，运行质量显著提高，先后涌现出一批在国际上具有一定竞争力的骨干企业，为推动我国经济社会发展作出了重要贡献。据 2020 年《财富》世界 500 强排行榜，中国大陆企业上榜数量达到 124 家，首次超越美国（121 家），实现了历史性跨越；在上榜的中国企业中，国企数量达到 92 家，集中彰显了国有企业举足轻重的市场地位。但是对标世界一流企业，我们也清醒地认识到，我国企业还普遍存在大而不强、大而不优、企业治理体系和治理能力不够健全和完善、管理短板仍然突出等不足，亟须攻克和跨越。

为此，国务院国资委着眼提升企业核心竞争力，落实国企改革三年行动部署安排，加快培育世界一流企业，全面启动了对标世界一流管理提升行动，要求中央及地方国有企业围绕战略、组织、运营、财务、科技、风险、人力资源、信息化等八大管理领域，强化精准对标和管理能力建设，尽快补齐短板和弱项，努力形成系统完备、科学规范、运行高效的现代国有企业治理体系。在此背景下，如何科学选准对标企业，并有针对性地加强标杆学习、开展精准对标，就显得尤为重要。

《对标：锻造世界一流企业基石》一书致力于为各类企业提供全球视野下可参考、可借鉴、可复制的先进标杆管理经验，创新运用徐晓冬同志独创的组织治理 10S 协同模型，从企业协同发展的"三重修炼"与"六维底层"逻辑出发，科学精选并全景式剖析了摩根大通、高盛、华为、台塑、丰田、亚马逊、微软、德科、ADP、万宝盛华等 21 家世界一流企业的成功经验，深刻揭示了这些一流企业成功背后的管理秘诀和治理逻辑，特别是在组织协同治理方面共通的经验，在对标世界一流案例研究上作出了积极尝试，实现了理论与实践相融合、过程改善与组织绩效相统一的突破，可为国企对标行动的高质量开展和管理提升提供有益借鉴，也必将有助于企业更好地找准赛道、明确目标、对标提升，努力锻造世界一流企业的稳固基石。

《对标：锻造世界一流企业基石》一书内容的针对性、聚焦性和指导性都很强，对中国企业对标一流找差距、补短板、强弱项、促提升都具有重要的借鉴意义。可以预见，在未来的全球商业竞争中，中国一定能在对标先进中不断精进，在管理提升中实现新的跃升，一定会有越来越多的国有企业迈入世界一流企业方阵，为实现中华民族伟大复兴的"中国梦"作出新的更大贡献！

是为序。

中国中信集团有限公司原董事长

中信改革发展研究基金会理事长

2021 年 1 月于北京

目 录

导言 / 001

    从华为对标的故事讲起 / 001

    我们处在一个对标提升的伟大时代 / 006

    本书的内容体系 / 010

上篇   理论研究：夯实世界一流企业的组织基石与
            组织治理 10S 协同模型 / 015

第一章   认识自己：迈向世界一流企业需要回答的三个问题 / 016

    能够基业长青的标杆企业多吗 / 016

    做不到基业长青的企业，其结果是什么 / 017

    什么样的企业是可以持续适应复杂状况的健康的企业 / 017

第二章   要去哪里：夯实世界一流企业的组织基石 / 020

    我们在哪里 / 020

    世界一流企业的普遍挑战 / 022

    我们与世界一流企业的差距 / 022

    成为世界一流企业任重道远 / 027

第三章   新的框架与底层逻辑：组织治理 10S 协同模型 / 030

    组织生命力规律 / 030

标杆基石：三维协同的三重修炼 / 035

组织生命力模型：组织治理 10S 协同模型 / 045

标杆基石的基本功修炼：组织心智模式转变 / 047

对标提升行动与组织治理 10S 协同模型的分析框架 / 056

中篇　案例研究：世界一流标杆企业的协同基石 / 061

第四章　丰田：无法复制的成功模式 / 063

全球市值最高的汽车公司——丰田 / 063

价值引擎——文化价值观 / 064

战略引擎——田青久的四大全新战略 / 067

协同的基础：人事组织 / 071

标杆组织的协同基石总结 / 075

第五章　台塑：筚路蓝缕，聚沙成塔 / 076

三个立足点：共同价值 / 首要目标、战略 / 战略决策、制度 / 模式 / 076

融入血脉的企业文化，造就目标一致的共同价值 / 首要目标 / 077

脚踏实地的战略定位，布局产业链，合理化的成本管控 / 079

合理化的制度 / 模式打造台塑坚实的执行力 / 086

标杆组织的协同基石总结 / 089

第六章　友嘉：协同整合打造全球产业链 / 091

友嘉概况 / 091

文化整合：不碰文化，不派人 / 092

经营战略：国际化经营，产业链整合，智能化布局 / 095

整合资源提升优势，实现卓越运营 / 099

标杆组织的协同基石总结 / 101

第七章　吉利：自主品牌第一的进化之道 / 102

吉利是谁 / 102

共同价值 / 首要目标的建立助力吉利快速发展 / 103

战略 / 战略决策对吉利发展的重要影响 / 107

良好的制度 / 模式为企业发展保驾护航 / 111

标杆组织的协同基石总结 / 114

目 录

第八章　万华化学：协同创新造就发展传奇 / 116

自主创新是企业核心竞争力 / 116

强烈的企业使命感，重视创新和人才 / 119

基于创新的发展战略，拓展上下游产业链 / 121

协同治理结构和模式 / 124

标杆组织的协同基石总结 / 126

第九章　微软：重新发现商业与未来 / 128

刷新：微软的重生之路 / 128

战略是一种判断未来的思维方式 / 130

制度 / 模式就是你的思维认知 / 132

你的文化决定了你能走多远 / 134

标杆组织的协同基石总结 / 138

第十章　苹果公司：生来多彩，引领全球科技潮流 / 142

问鼎全球市值的高科技公司 / 142

共同价值 / 首要目标：追求极致，坚守匠心，铸就卓尔不群的经典 / 148

战略 / 战略决策：赋能创新，互利共赢，擘画勇立潮头的蓝图 / 152

制度 / 模式：因势利导，敢于变革，探索引领发展的路径 / 154

标杆组织的协同基石总结 / 156

第十一章　亚马逊：最有战略头脑的科技公司 / 157

亚马逊概况 / 157

组织治理 10S 协同模型对亚马逊的导入与分析 / 160

标杆组织的协同基石总结 / 167

第十二章　华为：以客户为中心，以奋斗者为本 / 170

中国的华为走向世界 / 170

协同哲学：均衡的发展模式 / 170

价值引擎：以客户为中心，以奋斗者为本 / 171

战略引擎：以满足客户需求支撑企业战略落地 / 172

制度引擎："狼性文化"的内核，目标导向，杜绝借口 / 177

标杆组织的协同基石总结 / 179

第十三章　阿里巴巴：21 世纪全球移动互联商城的缔造者与主宰者 / 180

阿里巴巴概况 / 180

价值引擎：让天下没有难做的生意 / 181

竞争引擎：产品创新、商业模式创新、营销创新 / 187

增长引擎：赋能平台 / 190

标杆组织的协同基石总结 / 192

第十四章　腾讯：一只"帝企鹅"的帝国组建之路 / 194

腾讯概况 / 194

腾讯的共同价值 / 首要目标 / 196

腾讯的战略 / 战略决策 / 198

腾讯的制度 / 模式 / 199

标杆组织的协同基石总结 / 205

第十五章　海康威视：视频安全行业领先者的崛起之路 / 206

海康威视概况 / 206

科技创新是海康人的共同目标 / 208

高瞻远瞩的战略眼光 / 214

资本市场助力腾飞，股权激励分享成功 / 215

标杆组织的协同基石总结 / 221

第十六章　中国平安：在"金融＋科技"协同战略下重新起航的

世界级金融巨头 / 223

中国平安概况 / 223

共同价值 / 首要目标："狼性文化"标签下的精神内核 / 227

战略 / 战略决策：运筹帷幄之中，决胜千里之外 / 232

制度 / 模式：没有最好的，只有最适合的 / 235

标杆组织的协同基石总结 / 238

第十七章　摩根大通：银行业屹立不倒的常青树 / 240

传奇帝国的千禧新生：摩根大通与摩根财团 / 240

共同价值 / 首要目标：做正确的事，让客户、员工、股东和社会为之

骄傲 / 244

战略 / 战略决策：负责任的银行，坚守财务堡垒 / 245

制度／模式：并购重组、公司治理、风险控制、科技创新 ／ 246

标杆组织的协同基石总结 ／ 252

第十八章　高盛：合伙人战略机制协同助力基业长青 ／ 254

初识高盛 ／ 254

高度统一的共同价值／首要目标 ／ 256

坚不可摧的战略／战略决策 ／ 257

合理严密的制度／模式 ／ 264

标杆组织的协同基石总结 ／ 267

第十九章　日航：春风吹又生背后的真谛 ／ 269

破产危机时的日航 ／ 269

日航与稻田和夫 ／ 270

日航的经营战略 ／ 274

日航持续稳定的制度／模式 ／ 279

标杆组织的协同基石总结 ／ 281

第二十章　德科：人力资源行业领跑者的雄心 ／ 282

坐稳行业头把交椅，背后是永不止步的雄心 ／ 282

从组织治理 10S 协同模型看德科的全球扩张战略和业务发展 ／ 284

外企德科：德科拓展中国市场的重要路径之一 ／ 288

标杆组织的协同基石总结 ／ 290

第二十一章　ADP：探索全球高市值人力资源公司的生财之道 ／ 291

一家和钱直接相关的公司：市值高的人力资源公司

何止是赚钱多 ／ 291

ADP 的商业画布与组织治理 10S 协同模型 ／ 292

标杆组织的协同基石总结 ／ 296

第二十二章　瑞可利：日本巨头的全球经济版图 ／ 297

瑞可利概况 ／ 297

瑞可利的生态圈战略 ／ 300

瑞可利的扩张路径 ／ 303

踏准时代的节拍 ／ 307

标杆组织的协同基石总结 ／ 308

第二十三章　威孚："野蛮生长"的印度之花 / 310

印度是外包服务发展的沃土 / 310

签证外包行业一枝独秀的威孚 / 313

威孚的"10S"内部管理之道 / 317

标杆组织的协同基石总结 / 325

第二十四章　联合健康：美国最大商业保险公司的崛起 / 326

获得组织生命力的联合健康 / 326

回馈社会，价值引擎 / 327

管理式医疗保险模式引领发展 / 328

标杆组织的协同基石总结 / 331

下篇　方案研究：631 对标框架与行动方案 / 333

第二十五章　631 对标框架 / 334

631 对标框架是什么 / 334

对标提升行动目标的实现路径 / 336

631 对标框架的特点与创新 / 339

第二十六章　631 行动方案 / 344

精准对标 / 345

跟谁对：做好标杆池建设 / 345

对什么：着眼于八大重点任务 / 346

怎么对：631 行动方案的设计思路 / 350

共创工坊的设计和应用 / 352

共创工坊的实施要点 / 359

人才保障核心：协同教练的培养 / 362

631 行动方案的体系建设 / 366

参考文献 / 369

后记 / 374

导　言

我们真的确定知道"我是谁"吗？

我们真的确定知道"去哪里"吗？

我们真的确定知道"怎么去"吗？

从华为对标的故事讲起

有这么一家科技公司，销售收入已达89亿元，在业绩迅速增长的同时，组织的管理机制问题却愈加严重。公司各类机制犹如乱麻：没有跨部门的结构化流程，各部门山头林立，沟通基本靠"吼"，跨部门流程靠人工，运作过程被割裂，"部门墙"高耸，各自为政，内耗极其严重；缺乏客户关注，对客户需求的把握不准确，资源浪费严重，反复做无用功，成本居高不下；技术人员专业技能不足，作业不规范；项目计划效率极低，实施混乱，缺少变更控制，版本泛滥，一个产品版号超过1 000个；人事臃肿，管理缺位，其严重程度，从一个小产品研发主管一个月打了6 000元电话费上就可见一斑。

如果你是这家企业的CEO，你会怎么做？

这家公司就是1998年前后的华为。1987年，华为在深圳的一间破旧民房里成立，只能做"二道贩子"求活路，几乎没有任何技术基因；1992年，华为销售收入突破 1 亿元；1993 年，任正非在年终总结会上哽咽着说"我们活下来了"。

1998 年，任正非提出，华为要站在巨人的肩膀上，在世界发达国家先进公司已经走过的成功经验、失败教训的基础上前进。

在营业收入十分有限的情况下，任正非依然坚持每年投入超过销售收入 10% 的资金用于研发。但是，由于缺乏 IT 工具和研发管理方法，华为的研发仍然存在产品质量不佳、进度延迟及重复开发等问题。

这不是华为第一次学习西方的先进技术和管理经验。1995 年，华为已经发现管理机制中存在这些问题，不惜投入上千万元，从美国和德国引进了两套当时非常先进的管理系统。而且，华为为此做了大量准备，聘请专业咨询顾问为该项目保驾护航。同时，华为员工也积极提出了修改意见，包括各种各样的改进方法和优化意见等。如此大的"折腾"，结果却是一团糟。

追求优秀的步伐难道就会因此停止吗？不。就在 1997 年 12 月，美国圣诞节的前一周，任正非实地考察了 3 家世界级企业：休斯、朗讯和惠普。之后，他又把目光投向国际商业机器公司（IBM）这家划时代的美国企业。其实，无论是之前的 3 家公司，还是 IBM，考察的目的都是对标。

考察过程中，IBM 的情况让任正非开始真正思索对标蓝色巨人进行自我变革的可能性。在交流现场，时任 IBM 总裁郭士纳出席了会议。两家体量完全不同的公司，在友好的气氛中进行了交流。在听完 IBM 的介绍后，任正非作出了一个关系华为命运的决定：对标 IBM。他深刻地认识到，管理是制约华为全球化的最大瓶颈，而从小作坊公司转型为像 IBM 这样具备全球影响力的跨国公司，必须结合华为的客观实际，向有丰富经验的 IBM 学习。

华为向面前的世界级老师表达了拜师之心。这绝非因为 IBM 当时的规模和拥有的技术和知识资产，任正非更看重 IBM 从小作坊成长为世界一流企业的自我变革的力量。而这个力量展示的过程，被郭士纳形象地归纳成"谁说大象不能跳舞"。不经历失败，就难以下决心。历史是如此惊人的相似，当年的 IBM 由于长期处于"胜利"状态，机构臃肿、官僚主义盛行，以至于当个人电脑和网络技术兴起时，反应迟钝的 IBM 没能及时抓住转型机遇，使其赖以生存的大型机市场遭到毁灭性打击。1992 年，IBM 遭遇有史以来最严峻的财政困难：销售收入停止增长，利润急剧下降，亏损高达 160 亿美元，濒临破产，被美国媒体痛心地描述为"一只脚已经迈进了坟墓"。1993年初，首位非IBM内部晋升的CEO郭士纳临危受命。他认真研究分析了IBM失败的原因之后，以强硬的手段废除了臃肿、庞大的"对人不对事"的官僚体制，建立了以绩效和流程标准为主导的决策机制；废除IBM已经僵化、落伍的企业文化，建立了以客户为导向的企业文化。同时，针对IBM技术强大但反应迟钝的顽疾，郭士纳大胆采用了IPD（集成产品开发）的研发管理模式，从流程重整和产品重整两个方面缩短了产品上市时间并提高了产品利润，促使IBM完成了由技术驱动向市场驱动的商业模式的转型。历时5年励精图治的变革，在付出了80多亿美元行政费用并裁减了15万名员工的沉痛代价之后，IBM终于起死回生。1997年其股票市值增长了4倍，销售额达750亿美元，郭士纳创造了IBM辉煌的业绩并书写了现代企业神话。

华为要像IBM一样强大，那么不但任正非要如郭士纳般成为自我变革的领袖，而且华为从上到下都要真正放弃过去小作坊式成长带来"沾沾自喜"的所谓"骄傲"经验，要不惜一切代价取得真经，练成属于华为的"易筋经"。

任正非已经明确，这条最艰难、最痛苦的路是华为成为世界一流企业的必经之路，也唯有如此，华为才能逐步走向规范化和国际化。企业缩小规模，就会失去竞争力；扩大规模不能有效管理，就会面临死亡，只有加强管理与服务，在这条不归路上，才有生存的希望。任正非认为，华为只有认真向这些大公司学习，才会使自己少走弯路、少交学费。IBM的经验是其付出数十亿美元直接代价总结出来的，他们经历的痛苦是人类的宝贵财富。

与IBM的这场对标，费用高达20亿元，几乎相当于华为一年多的利润。对标的风险巨大，对当时的华为来说，这一步迈出去，不成功便成仁。

改革方案确定后，任正非加速推动《华为基本法》出台，并在向外界宣布华为将成为世界一流的设备供应商之后，于1998年8月10日召开了由上百位副总裁和总监级干部参加的管理会议，宣布华为与IBM合作的"IT策略与规划"项目正式启动，内容包括华为未来3～5年向世界级企业发展所需开展的IPD（集成产品开发）、ISC（集成供应链）、IT系统重整、财务四统一等8个管理变革项目。会上，任正非宣布了以孙亚芳为总指挥、郭平任为副组长的变革领导小组的成员名单，同时宣布了从研发、市场、生产、财务等部门抽调经验丰富的300

多名业务骨干组成管理工程部的干部任命，全力以赴配合 IBM 顾问的各项工作。1998 年华为尚在位于深圳南山区科发路的科技园办公。会后，任正非亲自指示，在非常拥挤的华为总部腾出很多临海的房间，按照 IBM 风格进行布置并购买了新的办公家具，让顾问来到华为后感觉仍然在 IBM，使其宾至如归。1998 年 8月，随着第一期 50 多名 IBM 顾问进驻华为，一场旷日持久的全面学习 IBM 的管理变革运动，徐徐拉开序幕。

锻造组织基石是"一把手"工程。华为之后一幕又一幕的变革大剧，不忘初心，牢记使命；刀口向内，刮骨疗毒。文化价值、战略选择、制度磨合过程中的矛盾、斗争、冲突，没少让"一把手"任正非拍桌子、发脾气、动"手术"、开"药方"。一次又一次的力推、重压、拍板，组织才能支撑如此大的变革，这是脱胎换骨般的涅槃重生。

真正的企业家，总是懂得轻重，知道如何取舍，明白价值的核心在哪里。在华为对标 IBM 的过程中，任正非的企业家精神发挥了核心作用，他"危机意识＋高瞻远瞩"地将 IPD 项目引入战略决策，以创新精神推动了信息化项目的采纳、推进。正是在任正非的推动下，华为在自我变革中实现了对标带来的模仿性创新，构建了协同匹配的商业组织，使华为获得了超越个人能力的组织生命力。

2019 年《财富》杂志公布的世界 500 强排行榜中，华为排名第 61，而根据 2020 年 8 月 21 日的数据，华为的排名更是跃升到第 49。华为成为一家拥有世界级产品质量的标杆企业。从一家不起眼的小公司，在深圳销售进口模拟交换机，成长为一个全球运营的创新型信息与通信技术解决方案供应商，十多年的持续性建设和多维度协同的组织治理体系，是华为能够成为比肩世界级企业的核心保障。

华为把每年的销售收入以一个固定比例的资金投入组织的体系建设中。而我们都知道，建设组织体系是一个十分漫长的过程。这项工作在短期内难以看到成效，企业必须日复一日、年复一年地坚定信念，并坚韧地努力，才可能成功实现战略目标。

对标 IBM 的华为，取到了"真经"，真正夯实了在价值、战略和制度上的高度协同的基础。可以说，华为之所以能有今天的成绩，是因为它在对标管理中并非简单复制世界一流企业的流程体系，而是基于对标的变革机遇，创新性地打造出了基于自身的强大的组织治理体系，并不断发展、完善使组织保持活力的协同能力。

这个协同能力就是组织持续不断的生命力。

这个协同能力来自组织内部与外部的自动匹配与协同，是企业在价值、战略和制度三个维度上的终极协同。

组织生命力的建设是需要巨大的资源全方位投入持续协同体系的建设，需要商业领袖发挥卓越的企业家精神，突破变革障碍，促使对标成果实施落地。

华为对标 IBM 告诉我们：对标提升行动的实质是打造真正领军世界的一流企业，成为真正标杆企业。

我所在的企业与团队也在十多年前就践行着对标。

自 2009 年以来，中智集团承办的"台塑'合理化'管理理论与实践研讨班"项目持续开展，国资委管理的近三分之一中央企业，以对标一流企业管理提升为目标，对台塑"合理化"管理的协同模式有了较为全面系统的了解，并持续开展了形式多样的对标研讨。目前，中智集团已陆续组织中央企业的近 3 000 名管理者赴台参与研讨交流，对标行业由最初的石化行业，逐步拓展到机械制造、矿业煤炭、能源电力、电子通信、科研设计、交通运输、建筑业和服务业等十余个行业。

在研讨交流的模块设计上，中智集团以台塑"合理化"管理理念为基础，以台塑六大管理机能和特色管理为核心内容，构建研讨交流体系，同时以多家卓越企业精益管理经验为案例进行研讨。对于央企普遍反映的"管用、实用"的内容，比如财务、成本、投资、采购、精益生产等经营管理中的重点领域和关键环节，以专题的方式进行研讨。

"台塑'合理化'管理理论与实践研讨班"项目的持续开展，对强化中央企业管理提升，对标世界一流企业，加强基础管理、制度建设、成本管控和信息化建设等方面均起到了积极有效的推动作用。不仅积极推动了中央企业对标世界一流，也有效协助了中央企业夯实管理基础，深化改革，做优做强。

我们处在一个对标提升的伟大时代

> 一个组织赖以生存的基本的经营哲学、价值观念以及基本动力对组织成就产生的影响，比起技术、经济资源、组织架构、创新以及时间等因素对组织成就产生的影响要大得多，这些东西决定着组织的成与败。但是，它们发挥的作用大小取决于组织成员能够在多大程度上信仰这些东西、继承这些东西，并且坚贞不渝地实践这些东西。
>
> ——IBM 前董事局主席 沃特

我们已经步入 21 世纪的第三个十年，受新冠肺炎疫情和单边主义、贸易保护主义抬头等多因素影响，全球经济陷入衰退，很多国家忙于疫情防控，无力复工复产，或急于复工复产却又导致疫情恶化。当前世界经济增长乏力，未来还将面临更多复杂的局面，如何有效释放发展潜力，是世界各国需要解决的重大问题。

在如此严峻的形势下，国际货币基金组织预测 2020 年中国经济将保持 1% 的增长，是全球主要经济体中唯一一个正增长的国家；世界银行预测中国经济 2020 年增长 1.6%；经济合作与发展组织（OECD）给出的预测数据是 1.8%。2020 年 8 月 10 日，毕马威中国发布的第三季度《中国经济观察》报告指出，在新冠肺炎疫情对世界经济造成较大影响的背景下，中国疫情防控和复工复产走在世界前列，经济持续复苏。第二季度 GDP 实际同比增速大幅回升转正至 3.2%，优于市场预期。

即便面对越来越复杂的世界形势，中国经济在世界经济中的影响力快速增加已经成为不争的事实。2019 年，中国的 GDP 约为 14.36 万亿美元，占全球 GDP（约 86.6 万亿美元）的 16.58%，而美国在全球 GDP 中的占比为 24.75%。虽然中国所占份额不及美国，但已远远超过日本所占 5.85% 的份额。

在中国经济高速发展的过程中，国有企业起着"顶梁柱""压舱石"的作用，尤其是中央企业的高质量发展，是对我国经济高质量发展的有力支撑。2019 年中央企业累计实现净利润 1.3 万亿元，同比增长 10.8%。中央企业稳中向好、提质增效的发展态势愈加巩固。

在科学技术力量发展上，国有企业发挥了"领头羊"作用。2018年中国的国际专利申请数量达到了5.3万件，虽然还是落后于以5.6万件排名第1的美国，但已经超越了日本。

国有企业以新发展理念为指导，积极探寻科技创新突破口，推动自主创新，虽然中国要在科学技术力量上赶上美国还有一段距离，但在国有企业推动下的全中国各行业的技术革新趋势会越发不可阻挡。同时，国有经济不但奠定了完整的现代工业体系的基础，而且大幅促进了技术自主创新，为我国推进工业化进程、提高工业经济整体实力和核心竞争力作出了不可磨灭的贡献。

在此背景下，习近平总书记在党的十九大报告中强调："要完善各类国有资产管理体制，改革国有资本授权经营体制，加快国有经济布局优化、结构调整、战略性重组，促进国有资产保值增值，推动国有资本做强做优做大，有效防止国有资产流失。深化国有企业改革，发展混合所有制经济，培育具有全球竞争力的世界一流企业。"这是在新的历史起点上，以习近平同志为核心的党中央对国有企业改革作出的重大部署，为新时代国有企业改革指明了方向、提供了根本遵循。

由此，"推进中央企业做强做优、培育具有国际竞争力的世界一流企业"这一国务院国资委于2011年提出的目标，正式上升到党和国家的战略层面。2018年4月，在主题为"新时代　新举措　新作为——培育具有全球竞争力的世界一流企业"的第二届中国企业改革发展论坛上，国务院国资委研究中心发布了《中国国企国资改革发展报告（2018）》和《国企舆论传播分析报告》。报告的发布引发了社会各界高度关注，对推动中国企业改革发展起到了重要作用。

2019年1月，国务院国资委出台《关于中央企业创建世界一流示范企业有关事项的通知》征求意见稿，提出将进一步放权授权，央企创建世界一流示范企业（以下简称"示范企业"）可以自主决策、综合运用混改、员工持股、股权激励等各项国企改革政策，力度空前。

2019年1月25日，国务院国资委召开中央企业创建世界一流示范企业座谈会，要求示范企业对标世界一流企业，有针对性地开展多领域综合性改革举措，并进一步明确了"统一授权和个性化授权相结合"的一企一策授权原则，实现了

"该放的放权到位,该管的管住管好",为培育世界一流企业创造了有利条件。

2019 年 11 月 2 日,国务院国资委研究中心在第三届中国企业改革发展论坛上发布了《中央企业高质量发展报告》,全面展示了中央企业高质量发展的情况。报告指出,下一步中央企业应坚持稳中求进工作总基调,深入贯彻落实"创新、协调、绿色、开放、共享"新发展理念,以供给侧结构性改革为主线,以做强做优做大国有资本、培育具有全球竞争力的世界一流企业为目标,坚定不移推进高质量发展,着力在以下 6 个方面有所作为并取得良好成效。

第一,不断完善中国特色现代国有企业制度,优化企业高质量发展体制机制。

第二,深入推进混合所有制改革,激发企业高质量发展内生动力。

第三,不断完善市场化经营机制,调动企业高质量发展人才积极性。

第四,切实增强协同创新效应,培育企业高质量发展新动能。

第五,着重优化国有资本配置,布局企业高质量发展产业链。

第六,切实做好重大风险防范,严守企业高质量发展底线。

2020 年 6 月 13 日,国务院国资委制定印发《关于开展对标世界一流管理提升行动的通知》,明确了对标提升行动的总体要求和重点任务。其中重点任务是:综合分析世界一流企业的优秀实践,深入查找企业管理的薄弱环节,通过健全工作制度、完善运行机制、优化管理流程、明确岗位职责、严格监督检查等措施,持续加强企业管理的制度体系、组织体系、责任体系、执行体系、评价体系等建设,全面提升管理能力和水平。重点任务又具体分为 8 项:加强战略管理,提升战略引领能力;加强组织管理,提升科学管控能力;加强运营管理,提升精益运营能力;加强财务管理,提升价值创造能力;加强科技管理,提升自主创新能力;加强风险管理,提升合规经营能力;加强人力资源管理,提升科学选人用人能力;加强信息化管理,提升系统集成能力。

2020 年 7 月 29 日,国务院国资委召开对标世界一流管理提升行动启动会议,进行全面动员部署。会议强调,结合自身所处的行业位置和发展阶段,通过精准对标,找准与全球领先企业、行业先进企业的差距和不足,解决"跟谁对""对什么"和"怎么对"的问题,有的放矢地提升管理水平。同时,做好顶层设计与统筹规划,完善制度、组织、责任、执行和评价各方面体系建设,建立健全长效工作机制，促进管理工作的规范化、系统化。

管理是企业发展的永恒主题，更是一门艺术。对标管理起源于20世纪70年代的美国，是寻找和学习最佳管理案例和运行方式的一种方法。

推行对标管理，就是要把企业的目标紧紧盯住业界最好水平，明确自身与业界最好水平的差距，有效推动企业向业界最好水平看齐。在企业层次，对标管理经历了一个循序渐进、不断深入和提高的发展过程，在对标管理的各个发展阶段，政府都应发挥重要作用。企业层次的对标管理主要由企业提出要求，委托咨询公司或研究机构进行。

2013年，在国务院国资委印发的《中央企业做强做优、培育具有国际竞争力的世界一流企业要素指引》（国资发改革〔2013〕17号）的通知中，曾对如何确定对标的内容明确了12项核心管理要素和1项绩效要素，包括公司治理、人才开发与企业文化、业务结构、自主研发、自主品牌、管理与商业模式、集团管控、风险管理、信息化、并购重组、国际化、社会责任和绩效衡量与管理。

在当时的历史背景下，这13个要素作为中央企业进行世界一流企业建设的特定内容要求，需要实现相互关联融通、跨职能实施。在2020年的对标提升行动中，国务院国资委公布的8项重点任务已经把上述13个要素全部包括进去。

相比7年前从绩效指标角度出发的对标要素，2020年的对标提升行动的总体要求和重点任务反映了新时代中央企业发展和建设特点，广泛覆盖了企业职能管理和业务管理领域，对标工作需要更加系统和深入地贯彻执行。譬如，仅仅几年间，进入世界500强的中央企业已有48家，而进入世界500强的地方国有企业集团也达到历史上最高的32家。

在如此巨大的经营规模下，国有企业的组织管理已经与过去发生了根本性变化。在总部去机关化的背景下，集团总部如何定位、提升价值等才是集团管理体系建设的核心问题，过去的"管"和"控"已经不再适用。

与从绩效指标角度出发的对标管理不同，2020年的对标提升行动还需要从"如何实现世界一流企业"的认识和理解角度进行系统性思考，以开放的心态向标杆企业不断学习，以自我变革的心态主动汲取先进经验的精华，在模仿中找到夯实世界一流企业的基石，在学习型创新和超越中获取企业可持续发展的组织生命力。

本书的内容体系

科学的管理是一门艺术，如何以开放的心态从世界一流企业的发展历程和发展模式中汲取先进经验，是国有企业管理提升、向标杆企业迈进的最佳路径。

在过去几年，国务院国资委和各大国有企业对管理提升和对标世界一流的研究已经非常深入，并在实践中不断完善。本书的研究是通过全新的协同发展理论，综合已有的研究成果，探索组织发展规律，重点厘清各标杆企业的协同发展模式和其中的特点，为我国企业在开展对标行动时提供深层次的参考。

我们常常思考，为什么一些企业模仿别人的成功经验，却常常"画虎不成反类犬"？为什么IBM"大象跳舞"、微软"刷新"、海尔"人单合一"、台塑"20年持续推进一日结算制度"、友嘉全球并购"不碰文化不派人"等很难学习复制？

推动企业实施转型创新、治理变革难免困难重重，方案的实施往往变成"给驼背做衣服"，却无法医治驼背。转型创新和治理变革中看似不起眼的小问题、小政策、小说法、小调整、小概念、小文件，在不同商业企业会出现巨大差异，如果业务逻辑想不清、未来趋势说不明、组织文化性格搞不定，"照猫画虎"板块整合、"概念游戏"并购重组、"拉帮结派"人事调整等，就会导致一系列偏差、纷争、损失，甚至崩盘。

本书选取了21家企业进行研究，包括丰田、台塑、友嘉、吉利、万华化学、微软、苹果公司、亚马逊、华为、阿里巴巴、腾讯、海康威视、中国平安、摩根大通、高盛、日航、德科、ADP、瑞可利、威孚和联合健康，涵盖先进制造业、现代服务业等多行业。我们在此先简述5家，引出问题供大家思考。

丰田成立于1933年，至今已有88年的历史。在2020年的世界500强中排名第10，营业收入达2 752.88亿美元，利润为190.96亿美元。丰田是当之无愧的标杆企业，全球企业都希望通过标杆管理来学习丰田的先进管理经验，包括通用电气、福特和克莱斯勒等世界知名公司。然而，尽管丰田的管理已成为一种标准，真正能够模仿成功的公司却凤毛麟角。这是为什么呢？

日航成立于1951年，至今已有70年的历史。日航最为人所知的是稻盛和夫力挽狂澜，带领日航从破产到重生直至坐上世界第一的宝座。稻盛和夫将他的经营哲学融入日航，包括利他、善、德及非常强烈的进取心等，之后日航正式导入阿米巴经营模式。稻盛和夫被称为"经营之神"，他的哲学被无数企业家效仿；阿米巴经营模式很早就被引入国内，但效果平平。这到底是为什么呢？为什么只学一样总是不成功？稻盛和夫的经营究竟有什么与众不同之处？2020 年 8 月，日航第二季度财务报告显示，公司净亏损高达 937 亿日元，已经接近 2009 年第二季度日航上次破产前的亏损规模（990 亿日元）。新冠肺炎疫情导致航班乘客骤减，2020 年第二季度日航国际线、国内线乘客数与上年同期相比分别减少98.6%、86.7%，销售额同比减少 78.1%。在这样的巨变下，日航在稻盛和夫领导下建立的组织基石是否能够渡过本次的新冠肺炎疫情难关，十分令人关注，也是我们再次将日航入选案例分析的原因之一。

微软成立于 1975 年，至今已有 46 年的历史。在 2020 年的世界 500 强中，微软排名第 47，营业收入达 125.84 亿美元（同比增长 14%），利润 39.24 亿美元（同比增长 136.8%）。微软 CEO 萨提亚·纳德拉把握战略方向，提炼在新技术和复杂环境下的共同价值 / 首要目标，创新微软的内部协作方式，创新微软的制度 / 模式，表现出了如同比尔·盖茨的商业领袖级别的协同领导力，完成了继任者与前任领袖间的组织生命力建设的接力，微软在发展的道路上能否再攀高峰？

苹果公司成立于 1976 年，至今已有 45 年的历史。在 2020 年的世界 500 强中，苹果公司排名第 4，营业收入高达 260.17 亿美元，利润为 55.26 亿美元。2011 年 8 月 11 日，蒂姆·库克与病重的乔布斯在后者家中进行了一次漫长的谈话。2011 年 10 月 5 日乔布斯去世后，库克接任 CEO。虽然一直以来都有很多人诟病库克与乔布斯的差距，但事实上，在 2020 年的首个交易日收盘后，苹果公司的股价在 2019 年全年大涨 86% 的基础上突破了 300 美元大关。在这一刻，苹果公司的市值直接飙升至 1.33 万亿美元，而苹果公司的 PE（市场盈利率）也达到了 10 年以来的最高峰。库克带领苹果公司用实际数据向全世界传达着一个信号：苹果公司并非行驶在一条错误的道路上。那么到底是什么让很多人眼中"再无创意"的苹果公司达到了历史高点？在科技创新的道路上，究竟是什么决定了企业不断向前？

海康威视成立于 2001 年，至今已有 20 年的历史。它是全球领先的安防和监控制造商，连续 7 年蝉联 IHS 全球视频监控市场占有率冠军。2019 年，海康威视实现营业收入 576.58 亿元，净利润 124.15 亿元。它在《福布斯》杂志发布的"2020 年全球最佳雇主"中排名第 313；在"2020 年度全球最佳 2 000 企业"中排名第 736；在"2018 年全球数字经济 100 强"中排名第 27；在"2018 年全球企业成长冠军"排行榜中排名第 91；入选《福布斯》杂志"2018 年全球最具创新力企业百强榜"。海康威视的实际控制人为中国电子科技集团有限公司，最终控制人为国务院国有资产监督管理委员会。海康威视作为一家混改企业，是如何成为国有企业混改的标杆之一的？

本书研究所选取的标杆企业多数经营历史在 50 年以上，有的依然焕发着勃勃生机，有的则近期又再次面临危机。

我们在对标的时候，应当如何思考、选取和复制？它们的优点和不足都在哪里？处在不同行业的和不同阶段的企业，究竟应该选谁来对标？应该对标什么？在对标过程中，如何避免东施效颦？如何减少生搬硬套西方模式造成的水土不服？……

虽然这 21 家仅是对标世界一流企业的选取对象中的很小一部分，但我们依然希望通过对这些有代表性的标杆案例的研究，为实现培育世界一流企业的目标尽绵薄之力。

本书的研究具体分为 3 个步骤。

一、理论研究：夯实世界一流企业的组织基石与组织治理 10S 协同模型。分析企业现状和查找与标杆企业的实质差距，建立理论分析框架。

二、案例研究：世界一流标杆企业的协同基石。通过对标 21 家世界一流企业，探析这些标杆企业的共同成功密码。

三、方案研究：631 对标框架与行动方案。在前两项研究的基础上，给出明确的框架指引和行动参考指南。

内容安排上，在本书的上篇，我们从 3 个维度解释了标杆基石的修炼方法；介绍了完整的理论分析框架，这有助于理解三维协同在协同型商业组织发展中的基石作用；讲述了世界一流企业在夯实基石中必须修炼的基本功。在本书的中篇，我们提供了基于分析框架的案例分析。在本书的下篇，我们就如何修炼基本功和夯实标杆基石的设计思路、原则与行动方案给出了行动参考指南。

　　企业的管理问题都并非单一原因所致，对标管理提升也不可能有一步到位的灵丹妙药。在不断自我完善和创新前行的过程中，理论、路径和工具也在不断更新，从最初的照搬西方到现在的建立本土研究体系，我们希望能为各个企业提供助力，从夯实组织基石着手，成为大而强的世界一流企业。

上 篇
理论研究：夯实世界一流企业的组织基石与组织治理105协同模型

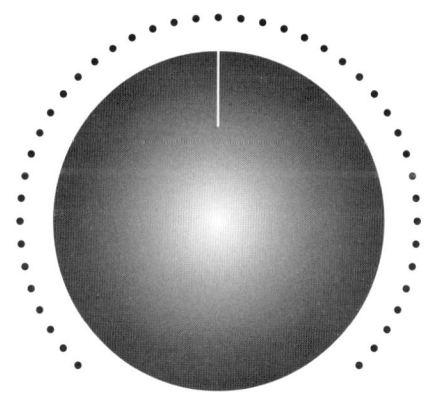

第一章

认识自己：迈向世界一流企业需要回答的三个问题

能够基业长青的标杆企业多吗

国外百年以上的伟大企业数量不少，比如美国的杜邦公司成立于 1802 年，至今已有将近 220 年的历史。作为日本三大经济集团之一的住友集团成立于 1919 年，已有 102 年的历史，其创业历史更是超过 400 年。而在中国，严格来说没有一家寿命超过 100 年的企业。

中国企业的平均寿命只有 3.9 年，极为短寿。相比而言，美国企业的平均寿命为 8.2 年，是中国企业平均寿命的 2 倍多，而美国大型企业的平均寿命超过 40 年。日本企业的平均寿命 12.5 年，是中国企业平均寿命的 3 倍多；日本大型企业的平均寿命则接近 60 年。

放眼全球，一家企业能够成为百年老店的概率几乎不到万分之一。所以，能够基业长青的标杆企业很少。

做不到基业长青的企业，其结果是什么

做不到基业长青的企业，其归宿必然是崩溃或衰败，甚至连畅销全球的《基业长青》《从优秀到卓越》等大师杰作中基于股东视角归纳列举的许多"伟大而基业长青的企业"不长时间就突然坍塌、轰然倒下了。

"规模大就不会倒闭"是自欺欺人，任何曾经伟大的商业组织，一旦出现开始追求单一的增长目标，就会迷失、撑死在规模的陷阱里，你能想象盛极一时如雅虎、诺基亚和摩托罗拉这样的公司的发展会日薄西山吗？被巴菲特赞誉为"美国商界的象征"，长期位居世界第一的美国通用电气公司（GE），今天也苟延残喘。你知道"世界第一CEO"杰克·韦尔奇的神话为何会破灭吗？

自1907年起，GE连续110年入选道琼斯指数成分股，创下了道琼斯指数早期12只成分股中的纪录，然而到了2018年6月26日，GE的神话未能延续，被踢出道琼斯指数。在GE的动力轮胎正式掉落的那刻，人们不禁要问：GE的螺母是什么时间开始松动的？

GE作为一家全球性工业公司，其金融部门的利润占比竟高达41%，并且在需求减少的情况下进行了106亿美元和140亿美元的电力和油气买入，导致1000亿美元的买入卖出金额和54%的负债率，这些数字在影响企业发展未来之前，已经露出蛛丝马迹了，只是人们当时还没有读懂这些信号。

GE过于关注产量、利润等实测客观数据，而忽视了因素之间相互作用带来的诸如人们的态度、偏好和产品的吸引力等因素给定的各种不同的参数值和行为信息，自然也缺少很多关键"慢变量"在临界点时的变化和行为数据等信息，难以抑制变量之间不协同的情况发生。当公司引擎无法为工业发展既定方向提供动力时，金融服务等非主线力量的干扰导致一代巨人走在轰然倒下的边缘。

什么样的企业是可以持续适应复杂状况的健康的企业

很多人都会想到一个词——创新。创新是组织发展的不竭动力，从某种程度上说，组织如果不能持续创新，就会停顿不前，甚至倒退。

但你知道是什么在促进创新吗？

习近平总书记 2020 年 9 月 11 日在京主持召开科学家座谈会时强调："我国拥有数量众多的科技工作者、规模庞大的研发投入，关键是要改善科技创新生态，激发创新创造活力，给广大科学家和科技工作者搭建施展才华的舞台，让科技创新成果源源不断涌现出来。"

从总书记的话中，我们可以看到一个非常重要的词——生态。只有营造协同生态，创新才能成为发动机。

我们从国家治理和企业发展两个角度来思考生态的意义。

从国家治理的角度来看，是要将创新作为国家发展战略，引导地区和城市创造良好的创新生态，而并非以往的单一政策驱动。在创新活动集中的地方，普遍趋势就是创新资源不断地集聚，形成有自身特色的创新模式和产业集群。

创新生态建设是创新的共同价值 / 首要目标、创新的战略 / 战略决策和创新的制度 / 模式的动态匹配过程。包括：从普及崇尚创新到激励敢为天下先的价值导向，塑造创新的共同价值 / 首要目标；从促进创新金融业态到加强优质的教育资源、充足的人力资本投资资源建设等，推动创新的战略决策落地；从加强产权建设、完善商业规则、规范市场秩序到优化创新成果转化机制，强化创新的制度 / 模式建设。只有形成创新的共同价值 / 首要目标、创新的战略 / 战略决策和创新的制度 / 模式的协同构建，才能不断激发社会创新活力，提高国家创新体系效率。

从企业发展的角度来看，自 1960 年以来，据不完全统计，全世界各大智库、咨询公司、学者发表的战略模型有 100 个左右，都是人类智慧的伟大结晶。人们一直思考的是：有没有可能建立一套能够解释包括公司、社会组织等复杂适应系统的一般性理论框架？

在以往的研究中，"战略是起点"几乎已经成为主流口号。然而，乘风破浪延续百年的标杆企业，向其提供源源不断前行创新动力的，却并不仅仅是战略 / 战略决策，更重要的还是建立在组织内部和外部传播基础上获得认同而实现的共同价值 / 首要目标，及匹配其共同价值 / 首要目标的制度 / 模式。

组织的本质是人，而驱动人不断前行的是人的价值观。组织需要在不同历史时期提炼出能够让人不断前行、勇于突破且不断创新的动力，并在战略的指引下和匹配的制度设计中实现资源供给和高效配置，促进激励，满足内、外部需求，实现战略目标。

那么，真正能够让企业创新的动力源泉，就是企业在社会发展中立足的根本——企业"为什么存在"。这个答案在各个历史时期有不同的具体描述，因为企业需要在不同的环境中寻找具体的"我是谁"。但无论描述如何改变，企业存在的根本理由都是不变的，那就是善的基因。

案例研究发现，善的基因是百年企业创业领袖的共性，也是他们创立企业，使之成为"造福社会和成就他人"的组织，将企业的一切活动都转化为有利于民众福祉的行为。唯有善的基因才能使人的价值、企业的价值和社会的价值动态匹配，在组织与人的层面实现协同，让人发挥创新的能力，在组织中不断发酵，在客户与社会之间建立动态价值实现链条，不断提高满意度，让组织建立高效、可持续发展的生态模式。

我们尝试用一个框架来解释企业治理的复杂运动，通过大量案例研究逐步探索企业治理的基本逻辑：见树木—见森林—见生态。

我们将引入利用复杂性重构企业基石的思考框架和操作系统。

我是谁：共同价值/首要目标—判断—见自己—以改变世界为己任的共同价值观给世界留下印记。

去哪里：战略/战略决策—选择—见天地—在惊涛骇浪的大海航行中成为洞察趋势方向的战略舵手。

怎么去：制度/模式—整合—见众生—在设计伟大商业模式基础上打造众人拾柴火焰高的制度型组织。

当组织在价值、战略、制度上协同匹配了，厘清了"我是谁、去哪里、怎么去"的问题，才能系统思考、分层推进、夯实基石。在组织治理 10S 协同模型中，处理好顶层设计和分层对接的关系，使得各项要素发生"化学反应"，从而把各种优势转化为治理效能。

第二章
要去哪里：夯实世界一流企业的组织基石

我们在哪里

20世纪90年代，人们使用VUCA（Volatitily，Uncertainty，Complexity，Ambiguity）的概念来描述"冷战"结束后变得越发不稳定、不确定、复杂、模糊的世界。如今，VUCA已经被广泛用来描述复杂、混乱和快速变化的外部环境。由于信息时代的数字化、大数据和连接性等时代特点，科学技术的进步也造就了日新月异、瞬息万变的商业环境。

因为我们正处于一个颠覆性变革丛生的VUCA时代，事情变化非常快，我们不知道下一步的方向，一件事会影响到另外一些事，影响的方式和关系很多时候并不明朗，所以，我们确定知道"我在哪里"吗？"这里"发生了什么？从"这里"开始，"我"应该如何找到自己的道路？未来5年、10年"我"又在哪里？"我"应该如何到达那里？……

随着知识的积累和信息技术的不断进步，全球从20世纪后20年的"复杂"情况进入当前"错综复杂"的状态。这是在技术和价值观的双驱动力下，社会开放和多元化发展的必然结果。

我们经常听到"人工智能""数据分析""深度学习""量子计算""机器人技术""区块链""物联网""千禧一代""机器学习""认知自动化""虚拟现实""再生能源"等一大批与数字和信息变革相关的术语。

那么，我们的企业家、管理者和员工对这些术语的准确理解达到了什么层次？在实际工作中，我们是否真正地思考过这些术语与我们企业的现状、发展和未来有哪些关系？我们如何选择和融入这些变革，使之成为我们企业持续发展的动力？

在现实中，与信息时代唱反调的企业管理者比比皆是。他们常说那些是不可能的，那些是根本做不到的。而这恰恰是"旧时代"中"确定思维"的代表。这种状况的存在往往提示着深刻而巨大的变革即将到来。

然而并不是这些人本身不愿改变，而是因为他们每天都被大量的日常工作团团困住，无暇处理和思考各种突如其来的变化，更无法去深度审视和剖析问题，找到本质。外加过去的成功经验给他们带来了历史数据和自信，依赖过去的经验模式作决策是企业管理者普遍的反应模式。

还有一类人，他们非常关注当下的技术、技能，投入了大量时间和成本，但是很快被替代和淘汰了。他们受到打击，于是开始否定新时代的技术发展，进而否定一切新事物。

曾经正确的模式和理念好似突然间就过时了，甚至成为错误的代表，使得人们更加容易唱反调。如果在新事物中只能看到旧模式，那么企业发展的方向必然是错误的。在 VUCA 时代，这是一种常态。如果一直这样下去，我们就会越来越看不清未来，也越来越看不清自己，很有可能就此迷失方向，导致企业的基石在未知的地点瞬间崩塌。

从人们熟知的、确定的和一般复杂的环境中转向一个未知的、错综复杂的新常态，所有的组织都面临着巨大的变革。这个变革从组织的根基开始，改变着组织中的一切：我是谁、去哪里、怎么去。

所以，对那些非常关心新技术和新技能本身的人们来说，新兴产物甚至概念随时会被替代或被淘汰，只有关注底层不变的本质，才能具备将新技术和新技能整合并用起来的能力，使它们对企业发展产生积极意义和价值。

在错综复杂的环境下，只有不断思考"我是谁、去哪里、怎么去"这个核心问题，才是企业家和管理者面对 21 世纪复杂多变的形势的基本思考模式，并在此基础上通过实践来建立适应不确定性、最大化企业的适应能力的操作系统。

世界一流企业的普遍挑战

在 VUCA 时代，纵使世界一流企业也面临着普遍的挑战。无论企业规模有多大，全球影响力达到什么程度，只要不能从本质上进行彻底转型的企业，都面临着随时崩溃的危险。

外部环境的复杂性，是造成企业危机的最重要的原因之一。企业危机源于组织能力的落后，无法适应、更无法掌控复杂的巨变，使得越来越多的组织不堪重负，效率越发低下，最终崩溃。不确定的洪流席卷而来，没有组织能独善其身，也没有组织能完全规避时代变革的巨大冲击。大量企业固守 20 世纪的组织结构，囿于过去工业时代的管理认知和思想，持续使用 20 世纪的方法和工具进行领导和管理，使得组织底层结构根本无法承载新时代的巨变。这样的组织基石促使企业做出降低复杂性的决策，试图在越来越复杂的环境中，让决策变得更加简单、清晰。而这种将复杂性看成敌人的否定式思想，正是标杆企业领袖最大的挑战之一。

越来越复杂的外部环境使得复杂性成为必然，也使复杂性带来的影响成为每一个标杆企业不同的挑战。这些复杂性的挑战包括：全球政治经济形势的复杂及全球市场的波动，差异化战略空间逐步缩小，地缘政治的不稳定性，竞争白热化，市场需求多样化，人才、资源和技术短缺，新技术迭代等。

因此，越是体量巨大的组织，面临的转型挑战就越严峻，需要审慎、谦逊与坚定地将复杂性巨变看作一个从根基转型的巨大机遇，正确利用转型，建立可以应对复杂环境的、能够自我组织和适应的新型协同型组织，使之能够不断完善自己的体系，发展组织的进化能力，提高自身的适应能力。

我们与世界一流企业的差距

党的十九大提出"培育具有全球竞争力的世界一流企业"，明确了新时代国有企业改革发展的目标和方向。深化国有企业改革，就是要加快形成一批在国际资源配置中能够占据主导地位的领军企业，培育一批引领全球行业技术发展的领军企业，培育一批在全球产业发展中具有话语权和影响力的领军企业，从而培育一批具有全球竞争力的世界一流企业。

着力推进中央企业创建世界一流示范企业，是深化国有企业改革的重要目标，是创新型国家建设的主要力量，是推动高质量发展的根本要求，是实现中国弯道超车的有力抓手，是推动形成全面开放新格局的战略支点，是中国参与全球治理的重要载体。

当前我国一大批企业虽然规模达到世界级水平，具备成为具有全球竞争力的世界一流企业的一定基础和条件，但是同世界一流企业相比，在企业管理、技术创新、人才发展等核心竞争力上仍然存在很大差距。同时，由于实现高质量发展，更好地承担社会责任，服务社会，发挥更大效能，是成为世界一流企业的核心价值，因此，我们仍要保持清醒，客观认识到我国企业与世界一流企业之间的差距，在企业治理效率、人力资本价值、制度及模式创新、管理能力、技术创新等多个方面作出更大的努力。

世界 500 强分析

在《财富》杂志公布的 2019 年世界 500 强中，中国企业为 129 家（包括 10 家台湾企业）。这是入榜的中国企业总数首次超过美国企业（121 家）。其中，中央企业 48 家，占中国企业总数的 37%，占世界 500 强总数的 9.6%。这是新中国成立 70 多年来，中国企业全球竞争力增强的一个缩影。

然而在总体数量高于美国企业的情况下，中国企业的总营业收入比仅占 25.6%，低于美国的 28.8%。在世界 500 强排名分布上，前 50 名中，美国公司最多；后 50 名中，中国公司最多。

营业收入排名

如表 2-1 所示，2019 年《财富》世界 500 强营业收入排名前 21 的分别是：

沃尔玛、中石化、壳牌、中石油、国家电网、沙特阿美、英国石油、埃克森美孚、大众、丰田、苹果公司、伯克希尔·哈撒韦、亚马逊、联合健康、三星电子、嘉能可、麦克森、戴姆勒、CVS Health、道达尔、中国建筑。其中，中资企业 4 家，全部为中央企业，占 21 家企业总数的 19%，营业收入占比为 23%，员工总数占比为 33%。

表 2-1 2019 年《财富》世界 500 强基本情况（前 21 名）

2019 年营业收入排名	公司名称	营业收入 / 百万美元	利润 / 百万美元	员工总数 / 万人
1	沃尔玛	514 405.0	6 670.0	220.0
2	中石化	414 649.9	5 845.0	61.9
3	壳牌	396 556.0	23 352.0	8.1
4	中石油	392 976.6	2 270.5	138.2
5	国家电网	387 056.0	8 174.8	91.8
6	沙特阿美	355 905.0	110 974.5	7.6
7	英国石油	303 738.0	9 383.0	7.3
8	埃克森美孚	290 212.0	20 840.0	7.5
9	大众	278 314.5	14 322.5	66.5
10	丰田	272 612.0	16 982.0	37.1
11	苹果公司	265 595.0	59 531.0	13.7
12	伯克希尔·哈撒韦	247 837.0	4 021.0	39.2
13	亚马逊	232 887.0	10 073.0	79.8
14	联合健康	226 247.0	11 986.0	32.5
15	三星电子	221 579.4	39 895.2	31.0
16	嘉能可	219 754.0	3 408.0	8.6
17	麦克森	214 319.0	67.0	7.0
18	戴姆勒	197 515.3	8 555.0	29.9
19	CVS Health	194 579.0	−594.0	29.0
20	道达尔	184 106.0	11 446.0	10.5
21	中国建筑	181 524.5	3 159.5	30.3

人均营业收入排名

在 2019 年《财富》世界 500 强前 100 名中，选择有代表性的石油行业企业、手机厂商及互联网电商、汽车制造公司和在世界 500 强排名前 21 的我国中央企业，进行人均营业收入的测算并排名，排名前 5 的分别是壳牌、英国石油、埃克森美孚、苹果公司和道达尔，见图 2-1。

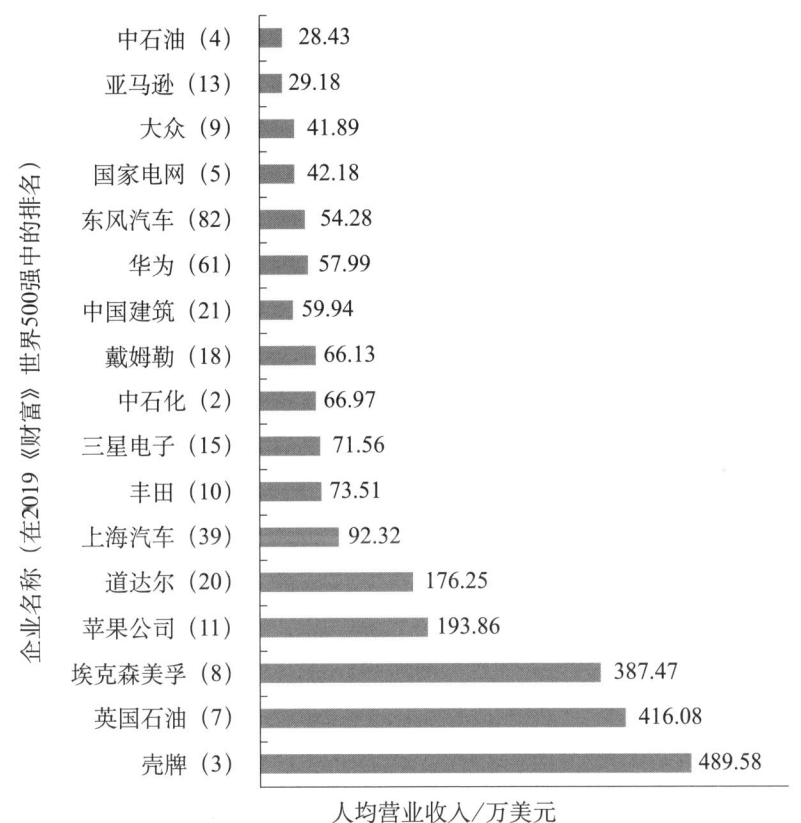

图 2-1　部分《财富》500 强企业人均营业收入测算排名

以中石油为例，作为世界 500 强排名第 4 的我国中央企业，只落后壳牌（排名第 3）一位，但中石油的人均营业收入仅是壳牌的 5.8%。

人均利润排名

在同样的范围内，进行人均利润的测算并排名，排名前5的分别是苹果公司、壳牌、埃克森美孚、三星电子、英国石油，见图2-2。

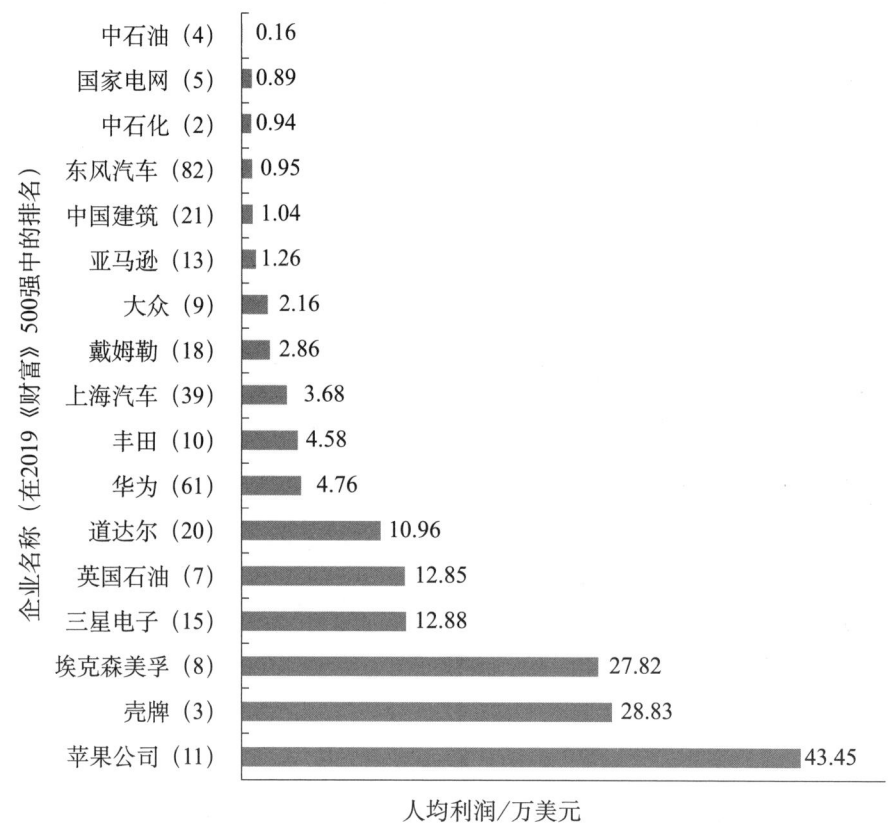

图 2-2　部分《财富》500 强企业人均利润测算排名

可以看出，世界 500 强排名第 4 的中石油的人均利润是排名第 3 的壳牌的人均利润的 1/180，是排名第 11 的苹果公司的人均利润的 1/272。

总体差距

整体分析，2019 年世界 500 强平均营业收入 654 亿美元，平均净资产 355

亿美元，平均利润 43 亿美元，销售收益率 6.6%，净资产收益率 12.1%。

我们在此将中国企业（此处仅统计中国大陆入榜企业，未统计中国台湾地区入榜企业）和美国企业做对比：中国入榜企业 119 家，平均营业收入 665 亿美元，平均净资产 354 亿美元，平均利润 35 亿美元，销售收益率 5.3%，平均净资产收益率 9.9%，低于世界 500 强的平均水平。美国入榜企业 121 家，平均营业收入 779 亿美元，平均净资产 400 亿美元，平均利润 60 亿美元，销售收益率 7.7%，平均净资产收益率 15%，大大超过了中国企业。

中美入榜企业的人均数据差距更大：美国企业平均雇佣员工 13.9 万人，人均营业收入 56 万美元，人均利润 4.3 万美元；中国企业平均雇佣员工 17.9 万人，人均营业收入 37 万美元，人均利润 2 万美元。

这揭示出中国企业虽然取得了巨大的进步和成就，但整体而言大而不强，与世界一流企业相比，仍存在管理制度不完备、体系不健全、机制不完善、执行不到位等问题，一定程度上影响了企业发展的质量和效益。

《关于开展对标世界一流管理提升行动的通知》中明确指出："面对日益严峻的形势和挑战，国有企业必须通过立足自身、苦练内功，从先进的管理中要质量、要效益、要增长，才能在日益复杂激烈的竞争环境中立于不败之地，才能不断增强国有经济竞争力、创新力、控制力、影响力和抗风险能力。"这为对标提升、建设真正大而强的世界一流企业指明了方向。

成为世界一流企业任重道远

在全球经济仍然处于低速增长、国内经济发展不平衡的背景下，在全球化战略下，由于相关国家在经济发展、地缘政治、社会发展、人文环境、商业环境、国际标准等方面的较大差异，中国企业在对标世界一流的过程中正面临更多、更大的挑战。

首先，政治、经济、法律、文化和环境等风险对企业全球化经营带来了前所未有的挑战。全球地缘政治波动带来的不明朗态势，使得对标世界一流的大企业面临更加严峻的政治风险，不仅会减缓企业全球化进程，也会给企业的全球化运营带来重大影响。

世界经济增长动力不足的风险增加，世界经济将呈现疲软增长态势。IMF《世界经济展望》认为，全球经济前景预测主要面临严重的下行风险，包括：损害市场情绪和减缓投资的贸易和技术紧张局势；低利率持续多年后，风险厌恶情绪持续强化使得不断积累的金融脆弱性开始显现；控制通货膨胀压力不断上升，加大了偿债难度，限制了抵消经济下滑的货币政策空间，使得负面冲击比正常情况下更加持久。

"走出去"的全球化过程中面临各国法律、法规体系复杂多变的挑战。各国拥有不同的法律与政策，且会根据其国内经济、政治的发展而相应调整变更。企业在海外运营时不仅常常面临着双重、三重甚至多重的法律或要求，还要防范政局不稳。执政当局和政策的不断变更，或法律、政策变更导致未知和潜在的风险很大。同时，各国的法律环境存在体系不完善、司法和执法水平有待提高的情况，加上腐败等因素，企业的投资安全、合规管理也面临较大的风险。

同时，加强环境保护、维护生态平衡、防止不可逆污染已成为世界趋势，对环境保护标准的设置也一年比一年严格、规范，从而使企业在环保方面的投入越来越多。在东道国，环境保护的相关法律、法规对企业的规范和限制已经达到了较高的标准。

中国企业在开展跨国经营时，如果对东道国的政治、经济、法律，尤其是整体的社会文化环境缺乏足够的了解，则会导致中外双方在管理上存在严重分歧，同时也使决策制定、决策实施和统一行动变得更加困难，这也加剧了企业与东道国市场的利益相关方，包括企业员工、客户、商业伙伴、股东及投资者、当地社区、政府机构、非政府组织和媒体等多个群体，难以开展有效的沟通，难以体现企业品牌价值、降低运营风险，进而使得可持续发展的目标难以实现。

其次，全球行业竞争白热化和部分行业饱和趋势进一步加剧挑战。经济全球化发展无疑为中国企业带来了许多机会，但是在部分国家进行产业项目、基础实施项目合作时仍然会面临他国的激烈竞争。同时，部分行业的国际市场份额已经接近极限，比如在一些非洲国家的对外承包工程业务上，中国企业在发展较好的国家已经达到了一定的市场饱和度。

最后，中国企业在全球化经营的挑战中，危机应对经验相对不足，企业国际化综合性专业人才匮乏，在面对东道国、国际组织等相关方质疑时往往无法及时作出有效抗辩，导致过重处罚，造成不必要的损失。

中国企业在成为世界一流企业的道路上面临着巨大的挑战，同时也意味着巨大的机遇。如前所述，中国企业在对标过程中，如何利用复杂性，使之成为构建真正世界一流企业的基石，将复杂性融入"我是谁、去哪里、怎么去"的组织底层发展中，成为组织治理的根基，成为组织发展的骨骼，融入组织流动的血液中，是创建真正标杆、实现弯道超车的最难但也是最正确的道路。

这需要企业家、商业领袖和管理团队在 VUCA 时代的深刻理解和认知，在思想和心智模式上作出巨大突破，勇于审视过去的经验，直面复杂化和差异化的新常态环境的基本事实，作出彻底的转型决策并坚定贯彻执行。

第三章

新的框架与底层逻辑：组织治理 10S 协同模型

组织生命力规律

标杆企业都是协同型商业组织

标杆企业都是或最有可能是基业长青的世界一流企业。企业组织不是各部分的拼接、混合、叠加，完美的战略架构图纸永远代替不了个性化、系统化的组织生命运行机制。用协同学观点来比较物理化学系统和社会系统，后者侧重强调系统的整体与结构，而不是具体模型的细节，必须达到社会学定量的描述。人类社会的单元和相互关系并非简单的存在，而是有着相当复杂相互作用和影响的结构。个体的思想、情感、意识表现得非常复杂，体现出大脑的发展结构；个体之间的关系更加不是固定的，可以激发显示某一关系，也可以掩盖或解除某一关系。

各种形态的社会组织是生命的有机体，组织有"大脑""肢体""脊柱神经""心脏"，有内部结构和功能。组织由个人、团队、部门组成，将组织内部个体的、团队的、部门的力量协调整合成对组织目标有益的有机运动，需要组织具有特定结构、传导机制、文化价值。

基于此，在 VUCA 时代，可以充分利用复杂性不断发展进化的组织，一定是适应新时代治理需求、遵循协同学基本规律、不断汲取能量实现"熵减"、由序参量主导的有序结构的组织形态，是战略、价值与制度协同的有机体。

我们将这样的组织定义为协同型商业组织。

协同型商业组织都具有旺盛的商业组织生命力

协同型商业组织的最大特征是具有强大的商业组织生命力。商业组织生命力是企业生存与发展的能力，是不同生命发展阶段、不同结构的部门体现出的协同治理特质，是整个生命存在与延续中汲取外部能量、实现自我升华的过程。组织生命力可以从价值、战略、制度 3 个维度考察，大到全球治理，小到个人生存发展，概莫能外。

面对商业世界与商业组织，要透过现象看本质，直抵事物的核心，发现基本规律与底层逻辑，提出新的解释。企业治理的规律，无法呈现如物理学一样的定律。由于有人类的参与，社会、经济和企业的进化往往遵循与生物学相似的规律。协同学来源于物理学、生物学、系统论、控制论，并以这些学科为主要的科学基础，我们要探索企业治理的新框架与底层逻辑，必须有一个顶层设计思维模型。

协同型商业组织是价值、战略、制度三位一体的组织。3 个终极问题——"我是谁、去哪里、怎么去"的答案对应了组织治理 10S 协同模型中共同价值、战略 / 战略决策、制度 / 模式 3 个序参量。

共同价值 / 首要目标作为商业组织对自身的根本认识，回答了"我是谁"；战略 / 战略决策是商业组织对趋势的把握，回答了"去哪里"；而制度 / 模式则从结构的实际构建上回答了"怎么去"。这是商业组织必须面对的，也是组织治理 10S 协同模型希望帮助分析和研究的。

在这个崩溃与崛起时刻上演的时代，只有很好地回答这 3 个问题的、协同的商业组织才能长期存续，不能很好地回答这 3 个问题的、不协同的商业组织纵然有一时的强盛，也难以逃脱崩溃的结局。

一个还在协同状态的事物即是成功的，而失败的事物也未必没有过协同的状态。

有了一个能够分析商业组织协同影响要素的模型，无疑就有了动态、辩证看待商业组织存续的方法与手段。

衡量协同型商业组织的标准

企业运营的"成王败寇"似乎从来都是以结果来定论的。我们评判一家组织的成功要么从规模、盈利能力出发，要么从影响力出发，因为这些都是显而易见的结果，也是从财务和市场数据角度最有力的判断标准。很多研究机构提供了各种指标体系进行企业的评判、运营排名等，各有优点。

我们思考的却并非一家企业、一个商业组织现阶段的表现如何，而是一个组织为什么能够成长为一家百年基业的标杆企业。任何一家世界一流企业成功的原因早已有无数研究者在探寻，但是成功的原因有千百种，因此在研究"成功"的道路上，从来都是百家争鸣。

我们的关注点是从另外一个角度出发，这个角度虽然也有很多知名学者关注，但真正在哲学层面进行深入研究的却并不多。我们通过大量的案例研究，来对"组织为什么会崩溃"进行哲学的回答。

哈佛教授克里斯坦森在 1997 年出版的《创新者的窘境》一书中提出了"东北角迁移力"的概念，总结起来就是"大企业为了增加利润，利用渐进式的持续创新，不断地优化产品，不断地向高端市场进军的过程"。"东北角"就像地球引力一样吸引着大企业向上前进。在书中，克里斯坦森的观点总体来说是：一些看似非常完美的商业动作，在市场上基于主流客户的需求，对盈利能力最强的产品进行投资增速研发，极可能导致一个优秀企业失败。在单纯地追求利润和增长率的过程中，一些优秀企业的优秀管理者因为使用了最佳管理技巧，从而导致了企业的失败。

克里斯坦森总结了大企业研发出颠覆性技术之后走向失败的 6 个步骤：第一步，颠覆性技术由成熟企业研制成功；第二步，市场营销人员收集主要客户反馈；第三步，成熟企业不去理睬这些新技术；第四步，新企业已经出现；第五步，新兴企业向高端转移；第六步，成熟企业被迫参战。到了最后这个阶段，在激烈竞争下，处于防守地位的成熟企业则要经历一场残酷的价格战，最终可能被淘汰，即使幸存下来也会失去巨大的市场份额。克里斯坦森系统使用了"资源—流程—价值观"理论，很好地解释了为什么像 IBM 这样的成功企业，并不总是市场环境变化的受益者，并为组织创新能力的诊断和培养提供了很好的方法和途径。

然而在 2000 年之前的外部环境下，大部分的研究者还固守着过去世界的旧思维——从相对静态的视角出发，因为那个时代的外部环境变化相对缓慢、单一，大企业在单一市场的竞争力相对持久，技术迭代速度可预期，消费者多样性相对简单。

这也是为什么在研究更大组织——国家崩溃时，将历史进度调快 100 倍后，环境变化的速度和复杂程度会成为关注的重点。而在过去，大部分管理者都在一定程度上忽略或弱化了这个变量。

所以，在系统研究历史上世界大国崛起和崩溃的原因的基础上，将环境变化复杂因子带入企业战略模型后，我们发现了企业协同型商业组织基石的锻造与其在应对环境变化中展现的组织生命力之间的关系。

无论企业发展阶段是"选择卓越""从优秀到卓越""基业长青"，还是"再造卓越"，企业的基石都必须是夯实的、协同的。否则，在任何阶段的选择或者创新都可能成为企业失败的直接原因。

而企业的基石正是企业在不同环境下顽强生长的土壤，是"资源—流程—价值观"得以实现的有生命力的动态环境。这种生态环境不是以"战略为起点"，更不是简单地用宣传和贯彻"价值观"或"企业文化"来支撑，也并非优化企业资源、改变内部流程或运转模式，而是从组织存在意义、组织治理模式、组织开放程度、组织价值实现、组织与人的协同等多方面构建的一种协同组织的形态。在组织存在意义不变的前提下，保持与外部环境协同和自身减少持续"减肥"，在每一段历史时期达到共同价值 / 首要目标、战略 / 战略决策和制度 / 模式的协同状态。

创新是一种活力，使得组织保持开放并以此健康"瘦身"，但创新的本质还是在企业基石上种植不同的树种，保持生态的持续发展。

　　企业的执行力是一种企业夯实基石的协同状态表现，犹如本书导言中提到的华为对标 IBM 的结果，从项目上优化了各个流程，实现了项目目标，将 20 亿元的咨询费发挥到了极致。但实际上，通过这个对标项目，华为从组织治理层面开始，将企业的共同价值 / 首要目标、战略 / 战略决策、制度 / 模式进行了全方位的基石重塑与锻造。

　　在这个项目上，华为获得的不是流程，更不是任正非的知名度，而是在"从卓越到优秀"这个阶段所必须倚仗的标杆基石——"价值善—战略准—制度好"的底层协同，并在夯实基石的同时，利用对标项目，利用内部和外部力量的共同作用，让华为员工认同了"奋斗者为本""以客户为中心"的共同价值 / 首要目标，并改造了员工的心智模式，让他们在经历中感受到共同价值 / 首要目标的驱动和激励，看到制度上给予的认可和机会，从而真正地转变了各个核心管理者、骨干人员的心智模式，真正推动了华为的组织心智模式转变。

　　组织心智模式的转变决定了组织流程、组织人员的"知行合一"，使组织自适应外部挑战，发展组织生命力。而这些都不再需要一个特定的人或者部门来推动，而是在组织的局部就可以进行。当然，组织领袖和职能部门依然需要引领组织的整体和重大决策，但如果在制度和资源分配模式上可以授权组织局部进行与其责任相匹配的设计，比如提高创新激励比例使之优化，比如分权、放权并由个体或部门进行自身流程的必要的熵减校验——健康"瘦身"以及促进组织局部的防"呆"设计等，必然可以将组织内部效率和创新提到最高，并且这些局部活力的来源是与组织基石协同的心智模式与行为准则。

　　所以，我们要探索组织发展的规律、组织迭代的规律、组织领袖的作用规律，在变幻莫测的未来环境中，提供避免"组织崩溃"的理论框架，打造一艘先进的航母——标杆基石，在大海的惊涛骇浪——企业发展的不同阶段和不同时代的挑战中，找到属于时代的"大陆"。基于此，在分析标杆、对标标杆、成为标杆的不同阶段，我们要掌握"协同思维"，以"先分析标杆的基石，再拷问自己，再进行自身基石的锻造"这三个基础步骤，不断在对标中"平视价值、俯视战略、透视制度"，从对标杆，到对自己，到再循环，不断拷问三个问题，直至完成"我是谁、去哪里、怎么去"的三重修炼，找到成为"价值善、战略准、制度好"的协同型商业组织的标杆基石方案，再按照组织治理 10S 协同模型的分析框架，进行"顶层协同、三重（协同）修炼和六大支柱"的对标框架设计。

综上所述，本书将围绕打造满足以下条件的世界一流企业的标杆基石进行阐述，期待更多的企业从基石层面成为优秀、卓越乃至伟大的企业。

"见自己"——以改变世界为己任的共同价值观给世界留下印记；

"见天地"——在惊涛骇浪的大海航行中成为洞察趋势方向的战略舵手；

"见众生"——在设计伟大商业模式基础上打造众人拾柴火焰高的制度型组织。

在"一见""二见""三见"的修炼中，企业需要认真思考并回答"我是谁、去哪里、怎么去"的问题，而之所以称之为"三重协同修炼"，是因为这不但搭建了从理论到实操演练的桥梁，更重要的是，揭示了企业需要刀口向内、直面痛点的过程。

标杆基石：三维协同的三重修炼

第一重协同修炼：价值善

任何企业要想长期发展，首先要解决企业为何而生存的问题。在这个"见自己"的过程中，伟大企业必须立足善基因，与社会相容，才能促进企业与社会共荣，实现企业的持续发展。

很多企业以盈利最大化为首要目的，这原本无可厚非。企业本身就是以营利为目的的社会组织，而市场竞争又迫使企业千方百计地获得竞争优势，谋取更多利润。在变化速度越来越快、外部环境越来越复杂的今天，很多企业却在激烈的竞争中忘记了"初心"，过于追求发展速度，而忽视了对价值善的坚守。

其中，以一些科技型公司尤为明显。科技的力量是巨大的，科技的发展又是迅猛的，而科技公司的创始人往往又是年轻的。这使得一些科技公司掌舵者在创业初期并没有意识到自己的企业在未来可能拥有的强大力量，因为他们执着于生存、创新、扩张和快速迭代，没有时间对企业的存在意义进行深入思考。

Facebook（脸书）就是一个典型例子。这家技术公司一度麻烦不断、深陷泥淖，最重要的原因之一就是没有采取有效手段对数据隐私进行保护。而当

Facebook 已经成为一家全球影响力极高的平台时，才发现很难弥补这个重大的缺陷。美国参议员警告，如果 Facebook 创始人扎克伯格不采取有效措施保护用户隐私，那么，将通过立法解散 Facebook。

美国科技巨头的问题，也同样出现在国内一些科技公司中。

从 2000 年开始，中国的科技公司以惊人的速度发展起来，极具规模的营业收入、市场规模和市场价值无一不宣告着中国科技巨头的诞生，其中以 BAT 为代表。

2018 年，腾讯董事会主席兼首席执行官马化腾提出了公司新的愿景和使命："科技向善"。作为一家世界级的公司，腾讯过去一直在业务领域取得成功，但没有提出超越业务之外的价值观。而如今信息科技已经处在人工智能普遍应用的前期，制定导向价值善的规则标准，对一家快速航行的技术公司而言，是比业务规模扩张更加重要的事情。

这是对科技企业未来存在意义的思考，是对长期主营业务底线的把握，尤其对 BAT 三巨头这种在各自领域已经具备全球影响力的企业而言更是如此。

科技的善恶是一个深刻且应该被不断探讨的话题。Google（谷歌）在 1999 年制定了"科技不作恶"的行为准则，试图从价值观层面杜绝利用科技纵容恶行的发生。但由于这个价值观会妨碍最初的市场发展，一些早期员工都持抵制态度。然而 2020 年 6 月 3 日，路透社报道，谷歌被指控通过设置为"隐身"模式的谷歌浏览器（Chrome）跟踪用户的互联网使用而侵犯了数百万用户的隐私。面对这一指控，谷歌可能会承担 50 亿美元的索赔。

谷歌于 2018 年 3 月便发现并修补过该漏洞，但未将此事公之于众。原因是怕取代 Facebook 的数据泄露丑闻事件，成为舆论的焦点。因为短期的利益考虑，导致两年之后丑闻爆发给谷歌造成了更为严重的后果。根据相关消息，谷歌律师和代表用户的律师表示，正在就此前近 50 万用户数据泄露诉讼达成和解，相关条款正在最后敲定。

以此分析，虽然谷歌、腾讯等都已明确了"善"的价值观，并都在以各种各样的形式践行着社会责任，但科技公司在自己科技主业的"善"上明显落后于它们的企业发展规模和速度。

在全球科技发展的今天，求快求大的中国科技企业如果不能回归"我是谁"的基本问题上并交出令人满意的答卷，在全球化进程中难免遭受巨大的挑战和危机。

案例：强生公司共同价值 / 首要目标凝聚百年辉煌

强生公司成立于 1886 年，至今已有 135 年的历史。公司最初生产无菌外科敷料，创始人为强生三兄弟詹姆斯、罗伯特和米德（后来米德退出，于 1905 年另立门户，成立了美赞臣公司）。强生公司总部位于美国新泽西州新布仑兹维克市，从最初的一幢四层红砖小楼开始，如今在全球 60 个国家和地区拥有 260 多家运营公司，全球员工约 14 万人，2019 年全球营业收入达 821 亿美元。

135 年前的新布仑兹维克市是美国当时活跃的创业及工业活动中心。强生公司在此建厂的时候，这座城市已经拥有了多家当地知名企业，其中几家后来成为强生公司的合作伙伴和供应商。同时，这个位于纽约和费城中间约 13 平方公里的城市不但火车交通极其便利，而且毗邻美国新泽西州境内的最大河流——拉里坦河（Raritan River）。

美国内战结束之后，工业发展迅猛。1860—1894 年，美国工业生产总值由世界第 4 位一跃而居首位，国内兴起修筑铁路的热潮，横贯东西的第一条铁路大动脉于 1869 年建成。铁路的兴建对美国西部的土地和矿产资源的开发极为有利，同时促使全国统一市场迅速形成，直接推动了重工业部门的发展。同时，铁路的运行改变了以往城镇利用太阳运行位置来确立时间的习惯，统一了标准时间。大批新兴工业部门蓬勃兴起，新技术层出不穷，特别是在电器工业方面，包括贝尔的电话、爱迪生的白炽灯等，美国发展为工业强国。各地创新产品层出不穷，对创业者来说，当时充满了机遇与革新。内战结束之后的 30 年中，美国的各种科技专利超过 40 万件。

曾在美国内战期间从事战地医疗工作的罗伯特为了解决铁路工人的急救问题，带领强生公司开发出原始的急救护理工具，从用于降低术后感染率的消毒绷带、后来的邦迪创可贴等，到制药、医疗器材及消费品，强生公司从一家外科绷带制造商成长为全球最具综合性、业务分布范围广的医疗健康企业巨头。

135 年后的今天，强生公司在 2020 年世界 500 强中排名第 104，美国 500 强中排名第 35（比排名第 64 的辉瑞制药公司营业收入高出 58%）。

小罗伯特·伍德·强生（Robert Wood Johnson Ⅱ）在 1943 年亲自撰写了"Our Credo"——强生信条："首先，关注我们的客户，关注世界上所有的医生、护士及父母们；其次，关注自己的员工，并尊重他们的尊严和价值；另外，也关注我们的社会，时刻提醒自己为社会作出贡献，维护我们所共有的财产；最后，关注股东的利益，给股东们合理的回报。"

强生信条的核心，其实就是所有人都在股东之前，要把股东放在最后。而历代强生公司的掌门人都以此信条为强生事业和强生人的共同榜样。

听上去好像与我们平常把口号贴在墙上没什么不同。但是，强生信条却并非走走形式。

将客户、员工和社会放在首位，强调责任、价值和贡献的强生公司，秉承着统一行为标准的强生公司，在 135 年的发展中时时刻刻强调公司存在的意义，以此将组织生产力与组织中人的价值、激励和创新协同起来，在一代又一代掌门人"知行合一"中，推动着共同价值/首要目标、战略/战略决策与制度/模式的协同发展。

价值善在强生公司不但成为引领战略与制度的核心驱动力，更是其在百年危机中力挽狂澜的"定海神针"。

小罗伯特是这家强生家族企业的第三任董事长，在任职期间，他决定让公司上市。之所以写下强生信条，是他担心市场压力对公司存在的意义受到影响。正是他的这个决定，在后来几乎摧毁强生公司的危机中，被继任者詹姆斯·柏克（James Burke）发挥到了极致，不但挽救了强生，并从此让强生公司站在了更高的舞台。

詹姆斯·柏克（任期 1976—1989 年）是一个传奇式的睿智人物，曾入选《财富》杂志评出的"美国百年十大 CEO"。这个称号与我们熟知的某些奖项有所不同。《财富》杂志评选的标准是从历史发展的角度，而不是从单纯的营业额或市场表现数字。比如，CEO 离任后是否还能兴旺发展、技术和经营方面的创新能力和影响力、领导公司度过危机和改革的能力、财务表现等。

詹姆斯·柏克之所以能入选，很多人都会自然想到 1982 年的"泰诺"事件。投毒者在强生公司旗下公司生产的泰诺胶囊里掺入了氰化物，导致 7 人死亡。泰诺胶囊一直是美国最畅销的止痛药，这件事使强生公司遭受沉重打击。由于可能涉及恐怖主义，而且事情发生的时间点已接近万圣节，召回一个市场占有率达 35% 的产品，FBI（美国联邦调查局）认为有可能引起不必要的恐慌。而如果强生公司仅动用公关手段，不召回产品，则可以最大限度保持财务收益。

然而，詹姆斯·柏克始终严格遵守小罗伯特的"强生信条"——凌驾于金钱上的博爱之心才是企业根本，更是带领强生公司度过危机、恢复名誉和地位的唯一路径。詹姆斯·柏克顶住 FBI 的压力，要求所有泰诺胶囊从商店下架，并立即安排、设计了创新型防破坏药瓶。在发生第一例患者死亡事件的 6 天内，强生公司迅速召回了市场上所有的泰诺胶囊，共计 3 100 万瓶，堪称零售业历史上最大的召回事件之一。强生公司为此花费了 1 亿美元。而后，强生公司一系列的公关和宣传活动，在不到一年的时间内，就使得泰诺胶囊重回市场占有率 30% 的水平。

事实上，詹姆斯·柏克的入选并非只因为这一件事，而是因为他秉承"强生信条"，在他的时代提炼出了共同价值/首要目标，并直接推动全公司实现了价值认同，建设了保障战略落地的制度和商业模式，从而夯实了强生公司的基石，促使强生公司在赛道、规模、财务、品牌和行业领导力等方面有了巨大飞跃。

所以，1982 年投毒事件是一个对"价值善"的协同型商业组织的能力的巨大考验。在这一事件的解决过程中，强生公司所有的部门和员工无不展现了上下一心的超强执行力。詹姆斯·柏克从出任 CEO 开始一直将"强生信条"奉为最高标准，直到他明确凝练出"让公司信条适用于所有情况"的共同价值，才真正获得了这一执行力。

这个挽救了强生公司的共同价值就是，领导者首先要对使用强生公司的产品与服务的人负责。这个负责包括了在此次危机中快速披露全部消息，以客户服务为核心，执行所必须要做的一切。

有人不禁要问：这不就是"做正确的事情，保持透明"——教科书式的危机公关解决方案吗？但什么是"正确的事"？从哪个标准来衡量"正确"？

这个问题只有强生公司的善基因才能给出唯一的答案。詹姆斯·柏克正是依照这个标准,毫不犹豫、顶住压力、行动迅猛地作出决策,并在第一时间改良药瓶,确保同样问题不会再次发生。

在78年后的今天,这一拥有308个单词的强生信条仍然在全公司被经常提及。如今,在强生美国总部正门、每个会议场所随处可见。它不是挂在墙上的装饰,更不是人们合影的背景,而是被历代继任者不断思考和决策的唯一标准。每当强生公司的发展遇到重大决策,继任者都会回到"我是谁"的原点进行判断。

作为一家世界一流企业,让CEO事事决策是不现实的。所以,强生公司推行与共同价值/首要目标相匹配的制度/模式,这些制度/模式确保了强生公司可以在任何情况下,以坚持基于"强生信条"的共同价值为决策和行动标准,展现出组织内部协调统一的超强执行力。强生公司分权管理模式和制度的建立,在各个层级架构的管理者中贯彻共同价值,并以此为分权模式的机制设计,确保了公司可以充分调动各部门、各分公司的积极性。正是这一管理模式和相关制度对共同价值的支持,保证了"对使用强生的产品与服务的人负责"这一共同价值的实现。

正是在共同价值的驱动下,在战略决策上,强生公司不断促进产品创新,并促进庞大的全球各业务间的技术融合,满足顾客的各种需求。正是基于此,强生公司发展的多元化经营,将医疗保健业务的各种产品进行组合,不但增加了向客户提供服务的范围,而且在多元组合下保持了统一的服务水平,提高了顾客的满意度。

强生公司秉承"健康是活力人生、繁荣社区和不断进步的基础",在过去135年中,坚定不移地推进健康事业,在社会、科技、环境和经济都发生了深刻变化的历史过程中,不断研发、提供人们在每个年龄段和每个人生阶段能够保持健康的产品和服务。

如今,强生公司在其善基因指引下,综合战略和制度/模式,将公司资源效率发挥到最大,用其全球的广泛影响力进一步促进人类健康、建设更美好社会,让世界各地的人们都能拥有健康身心,享受健康环境。而这也正是强生公司 135 年来存在的社会意义。

强生公司的股东总回报率高达 15.3%，远远高于竞争对手以及业内平均指数，并且公司股息连续 54 年保持增长态势。不但如此，强生公司是美国公司中仅有的两家拥有最高 3A 级信用评级的公司之一，这正说明了公司产品的高质量和信用。

第二重协同修炼：战略准

微软 CEO 萨提亚·纳德拉在《刷新：重新发现商业与未来》一书中写道，比尔·盖茨创立微软的愿景是让每个家庭都拥有一台好用的电脑，如今这个愿景早已实现，但是科技发展日新月异，伟大的成就已成过往。

在新的时代，萨提亚·纳德拉提炼了微软的共同价值 / 首要目标，回归企业生存的本质，提出"云为先，赋能他人"的愿景，在此基础上进行企业战略转型，打造与之相匹配的制度 / 模式，并不断以各种方法促进微软员工的心智模式转变，最终初步实现了云时代的战略目标，摆脱了前任 CEO 留下的不利局面，重回巅峰。这个过程并非一蹴而就，而是花费了大量的资源和时间。萨提亚·纳德拉的卓越之处在于，他始终没有急于求成地去追求技术创新和技术战略，而是在标杆基石的重塑和促进组织心智模式转换这个基础上下足了功夫。

萨提亚·纳德拉的战略非常成功，他的领导力非常强大，但从本质上说，这是"价值善—战略准—制度好"的协同结果。萨提亚·纳德注重组织与人的协同，避免了强行推行，通过推动认知转变，并利用制度支持让人们在获得正反馈的经历后，实现心智模式与行为的统一，达到组织与人的协同，保障三重协同的基石运转良好，形成组织各个局部积极创新的内部活力。

查尔斯·汉迪（Charles Handy）是欧洲最伟大的管理思想大师。他在 80 岁高龄推出的《第二曲线——跨越"S 型曲线"的二次增长》一书中指出，任何一条增长曲线都会滑过抛物线的顶点（增长的极限），企业实现持续增长的秘密是在第一条曲线消失之前开始一条新的 S 型曲线，而这条新的 S 型曲线就是第二曲线。

从曲线的衔接状态来说，在 S 型曲线中，企业的起步阶段、增长阶段、成熟阶段、变革 / 衰退阶段分别对应"选择卓越""从优秀到卓越""基业长青"和"再造卓越"的阶段。

标杆基石修炼的第二个维度——战略准，则常常从战略决策推动的创新变革开始，而这个时间点，在大部分情况下会与第二条 S 型曲线的起点相对应。

在这里要注意，标杆基石的任何三重协同修炼都不着眼于 S 型曲线本身，而在于它是支持 S 型曲线跨越不同周期的底层基石。S 型曲线规律绝不等同于产品的生命周期，它是每个时代的具体决策与资源匹配的最佳协同状态。

企业战略变革的起点通常要在企业发展良好阶段发动。这就好比为什么企业要在有钱的时候向银行贷款，而当企业有了困难、需要钱的时候，却往往因为财务表现不佳而难以得偿所愿，从而进入更糟糕的境地。

好的变革通常不是等到火烧眉毛、不得不为的时候才进行，要动手术就要趁着身体还有本钱的时候，当势头往下坠、走入生命周期的末端，变革必定事倍功半。查尔斯·汉迪很形象地用两条半重叠的西格玛曲线表达了这个概念，当第一条曲线还处在上升阶段时，第二曲线就应该启动了。

案例：华为 AI 战略布局未来

2018 年 10 月，华为正式对外宣布其 AI 战略：华为不仅要投资基础研究，还要打造面向云、边缘和端等全场景的、独立的以及协同的、全栈解决方案，提供充裕的、经济的算力资源，简单易用、高效率、全流程的 AI 平台。

2018 年的华为蒸蒸日上。一方面，与苹果公司、三星等高端手机制造商的竞争如火如荼；另一方面，5G 市场取得了一个又一个重大突破。然而，华为却从"爆发式增长的数据""无处不在的计算"和"无所不及的智能"这 3 个方面看到了未来市场形成前的暗流。用华为自己的话说，"我们当下正处于爆炸式创新的前夜"。

秉承"以客户为中心"的华为，通过分析得出："AI 作为新的通用目的技术（GPT），将深刻推动社会发展进程。"而在《华为基本法》中明确"永不进入信息服务业"的华为，清楚自己的定位，华为是设备制造商，需通过 AI 战略助力行业智能化转型。

仅仅在过去两年的时间里，华为的 AI 战略就已经为客户创造了强大的生产力。根据华为全球分析师大会上的数据，华为取得的成绩惊人。这套行业 AI 落地方案，名为 Atlas 人工智能计算解决方案。它一方面在于云边端全场景覆盖能力，另一方面在于更强、更绿色以及更易于使用的 AI 算力。比如制造业的质检环节，即便实现了机器检测，但人工检测依然是复杂环节中必不可少的环节。华为的 AI 加速卡使检测设备实现了视觉智能质检功能，达到"秒计检测准确率 99.9%"，而在人工检测下，用时 180 秒，准确率达 90%。在国内抗疫战场上发挥作用后，华为还与意大利 AGS 公司、惠普等合作伙伴，创建基于人工智能的医疗影像辅助诊断系统，让医生和病人获取精准的医疗影像诊断报告的速度从过去的 10 ～ 15 分钟变为 10 ～ 20 秒。华为的资料显示，"AI 让医疗影像诊断效率提升了 50 倍以上，助力抗击新冠肺炎"。

AI 的赛道足够宽、足够长，因为 AI 与行业应用的结合才刚刚开始。AI 人才稀缺，亟待培养——"全球 AI 人才供需比仅为 1%，核心专家不过 3 万多人"，技术整体渗透率低——"从全部行业来看，AI 的渗透率仅为 4%；中国市场中，含 AI 的 B2C 应用，也不过 10%"。同时华为也延续了整个计算战略的思路："硬件开放、软件开源，使能合作伙伴，与高校、开发者、ISV 等合作伙伴一起构建 AI 生态。"

AI 战略从必要性和可行性上的分析也回答了其如果持续发展，将有很大可能成为下一个时代华为在社会存在的意义，AI 时代的"我是谁"。我们还将持续关注华为的 AI 战略，但在国家首提"数字要素"的 2020 年，在新基建发展中 AI 技术的发展与落地必然成为核心驱动力。正如华为云与计算 BG 总裁侯金龙所说，"云、AI 和 5G 是新型基础设施的三要素，是数字经济的发动机"。

尽管目前的华为时势艰难，但华为不断夯实的标杆基石却坚定地在任正非提到的"黑土地"上高速协同发力。

第三重协同修炼：制度好

制度/模式的实质其实就是支撑企业战略实现的运行模式，包括资源、流程、价值链中利益相关者的敬业度/投入度协同，以及从治理模式到管理模式的协同。

由于制度/模式在表面上看是企业内部完全可以调控的，也在对标成功的案例中被突出描写，以至于很多人至今在企业制度和模式设计上还经常"生搬硬套"，甚至直接"复制粘贴"。

通过上文的阐述，我们不难理解，制度/模式虽然被放在第三重修炼，但实际上，"价值—战略—制度"是不分先后的，而1998年华为对标IBM就是以IPD流程优化为切入口的三重协同修炼。

最好理解的就是很多世界一流企业的战略目标是通过并购的商业模式实现了"怎么去"的问题。在本书中篇，我们将着重分析以友嘉、瑞可利为代表的众多企业的并购模式。

并购方法虽然好，但对组织基石的协同能力有着更高的要求，因为并购来的业务是"死"的，而执行业务的却是一个有着不同基础/基石（比如有着不同存在意义和价值观）的组织，有着多样性文化背景、不同思维模式和行为习惯的团队。如果企业自身基石不牢，组织开放度不够，并购很可能带来的不是战略目标的实现，而是企业内部的价值冲突和资源冲突等引发的地震。

从对标管理的角度来看，制度/模式的修炼最容易出现"碎片化复制"和"脚痛医脚"的问题。现在"向华为学习""向华为对标"的课程铺天盖地，俨然有超过两年前"向阿里巴巴学习"热浪的趋势。

随着很多企业将学习华为提上日程，那么诸如"向华为学习执行力""华为人力资源管理体系对标"的课程也越发泛滥。在学习过程中，提高认知、增加思考是必要的，但一旦将"执行力"这个词与"学习、提升或者对标"等动词放在一起，往往就出现了严重的偏差。

既然执行力是一个"不存在"的管理词汇，那么几天的课程班学习是不可能提高执行力的。良好的执行力是"价值善—战略准—制度好"的必然结果，所以企业应当特别注意对标时在问题诊断过程中的系统性思考。当各级管理者发现团队的员工有工作倦怠、负面情绪蔓延等情况时，应从三重协同修炼角度出发，系统性思考，寻找问题的本源。必要时要利用一些思考工具和团队讨论方法，避免直接凭经验处理。因为这既可能是危机发生的前兆，也可能预示着创新机会的到来。

组织生命力模型：组织治理 10S 协同模型

组织治理 10S 协同模型是一套适应新时代发展要求、以建设企业组织生命力并高效匹配外部复杂环境变化的协同治理分析框架。组织治理 10S 协同模型以实现企业协同治理为最终目标，回答"我是谁、去哪里、怎么去"的终极问题，实施组织治理价值、战略、制度的三重修炼，建构包含 6 个子系统的相互匹配支撑体系的系统工程框架。组织治理 10S 协同模型强调组织开放性、稳定性和敏捷性之间的协同，以协同为终极目标，以加强组织生命力、提升组织能力为核心。

在对数十家标杆企业进行研究后，我们总结认为，组织协同是系统相互作用达到的匹配、适宜、自然、包容、共享、增效、渐进、稳定、和谐、健康的状态，这种协同是宏观、中观和微观的动态、整体和协调的运行状态。

在迈向世界一流企业的过程中，我们应该更多地学习标杆企业的组织协同治理，学习这些协同型商业组织如何建构组织中的协同框架，以形成结构元素的协调、协作的拉动效应，使组织获得更强的商业生命力，共同前进，个个获益，整体加强，多赢发展。

组织治理 10S 协同模型的 10 个要素分为 3 个层次：第一个层次是协同（synergy）；第二个层次是共同价值 / 首要目标（shared values/superordinate goals）、制度 / 模式（system/schema）、战略 / 战略决策（strategy/strategic decisions）3 个要素；第三个层次是价值认同 / 社会舆论营销（value identity/social marketing）、满意度 / 表达（satisfaction/expression）、结构 / 稳定（structure/stabilization）、激励 / 约束（stimulation/restrain）、规模 / 范围（scale/scope）、周边环境 / 竞争态势（surroundings/state of competition）6 个要素。这 10 个要素共同形成立体支撑模型，见图 3-1。

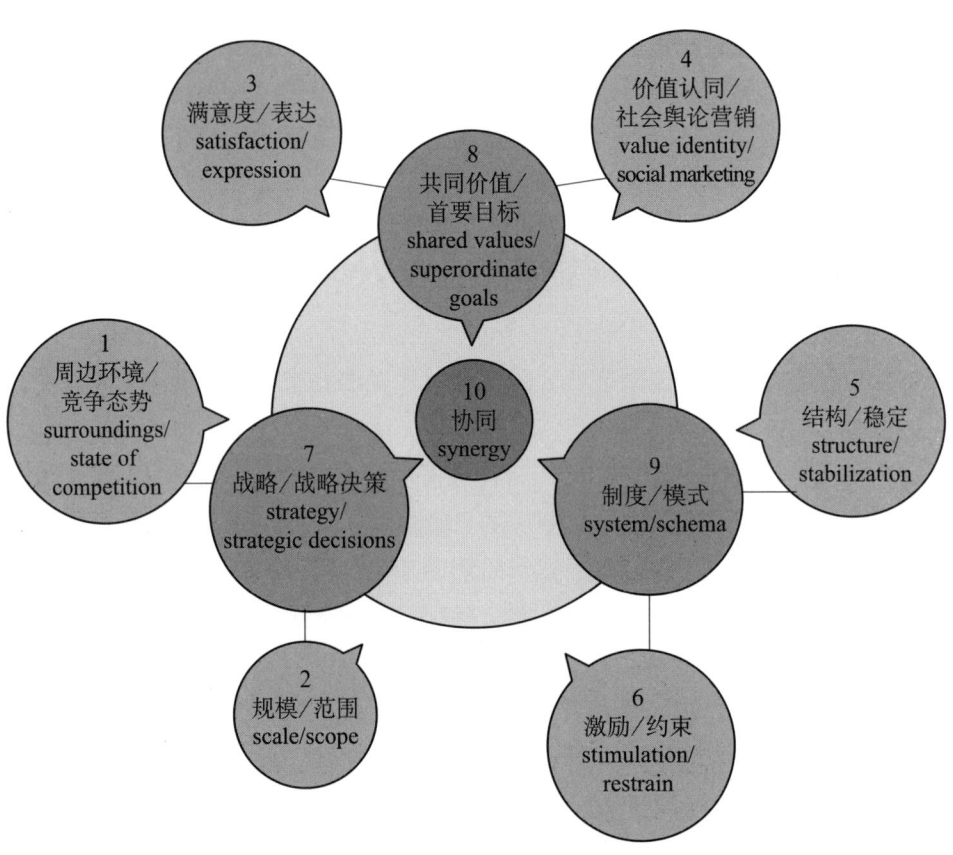

图 3-1　组织治理 10S 协同模型

在组织治理 10S 协同模型中，从静态来看，规模 / 范围、周边环境 / 竞争态势决定了企业的战略 / 战略决策，满意度 / 表达、价值认同 / 社会舆论营销对共同价值 / 首要目标产生重要影响，结构 / 稳定、激励 / 约束则对企业的制度 / 模式影响重大。最终，共同价值 / 首要目标、战略 / 战略决策、制度 / 模式共同作用，才能真正达到组织协同的目标。从动态来看，每个要素在整个协同系统中发挥着序参量的作用，在组织发展的不同阶段，每个要素（序参量）的地位和重要性也在发生着变化，支配整个组织系统的发展。同时，各个要素在不同圈层中不断转动，每个要素与其他要素之间也产生相互影响、相互制约，最终形成各个要素之间动态的协同与匹配的过程，从而达到整个组织系统的协同发展。

总体来说，"10S"是自上而下、不断旋转、相互协同匹配的框架，底层是6根支柱，中间层是三维协同的三重修炼，顶层是协同，其结构与安徽六角塔类似，是结构稳固、动态平衡的协同型体系。

组织治理 10S 协同模型的建构，揭示了商业组织的长远发展取决于至少 10个要素以及这些要素之间的相互关联和支持；组织的运营状况取决于这些要素之间的协同与匹配，企业的成功不仅仅依赖一个要素的改变；这些要素之间的协同与匹配是动态的过程。对于企业管理而言，在分析自身优势、市场趋势后，根据规模、周边环境定位形成战略，与企业特有的文化价值进行契合，并通过一定的制度和商业模式将组织战略有效落地，才能实现组织的创新、转型和长久发展。

标杆基石的基本功修炼：组织心智模式转变

打造标杆基石的前提是组织心智模式的转变，从过去模式调整为面对未来的模式。这并非一两个人的认知变化，而是组织的变化。

组织心智模式转变必须在善基因主导下完成。标杆企业在不同时代回答着不同版本的"我是谁"，措辞在变、范围在变，甚至企业形成价值链模式在变，但企业的初心不应改变。善基因并非是与慈善机构合作的"善因营销"，而是企业存在的社会意义。

善基因是领袖迭代和组织知行合一的前提，更是企业不断获得人力资本价值和创新的前提。

组织心智模式是什么

我们认为组织心智模式是建立在组织与人的关系之上，相互之间不断重构、不断进化的动态协同和匹配过程。

组织心智模式的转变并非管理者或者员工个人心智模式的转变，这个转变也并非一个静态结果。

协同型商业组织是有组织生命力的。而组织心智模式正是决定组织行为的基础，也是一个组织可以实现战略目标、"知行合一"的前提和保障。

组织心智模式如果不能与外部环境变化相匹配，必然无法保证组织中的人实现战略落地，其中逻辑、资源和与之匹配的分配和激励制度都难以发挥协同作用，甚至相互冲突。

转变组织的心智模式有什么用

在组织善基因的主导作用下，转变组织心智模式与转变后的组织绩效形成了组织层面的匹配状态——组织的"知行合一"。只有当这两者真正匹配时，组织适应外部复杂环境的协同能力才能得到真正提升，旧、新两个时代心智模式与新的行动方案的关系分别见图 3-2 和图 3-3。这解释了为什么大部分传统的咨询项目，即使方针、方案都正确，仍然存在诸多困难：咨询方给出的专业方案，往往只是在"行"的层面给出了指导，但组织和人的心智模式并没有发生任何变化。

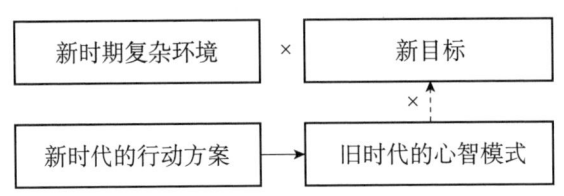

图 3-2 旧时代的心智模式无法促使新的行动方案成功

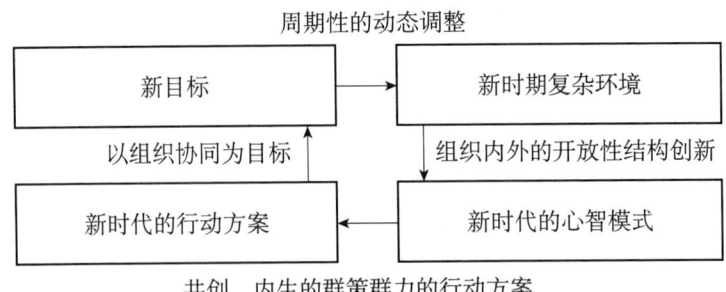

图 3-3 新时代的心智模式促使新的行动方案成功

这也解释了华为对标成功的原因。1998 年华为对标 IBM 的 20 亿元咨询费带来的是 IBM 倾尽全力的浸泡式咨询和辅导，其中，企业家的心智模式转换决定了任正非的企业家精神发挥了极其重要的领导、决策和推动作用，同时 IBM 与华为双方的核心人员在推动全公司员工转变心智模式方面，在《华为基本法》、战略、战术、制度、模式上提供了最大限度的协同支持。

对标为什么需要组织转变心智模式

对标的终极目的是使企业真正成为世界一流企业。

要想成为世界一流的标杆企业，企业需要夯实标杆组织的基石，实现协同型商业组织的三维协同的动态协同匹配状态，在此基础上才可能形成持续不断的组织生命力。

组织基石的锻造是培育参天大树的生态，绝非指标化的管理模式。而要修炼能够匹配极其复杂环境的三维协同生态、夯实标杆基石，必须先要转变组织的心智模式，使组织与组织中的人认知协同并能匹配外部和内部迭代的变革挑战。

这也是为什么组织的心智模式需要转变，由于未来具有高度不确定性和复杂性，过去的成功经验是无法在未来取得成功的。在以往的对标管理中，大部分对标仅仅停留在解决问题的层次上，忽略了组织心智模式的转变。在充满不确定性的外部环境中，对标提升应当立足于商业组织认知的层次。这就要求组织从价值、战略和制度的三维协同层面识别自身与世界一流企业在组织进化认知模式上的差距，而非仅仅局限在某个或某些子系统。

这也是为什么大部分公司在以往对标中"画虎不成反类犬"的原因所在。

如何转变组织的心智模式

我们先来解决以下两个问题：第一，我们需要明确知道组织心智模式转变的动力点往往发生在什么时候；第二，我们需要明确知道不断推动标杆企业前行并能验证心智模式转变的持续力量是什么。

针对第一个问题，心智模式转变的动力点可以分为内部动力点和外部动力点两种。内部动力点往往出现在企业一代又一代的掌门人迭代的时候，而外部动力点往往是外部环境推动的战略变革。而在战略变革的时候，如何进行战略决策往往是由掌门人及其核心团队的心智模式决定的。归根结底，组织心智模式的重要动力就是企业领袖的心智模式转变及其影响。

针对第二个问题，决定一代又一代掌门人迭代和推动组织心智模式转变方向的只有企业的善基因。转变组织的心智模式，必须回归企业存在的意义，深挖组织善基因的时代价值，凝聚共同价值／首要目标，使之发挥主导作用，实现战略并使衡量标准可见、可衡量，并迭代组织与人的"知行合一"制度和模式，在以人为本的时代，将个体价值与激励、创新与发展、技术与责任协同。

因此，组织传承的领袖人选必须从善基因入手。期待继任者可以带领公司在未来走向成功，等于继任者必须从组织的"知"与"行"两个层面实现组织心智模式的转变。

首先是"知"。这取决于企业继任领袖与核心团队对企业善基因的认识和认可程度，以及以此回答"我是谁"这个企业存在意义的时代问题时个人与组织共同价值／首要目标的匹配度。

其次是"行"。这取决于企业继任领袖与核心团队能否不受旧时代成功经验的干扰，以真正实现企业在不同时代发展的"善"目标，夯实不同时代所需标杆基石，以组织的三维协同模式登上持续驶向未来成功的列车。

掌门人迭代的故事从来都是有喜有悲。在很多标杆企业中，都有 CEO 长期在位却经营失败或者长期业绩证明继任者难当大任，或者 CEO 个人观点过强导致企业错误决策等。比如，曾经发生过轰动一时的继任风波的惠普、波音、AIG，还有 2006 年初耐克创始人耐特在继任者上任不足一年的时候就再度出山。

其实，几乎所有大型组织在各层级的重要岗位都存在过人员不匹配或者不适合问题，但一般都没有直接对企业整体造成严重的不利影响（如果有，也属于特例，主要是制度或者业务模式缺陷，比如年仅 28 岁就担任巴林银行新加坡分行负责人的尼克·李森）。

没有与组织善基因匹配的继任者，"价值善—战略准—制度好"将成为一句空话，企业的标杆基石在新时代中就失去了结构支撑，组织生命力难以为继。

掌门人的离任、退休，一直都是标杆企业的重中之重。稍有差池就会带来威胁企业生存的严重问题。

一般情况下，在企业现任 CEO 进行多年有力的领导后，一旦出现董事会和组织运营对其过分依赖的情况，企业就应当提高警惕，因为其心智模式在这种情况下还是人的心智模式，而非组织心智模式。如果董事会允许 CEO 选择自己的退休日期，但是当市场动荡加剧致使这位元老的光辉业绩受到威胁时，退休日期将不可避免地被延长。这往往并非因为潜在继任者难以胜任，而是基于新旧交替的平滑过渡的考虑，即我们俗话说的"扶上马，再送一程"。在这种情况下更要注意，新领袖的个人心智模式仍然并非处于组织层面，但在危机和动荡中促进新旧领袖迭代的磨合和统一就是在危机中创造机会，帮助新领袖在未来的组织心智模式转化中锻造"价值—战略—制度"的协同基石，使组织在过渡中持续获得再启航的生命力。

案例：迪士尼是如何实现业务转型的

成立于 1923 年的迪士尼，至今已有 98 年的历史。公司总部位于美国加州伯班克，主要业务包括娱乐节目制作、主题公园、玩具、图书、电子游戏和传媒网络。2020 年，迪士尼公司以 695.7 亿美元的营业收入（年增 17%）在世界 500 强排行榜中排名第 150，在美国 500 强排行榜中排名第 49。其营业收入比世界 500 强排名第 132 的阿里巴巴少 5%（阿里巴巴营业收入 7316.5 亿美元），比排名第 197 的腾讯多 27%（腾讯营业收入 546.12 亿美元）。

迪士尼的社会目标是追求"制造快乐，销售快乐，这种快乐是家庭共享的快乐"。迪士尼旨在触发让孩子天真无忧、享受简单质朴的欢乐，让曾经是孩子的成人实现如孩童般的快乐，找到快乐的源泉，让人们从沉重、寂寞而琐碎的日常生活中解放出来。因此迪士尼的使命就是"使人们过得快活"。

迪士尼创始人沃尔特·迪士尼被称为"米老鼠之父"。他创造了色彩斑斓的童话王国，设计出各种各样惹人喜爱的卡通形象，也正是这个天才创造出了迪士尼传奇。最初只想画画的沃尔特·迪士尼把企业经营交给了哥哥，但是没想到企业很快濒临破产。为了拯救企业，沃尔特·迪士尼创造出让世界大开眼界的米老鼠。

沃尔特·迪士尼的继任者是迈克·艾斯纳（Michael Eisner）。他从 1984

年开始担任 CEO，直到 2005 年辞职。1984 年，迪士尼的市值仅 14 亿美元，公司还遭到了恶意收购。迈克·艾斯纳临危受命，带领迪士尼力挽狂澜。那时的迈克·艾斯纳风光无限，从 1998 年出版的《高感性事业——迪士尼主席兼首席执行官迈克尔·艾斯纳自传》中可见一斑。迈克·艾斯纳先后在美国广播公司、派拉蒙影业公司创下了优异业绩，在执掌迪士尼的 15 年后，使公司市值增长到 750 亿美元。书中的迈克·艾斯纳是个睿智的掌门人，是公司倚仗的经营智者，秉承着冒险主义与保守主义相结合的运营理念。不难感受到，书中的他，在尔虞我诈的商业竞争中，带领着迪士尼王国开疆扩土，发挥着核心作用。

然而，迈克·艾斯纳逐渐忘记了一个事实，即便是"国王"，也是聘来的。前期"战时胜利"和王者风光自然被一直铭记，但是到了后期，在"和平时代"的持续经营中，迈克·艾斯纳却以专断独裁的风格，对迪士尼董事会、家族的价值主张不再尊崇，甚至与迪士尼家族的关系也紧张起来，"国王"变"暴君"，并与乔布斯交恶，致使迪士尼与皮克斯的合作关系无从进展。不可否认，迈克·艾斯纳的个人能力超强，但正是因为前期的光环和成功的经验，一直使他过度追求个人决策，而没有将企业的价值追求放在首位。

2005 年，任期结束的迈克·艾斯纳被当初选他的人"赶"下台，黯然让位给二把手罗伯特·艾格（Robert Iger）。面对烂摊子，罗伯特·艾格立刻将与皮克斯的合作放在最重要的日程上。一年之后，迪士尼以 74 亿美元收购皮克斯。为了实现企业价值，罗伯特·艾格不断进行并购和 IP 的打造，这位与上任 CEO 形成强烈对比的性格温和却坚毅的领袖，带领迪士尼在短短十几年中从一家经营动画内容的公司，发展成为全球家庭娱乐产业的领航者。

在罗伯特·艾格时代，迪士尼认为创造出"与众不同的体验"非常重要，"一切皆可创新"成为迪士尼实现"制造快乐，销售快乐，这种快乐是家庭共享的快乐"的源泉。罗伯特·艾格带领迪士尼一步步创新和突破，建造出一个扎扎实实的 IP 帝国，为全球带来了影视娱乐的快乐高峰。试问有多少人没看过漫威超级英雄，没看过"X 战警""阿凡达""神奇四侠""猩球崛起"？罗伯特·艾格秉承沃尔特·迪士尼的梦想，为世人留下了属于这个时代的"快乐财富"。

罗伯特·艾格任期中的重要事件回顾：

2006 年：迪士尼收购皮克斯。

2009 年：兴建上海迪士尼乐园，收购漫威娱乐。

2012 年：收购卢卡斯影业（获得《星球大战》（Star Wars）等系列 IP）。

2018 年：收购 21 世纪福克斯。

2019 年：推出 Disney+ 平台（3 个月内，注册用户达到 2860 万人）。

2020 年 2 月，迪士尼前 CEO 罗伯特·艾格宣布，在新冠肺炎病毒于全球暴发后将重回迪士尼工作，协助新继任的 CEO 鲍勃·查派克（Bob Chapek）参与公司的运营，与迪士尼员工共渡难关。根据媒体报道，罗伯特·艾格自己认为："我经营迪士尼已有 15 年的经验，如此大规模的危机对迪士尼影响很大，我会积极和查派克一起帮助公司应对危机。"受疫情影响严重，迪士尼公司旗下电影停拍、撤档，主题公园关闭，高管降薪，4.3 万名员工无薪休假。根据数据评估，在迪士尼公园闭园期间，每天的损失高达 2000 万美元。

根据 2020 年第二季度财报，迪士尼公园、体验和产品部门因关闭，致使这部分的运营收入减少了 58%，但第二季度的实际收入增长了 21%。媒体网络部门的收入比上年同期增长了 27%，而直接面向客户（如 Disney+，ESPN+）部门的收入增长了近 30 亿美元（同比增长 260%）。这表明迪士尼的业务转型正在成功。而在互联网时代"创造新的快乐"，正是推动艾格后时代的迪士尼加快转型的动力。

抓住对标机会，自上而下推动组织心智模式转变

只有组织转变心智模式，以组织协同为终极目标的对标提升行动才能成功（见图 3-4）。在组织治理 10S 协同模型中，我们对组织心智模式转变的作用模式进行了描绘（见图 3-5）。

在向对标对象学习的过程中，企业必须不断探问"我是谁"，从领袖和核心管理团队到组织全员，统一组织善基因的时代价值，并发挥在战略决策和制度 / 模式创新方面的优势，全员参与，全员承诺，通过对标方案的贯彻执行，主导组织与人的"知行合一"。

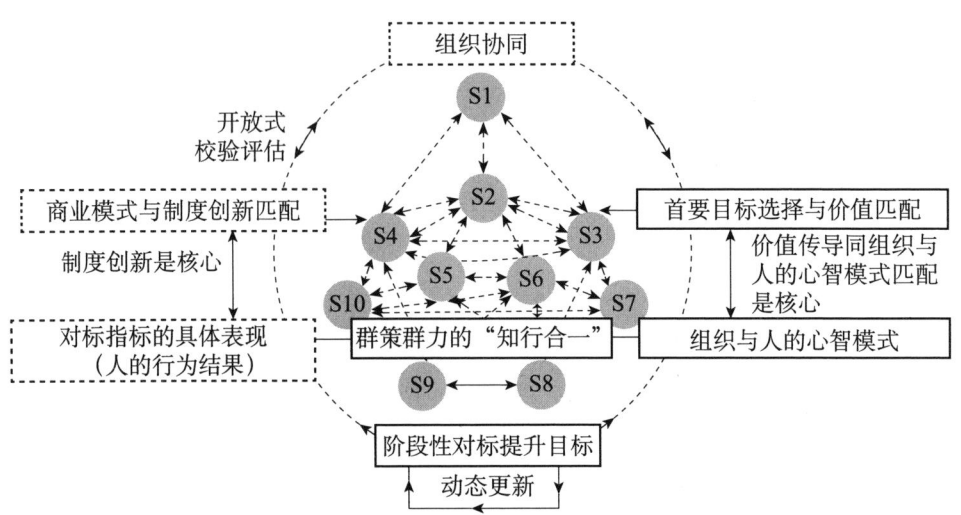

图 3-4　成功的对标提升行动实施使组织具有动态协同能力

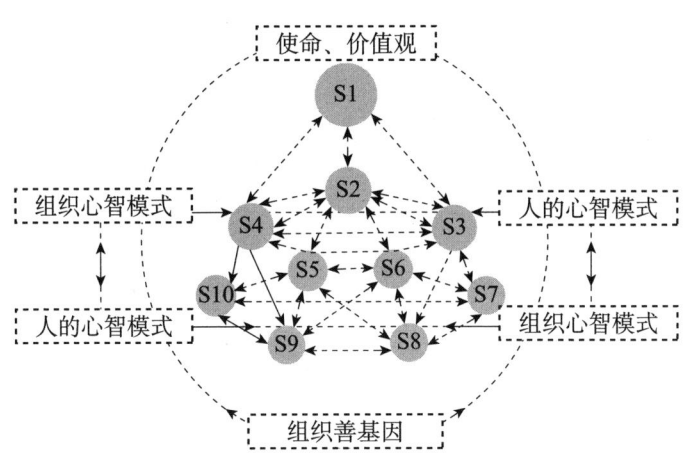

图 3-5　组织心智模式转变的作用模式

在本书的下篇，我们将通过以组织治理 10S 协同模型为基础设计的"631 对标框架"，对"如何夯实标杆基石"的行动方案进行阐释。其中包括：对标阶段的诊断步骤、促进组织心智模式转变和"知行合一"的具体对标学习的思路和方法等。总体来说，在组织心智模式已经达到"知"的前提下，以行动学习和构建学习型组织为核心手段，发挥群策群力的优势，通过组织与人的心智模式转变，形成阶段性对标提升方案的不同行动项目，以"协同"体系整合"六大子系统"与"价值—战略—制度的三维协同"的匹配，实现"知行合一"的新目标，推动组织锻造与世界一流企业匹配的组织生命力基石，见图 3-6。

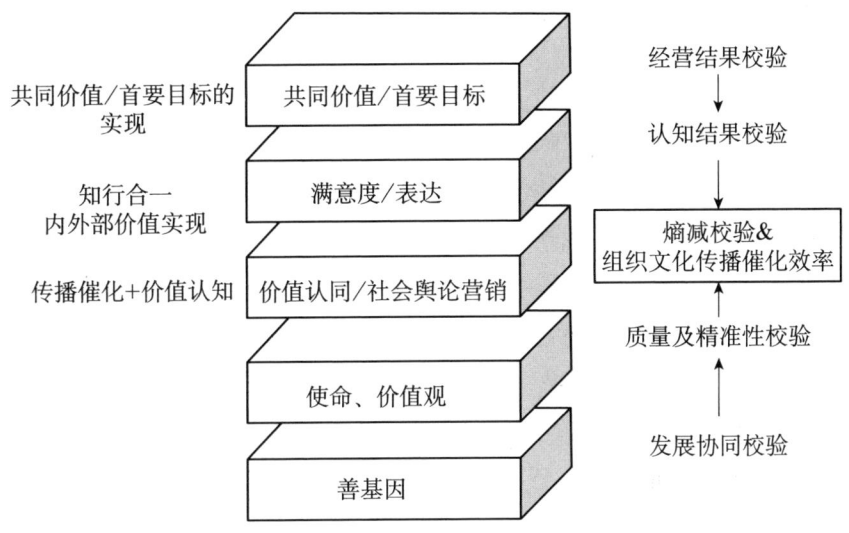

图 3-6 善基因与组织心智模式的校验模型

组织的善基因是组织为促进社会发展和进步所设立的企业使命基因。

善基因是由组织成立之初希望推动社会发展的使命所决定的，在不同的发展阶段有不同的具体使命陈述，表现为与外部环境变化相适应的共同价值 / 首要目标的实现，在企业内部是组织治理的主体与客体的认知与价值的统一。

善基因通过组织心智模式形成战略 / 战略决策、制度 / 模式和共同价值 / 首要目标的协同，通过核心领袖团队心智模式的率先转变，在新时代提炼和凝聚出符合时代意义的共同价值 / 首要目标，并在战略 / 战略决策、制度 / 模式中不断进行价值验证，通过激励和创新，在不同的 6 个子系统中发挥三维协同的最大效能。

在一些关键岗位和变革决策时间点，核心领袖团队的心智转变往往又可以反作用于组织心智模型的觉醒，推动"10S"之间的匹配，最终实现组织进化。

但是，当个人心智模式转变对组织的作用过于强大时，组织治理要设置保护机制，以评估个人意志和能力是否已经超越了组织能力，并要提前对继任者变更带来的潜在风险进行评估。一些过于依赖个人领袖的组织，在其组织心智并没有与该领袖的心智模式匹配时，组织风险往往会在该领袖离开后集中涌现。因此，企业继任者培养并非只聚焦在个人，在企业领袖迭代衔接的关键时期，组织善基因的阶段性共同价值/首要目标共识究竟是立足于个人能力还是立足于组织能力，可通过组织心智模式的校验得到一定的验证。

对标提升行动与组织治理 10S 协同模型的分析框架

建立符合对标体系要求的协同型商业组织

2019 年 1 月初，国务院国资委出台《关于中央企业创建世界一流示范企业有关事项的通知》征求意见稿，对央企创建世界一流示范企业，提出了建设"三个领军""三个领先""三个典范"的要求。

"三个领军"是指在国际资源配置中占主导地位、引领全球行业技术发展、在全球产业发展中具有话语权和影响力的领军企业；"三个领先"是指全要素生产率和劳动生产率等效率指标、净资产收益率和资本保值增值等效益指标、提供优质产品和服务等方面的领先企业；"三个典范"是指践行新发展理念、履行社会责任、拥有全球知名品牌形象的典范企业。

组织治理 10S 协同模型的"价值善—战略准—制度好"三维协同与"三个领军""三个领先""三个典范"的世界一流企业的协同发展理念和要素一致，从顶层协同开始，自上而下构建协同型商业组织，实现三重修炼和六支柱协同，成为一流的自主创新、一流的品牌形象、一流的资源配置、一流的国际化经营、一流的可持续发展、一流的人才队伍、一流的风险管控的协同型商业组织。

从标杆基石开始，实现基业长青的世界一流企业目标

条条大路通罗马。对标提升和实现标杆的路径有很多，但最终的结果都是成为协同型商业组织，否则必然崩溃或衰败。

通过案例分析，我们希望企业能够在确定变革方案前，首先仔细思考并准确

回答"我是谁"。挖掘企业共同价值 / 首要目标的善基因，以此承载组织的使命与愿景，并以此价值观决定组织发展的方向。

回答"我是谁"是组织持续发展的关键因素，如图 3-7 所示。尤其在知识经济时代，企业之间的竞争越来越表现为文化之间的竞争。企业文化是企业一整套共享的观念、信念、价值和行为规则的总和，它能促成企业内部形成一种共同的行为模式，这种共同的行为模式便是企业文化最强大的力量之所在。

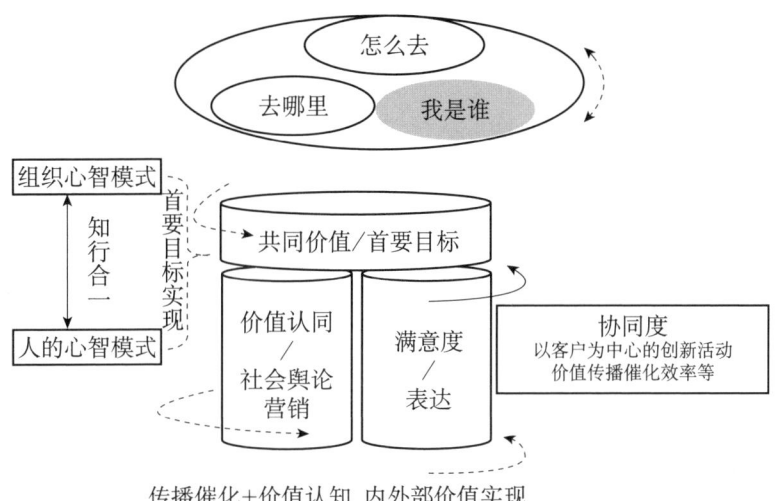

图 3-7　用组织治理 10S 协同模型回答"我是谁"

其次，认真分析并回答"去哪里"，如图 3-8 所示。在快速变化的时代，企业战略需要根据环境的变化不断转型。对企业而言，能否在不断适应与不断变化的过程中，始终保持企业的核心竞争力，是组织能否基业长青的重要动力之一。

最后，跳出碎片化的问题和表象，站在价值和战略的层面，从组织治理和模式创新角度不断回答"怎么去"的问题，并最终提炼出与战略—价值相匹配的答案，如图 3-9 所示。本书将在案例分析中，探索这些世界一流标杆企业是如何不断创新自身的商业模式和制度，实现三维协同的。而这些世界一流的标杆企业因此具有了不可复制的核心竞争能力。这也成为标杆企业赖以生存和不断进化的重要动力之一。

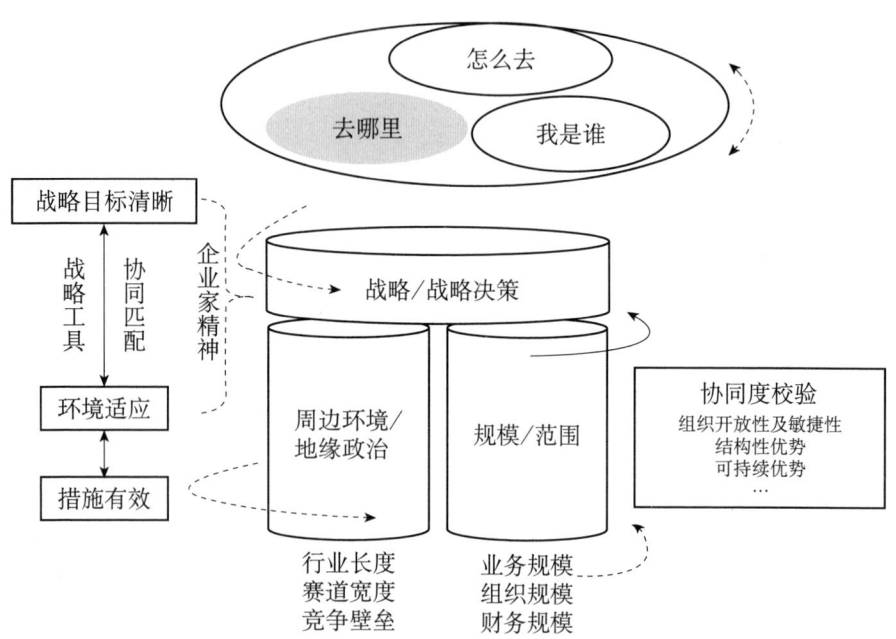

图 3-8　用组织治理 10S 协同模型回答"去哪里"

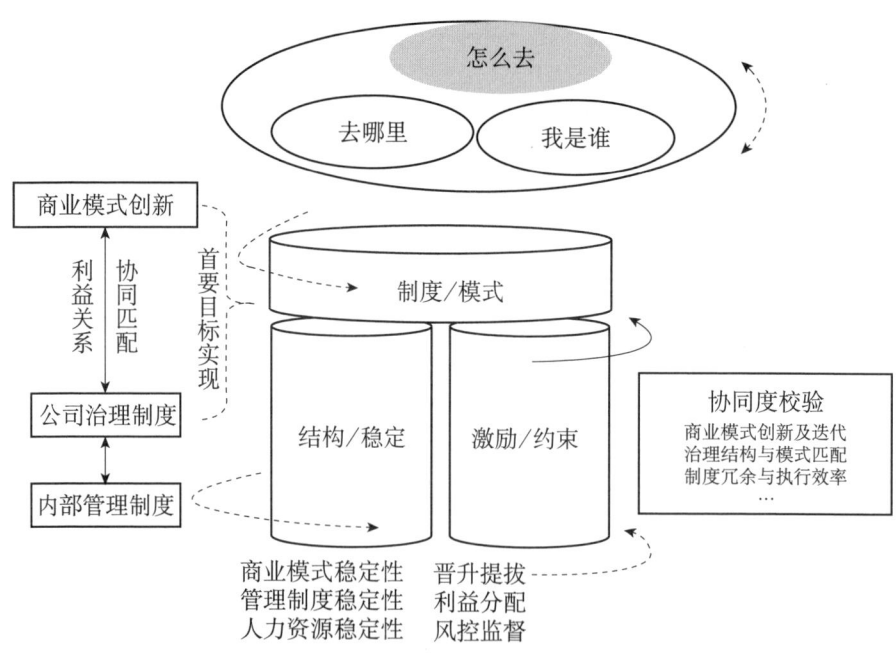

图 3-9　用组织治理 10S 协同模型回答"怎么去"

你在哪里：一个简单的协同度诊断

组织熵增三维检查表是一个测量企业协同度的很好的工具，它从价值、战略、制度三个维度对商业组织进行"体检"，有效地将组织的不协同状况展现出来，在生成协同度雷达图之后，可简单明了地看到"病灶"细节。今天的企业家和管理者都可以按照组织熵增三维检查表——对号检查。

通过使用组织治理 10S 协同模型对企业的多年研究发现，商业组织不协同常见的十大问题包括：

（1）战略与运营脱节，形式主义严重，战略无法落地；

（2）组织结构臃肿，总部机关化；

（3）组织定位不清晰，无人担责，频繁换将；

（4）创新与活力不足，未老先衰；

（5）价值链割裂，流程不畅；

（6）利益割据，山头主义；

（7）独断专行，任人唯亲；

（8）盲人摸象，生搬硬套；

（9）心智模式落后，麻木不仁，归罪于外；

（10）文化不融合，简单拼凑。

可以得出结论：组织不协同最突出的表现就是碎片化，是组织发展中越来越严重的割裂状态。这是 20 世纪旧模式下的必然产物，也是我们要促进企业转型、使之成为协同型商业组织面临的最大困难。

想要成为适应错综复杂的 VUCA 时代的自组织，关键就是要构建体系化的分析框架，从顶层协同开始，自上而下将企业的碎片整合起来、组织在一起，形成体系，真正实现价值—战略—制度的三维协同。

对标世界一流企业，首先就是要在变革中构建企业协同的基石，协同匹配地推进管理能力螺旋式提升，实现在对标中获得竞争性学习，在复制中不断创新，从而不断增强企业的竞争力、创新力、控制力、影响力和抗风险能力。

中　篇
案例研究：世界一流标杆企业的协同基石

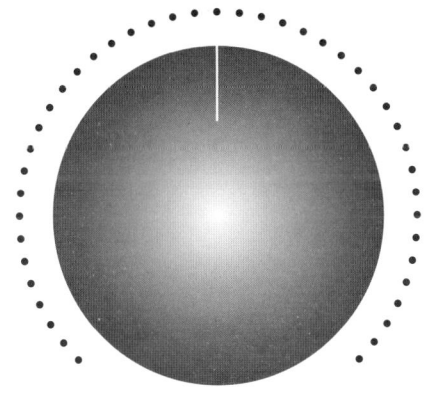

对标
锻造世界一流企业基石

为进一步推动国有企业加强管理体系和管理能力建设，加快培育具有全球竞争力的世界一流企业，按照国企改革三年行动方案部署，国务院国资委决定在中央企业和地方重点国有企业开展对标世界一流管理提升行动。

国有企业以对标世界一流为出发点和切入点，以加强管理体系和管理能力建设为主线，综合分析世界一流企业的优秀实践，对照世界一流企业、行业先进企业寻找差距，全面提升管理能力和水平。

伟大的企业家一定是思想家、战略家。在打造一流企业的基石时，需要广阔的全球视野、整体的思考能力、历史的方向感，透过现象看本质，直抵事物的核心，在激烈的竞争博弈中，协同治理能力会决定最后的成败，要剖析基本战略逻辑、理解核心价值、洞察制度框架。

吉姆·柯林斯在《基业长青》一书中对18家伟大企业进行了分析，认为最持久、最成功的公司的基本特质是它们保持一种核心理念，同时刺激进步，能够从烦琐的经营做法和商业谋略中，分离出它们永恒不变的核心价值观和经久不衰的使命。而正是基于这种使命，组织在经历环境变化时能够保持初心，大胆拥抱变革，最终成为基业长青的伟大企业。因此，不是规模和利润成就一个伟大的组织，而是通过不断拥抱变化，坚守企业的文化价值观，持续对商业模式和战略进行变革和创新，进而成就一个伟大的组织。

我们将组织治理10S协同模型的顶层协同、三重修炼和六根支柱的匹配分析应用在对标分析中，引导企业在构建成为标杆企业的过程中，不断思考三个终极问题，并建立从顶层协同向下整合碎片、构筑协同组织的体系思维。

本书从企业协同治理的角度选取了21家世界一流企业，涵盖先进制造业、现代服务业等多行业，用组织治理10S协同模型进行系统研究，用管理学与协同学的分析框架进行分析，以揭示其共同的成功密码。研究发现，企业在迈向卓越的过程中，在价值、战略、制度等维度具有高度的协同，只有当组织在价值、战略、制度上实现了协同匹配，厘清了"我是谁、去哪里、怎么去"的问题，才能系统思考、分层推进、夯实基石。

由于研究时间、信息来源、研究范围、研究方法、视角和篇幅等多方面原因，案例分析可能存在诸多不足，我们将根据研究和对标实际工作的开展，通过多种渠道不断学习和更新。

第四章
丰田：无法复制的成功模式

全球市值最高的汽车公司——丰田

丰田汽车公司（以下简称"丰田"）创立于 1933 年，长期居于世界十大汽车工业公司之列，是目前全球市值最高的汽车公司。公司总部位于日本爱知县丰田市和东京都文京区，隶属日本的三井财阀。创始人丰田喜一郎生于日本，毕业于东京帝国大学工程系。1929 年底，丰田喜一郎亲自考察了欧洲和美国的汽车工业。1933 年，他在丰田自动织布机制造所成立了汽车部。丰田喜一郎通过同班同学从德国买了一辆德国 DKW 前轮驱动汽车，经过两年的拆装研究，终于在 1935 年 8 月制造了一款 GI 牌汽车。此后，丰田汽车公司逐渐取代通用汽车公司，成为世界排名第 1 的汽车制造商。旗下品牌主要包括雷克萨斯、丰田等系列的高、中、低端车型。

丰田自 1990 年初就使用了 3 个椭圆形标志。标志中的大椭圆形代表地球，中间是两个垂直组合成 T 形的椭圆，代表丰田。它象征着丰田基于未来、对未来的信心和雄心，也象征着丰田对客户的承诺和对客户的保证，象征着用户和汽车制造商的心灵相通且相互信任，同时也展现了丰田的精湛技术和创新潜力。丰田的生产和管理系统长期以来一直是其核心竞争力的源泉，并成为企业管理遵循的国际模式。例如，看板管理是丰田生产管理的一个主要功能，现已在全球范围内使用。世界许多大公司都在学习丰田管理模型的基础上建立了自己的管理系统，以试图实现超越，比如通用电气、福特和克莱斯勒等世界知名公司。尽管丰田的管理模式已为全球所认可和接受，但真正"复制"成功的公司并不多。如今，丰田每天接待成千上万的管理者来访，这些参观者将看到的管理方法带回自己的公司后，并没有取得预期的效果。

丰田的管理模式之所以无法复制，是因为它在价值、战略和制度上进行了综合协调发展。丰田是世界各地公司的标杆，但只有极少数公司把握到了丰田的精髓。那么，丰田在发挥协同作用的过程中是如何做的呢？

价值引擎——文化价值观

丰田的企业文化

作为丰田的创始人，丰田喜一郎表示："如果每个员工都能尽自己最大的努力去履行职责，就会产生强大的力量，这种力量会形成动力环并创造出巨大的生产力！"丰田的核心文化来自5个方面：挑战、持续改善、现地现物、尊重员工和团队合作。

挑战。第二次世界大战后，丰田喜一郎提出了"在3年内赶上美国"的目标，他带领丰田大胆创新，实行了闻名世界的丰田生产方式（TPS）。在短短的20年中，丰田的生产效率已经从相当于美国同行的八分之一水平提高到了5倍水平。2000年，丰田进一步挑战自我，提出了"在3年内削减30%的成本"的战略目标，开始实施"CCC21"运动以降低成本。丰田通过重新设计与整合生产、采购和供应商平台，专注于173种主要汽车零部件，基本实现了目标。

持续改善。丰田生产线上有一个安灯系统，任何发现异常情况的人都可以根据自己的判断决定拉下安灯，停止生产线，解决问题，并避免有问题的产品流入下一个流程。正是这种行为方式帮助丰田建立了问题暴露系统。普通员工像管理者一样思考，每天解决他们所面对的问题，以促进公司的持续发展。

现地现物。丰田喜一郎说过一句名言："每天洗手不超过3次的技术人员算不上称职。"意思是，整天坐在办公室里的技术人员无法制造出优质的产品，因为不了解现场实际生产情况。丰田文化倡导的是，每个人无论位置如何，都必须深入现场，透彻了解真实情况，并根据事实进行管理，以使决策不偏离实际。

尊重员工。丰田员工具有强烈的职业安全感，因为他们有稳定的薪酬增长机制。他们的效率高于同行，他们的总体薪酬水平也高于同行。系统的培训和轮岗使他们能够快速掌握工作技能，人人参与管理使他们获得工作乐趣和成就感。即使经济不景气也不会担心，因为丰田不随意裁员；即使裁员，也主要裁管理人员而不裁普通员工。

团队合作。灵活的团队合作在丰田已成为最常见的组织形式。有时，同一个人同时属于不同的团队，并负责完成不同的任务。大规模的团队合作当属丰田的新产品开发计划。这个计划由一个大型团队推动，团队成员来自不同部门，包括市场营销、设计、工程、制造、采购等，他们在同一团队一起工作、战斗，大大缩短了发布新产品的时间，并兼具更高的质量和更低的成本。小型团队合作涉及前线的每个生产部门，由5～8人组成，团队负责人带领团队成员相互协助，完成生产任务。

丰田的团队文化

丰田在推行团队文化方面尤为真诚。公司的价值观宣言这样写道："为了确保公司的成功，每个团队成员都有责任与他人合作，诚实沟通，分享观点，相互理解。"尽管个人主义是西方文化体系中的主流价值观，但在丰田却没有得到相应的重视。

丰田在雇佣之前会对求职者进行测试，以确保他们不仅具有足够的技术技能，而且以团队为导向，即他们可以信任自己的团队。在公司的组织结构中，工作是围绕团队来设计的，这一点并不为人称奇。每个员工都知道公司的座右铭："团队的智慧胜于个人的智慧。"丰田认为，团队是组织权利的核心，领导者为团队服务，而不是团队为领导者服务。

良好的团队文化可以使团队成员在轻松愉悦的环境中工作，团队成员彼此信任并具有共同的目标。在这样的氛围中，团队的创造力和潜力将得到极大的激发；相反，如果是不良的团队文化，成员之间关系淡漠、上下级之间缺乏沟通和信任、部门之间相互推卸责任，就很容易在团队内部引起摩擦，并使团队的目标无法实现。团队能否成长壮大，最重要的因素是团队是否有积极向上的优秀文化支撑。一个有优秀文化支撑的团队往往是一个团结、协作、有能力和高效的团队，该团队具有强大的生命力和战斗力；相反，团队没有良好的文化，团队成员之间没有凝聚力，整个团队就像一盘散沙，团队将无法继续。

丰田非常重视团队文化的塑造，尤其是共同价值观的培养，包括有效的沟通、合作等思想。所谓共同价值观是指团队所有成员行为举止和做事的基本态度，它是团队成员关于目标或信念的共同想法和意见。共同价值观是解决团队中矛盾纠纷和冲突的关键。实际上，只有通过形成所有成员认可的价值观和所有成员在成长过程中遵守的行为准则，才能创建一个完美的团队。

丰田因其强大的团队文化而出类拔萃，这种团队文化在组织成员之间营造了和谐的氛围，而和谐带来了高效率。在中国传统文化中，孔子提出"和为贵"，并从治国的角度肯定了"和谐"的作用。荀子提出"和则一，一则多力"，他认为，在组织内部和谐相处的人们可以达成一致，并会增加力量。孟子提出"天时不如地利，地利不如人和"，他认为，内部和谐，共同努力，必将不可战胜。

丰田模糊的工作管理使其专业要求低于人才招聘的综合要求。在丰田，学习法律的人从事采购、学习汽车的人从事人事、学习计算机的人从事生产……这种现象无处不在。这得益于其完整而成熟的工作轮换系统，只要员工表现良好，职位轮换系统就将员工训练为复合型的多面手。

由于丰田工作稳定、福利良好、员工离职率极低，因此年度招聘控制得非常严格。

战略引擎——田青久的四大全新战略

关注"新四化"，田青久公布一汽丰田全新四大战略

一汽丰田汽车销售有限公司（以下简称"一汽丰田"）在中国市场扎根已有十多年了。一汽丰田总经理田青久站在一个新的历史节点上，宣布了一个全新的品牌概念——极致。在接下来的 15 年中，田青久为一汽丰田设定了"四大全新战略"，开启"新四化"（电动化、智能化、互联化、共享化）新征程。

2010—2015 年，田青久离开一汽丰田整整 6 年。在此期间，一汽丰田在市场竞争中处于劣势。田青久于 2015 年 11 月底返回一汽丰田，一汽丰田的汽车销量随之同比大幅增长。

"站在全新起点上，新的品牌口号将引领着一汽丰田的制造品质升级、新能源化、智能网联化和营销升级以及其他一系列战略。"田青久指明了一汽丰田未来的发展方向。

第一，制造品质升级战略。一汽丰田新升级的制造系统实施了 TNGA（Toyota New Global Architecture，丰田新全球构架）战略结构，提高了智能化和自动化水平，并实现了一系列新的发展。

一汽丰田于 2018 年推出了首款基于 TNGA 战略框架构建的车型——奕泽 IZOA。在 TNGA 框架下，丰田希望使车辆既可控、舒适，又具有轻巧的车身和行驶稳定性。

第二，新能源化战略。丰田一直是全球推广新能源汽车的先驱，在全球范围内已售出超过 1 200 万辆电动汽车。一汽丰田在 2019 年推出卡罗拉 PHEV 车型，在 2020 年推出奕泽 EV 车型；到 2025 年，所有车型都将推出电动汽车。

第三，智能网联战略。一汽丰田从 2019 年开始生产新款卡罗拉，所有系列都将配备与车辆相连的数据通信模块（DCM）。在 2020 年，新车销售量的 60% 配备车联网；到 2025 年，配备车联网的汽车累计数量将达到 320 万辆。

第四，营销升级战略。在产品和服务方面，一汽丰田将更好地满足消费者的多样化需求，并扩展其价值链业务，从而使消费者享有诚实无忧的汽车生活；在

传播方面，它将努力通过品牌与消费者之间的真实交流，促进"物联网"营销3.0，与消费者形成一种精神共鸣。

田青久掌舵销售，2018 年一汽丰田前 8 个月创历史同期最佳成绩

"对一汽丰田来说，'致真，至极'是该公司第二次创业的起点。它不仅展示了生产、质量和服务的基本特征，而且展示了一汽丰田所有员工的价值观和方法论。"重回一汽丰田执掌销售业务的田青久，带领一汽丰田进入增长快车道，并于 2018 年 8 月创造了一汽丰田有史以来最好的业绩。

2003—2009 年，精通销售并对中国市场有深入了解的田青久担任一汽丰田售后服务部和经销商支持部的负责人。在任期间，一汽丰田迅速在中国打开了市场。一汽丰田 2008 年的销量为 35 万辆，比 2007 年的 28 万辆增长了 25%。行业排名也上升到第 4，在整个乘用车市场所占份额为 6.5%，成为主流汽车公司排名中增长最快的公司。

2009 年，田青久调任吉林汽车公司副总经理。是年，一汽丰田的销量开始下降，到年底行业排名第 9。2010—2014 年，一汽丰田的销量并未大幅增长，甚至未能进入 2012 年和 2014 年十大汽车公司排行榜。

2015 年 11 月，田青久重返一汽丰田。一汽丰田开始了为期 3 年的"内部结构调整期"。2016 年，一汽丰田全年共售出 65.88 万辆新车，同比增长 6.6%，超过年度销售目标。一汽丰田 2017 年的累计年销量为 69.3 万辆，同比增长 5.2%，超过 2017 年初设定的 67 万辆的销售目标。

2017 年底，一汽丰田宣布，根据公司的发展和战略部署需要，田青久将从2017 年 11 月 1 日起正式担任丰田汽车销售有限公司总经理。2018 年 1—8 月，中国汽车市场呈现微增长态势，一汽丰田累计销量超过 47 万辆，同比增长 2%，创历史同期最好成绩。

居安思危的丰田：解读丰田电动化战略

从 200 多年前的工业革命到 100 多年前的汽车诞生，在享受技术和工业带

来的便利的同时，汽车的人口和数量也发生了结构性变化。汽车消耗大量能源，随着经济的进一步发展，能源消耗问题将不可避免变得越发严重。在这种背景下，在混合动力领域非常成功的丰田举办了电气化研讨会。我们对丰田的电气化战略并不感到惊讶。从技术上讲，普锐斯的多年研发使丰田充分掌握了电气化的相关技术。同时，FCV 车型的开发也扩大了丰田在电气化方面的视野。

汽车绝不是孤立的产品。为了梳理汽车的概念和大多数人对汽车的理解，我们倾向于认为汽车不同于飞机和火车。毕竟，汽车可以随时随地自由行驶。在某种意义上，汽车不过是"四个轮子支撑一个车身"，这是可以理解的。但从产品层面来看，汽车从来都不是孤立的个体。首先，油田勘探技术的飞速发展使得大量油田被发现，化学能源开始显现。其次，石油公司在炼油技术上取得了长足的进步，并且已经开发出有效的汽油提取方法。

电动汽车的发展也是如此。技术是非常重要的一环，"新四化"、新的商机和政策在背后也起着关键作用。这迫使汽车公司尽快制定对策，否则将无法进行正常的商业发展。因此，丰田在 2017 年设定了"2030 年，全球电动化汽车年销量达到 550 万辆以上，作为零排放车型的 EV·FCEV，力争年销量达到 100 万辆以上"的目标。

丰田一直说在驾驶过程中只关注二氧化碳是没有意义的。考虑到全球环境的负担，我们需要考虑制造过程中使用的燃料所排放的二氧化碳，包括电力、氢能，当然还有汽油。因此，有必要减少从车辆到零件和材料的制造，再到维护和处置的整个生命周期的排放。只有这样，电动汽车才能真正做到环保。正是这种思维方式确立了丰田普及电动汽车的未来措施。"新四化"与丰田自身的转型有关，近年来，丰田不止一次提到它的属性不再是独立的汽车公司，但要成为未来移动旅行的服务提供商，电动汽车是过渡到这条路的必不可少的"工具"，因此丰田加快了电动汽车的部署。

和电动车"恋爱"的丰田，主动还是被动？

关于丰田的纯电动汽车的部署，我们一直认为有点慢。显然，丰田也深知这一问题。丰田副社长寺师茂树甚至表示："我们的发展已经被甩开一个身位了。"那么，为什么在我们看来的电动汽车领域没有产品发布呢？

首先是理念问题。包括丰田在内的日本汽车制造商对新车和新技术的开发持谨慎态度。这一方面与日本的民族特征有关，另一方面谨慎和可持续性显然比单一产品更重要。丰田从 20 世纪 70 年代起就开始研究电动汽车和混合动力汽车。但是，丰田认为，对于电动汽车，不能使用传统燃油汽车的"制造和销售"思维模型。电动汽车不能简单地制造和销售，而是需要完整的业务模型。此时纯电动技术的发布表明，丰田已经确定了其未来用于电动汽车普及的商业模式。

当然，从目前来看，丰田纯电动汽车路线的想法更适用于日本市场。实际上，丰田也有将日本用作"试验场"的想法。

那么，针对中国市场的纯电动汽车路线是什么？一般来说，它必须符合上述业务模型。同时，快速提供能够满足各种需求的产品，提高研发效率和设定合适的价格非常重要。寺师茂树明确表示了丰田中国在整个丰田系统中的重要性，特别是当丰田进入电动汽车时代后，丰田中国将成为丰田研发的引领者。为了更好地适应中国的节奏并把握未来，丰田将派遣大量资深的日本工程师到中国与中国工程师会面，共同发展和提高丰田对市场的反应能力。

丰田的电动化技术

车辆电动化所需的核心技术是电动机、电控和电池。通过掌握这些技术，可以制造各种类型的电动车辆。然后通过与发动机、充电设备、燃料电池、储氢罐等的组合搭配，就能制造所有的电动化车辆。

丰田显然在电动机和电控方面取得了一定成功，特别是在混合动力汽车领域。从第一代普锐斯开始，电动机、逆变器以及包括发动机在内的控制系统就完全由自己下大力气研发（电池与松下合作）。丰田通过第二代普锐斯新开发了一种系统，通过自由调节电压，实现了逆变器和电池的小型化。这已成为当前丰田混合动力系统的基本框架。

丰田实际上已经形成了一个较大的混合动力技术壁垒，几乎接近市场寡头的地位。自 1997 年推出第一代普锐斯以来，丰田混合动力车型的销售量已超过 1 200 万辆，并且丰田仍在优化混合动力系统的软件和硬件结构。

未来，丰田何去何从

丰田章男经常对公司同事说："我每天醒来的第一件事就是考虑丰田将来是否能够生存。"作为当今全球汽车行业的执牛耳者，正是这种在和平时期为危险做准备的态度使丰田取得了长足的进步。但是也要看到，互联网公司的崛起确实对传统汽车公司带来了影响，例如特斯拉在电动汽车领域的崛起、谷歌和百度在智能驾驶领域的发力，这种跨维度的打击很容易使传统汽车公司失去立足之地。随着电气化的发展，曾经极度困难的汽车制造壁垒也正在降低，传统汽车公司不可避免地加入了混战。

丰田在此节点上的纯电动技术进展让市场看到了丰田在电动汽车方面的积累。实际上，我们已经看到，从汽车制造商到移动服务提供商的转变是丰田对未来的回应，运输和未来生活的改变也是丰田意志的体现。

说到中国市场，中国品牌实际上在纯电动汽车领域具有一定的市场基础。对合资品牌而言，如果能够成功进入这个市场，就必须考虑清楚。过去，丰田的标签非常清晰：经济、省油且耐用。进入电动汽车时代，丰田将展现什么风格？我们将拭目以待。

协同的基础：人事组织

丰田究竟是什么样的人事组织

丰田拥有近 35 万名员工，其中有 50 多名役员（类似于董事）和 500 多名部长。如何进行选拔呢？人事占主导地位。丰田现任总裁丰田章男表示，人事是公司理念的精髓。

丰田于 2015 年 4 月 18 日推出了公司制度。许多人可能不了解：丰田本身就是一家公司，为什么还引入公司制度？这里提到的公司制度是指以独立的"公司"身份管理公司当前部门的制度。索尼是日本第一个引入该制度的公司，在该制度下，将原来属于公司高级管理人员的预算和人事权限分配给每个业务部门，每个业务部门根据其不同的实际情况作出判断，并采用独立的财务结算方法以更好地管理收支状况。就结果而言，丰田公司制度的引入是非常明智的，2016 年已经取得初步成效。

丰田为什么要花大量时间来改革公司制度？丰田章男在 2016 年政策会议上说："我将所有工作人员都任命为'击球手'。我要做的就是评估'击球手'。我可以允许 3 次'空击'（在棒球比赛中，其他人没有掷球，但击球手已经挥棒），但我不允许 3 次都未能击球的情况。这次组织改革并不是为了解决研究课题，我是想借此机会让大家认真考虑工作方法。"

丰田人力资源制度的精髓

丰田在日本拥有 7 万名员工，其中有 4 万名在生产现场工作。他们中的大多数是熟练工人，就像组织金字塔一样呈现分散式。其中，三级（科长）约有 7 300 人，二级（次长）约有 1 700 人，一级（部长）500 多人，顶层是大约 50 名董事。

对于大学毕业生和技术人员，达到三级大约需要 15 年，达到二级大约需要 20 年，而达到一级则需要 25 年。通常 90% 的大学毕业生可以达到三级，再晋升的就寥寥无几了。

当人们谈及日本公司的人力资源管理时，往往指的是终身雇佣制、资历等级和年薪制。实际上，这是一种误解。日本公司和欧美公司的人力资源管理在许多方面是相同的，在某些地方甚至超过了欧美公司。同时，结合东方文化的特点，日本公司进行了许多成功的改进。

丰田人力资源管理理念

丰田的管理理念是每个人都熟悉的"丰田之路"。作为公司的价值观，"丰田之路"体现在丰田管理的各个方面，并且是丰田全球业务中人力资源管理的"指挥棒"。

在丰田的人力资源管理理念中，将遵守规则和法规放在第一位。遵守规章制度体现在3个方面：第一，明确的规章制度和程序；第二，严格公正地使用规则；第三，指导思想和规则内容必须向员工全面贯彻。这对人力资源经理提出了很高的要求。为了使员工遵守规章制度，在制定规章制度时必须广泛听取各种意见，并在规章制度形成之后进行宣传说明，使每个员工都能充分理解和接受。只有员工充分理解和接受的规章制度才能得到有效遵守和执行，这也充分体现了对员工的尊重。

只有这样，人力资源管理者才能真正拥有员工心中的权威。这是许多国内企业人力资源管理者迫切需要学习的，因为许多国内企业的人事制度是基于公司或老板的立场，常常忽略员工的感受，以致难以实施，而且经常产生意见分歧。

丰田究竟会选拔什么样的人

丰田很清楚要选拔什么样的人才。每年的3月到4月底是日本的樱花季，许多公司组织赏花活动，这些活动必须由负责人亲自出面。该负责人在日本被称为"花见干事"。组织赏花不是一件容易的事，需要与各个部门联系并进行协调，以确认时间，准备饮料和餐食，最重要的是控制成本。作为汽车制造商，丰田有许多供应商，如何处理与供应商的关系尤为重要。就像赏花活动一样，有很多事情需要准备和考虑。简单来说，丰田追求的人才是"可以组织赏花的人"。实际上，它是中国经常提到的"十字型人才"。

由此可以看出，在选择人才时，丰田不仅关注一个人的实际工作能力和工作成果，而且关注该人是否会处理与下属和年轻一代的关系，以及如何与各个部门进行协调。在丰田，领导与下属、上级和下级之间的关系通常是"教与学"的关系。年长者担任初级老师，无论年长者是董事、部长还是主任，他们都必须遵循这一点。在丰田有一条不成文的规定，即没有团队合作意识的人永远不会被赋予重要的任务。

丰田的"海外修行"

从 2013 年开始，丰田开始实施"海外修行"计划。大学毕业生加入丰田后的第四年，将被派往海外部门接受培训，让他们在不懂日语的老板那里工作。派遣目的地不仅有欧洲、美洲，还包括东南亚地区。用丰田内部人士的话来说："让可爱的孩子们去旅行。"在丰田，许多员工精通多种语言，但是仅靠语言能力是无法获得升职的。

丰田是人才聚集的地方，因此竞争激烈，不乏高中毕业的技术人员被直接晋升为董事的案例，深刻地贯彻了丰田"以人为本"的理念。

丰田专注于锻炼年轻人，并将其中能够脱颖而出的提升为董事。丰田的董事有一个共同特点：当他们远离工作场所时，他们始终是一个受过良好教育的叔叔的形象，他们知道如何照顾下属。但是在工作时，他们对下属的要求非常严格，从和蔼可亲的叔叔转变为"魔鬼教官"。

丰田的董事还有一个共同特点：即使他们成为丰田的董事，也并不意味着可以放松对能力提升的追求。例如，在 2015 年推出该制度时，原本是金融事业部人事董事的一名员工被转到汽车贷款项目，以培养他的"人"与"钱"相结合的理念。

丰田的改革可以说是颠覆性的。丰田章男试图彻底改变丰田的工作方法，这是丰田高层"危机感"的体现。

丰田出色的人力资源管理理念充分体现了公司的人力管理价值。由于丰田人对价值的充分理解和一贯实施，公司的价值观体现在人力资源管理的各个方面，并使得丰田大为受益。

标杆组织的协同基石总结

大家都很熟悉的"丰田之路"，概括起来就是 5 个词语 18 个字："挑战、持续改善、现地现物、尊重员工、团队协作"。"丰田之路"作为公司价值观，体现在丰田人经营管理的各个方面，是全球丰田事业体的"指挥棒"。

丰田的行事风格大刀阔斧，从工作方法上，让丰田进行彻底改变，这是丰田高层"整体协同"的具体体现。很多体量大的公司的决策进程明显比小公司效率低，会议繁多且项目进展缓慢，逐渐影响其经营的基础。如同曾经强盛的罗马帝国一样，并非外部强敌将其攻破，而是内部发生混乱导致帝国崩塌。而丰田深知协同对一个公司的重要性，在外界看来，令人十分不解的丰田的组织协同，或许正是丰田如此强大的秘诀之一。

丰田的协同理念倡导以人为本的管理、集体主义、双赢互利和共同发展。它符合国家、人民和有责任心的企业家构建和发展和谐稳定的劳动关系的初衷，值得国内企业借鉴。

第五章

台塑：筚路蓝缕，聚沙成塔

　　成立于 1954 年的台塑集团（以下简称"台塑"）以全世界最小的 PVC 生产厂为起点，通过对企业产业链的战略性拓展、对企业组织架构的创造性搭建、对企业内部各个环节的轨道化管理、对企业文化经年累月的持续固化，最终成为中国台湾地区最卓越的企业集团之一，也是世界级的石化企业之一。其经营领域横跨石化、能源、钢铁、电子、机械、生物制药、信息化、医疗、教育等行业，除在台湾岛内和祖国大陆，也在美国、越南、印度尼西亚及菲律宾等地设有多家海外分公司，建有大型生产基地。

　　台塑作为一家中国台湾地区的民营企业，自 1964 年上市以来，连续 50 余年持续盈利。台塑的经营规模和产业版图也在持续扩张，创办人王永庆堪比稻盛和夫，被誉为台湾地区的"经营之神"。截至 2018 年底，台塑的资产总额 9200 亿元人民币，营业收入 5 372 亿元人民币，利润总额 850 亿元人民币，员工人数超过 11 万。通过几十年的发展，台塑已成为台湾地区让员工幸福、投资者安心、社会信任的企业集团。

三个立足点：共同价值 / 首要目标、战略 / 战略决策、制度 / 模式

　　台塑是凭借什么逐步壮大起来的？台塑在管理方面主要有哪些经验和特点？

按照组织治理 10S 协同模型进行解析，我们认为，台塑成功的背后并没有特殊的奥秘和复杂的诀窍，而是遵循了简单朴实的道理。概括起来，就是以人为本、强调"切身感"的组织文化（共同价值／首要目标），科学合理的思想方法（进而形成战略／战略决策），精心设计、运转高效的制度／模式。共同价值／首要目标、战略／战略决策、制度／模式这三者严丝合缝地结合，形成了卓越的执行力，夯实了台塑发展的基石，这也是台塑达到世界一流水平的核心竞争力所在。

在分析台塑的三个立足点之前，要明了关系企业的具体含义。关系企业是世界企业集团中的一种特殊形式，一般有 3 个特点：首先，它缘于情感因素带来的心理认同，关系企业一般都是由家族企业发展而来；其次，关系企业拥有共同的目标与战略，因此一般采取的是集中决策的方式，同时，关系企业通常在同一个产业中有上下游或者横向联系的关系，因此存在着业务上的需要；最后，关系企业通过建立总部实现管理上的共享服务，与一般的企业集团最大的不同在于，关系企业不存在控股母公司。

台塑就属于一家典型的关系企业，它是由台湾塑料公司（成立于 1954 年）、南亚塑料公司（成立于 1958 年）、台湾化学纤维公司（成立于 1965 年）、台塑石化公司（成立于 1994 年）、越南河静钢厂（成立于 2012 年）这 5 家公司为主力和核心的相互交叉持股的 100 余家公司组成的企业集群。管理中心由台塑创办人王永庆、王永在的家族成员组成，代表家族股东监管公司运行；行政中心是台塑最高决策机构，行政中心下设总管理处，是台塑关系企业的核心管理机构。

台塑大体经历了 5 个发展阶段：1954—1967 年为自然成长阶段；1968—1981 年为统一管理制度阶段；1982—1992 年为管理计算机化阶段；1993—2003 年为调整产业结构和全面管理 e 化阶段；2004 年至今为强化对外投资、布局钢铁产业、强化安卫环（安全卫生环保）管理阶段。

融入血脉的企业文化，造就目标一致的共同价值／首要目标

台塑自成立以来，以稳健发展的风格，一步一个脚印，67 年沉淀下"勤劳朴实、止于至善、永续经营、奉献社会"的企业文化。这种文化源于台塑自身长

期的管理实践，它不是舶来品，也不是漂亮的口号，它融入台塑的血脉，从高高在上的文化层面落地到企业管理的细节当中。台塑的发展印证了企业成长规律：短期靠产品，中期靠战略，长期靠文化。台塑文化是台塑长期以来健康发展的根本。

"勤劳朴实、止于至善、永续经营、奉献社会" 16 个字是台塑核心价值观的集中体现。勤劳朴实是根本，止于至善是不断改进的动力，永续经营是企业发展的最高准则，奉献社会是根本的使命。从企业发展来看，台塑的经营理念来源于企业文化，又通过企业文化将不断演进的理念转化为员工的行为习惯，并完全融入企业的日常经营活动之中，成为推动台塑发展的巨大力量。

在台塑的经营管理中，王永庆一直十分重视勤劳朴实的精神。他认为，现代社会的所谓勤劳，兼指勤于劳动和勤于运用脑力智慧的力量；所谓朴实，应该是指简朴的生活习性和实事求是的工作态度。对于企业经营作业而言，就是必须以实事求是的态度和追根究底的精神，通过不断地检讨和改善工作程序，点点滴滴谋求管理作业的合理化。

永续发展是台塑追求的一种境界，在台塑文物馆内存放着一颗万年奇珍——贝壳杉化石，王永庆以其特有的方式，表达了台塑能像贝壳杉一样永续发展的愿望。

在企业经营方面，台塑非常重视"取""与"之道，企业如果不愿意"与"，就不会有良好的经营成效。台塑提倡"兼顾客我"，追求合理利润，用管理合理化来追求企业可持续发展。在处理产业链上下游关系时，处处为客户着想，留给客户足够的利润空间，以赢得客户的信赖与支持，建立长久的合作关系。

台塑认为员工是公司最重要的资源，是企业永续经营最有力的保证。王永庆提出："企业要具备足够的能力来照顾员工，使其员工在努力工作之余能获安定之生活。同时也要训练培养员工，使其具备正确工作态度和相关知识技能……"只有处处为员工着想，才可共同缔结良好的劳资关系，共同谋求良好经营绩效。台塑"以人为本，回馈员工"的管理理念主要通过提高员工素质、优化人力资源配置、构建员工激励制度等途径来体现。

台塑数十年持续不断的"管理合理化"追求，让王永庆深刻感受到止于至善的重要性。企业经营管理必须是永无休止的苦心耕耘，永远不以现状为满足，才能精益求精，持续改善，达到止于至善的境界。

为谋求良好的经营成效，台塑对企业经营所涉及的各个环节，都能点点滴滴地谋求合理化，并且以止于至善为终极目标，全力以赴地将一切事物做到最优化、最精简。台塑"精细管理，止于至善"的管理理念贯穿公司生产经营的全过程，体现在管理架构的顶层设计、管理制度的修改完善、项目规划与实施、单元成本管理、生产现场管理等各个环节。台塑的管理之所以水准很高，与多年艰苦细致地追根究底、持之以恒地不懈改善分不开。台塑在各个环节的"精细管理，止于至善"已经成为台塑在经营上的一种"惯性"心理，台塑也由此获得了强劲的企业经营体制和强大的执行力。

脚踏实地的战略定位，布局产业链，合理化的成本管控

台湾地区的卓越企业在战略取向上，大都会根据台湾岛内所处市场位置，结合自身情况走差异化竞争之路，把业务楔入国际供应链中，并通过垂直整合、国际化并购，不断扩大产业规模，提升核心竞争力。通过精准定位，台湾地区的一些卓越企业做到了世界第一，如鸿海的电子代工、台积电的晶圆代工、大立光电的手机相机镜头制造，以及其他企业的通信麦克风及受话器、运动鞋代工、潜水衣制造、净水器滤芯制造等。

台塑的战略定位十分清晰，脚踏实地在自己擅长的产业上不断向上下游及横向相关领域发展，形成垂直产业链，同时形成具有市场竞争力的成本优势。

台塑企业的发展有两大依靠：一是靠企业文化的传承；二是靠脚踏实地的兢兢业业。而这两者之间又是互相成就的，正是60余年对以勤劳朴实为核心的企业文化的坚持和践行，才培养出了11万台塑人共同的"工作品质"——脚踏实地，兢兢业业。因此，台塑是一个在任何艰难条件下，都有"拧毛巾"能力的企业。所谓"拧毛巾"，指的是减少和消灭浪费的专注精神，无论一条毛巾已经被拧得多干，都努力地将毛巾中的每一滴水都拧出来。综观做实业的企业，尤其是在传统行业中能屹立不倒的企业，大部分都有这样的一股坚持的劲头，台塑更是将这一点做到了极致。

一个很鲜活的例子是，台塑的创办人王永庆给台塑定下了 3 条戒律：第一，不做股票，不挣资本市场的钱。第二，不做复杂的结构性金融衍生品。第三，不做房地产。这 3 条戒律确定了台塑只能参与投资，而不做投机的生意。投资和投机在市场上都很常见，而且在许多行业中本身也充满着投机的色彩，许多一代"枭雄"起家甚至发展都是靠踩在时代点上的投机。但是这两种行为的决策方式、运作方式、管理方式、利益方式以及文化理念截然不同，因此我们从组织治理 10S 协同模型的三个核心层来看，对于投资和投机的选择，就需要静下心来回答 3 个核心问题——"我是谁、去哪里、怎么去"，只有清晰明了地回答这 3 个核心问题，且坚定不移地按照既定的方向走下去，才是一个企业安身立命、基业长青的基础。

台塑产业结构的特点是高度垂直整合。台塑按照生产流程进行工厂布局，围绕第六轻油裂解厂建设了约 1 000 个生产车间，车间之间以管线连接，石化公司生产的产品直接以管道方式输送到产业链下游的化纤和塑料公司，节省了上下游企业间原料储存和运输的成本及损耗，提升了供应效率，并以"追根究底"的精神持续进行产业链流程改进和效率提升。

以此为基础，台塑结合自身的价值观指向，在经年累月的发展过程中，塑造出了独具特色的"成本战略"。一般来说，一个企业的获利来源主要依靠市场主导地位、处于竞争程度低的行业、领先的技术优势，或者能够提供差异化的产品。但是，台塑在以上 4 个方面都不具备明显的优势。台塑的主营业务石化、塑料、纺织纤维、石油产品、钢铁等均处于完全竞争的领域，原料成本、成品价格等核心要素基本是市场上公开、透明的信息，在这些领域台塑在全球范围内也不处于明显的市场主导地位；在核心技术方面，台塑的研发主要是工艺流程的改进和优化，在产业布局和生产经营上主要靠购买成熟技术；台塑提供的都是非垄断、充分竞争、大宗标准化的产品。既然如此，台塑为什么还能如此成功？事实上，台塑获得成功的关键是在确保产品品质的前提下对成本的极致追求。王永庆曾说："成本一定要抓得很清楚，不合理一定要马上改善；台塑有今天的业绩，95% 来自管理的改善，若没有几十年来不断地追求合理化，今天大部分的事业部都要亏本。"

台塑把全方位的成本管理理念贯穿到了从产业布局到经营管理全体系全流程

中，通过规模化的战略布局与精益化的运营管理，实现成本管控并持续改善，达到提升经营管理绩效的目标。这一独具特色的战略为台塑这样一个身处"岛型经济"的石化企业提供了能与世界石化企业比拼的底气，也正因为如此，王永庆才能豪迈地说出"要死，也是行业中最后一个死掉的企业"这样的话。台塑的成本战略主要通过财务管理实现，其中，单元成本分析法、一日结算等又是其中十分具有代表性的做法。

台塑财务管理的精髓在于它能将财务管理转化为企业运营的竞争优势。成本低廉、保质保量是台塑的核心竞争力，而其财务成本低廉的优势甚至高于制造成本控制的优势。台塑集中精细的财务管理主要体现在4个方面：财务管理的三大决策、集中的资金管理、精细的成本管理和一日结算制度。

如图5-1所示，台塑财务部门的组织架构与一般企业不同，其100多家独立法人的子公司只设会计处，负责财务会计信息的归集、核算，参与预算及执行情况的监督等。总管理处设有财务部和财务组，财务部负责全企业的资金调度、风险管控、外汇风险规避等业务，下设资金等8个组，约60人；财务组负责财务制度的规划推进及电脑化、重大巨额资金的调度管理、专案审核等，人数在20人左右。

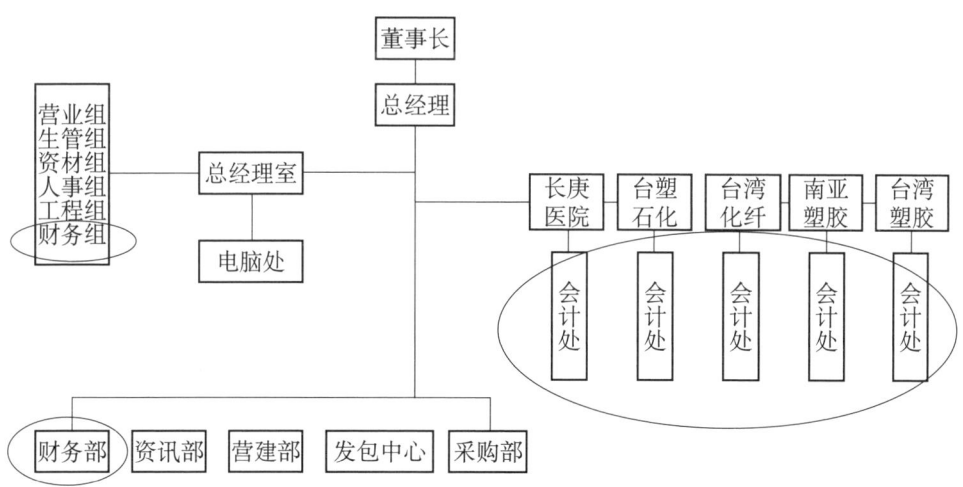

图5-1　台塑财务部门的组织架构

财务管理的三大决策

台塑财务管理的三大决策包括投资决策、融资决策和股利决策。

对于投资决策，台塑坚持"只做投资，不做投机"，投资产业选择上追求至善而不追求万能，不涉足金融业和房地产业，坚持相关多元投资，实施全过程管理。台塑在投资前要进行架构分析、投资产业分析、投资标的评估等。在投资评价上，台塑主要看重 DCF（现金流折现）、EVA（经济增加值）、回收年限等。台塑实施稳健的投资，明确要求项目投资收益率要达到 15% 左右，大额投资 7 年要有回报、小额投资 3.5 年要有回报，当投资项目出现亏损或前景不好时，会依据明确的退出机制及时退出以减少损失。

对于融资决策，台塑遵循的原则是配合需求、"朝三暮四"、抢先一步、借新还旧。综合来看，全集团四大公司融资的主要途径是以成本最低的直接融资（发公司债）为主。台塑发行的公司债的期限通常为 5 ～ 7 年，因此获得大部分投资者和市场的认可。

对于股利决策，台塑从平衡股利政策，即现金股利与股票股利各半，逐步过渡到以现金股利为主，并采取了四大公司间交叉持股的策略，从而保持企业间利益的相对趋同。

集中的资金管理

总管理处财务部负责整个集团资金的集中管理，台塑所有的资金依托四大公司在一家银行统一开户的平台，通过建立各公司公共的资金调度平台，开展所有公司对内结算和对外采购、销售等资金业务，并根据需要在各公司之间筹划运作筹融资业务。集团各公司之间的资金调度以银行存款利率为基准实施直接借贷。资金不足时利用台塑整体实力以各公司名义借款，资金结余时通过资金市场进行短期、长期投资。整个集团资金的集中筹措、集中使用、集中调度，实现了内部资金使用效益的最大化，同时最大限度地精简了财务人员。

精细的成本管理

台塑的利润增长，95% 来自提升效率、控制成本。王永庆认为"改善获利比增产获利大得多"。他有一句名言："节省一块钱，等于净赚一块钱。"长期以来，台塑非常注重节流，以追根究底、止于至善的态度，通过树立全员成本意识、推行目标成本管理、开展单元成本分析等方式，永无止境地降低成本的管理，追求成本的"合理化"。

1. 树立全员成本意识

台塑在经营管理、成本分析上，强调要追根究底，分析到最后一点，并认为台塑就是靠这吃饭的。为控制成本，台塑发明了台塑成本控制的"鱼骨理论"，以此把生产成本做到"最省"。不断追求成本合理化是台塑最为鲜明的价值取向和管理特色，可以说是铺天盖地，自始至终，无处不在。台塑的员工在企业中经常被主管问到的两句话就是"你有没有浪费""你有没有懒惰"，从而使员工的成本意识在行动层面有了清晰的执行标准，并落实到各项工作中。

2. 推行目标成本管理

为了充分掌握各单位的经营绩效，台塑特别注重绩效与成本的管理，透过目标设定与开展实际绩效差异分析，达到成本控制和提高绩效的目的。因此，标准成本的设定，就成为台塑每个企业制定经营预算及利润目标的依据。

标准成本设立和推行的步骤如下：首先要确定各种规格产品的生产条件的理论值，将现状与理论值相互比较，并进行要因分析及改善。其次按改善后的能耗、物耗及人工成本等，设定各规格产品的标准成本，将标准成本的各项基准制成标准作业规范，作为生产管理与成本控制的依据；将设定的标准成本纳入会计经营报告，按月与实际成本做比较分析，并配合产销计划制定经营预算和利益目标。

3. 开展单元成本分析

台塑认为，成本分析只做到单位成本，既不够深入，又不够彻底，无论如何都必须分析到影响成本因素的最根本，即要做到单元成本的分析。

在台塑的管理语言中，单元成本是动词，而不是名词，虽然只是词性不同，但含义大不相同，道理更加深刻。名词的单元成本，重心在成本，这样就容易把单元成本理解为仅仅是一种成本管理方法，比较狭义。而动词的单元成本，重心在单元，即把成本"单元化"的动作和过程。"单元化"可以作用于成本，也可以作用于其他事物，对事物运作的机制进行条分缕析，因而更加广义，成为一种普遍适用的方法，也就是凡事"追根究底"，目的是止于至善，趋于"合理化"。

台塑单元成本分析鱼骨图能做到5～6级，一直到不能再分为止。图5-2以制销总成本的分解为例，从一个具体的角度来体现台塑对单元成本的拆解。

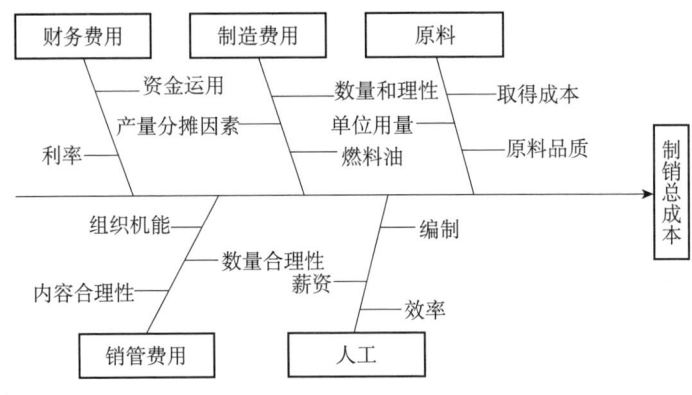

图 5-2　台塑产品制销总成本分解

在单元成本建立后，台塑要求管理人员不断深入研究了解，在合理节俭的原则下，以民主的方式和员工商讨后，设定应该使用的数量以进行控制，最后将节省下来的资材（物料）转成奖励，发给每一位员工，使员工在使用公司的资材（物料）时都好像在用自己的东西，与员工发生切身的关系。正如创办人王永庆所说，"有单元成本才有踏实的目标，做到每个角落真正合理的管理"。

单元成本分析的精神是对异常点进行抽丝剥茧的分析，务求发现问题的根本，对症下药、彻底解决。其锲而不舍、追根究底的精神，正是台塑文化的最佳写照。

一日结算

一日结算的内涵是台塑依托制度化管理（几乎全部会计制度及相关管理制

度）、E化管理、数据的一次性就源输入和多重共享应用等管理手段，每月月底，各公司对财务会计数据和其他生产经营数据（主要是成本数据）进行汇总分析，次月一日结清，并于当日下午提交本公司总经理、董事长，次日提交台塑最高行政长官。

早在20世纪80年代初，王永庆就提出台塑要实现一日结算，并且通过总管理处开始尝试实施。从那时起，台塑基本做到每年结算日期进步一天，最终在2001年5月实现了一日结算，并且沿用至今。

台塑每月一日结算完成，且资料详细，包括横跨我国台湾地区、大陆地区以及美国和越南各公司、事业部的整体经营状况报告书；各工厂经营损益和成本核算报表；各工厂经营利润和绩效差异分析报告。幕僚人员可根据一般会计记录进行分析整理，实时向各级经营者提供有效的财务报告及经营分析数据，作为后者制定经营决策及推动管理制度改善的依据。据此建立一套财务与经营分析方法，其核心内容是成本管控与经营绩效分析，以异常管理为原则，通过追求更为理想的成本来实现企业产销绩效的最大化。

就源输入是推动一日结算实现的最重要的一步。就源输入也叫就源一次输入，是指全企业所有成本的发生者都已成为财务数据的输入者，目的在于确保数据的及时性并防止资料重复输入。这个变革让台塑的每个员工不仅做好本职工作，同时具备一定的会计能力。向来以数据输入和账务处理为主的会计部门，其工作性质则更加侧重稽核，而不仅仅是一般意义上的会计。通过一日结算，台塑的决策者可以将台塑"一把提起来"。

一日结算体现在台塑经营和管理的各个方面。以生产管理为例，台塑从营业受订到排定生产日程，从品质和用料的管理再到绩效管理，整个过程环环相扣，发现问题及时做到提示、跟催和整改，并最终交汇于财务管理系统，用于编制各种经营管理报表，达成一日结算，及时且忠实反映实际经营状况，以利用各部门检讨经营得失，提高经营效率。

一日结算表面上是简单的会计管理改善，实际上是台塑从1982年开始实施的管理全面电脑化成果的体现，企业如果没有办法做到管理全面电脑化，则不可能做到真正的一日结算。这里除了企业全体财务与会计人员的努力之外，更重要的还要横跨生产、营业、资材、工程、人事等各个环节，且各个环节针对管理的需求，研定管理制度并全面信息化，各类管理制度全盘规划，各项管理环节环环相扣，在就源输入的前提下，运用异常管理的原则，设定管制的基准，发挥各层级的稽核功能。同时还要让十万名员工参与到一日结算的过程中来，这点是非常难的。

一日结算制度使台塑的管理制度走上了规范化运行的轨道。一日结算是公司管理制度是否上轨道的指标、是否建立管理电脑化的指标、是否建立合理化管理制度的指标，也是电脑化的管理制度是否正确、有效地运作的指标。它是台塑"合理化"管理的重要方式方法。

台塑集中精细的财务管理，特别是永无止境降低成本的管理，实质上并不完全追求低成本，而是奉行一种理念——从勤劳朴实到止于至善。所谓止于至善，就是运用单元成本分析，通过一日结算等管理工具，用最低的成本、最简单的方法做出"物美价廉"的产品，并通过管理的优化给企业带来利润，而利润不仅保证了企业的持续经营，并且能够用于回报社会，从而形成一个良性的闭环过程。这就是台塑能够永续经营的核心竞争力。

合理化的制度／模式打造台塑坚实的执行力

在发展过程中，台塑将西方现代企业治理、日本企业精细管理与中华传统文化有机融合，形成了具有自身特色的"合理化"管理体系。台塑集分有度、管办分离的管理体制，责任明确、执行到位的运行模式，统一管理、分级实施的制度体系，以及全面 E 化的管理工具，彼此之间相辅相成，构成一个有机的统一体，既有效地保证了台塑优良实践的积累和继承，又有利于整个体系的统一规范和持续发展。王永庆说过："管理的改善是无止境的，我们应本着'止于至善'的精神，从许多问题的根本去追求，一边做，一边改，一边学，经过不断改善，积累宝贵经验，最后才能建立扎实的基础。"

台湾地区的企业界、学术界评价王永庆所创的企业管理体制，是"以中国传统文化为背景的决策集权、执行分权的管理体制"。按照直线幕僚与直线生产两大体系构建，大体分为行政中心、总管理处、各子公司 3 个大的层级，实行专业幕僚机构集中管理控制、统一资源配置和各公司独立经营的责任中心体制，各公司在创办人和行政中心的统一领导、指挥和协调下相对独立运行。行政中心是台塑最高决策和协调机构（非法人单位），由主要出资人、四大公司董事长和总管理处总经理等组成。

直线幕僚体系高度集权，是一支高效率的管理共享服务团队。总管理处对整个台塑的制度建设、执行力建设以及内外公共资源的整合利用效率效果负全责，是台塑的管理控制责任中心和公共资源整合利用责任中心。共同事务幕僚由财务部、采购部、营建部、资讯室、发包中心、安卫环中心等14个专业部门组成，主要负责共同事务集中办理、公共资源优化整合等。

直线生产体系高度分权，是一支专业化产销及管理团队。各子公司是独立法人单位，在执行总管理处制定的规章制度和对公共事务集中管理与配置的前提下，相对独立地开展生产经营活动。各公司独立地对利润和成本指标的完成负全责，是台塑的利润责任中心和成本责任中心。

实行管理控制与资源整合集权化、生产经营分权化的责任经营制度，是台塑高效运转的根本保障。对于管理控制、共同事务、生产经营3个方面的责任，台塑界定、分解得简单明了，使得经营管理过程中的每一件事情都有人具体负责，每一项工作都有分解落实，每一个任务都有检查考核，每一个责任主体都明确目标，各自都在围绕中心任务持续改善、追根溯源，保证了整个台塑的执行力和运营效果。

行之有效的"胡萝卜和大棒"——激励约束

台塑以人为本、强调"切身感"的组织文化，一切管理，归根结底，是人心的管理、人性的管理。王永庆认为："台塑的10万员工，是我们最重要的资产。"他倡导的核心价值理念和基本方法论，植根于中华传统文化的经典之作《大学》，即所谓"大学之道，在明明德，在亲民，在止于至善"。可以说，这句话高度浓缩了台塑管理的全部精髓。

明明德，就是要激发人性中的积极面和正能量，抑制消极面和负能量。用现代话语来说，就是要激发人们干事创业的精气神。

亲民，就是要实现组织和员工、合作伙伴、社会在利益上的高度统一。用现代话语来说，就是要以人为核心、分享企业经营发展成果、构建产业生态、和谐共生、履行社会责任、注重绿色环保。

这些价值观，通过企业领导者的身体力行、制度条文的明确规范，再加上信息化等现代手段的固化和自动化，最终内化为组织运作的规则和运行的轨道。组织中个体的行为如果符合规则、遵循轨道，就会受到及时和切实的褒奖；反之，就会受到及时和切实的处罚。这就是所谓的"切身感"。从控制论的角度来理解，通过及时给予正反馈和负反馈，调整规范个体行为，使个体目标与组织目标逐步趋于一致，整个组织的运行也将趋于合理和最优。

台塑把全体员工作为企业最重要的资产。王永庆认为，台塑若失去员工，就只剩下石化原料、管线与储存槽。为此，在人力资源开发方面，台塑构建了完善的员工激励、培训、晋升与关怀的管理体系。用他们的话说，就是管理者要有"同理心"，员工要有"切身感"。

轨道式管理——用信息化保证 10 万员工绝不"出轨"

台塑管理经验中，最频繁被提及、最为大家所熟知的恐怕就是"三化"（管理制度化、制度表单化、表单信息化）管理，这俨然已经成为台塑管理的一张名片。台塑已经把突出"切身感"的价值观、追求"合理化"的方法论，用制度化、信息化的手段固定下来。台塑的制度不仅是条文，还有具体明晰的流程；流程中的每个重要环节，都会产生标准化的表单，可以很方便地通过信息化落地。

台塑的制度，从最原则的"规定"到最细化的"计算机作业说明"，共有1 000多项，最细化的"计算机作业说明"有1 000多页。这些制度，构成了一个精心设计、周密完备、环环相扣、在线操作、实时反应的体系。

通过制度化、信息化的具体手段，价值观和方法论才不是抽象的，而是具体的；"切身感"和"合理化"才能并非仅仅依靠道德说教去推动，而是有了科学手段作为保障，这样才能真正落地执行，而且是刚性地、自动化地执行，最大限度地减少了人为干预；整个台塑30多个业务板块、170多家企事业单位、10多万名员工，才能像一台巨大而完美的机器，整齐划一、精准高效地运转。

标杆组织的协同基石总结

台塑在几十年的发展过程中，通过价值、战略和制度的协同，形成了员工和社会各界高度认可的企业文化，通过严密的企业制度，结合信息化、流程化的管控，实现规模化生产，以低成本、高质量的竞争优势，不断整合产业链，向上游拓展，向化工及相关行业开展多元化经营，开拓大陆和国际市场；注重员工切身感和激励，以流程化的轨道式管理强化约束；管理架构和结构稳定，开展员工合理化改善活动，注重客户意见表达；持续回馈社会，开展医疗事业和教育事业，打造良好的社会企业形象。

台塑将丰富的管理经验总结为"合理化"这 3 个简简单单、普普通通的字，感觉用意很深。"合理化"听起来没有那么高大上，也不怎么炫酷，甚至有点过于朴实无华，但却微言大义、耐人寻味。合理者，合乎天理、合乎大道也。所谓"合理化"，就是大学之道中"止于至善"的具体践行。因为天下本无完美，"合理"即"至善"。用现代话语来说，就是尊重事物运行的本来面目，遵循事物发展的客观规律；就是坚持科学的精神、实事求是的态度；就是运用辩证思维，把握好平衡取舍。

台塑给人的总体感觉是，兼顾东西方管理的长处，吸收中、日、美企业管理的优点，可以说在管理的整体特色上，就已经体现了"合理化"思想和平衡之道。在最根本的价值理念层面，台塑深受中华优秀传统文化影响：坚持以人为本，具有强烈的人文关怀，关注社会民生和大众福祉，强调社会责任。在方法模式层面，吸收日本企业的优点：关注细节品质，提倡节约环保，用心专注，精工细作，工匠精神。在具体运作层面，吸收美国企业的优点：注重流程、标准、数字化和信息化，强调速度、效率和效益，鼓励创新和科技手段的运用。

对台塑这样的优秀企业来说，无论是清醒务实的战略管理、严谨细致的六大职能管理，还是富有特色的一日结算、单元成本等综合管理，处处都渗透和运用了"合理化"的思想和方法。而"合理化"不是单纯的精细化，而是讲究平衡之道的精益化。精益包含精细之意，但又不等同于精细。精细是为了搞清楚事物的机制；精益是在精细的基础上，把握好尺度，选择好颗粒度，更加精准地平衡取舍，既没有不足，更没有多余，一切追求恰到好处，避免出现过犹不及。

第六章
友嘉：协同整合打造全球产业链

友嘉概况

友嘉实业集团（以下简称"友嘉"）发源于中国台湾地区，从一家规模较小的数控机床企业，逐渐发展成台湾地区第一大数控机床企业，进而成为全球前三大机床企业之一，友嘉的发展速度一直没有停止。友嘉在成立的40多年中，从代理日本的建筑机械起步，通过并购台湾地区当地中小型机械工厂，又经多年的不断并购、重组，建立了拥有多个品牌和生产基地、遍布全球的数控机床事业群。友嘉从代理商转型为制造商，由传统工业进入高科技产业，不仅在管理和技术上更上一层楼，产品和服务质量也达到了国际水平。

友嘉创立于1979年，目前共有4个事业群：数控机床事业群、PCB事业群、产业设备事业群、绿能事业群。产品涵盖数控机床、电动工具及设备、叉车、建设机械、电梯设备、停车设备、气动工具、印刷电路板和LCD TV、LCD 显示器、太阳能导电胶、LED 照明、镁合金加工、LED/TP/PCB 电子检测设备等；在全球设有82家生产基地及营销据点。友嘉于20 世纪90 年代在杭州萧山投资设立杭州友嘉精密机械有限公司，主要从事数控机床和立体停车设备、叉车的生产经营，目前已成为大陆台资企业中最具规模的全功能数控机床制造厂。友嘉从规模很小甚至微不足道的企业发展成集团化的大企业，主要通过两种模式：全球并购与合资。在被其并购的企业中，德国 Honsberg、美国 SMS、日本 IKEGAI、韩国 DMC 等均是具有悠久历史的数控机床企业。

此外，友嘉在电梯、停车设备、立体车库、发电机以及激光设备等领域则主要通过国际合资的模式得以增长。合资是友嘉重要的营收模式，几乎每家合资企业从第一年就开始盈利。

目前全球数控机床产业的产业竞争非常激烈，美国与德国企业生产的数控机床价格虽高，但因其质量及性能无可取代，销售额仍位居全球前列。

友嘉通过文化价值、企业战略、制度／模式的有效协同，重视品牌和行销，自建全球行销渠道，实现多品牌发展策略；重视客户意见和内部合理化改善活动，持续优化产品性能，改善售前和售后服务，不断拓展国际和大陆市场；积极融入产业链，利用开放的产业环境开展合作和并购，以数控机床产业链为核心业务，不断延展产业链，逐渐发展成一家具有显著特点的大型企业集团。

文化整合：不碰文化，不派人

对并购企业文化的尊重

企业的永续发展，需要有诚信负责的经营理念和实事求是、务本踏实的原则，才能获得顾客的信赖与支持，达到永续经营的目的。一切以顾客至上为原则，在管理、营销等各方面都本着热忱的态度，尽心尽力做好每一项服务，是友嘉获得顾客信赖感的主因。诚信负责、永续经营是友嘉的经营信念，也是友嘉多元化、国际化成功的文化基石。

整合重组是并购之后企业长久发展、永续经营的保障，且需要弥合跨国并购所带来的经营思想、价值观念及人力资源管理方式等方面的差异。作为以并购起家的行业翘楚，友嘉在多年的并购活动中，针对并购后的整合问题，探索出了有效而朴实的解决方法。在友嘉并购的过程中，其管理团队十分注重企业文化在跨国并购中的作用。

在谈及跨国并购的秘诀时，友嘉实业集团总裁朱志洋毫不掩饰地同大家分享："我们最宝贵的经验就是相互尊重，以和为贵。相互尊重不仅体现在尊重被收购企业的管理者方面，更体现在尊重被收购企业的员工方面；以和为贵不仅是指谈判结果要互惠互利，更是指在收购后，要让被收购方以他们习惯的方式进行生产和工作。具体而言，要依靠他们熟悉的管理体系和人际网络，任命员工信服、熟悉且有能力的原管理者，在他们的文化体系及行为习惯之中，对员工实行管理，并在此基础上实行组织、财务、技术方面的跨文化整合。国外被收购企业的原有员工，因此不会感到明显的不适应和不满足，其抵触情绪会因而减缓甚至消失。这样不仅实现了收购方与被收购方冲突的最小化，还实现了被收购企业与友嘉的最大的利益一致化。"

在并购的过程中，被并购企业的产品品牌被友嘉全数保留。除财务面评估外，品牌是并购过程中的考虑重点，品牌效应是企业形象树立的有效途径。在与这些品牌从建立合作关系到实现并购关系的过程中，友嘉认为这些企业由于拥有较先进的技术和长久的历史而骄傲，因此要想顺利实现并购，需要对方对其所提出的产品品牌方面的要求感到满意。针对不同的企业，友嘉会厘清被并购企业内部的企业文化，重组高效且忠诚的原管理人员，让员工在熟悉的企业文化和生产流程中工作和生活。这样不仅充分利用了当地人熟悉当地规则的优势，而且有助于维持被并购企业的客户网络和销售渠道。

虽然制造业企业开展国际化并购的动机往往出自技术、市场或贸易层面，但是在实际的国际并购中，企业并不仅仅需要实现这些方面的重组，更为关键和困难的是，如何实现不同企业间的整合。在跨文化整合的过程中，友嘉实现了对新企业的监管和控制，在最小化文化冲突的同时，最大限度地激发了员工的工作积极性，从而为新企业的扭亏为盈奠定了坚实的基础。

基于组织和人的文化整合

友嘉多元化、国际化的发展历程，让我们见证了其创造价值、追求卓越的企业文化，体会了其诚信负责、永续经营的经营理念。在被并购的各企业中，均有一名专业经理人负责企业经营状况，并向集团进行财务报告，每个企业都有独立营运能力。而且，在欧洲、美国、日本还有专业经理人负责该区域业务的管理。

专业经理人绝大部分具备技术背景，转而进行实质管理工作，并由集团支持财务管控流程，让专业经理人在管理财务上降到最低负荷，专心进行市场开拓。

许多企业在并购重组的过程中，往往仅重视企业有形资产的合并重组，容易忽视组织的文化重组。组织文化的冲突往往会对跨国并购产生很大的影响，尤其对以技术整合为主要目的跨国并购来说更是如此。在并购的过程中，被并购企业员工的负面情绪若无法被安抚，则会导致高层管理人员、核心技术人才以及生产工人的离职，客户资源和社会关系也会受到影响，并购后企业的发展前景因而令人担忧。要解决上述问题，并购企业需要对被并购企业的组织资源进行重组和融合，维持企业组织结构的稳定，促进并购的整合。

在进行组织整合时，友嘉管理层尊重被收购企业的企业文化，最大化地维持其原有的组织架构。具体而言，友嘉在签署并购协议之后，为降低文化冲突、提高管理效率，往往将被并购企业交给原团队经营，毕竟"当地人才懂那些我们不知道的当地文化"。在尽量保证原团队的工作环境和工资待遇有所提升的同时，友嘉还要求原团队承诺5年之内不离职，以便维持被收购企业原有的重要客户，处理好与当地相关部门的关系。友嘉也会派其高管入驻新公司，以传递信息、沟通方案、监管财务，但是为了避免文化冲突，这些高管被严禁直接插手外国公司的管理。维持原有组织架构是跨文化整合的重要手段，并非最终目的，其最终目的是提高员工生产积极性、提升集团经营效益。

在对被并购企业的管理过程中，友嘉始终遵循尽量任用并购前本土的优秀管理者和工作者，尽量尊重并依靠其原有企业文化和组织架构，制定因地适宜的规章制度，以及尽量提供只升不降的工资待遇等原则，以处理好收购方与被收购方的发展差异问题。友嘉管理层还在此关系的稳定过程中，将友嘉的发展理念逐渐渗入新企业，以寻求双方理念的最大一致性。因此，管理权的企业文化不仅是跨文化整合的重要媒介，更是长久发展、永续经营的根本保障。

为了使并购后的企业健康发展，友嘉往往需要找出被并购企业经营不善的原因。为了缩减企业开支，在并购后的管理初期，友嘉通常会对新收购的企业进行一定规模的裁员，这难免会引起工作人员的不满。为了降低裁员的负面影响，友嘉极力避免外籍员工对外人入驻的排斥。

被并购公司在初步检视流程、产品，换掉可能引起业务亏损的因子后，其余绝大部分都进行保留；原被并购公司的经营团队，都可选择继续为集团服务。而不是并购时即派人接管，大力整顿公司各项业务体系，造成原本人员的动荡不安，这大幅降低了并购后人力流失的风险。

经营战略：国际化经营，产业链整合，智能化布局

布局全球，开展国际化经营

友嘉参与国际并购具有很强的内生动力，从不同的维度来看：人才方面，台湾地区人才有限且学习成长模式相同，较不易形成破坏式创新产品思维；资源方面，数控机床的产业卫星体系长久以来支持数控机床产业发展，但卫星厂同时服务各大数控机床厂，模块化、低价成本的环境也造就了数控机床产业同质性高，在市场上沦为互相削价的对象；技术方面，第一阶段布局时，既为承接高端技术奠定基础，也为未来的专利战进行布局；市场方面，台湾地区因为中小型企业居多，市场经营资源有限，大多依赖代理商制度，不但市场不易掌控，价格区间也由于台湾地区制造与同业竞争而不易更动，进而没有资源打入更高端的市场，借由这些品牌，友嘉由一般泛用加工市场，打入汽车产业、航天业与消费产业。

回顾友嘉的发展历程，在其出于多重目的而进行横向并购、纵向并购及混合并购的实例中，最值得我们分析和学习的是其如何精心挑选并购对象，从而最大化地提高资源利用效率的宝贵经验。具体而言，在选择并购对象时，友嘉往往会从技术水平、销售网络、财务状况、贸易壁垒及管理文化等方面对被并购公司进行多方位的评估。

我们不难发现：友嘉的并购之术虽然会随着不同企业的不同情况而改变，但其并购之道却是有迹可循的。具体而言，友嘉始终通过维持和调整原组织架构的方式实现组织整合，通过监管财务报表、开源节流的方式实现财务整合，通过整合购买技术和产、学、研结合的方式实现技术整合，并依据不同企业的具体情况进行策略上和行为上的调整。

在制造业企业中，生产管理、人力管理、营销管理、采购管理等方面都是围绕财务管理系统而运转的；在跨国并购中，资源的增减、重组、利用及分配等环节也是通过财务管理系统而实现的。因此，财务整合成为并购后企业提高竞争力的基础，是企业提高盈利能力、成长能力和营运能力的前提。在财务整合中，友嘉管理层尤其重视对财务报表的分析和财务风险的规避，并十分注重企业文化在其中的作用。

财务报表具有晴雨表的功能。除了报表表面的盈亏情况之外，对投资者和管理者而言，最为重要的是透过现象看本质，仔细分析各项财务指标的形成原因。比如，当财务报告表明资金不足时，管理者不仅需要补足资金，更应当分析资金匮乏的源头，探索是存货过多、应收款项过多、经营问题还是市场周期导致了此种结果，以及是由于业务员与客户沟通有障碍、选择的客户财务状况不好、产品质量问题还是由于产品销售受阻等导致了存货和应收款项的问题。此时，被收购企业的管理层由于更加了解并购前企业的经营情况和市场环境，能够更为精准和迅速地分析出问题所在，并提出解决方案。除了财务管理常用的指标之外，友嘉还创建了一些反映企业的技术专利、经营团队、国际销路及客户忠诚度等方面的新型财务指标，以增加分析结果的全面性和科学性。通过分析财务报表，友嘉对其要收购或者已收购的企业均有了深入的了解和及时的监管，为财务整合的具体方案的制订指明了方向。

具体到如何实现财务整合时，友嘉的方法是开源和节流。一方面，经过并购重组，友嘉有能力实现数控机床制造的规模化，从而可以在诸多品牌之间实现规模化经营，通过共享生产技术、销售渠道等方式，充分发挥规模效应，使其经营规模逐步扩大，营业收入持续增加。另一方面，友嘉从上到下均秉承节省成本的原则，无论是在并购企业后的组织整合中大力缩减成本，还是在日常经营中对人员预算的严格限制，都使得友嘉有大量的盈余去并购。

友嘉认为，做国际并购要特别小心，不要因为并购对象价格便宜，或其品牌很具知名度并有一定的营运规模就轻易做决定，一旦并购，文化、语言、民族性等问题都会带来意想不到的风险。

产业链整合提升竞争力

友嘉在台湾地区采用的销售模式是透过代理商或经销商，未形成规模经济，无法设立直接销售据点，所有的终端客户几乎都掌控在代理商或经销商手中，且代理商都采用以量制价的方式采购，议价能力高。到了大陆地区，友嘉采取的是自产自销的方式，所面临的消费者都是直接客户，虽然直接客户一般都少量订购，但消费者获取信息的能力及价格敏感度都不高，来自消费者的议价能力相对较低。

在大陆地区生产需要形成规模经济，一般的中、小型数控机床厂存在资本和技术上的进入障碍；德国、日本、韩国等竞争对手则因非同文同种，设厂的进入障碍较高。对友嘉来说，通过不断购并的方式，使得旗下拥有多家不同的台湾地区数控机床厂，联合旗下所有关系企业共享采购其相关零组件，例如控制器、主轴、刀库等，友嘉已成功地深耕大陆地区，在垂直整合与规模经济效应下，整体的营业与获利也屡创新高。

生产制造垂直整合，在规模经济的条件下，友嘉在大陆地区铸造与加工的部分是自行处理的，与过去在台湾地区生产制造有所不同，此部分的工作完全透过台湾地区第三方。友嘉在大陆地区的生产模式自制率增加，获利率也提升很多。

友嘉在大陆地区设立的所有子公司在初始投入生产时，由于寻找当地供货商很难，所有的零组件都是由台湾地区直接进口至杭州生产据点的。后来销售量激增，规模效益出现，于是集团积极寻找可以培植的外包商，将其培植成可以提供数控机床产业的零组件厂商。

为了整合在大陆地区的产业链，友嘉尽可能地协助原有的台湾地区外包商，如刀库、电控配盘、喷漆、钣金等厂商，进驻友嘉在大陆地区的厂区；对于无法进驻的台湾地区外包商，则会柔性沟通，协助其设立办事处。此项策略使得友嘉在大陆地区便利地采购台湾地区外包商的物料的同时，间接降低了友嘉内部的成本。友嘉还派出内部专业人才，在杭州萧山工业区附近寻找具有潜力的外包商，利用集团内部资源协助其提升技术及产品的水平，若有需要甚至免使用费提供设备，供其生产制造适合友嘉所需物料。

紧跟产业智能化潮流

智能制造是一种世界潮流，也是产业升级的趋势。友嘉身为全球数控机床的领导者，不只要为未来而准备，更是要为数控机床的工业4.0创造一个新的时代、新的环境。

全球的工业4.0方案更多强调的是如何智能化，而友嘉更多强调的是效率和成本，质量的提升和能源消耗的下降是友嘉关注的重点。提起工业4.0，大多数厂家往往想到的是设备的工业4.0，其实不然，工业4.0是整个企业的思维，包括加工过程、设备的工业4.0方案，操作运营环节的工业4.0，以及对人的工业4.0管理，只有这些方面实现有效结合，才能达到真正的工业4.0。

友嘉正在打造全球的云概念、云计算和云存储，先期在中国和美洲实现工业4.0全智能车间的解决方案，实现工厂、车间、集团整个管理平台的有效结合，其目的是解决"制造业如何解决它的技术诀窍和制造业如何降低运行成本"这两个关键性的问题。

未来的友嘉不只是销售机床，还要提供一个整套的解决方案交给不同的客户，包括汽车、航天、轨道交通；通过运用大数据的分析，更进一步地整合我国台湾地区、大陆地区以及海外企业的优势；友嘉的工业4.0理念不只是集中在数控机床本身，而是以数控机床为中心的智能制造，直至整个智能工厂。

友嘉提出了"万机联盟"的方案，让不同的数控机床讲一种共同的话："德国工业4.0标准化"。因为现在客户要的不仅是机床，而是智能的生产线，最终所有的机器和环境都要物联网化，这就表明未来的发展需求是提供整个工厂规划、设计的解决方案。

友嘉未来要建立的是一个全球的生态体系，现有重要品牌都将友嘉当成全世界数控机床领域最重要且唯一的合作伙伴，包括华为、西门子、发那科、库卡等。工业4.0在未来还有很长的路要走，未来友嘉会在现有解决方案的基础之上，与全世界工业4.0的合作伙伴建立更加完善的工业物联网生态体系。

整合资源提升优势，实现卓越运营

通过技术移转获取优势

对制造企业而言，技术乃企业发展的根本。对将盈利所得的 80% 用于收购新公司的友嘉来说，如何选择拥有先进技术的制造企业进行合并，是关系并购效率的重要问题。友嘉在并购过程中，不遗余力地推动技术整合进程，实现了技术的互通和优势的互补。在实际操作中，为了引入新的生产技术、提高企业现有资源的使用效率，友嘉往往选择工业发达国家中处于技术领先地位、近期经营状况欠佳的老牌公司进行谈判。

友嘉敢于购买不同技术水平的制造企业，它们既可以生产出售价 20 万美元的中端产品，又可以生产出售价高达 3 800 万美元的高端产品。

为了得到被收购企业的核心技术，友嘉在国际并购过程中通常采用 100% 的股份收购，只有在此方法有困难时，集团才会考虑非全部收购。

友嘉还善于整合其拥有的各类技术，调整被收购企业的生产策略，以改善其经营状况。在接手亚洲著名数控机床制造商 SNK 时，SNK 因钻研并经营高端化的产品而常年亏损，经过慎重考虑后，友嘉提出了让 SNK 以高端技术量产中低端产品，借助友嘉的销售渠道进行销售，以解决经营亏损问题。

由于集团内部不同品牌的优势不同，友嘉将同一产品的不同部分交给不同的品牌去做，通过集团内分工实现高质量、低成本的目标。

对收购企业的生产技术的整合并不能完全解决友嘉的技术问题，因此在跨国并购的同时，友嘉还十分注重公司对技术的研发和人才的培养。

提高资源使用效率，实现优势互补

良好的销售网络可以开辟新兴市场、降低交易费用、提高销售效率，因此友嘉十分关注被并购企业的销售体系和客户关系。同时，出于规避贸易壁垒、提高管理效率等目的，友嘉通常还要对被并购企业所在地区的政策措施和社会文化加以考察。

由于被并购企业往往是经营欠佳的企业，所以判断企业亏损的原因究竟是出自经营模式、产品质量、销售网络还是出于管理方式等方面，成为企业选择并购对象时必须重点分析的问题。对于上述指标的评估有利于更加全面地了解被收购方的实力和潜力，为提高并购后企业的资源使用效率提供了坚实的基础。

在选择好并购对象后，为发挥各自的比较优势、提高资源的使用效率，友嘉针对不同情况的并购采取不同的谈判条件和整合措施。倘若收购与集团处于相同产销阶段的企业，友嘉将从优化生产流程和完善销售网络等方面最大化规模效应，以此提高资源的使用效率，降低生产和销售成本，提高集团经济收益；倘若收购与集团处于不同产销阶段的企业，友嘉将着重于细化产品种类，重新整合资源，通过补充和完善现有体系，降低交易费用，提高运营效率。在为了实现多元化经营的战略目标而并购与企业原材料供应、产品生产及产品销售均无直接关系的企业时，友嘉一般会根据战略目标选取配置资源的新方式，降低系统性风险，扩大经营规模。

有效激励，提升组织活力

在处理错综复杂的组织整合问题时，友嘉会给予员工与其工作能力相称的薪金，为他们提供足够的晋升空间，并制定严格的工作章程。在此组织架构下，员工既在章程的限定下各司其职，又具有一定的晋升空间，其工作效率得以提高，工作积极性也被调动起来。

友嘉会以两年为一个考察周期，观察原有管理者的经营能力，并对其经营状况、财务报表及重大决策进行详细分析。倘若考察状况不尽如人意，且原因在于经营团队内部，那么集团将会考虑更换子公司的管理者并构建新的管理层。

这种相互尊重、优势互补的高柔性化的整合方法，使得友嘉的竞争力稳步提升，跨国并购的成功率大幅提高。在此过程中，建立在企业文化上的组织整合，保证了关键管理人员和核心员工的工作积极性，维护了客户资源与销售网络的稳定，更为财务整合和技术整合的实现提供了高效的组织架构。

标杆组织的协同基石总结

友嘉通过企业共同价值/首要目标、战略/战略决策和制度/模式的协同发展，使得品牌、渠道、产品、技术等核心要素成为企业的竞争力；把为全球工业服务作为集团的共同价值/首要目标，提供高品质和低成本的系统产品和服务；通过全球化的并购，打造全球化的产业链；通过信息化管控制度流程，重视客户满意度表达，开展全员合理化管理，内部开展持续改善；在国际和我国大陆自建行销渠道，多品牌独立经营，增强品牌认同；利用相对开放的产业环境，开展合作与并购；围绕数控机床产业，开展全球产业布局和垂直整合；内部组织严密，保留并购企业品牌和文化，企业经营团队相对稳定；管理上持续改善，强化激励和约束；不断完善企业管理制度，以信息化带动智能化生产，实现全流程的企业管控；价值、战略、制度得到了非常好的协同，使企业夯实了永续发展的基石。

第七章

吉利：自主品牌第一的进化之道

吉利是谁

吉利控股集团（以下简称"吉利"）是一家全球性公司，总部位于中国杭州。该集团成立于 1986 年，于 1997 年进入汽车行业。吉利一直专注于行业发展，专注于技术创新和人才培训，不断培厚基础和强化内部技能，坚定不移地促进企业的健康可持续发展。

吉利旗下各品牌汽车在 2019 年全球销售超过 217.8 万辆，同比增长 1.23%。目前，吉利已发展成一个集整车、动力总成、关键零部件设计、研发、生产、销售和服务于一体，涵盖在线技术创新、金融服务、教育和汽车运动等业务在内的全球集团。此外，吉利还在稳步推进全球创新技术企业的建设，逐步实现汽车制造商向移动旅行服务提供商的转型。

吉利控股集团拥有吉利汽车、领克汽车、沃尔沃汽车、Polestar、宝腾汽车、路特斯汽车、伦敦电动汽车、远程新能源商用车、太力飞行汽车、曹操专车、荷马、盛宝银行、铭泰等众多国际知名品牌。每个品牌都有自己独特的特点和市场定位，并能协调发展。

吉利是沃尔沃集团的最大股东，也是戴姆勒公司的最大股东。

目前，吉利拥有 12 万多名员工。公司总资产超过 3 300 亿元，已连续 7 年成为《财富》全球 500 强企业。

吉利已从拥有自己品牌的普通私人汽车公司发展成如今的跨国企业集团。自 2018 年以来，汽车市场进入了"冬季"。在这种严峻形势下，大多数汽车公司的市场销量都呈下降趋势，吉利汽车却能够逆势而上。吉利是如何做到的？让我们从以下 3 个方面来看。

共同价值／首要目标的建立助力吉利快速发展

科研建设助力吉利发展

吉利坚持自主创新，建立全球智慧和核心技术的研发框架，并继续投资研发以确保领先的技术和产品能力。2003 年，吉利研究院正式成立。当时，它树立了自主研发、独立研发和不断自我完善的企业家精神。2012 年，吉利宁波杭州湾研发中心开始进行规划，以满足 200 万辆汽车的研发需求。吉利在研发方面的投资一直在增加，至今拥有 1.4 万多项专利。截至 2018 年底，吉利用于研发活动的支出约为 56 亿元。吉利在过去 10 年中的累计研发支出超过 1 000 亿元，研发支出占营业收入的 5% ~ 7%。

吉利建立全球研发建模网络，专注于核心汽车技术的发展和未来旅行。吉利现有 5 个主要的研发中心，分别是宁波杭州湾研发中心、瑞典哥德堡研发中心、英国考文垂研发中心、吉利杭州研发中心、德国法兰克福研发中心（GATD）。目前，吉利共有 2 万多名研发和设计人员，其中 2 500 多名工程师是新能源领域的研发专家。全球多点研发系统和沃尔沃的协作与合作共同创造了吉利品牌。吉利坚持内部培养和外部引进相结合，以实现人才的融合和提升。吉利目前拥有数百名有影响力的外国专家、30 多位国家高级人才，以及来自全球 40 多个国家的 5 万多名外籍员工。

1. 宁波杭州湾研发中心

该研发中心由整车研究院、新能源汽车研究院和汽车创意设计中心组成，于

2016 年正式投入使用。它拥有最先进的研发技术中心、车辆测试中心、动力总成测试中心、车辆试生产中心及其生活配套，将设计与开发、试验试制、质量控制和供应商协作开发结合在一起。它具有用于车辆、发动机、变速器、电子设备的独立研发能力，并且可以进行关键的汽车零部件测试，以及组装测试、新能源电机性能测试、底盘耐久性测试、车辆分析与评估、结构研究与测量等。宁波杭州湾研发中心目前拥有 1 万多名各种类型的研发人员，已成为实现吉利重要战略目标的核心研发基地，并汇集了整个集团的资源和设备。

2. 瑞典哥德堡研发中心

该研发中心主要负责 CMA 架构和动力系统的开发以及与汽车相关的专项基础理论研究。

2013 年，吉利宣布与沃尔沃合作建立研发中心。这个位于瑞典哥德堡的研发中心整合了吉利和沃尔沃汽车的资源优势，创建了新一代的中级汽车模块化架构和相关组件，以满足沃尔沃汽车和吉利的需求。

瑞典哥德堡研发中心归属吉利控股集团，由吉利汽车集团运营。它不仅负责吉利新品牌"LYNK & CO"的未来产品研发，还负责吉利和沃尔沃汽车的产品开发。它的 CMA 架构是一种新架构，涵盖了从 A0 级到 B 级车的研发。

3. 英国考文垂研发中心

该研发中心是吉利的海外研发和销售基地，用于吉利尖端技术领域的开发和制造满足市场需求的新车型。

4. 吉利杭州研发中心

该研发中心是集团的早期研发基地，与宁波杭州湾研发中心一起致力于汽车研发。

5. 德国法兰克福研发中心

该研发中心致力于在新能源、自动驾驶和车联网领域创建创新技术平台，并加速吉利品牌的整体创新。

德国法兰克福研发中心于 2019 年 5 月 16 日开始正式运营。研发中心靠近法兰克福机场。公司将专注于新能源解决方案和下一代出行技术的研发。未来将组建一支由 300 名工程师组成的研发团队，充分利用德国汽车行业的先进技术，研发致力于在新能源、自动驾驶和车联网领域创建创新技术平台，并加快吉利品牌的整体创新。此举将形成吉利的全球技术研发网络，并促进吉利在新能源领域的技术发展和业务扩展，从而进一步改善吉利的全球工程研发体系。

吉利提前规划新能源的部署，继续推动新能源战略的发展，采取多样化的新能源汽车技术和产品开发路线。吉利于 2006 年初成立了新能源汽车研究院。2007 年，吉利进一步确定了新能源发展战略，提出了"创新、安全、节能、环保"的产品战略，并将新能源汽车的开发作为未来的重点项目。吉利已经相继引入实用的新能源技术，例如 GSG（吉利智能启停系统）和 GPEC（吉利插电式混合动力汽车技术）。吉利还通过合资、合作以及投资并购的方式进一步获取新能源技术。

2015 年，吉利发布了"蓝色吉利行动"，并正式推出了首款新能源汽车帝豪EV。吉利于 2018 年发布了智擎新能源电力系统，该系统包括新能源和节能动力技术路线。吉利已经在技术上实现了其战略目标所涵盖的产品。

吉利通过合资合作及投资和并购等方式，迅速介入电动汽车领域，获取相关技术和资源，进一步加强新能源的布局。2013 年 2 月，吉利与浙江康迪车业有限公司成立了一家合资公司，从事电动汽车的研发、生产和销售。2015 年，吉利与新大洋电动车成立合资公司，与科力远成立合资公司，建立了混合动力系统组装技术平台，开发汽车用 CHS 混合动力系统，并与知豆合作生产电动汽车。

在动力电池系统方面，吉利由全资子公司威睿电动车公司开发和制造；电池的研究和开发是通过建立新的能源电池研究院进行的；电池回收主要由合资方福建长庆负责；电池单元材料由合资方杉杉负责。合资公司的成立将利用双方在中国生产新能源汽车电池的实力、资源和专业知识，以确保吉利将来获得稳定的电动汽车电池供应。吉利和戴姆勒于 2019 年成立了一家合资公司，以在全球范围内运营和推广该智能品牌。推出的高端电动智能汽车预计于 2022 年生产并在全球销售。新一代的纯电动智能车将由梅赛德斯－奔驰的全球设计部门负责生产，吉利的全球研发中心负责工程研发。它在中国的新工厂生产。预计吉利将利用 Smart 和 Mercedes-Benz 在电气化技术方面的经验来进一步提高运营效率和产品竞争力。

吉利的新能源业务发展迅速，使用模块化平台已经建立并推出了更多模型。吉利现在拥有各种涉及纯电动、汽油电动、插电式混合动力的新能源汽车，并且在一系列新能源技术领域（如混合动力、电动、酒精和氢气）进行布局。与其他从事新能源生产的公司相比，吉利在各个层面均具有一定优势。吉利在自己的品牌中拥有多种新能源模型，其中包括多个品牌。吉利将进一步扩展其新能源和电动汽车产品系列，在其所有主要现有车型中增加轻度混合动力、插电式混合动力和纯电动汽车模型，并推出新的新能源和电动汽车模型。

新能源汽车销量增速继续好于行业增速，占比逐步提高。在 2019 年新能源汽车全国销量下降 4% 的背景下，吉利新能源汽车的销量同比增长 68.6%，至11.3 万辆。

吉利已经聚集了超过 2 500 人的全球新能源研发团队，并获得了数百项核心专利。

企业文化——公司的精神领袖

人类不是孤立的个体，因此必须在生活中受到周围环境（文化）的影响。作为一个共同利益集团，企业在追求共同利益的过程中还要形成自己独特的企业文化，这将影响企业成员的行为观念，进而影响企业的经营绩效。因此，企业文化也是企业的能力。重要的是，良好而适当的企业文化将有助于实现企业目标，不良和不正当的企业文化将不利于实现企业目标。让我们看一下吉利对企业使命、愿景、核心价值观和企业精神的解释。

吉利的企业使命：制造最安全、最环保、最节能的汽车，使吉利汽车能够在世界各地行驶。

从吉利的企业使命中，可以清楚地了解吉利的追求和目标，这可使公司所有员工齐心协力，为共同的目标而努力。

吉利的愿景：让世界充满吉祥。

吉利的核心价值观：吉利，幸福生活，与您同在。

吉利的愿景和核心价值观是公司本身与公司追求的目标和理想的良好结合，可以很好地反映吉利健康良好的企业形象，增强公司员工的精神面貌，促进公司健康和谐发展。

吉利精神：团队合作精神、学习精神、创新精神、拼搏精神、实事求是精神、精益求精精神。

团队合作精神是吉利的基本指导思想。通过沟通、协调与合作，营造一个公平、公开、公正的良好企业环境，形成团结一致、踏步向前的局面。

学习精神是吉利成功的源泉。要求吉利人必须敢于学习、善于学习，在变化中学习和适应，在适应中成长和发展。在吉利，主动学习和良好学习被视为一种工作能力。"每个人都是老师，每个人都是学生"是全体吉利人学习和生活的基本观点。

创新精神是吉利的灵魂。通过开展广泛的科学研究活动和员工合理化建议，所有员工都具有创新精神；通过管理理念和方法的现代化、信息化、标准化，实现管理创新。通过全球范围内的广泛合作、社会的广泛参与实现了新技术的双赢合作。

拼搏精神体现在高效率、快节奏完成任务时的"不承认失败，擦干眼泪，坚持不懈"。

实事求是精神是吉利恒久事业的重要保证。尊重客观事实和研究客观规律是从事实中寻求真相的精神的最重要内涵。根据当地情况寻求正确的解决方案是从事实中寻求真理的精神的灵魂。

精益求精精神是吉利可持续发展的根本要求。精益求精精神的核心内容是吉利产品的高质量和低成本以及外包支持系统的精细构建。这反映在研发、采购、生产、销售和售后服务的各个环节，以及人员培训、控制系统和成本控制的不断改进上。

吉利倡导的这些精神正是汽车行业所需要的。通过树立和传播这些企业精神，吉利将帮助员工不断提高自己，适应时代潮流，增强团队竞争力，并使公司更好地站在激烈的竞争环境中。

战略／战略决策对吉利发展的重要影响

企业的健康发展离不开周围环境的影响。在良好的环境中，企业可以健康、快速地发展。改革开放以来，中国政治稳定，经济持续发展。加入世贸组织后，大量外国公司进入了中国市场，许多中国公司也走出了国门。

随着汽车电子技术的飞速发展，汽车智能技术逐渐被应用。汽车的智能技术使汽车的操作越来越简单，动力和经济性越来越高，行驶安全性越来越好。各种高科技应用使汽车逐渐发展成信息、通信和娱乐中心，并且可以与外界交换信息。各种新技术的出现为汽车设计提供了更广阔的空间，汽车的功能也得到了进一步扩展。在概念车的发展中，汽车已逐渐从一台冰冷的机器变成了与人类交流的数据信息平台。某些概念车具有表达自己的情感的方式，比如喜怒哀乐。所有这些，使概念车超越了量产车并成为新时代的象征。概念车的设计对汽车产品的影响越来越大，它代表了汽车行业的发展方向和基本思想，象征着汽车公司的设计水平和技术水平以及向绿色和环保发展的趋势。

企业自身的战略定位

近年来，中国汽车工业持续增长，已成为全球最大的汽车销售市场。

目前，中国的汽车消费群体分为3个部分：新派、新商务派和新中产阶级群体。

新派这个消费群体的消费能力分散在所有驱动因素中。他们对汽车的选择和购买主要取决于家庭的经济状况和对交通工具的使用状况。因此，他们在价格、舒适性、控制性能、安全性能、使用成本、故障率（维护成本）等方面非常重视合理的成本效益评估。

新商务派对汽车的选择和购买受到业务、个性、休闲和娱乐的影响。他们希望通过外观、品牌和配置的组合提升自己的商业气质和形象。同时，由于这个消费群体中的大多数人已经结婚，因此他们将在确保商业气质和形象的基础上考虑家庭因素。

新中产阶级群体中的大多数人已经结婚并开始创业，他们的生活相对富裕，职业发展的空间也相对较大。他们对汽车的选择和购买受商务、家庭使用、时尚、休闲和娱乐的驱动。他们大多将汽车的商业用途列为第一要素，然后是家庭用途，接着是时尚魅力以及休闲和娱乐。稳定的 B 级车是其地位的象征。拥有高雅的个人商务车极大地促进了他们的商务和社交网络发展。

吉利的发展与上述 3 个消费群体紧密相关，并开发了适合这些消费群体的汽车。吉利过去一直专注于制造"人们买得起的好车"，目标人群仅面向低端客户，也就是说，生产低端汽车是主要的战略方向。对于快速增长的经济，中国现在应该有很多人选择购买中高端汽车。因此，吉利在其产品中布置了不同级别的产品线。

让我们来看吉利战略的发展过程。

吉利在 2001 年 11 月成为全国指定的汽车生产基地单位，生产乘用车。最初，吉利依靠 3 条低成本的产品进入市场：1999 年的昊清，2001 年的美国和日本（以及美国和日本的汽车），以及 2002 年的 Unio（美国的夏利和赛欧）。凭借低价策略，吉利的汽车销量从 2000 年的约 1 万辆增加到 2006 年的 20.5 万辆。

吉利在 2005—2006 年适时推出了进景、自由舰和金刚，以取代"老三件"。2008 年，为应对国际金融危机，国家出台了一系列刺激汽车消费的政策。吉利开始实施多品牌战略，英伦、全球鹰、帝豪独立运作，在 2008—2014 年新增加了 12 个全新型号。2009—2010 年，汽车行业实现了高增长，分别增长了 52.9% 和 33.3%。借助行业的高速增长，吉利 2010 年的销量攀升至 40 万辆。2011 年，国家取消了刺激政策，行业增长率在 2011、2012 年分别放缓至 5.4% 和 6.9%，并在 2013—2014 年有所回升。2014 年，吉利销售额急剧下降 24%，净利润下降 45.9%，有传言称吉利可能成为第一家倒闭的汽车公司。

销售额的急剧下降和盈利能力的下降表明了吉利自 2008 年以来实施多品牌战略的失败。2014 年，吉利开始重组销售渠道，将 3 个品牌统一为帝豪 1 个品牌，从而大大减少了渠道商店的数量。

2015 年至今，吉利的产品实力显著提高，实现快速增长。Borui（博瑞）于 2015 年 4 月上市。2015 年 12 月，Borui 销量达到 5 504 辆，被称为中国品牌最漂亮的 B 级车。Borui 开启了新一轮的吉利产品周期，新型号遵循 Borui 家族的外观。新帝豪和新进景在 2016—2017 年都成为热门车型。

一个大赌注：吉利收购沃尔沃

福特为何在众多沃尔沃竞标者中选择吉利？李书福认为，吉利和沃尔沃可以说是相互匹配的。"我们对沃尔沃的了解，对汽车行业的了解以及对福特的了解，以及我们的核心竞争理念等，都是福特选择我们的重要原因。"

从宏观角度来看，沃尔沃选择吉利的原因有两个。

第一，沃尔沃的汽车销量在过去几年一直在下降。随着 2008 年国际金融危机的蔓延，沃尔沃遭受巨大损失，这对福特来说是沉重的负担。2009 年，沃尔沃在全球范围内销售了约 33.5 万辆汽车，同比下降 10.6%。出售一家大型亏损公司获得宝贵的营运资金，对执行救援计划的福特来说，是一项必须尽快完成的任务。

第二，选择吉利实际上也是在选择中国。受国际金融危机的影响，2009 年全球豪华车市场急剧萎缩。BBA（奔驰、宝马、奥迪）等一线豪华品牌的年销售额均出现了大幅下滑。而与此同时，中国的豪华车市场却以超过 40% 的速度快速增长，其中 2009 年沃尔沃在中国的销量增长了 80% 以上。因此，对于沃尔沃汽车公司，如果想尽快扭亏为盈，那么选择吉利显然是明智的选择。

当然，吉利近年来的快速发展、对知识产权的尊重、擅长学习的企业文化、成功的海外收购以及李书福的个人魅力，也是福特选择吉利的重要原因。

收购的资金从哪里来？

作为世界知名的豪华车品牌，沃尔沃的吸引力不言而喻，但这也决定了沃尔沃的价值不会太低。更重要的是，在福特宣布将出售沃尔沃之后，许多国际买家都在等待与吉利竞争。对吉利而言，除了准备出色的收购计划外，更重要的是，必须筹集收购所需的大量资金。

吉利收购沃尔沃的最终价格为 18 亿美元。在合同签订之日，吉利已将这笔钱打入福特的账户，其中现金为 16 亿美元，支票为 2 亿美元。但这仅仅是开始，吉利首席财务官尹大庆表示，收购完成后，吉利还将向沃尔沃提供后续业务所需的流动资金，配额约为 9 亿美元。这样，收购沃尔沃，吉利至少需要筹集 27 亿美元，约合 180 亿元人民币。

2009 年，吉利销售 33 万辆汽车，实现销售收入 140 亿元，实现利润 12 亿元。

这意味着吉利在购买沃尔沃汽车之前必须积累 15 年的利润。

吉利收购沃尔沃的消息传出后，外界对此颇有疑问，能否成功募集资金是争论的焦点之一。尹大庆说，吉利的发展使其有能力收购沃尔沃等大型公司。在与福特签署最终买卖协议之前，已安排了全部 27 亿美元的资金。据报道，资金一半来自国内，一半来自海外。其中，国内融资除了吉利自有资金之外，其他来自从国内银行募集的并购资金。国外融资来自美国、欧洲等地。可以看出，收购沃尔沃所需的全部 27 亿美元中，只有约四分之一是吉利自掏腰包支付的。

媒体将沃尔沃描述为一位爱上了家人的贵族女士。自 1995 年以来，其在全球豪华车市场的份额已从 14.9% 降至 8.2%。自 2005 年以来，沃尔沃连续 5 年遭受损失，年度损失超过 10 亿美元。糟糕的财务状况迫使福特无奈地以 18 亿美元的价格出售了当年以 65 亿美元收购的沃尔沃。

要收购一家甚至无法与福特竞争的汽车公司，吉利不仅需要勇气，还需要使其盈利的能力。

实际上，吉利收购沃尔沃也有其好处，并且在最近几年的发展中不断得到验证。

一是获得沃尔沃先进的汽车制造技术。尽管吉利拥有独立的研发部门，在收购沃尔沃之后，它能把沃尔沃的技术整合到吉利的新车型中，以尽快提高其自身车型的档次。

二是获得沃尔沃的全球销售网络。基于此，吉利可以依靠其网络进入市场并出售吉利的未来车型。

三是获得沃尔沃的知识产权和研发人才。

良好的制度 / 模式为企业发展保驾护航

当今社会，竞争非常激烈。尽管许多新兴行业正在崛起，但许多公司也面临破产。它们如何在竞争中生存并脱颖而出，将其他对手远远甩在后面？这需要领导者的智慧和出色的管理并形成一系列制度 / 模式，例如良好的机制和良好的团队合作精神，可以相互影响，从而成功。吉利如何解决其发展中遇到的问题并取得成功？

适时的定位和转型

吉利推动创新和克服挑战的能力的核心在于，可以抓住机会进行适当的定位和转型。当然，这也与冒险的勇气和信心密不可分。

徐刚于 2002 年被任命为集团首席执行官，这拉开了吉利从家族制向股份制过渡的序幕。股份制是吉利开展汽车生产的理想形式。其业务目的是使利润最大化，这充分反映了商品经济的规律。股份制的实施可以帮助吉利分散业务风险，因为商品的生产越多，竞争越激烈，风险就越大，企业将随时面临破产的可能。股份制分散了吉利的主要财产权，因此风险同时由多数股东承担。

2007 年 5 月，吉利宣布了一项战略转型。吉利战略转型的含义非常丰富，不仅包括业务管理模式的转变和技术体系的转变，还包括采购体系的转变、战略目标和战略布局的调整，以及生产方式和方法的改进等。纵观汽车发展史，世界上所有汽车公司的发展都有一个共同的特征，即从低端到高端、从价格优势到技术领先。这是每个汽车公司都必须面对的必然选择。

合理的管理体系

吉利的核心价值理念是快乐。吉利的企业文化可以简单地概括为"人性化人事管理，军事化高效执行"，即以人为本的管理理念。所谓以人为本的管理理念，是一种更加人性化的管理方式，所有员工都处于中心位置，公司通过留住优秀员工并激发他们的热情来发展自己的企业。同时，按照"请进来，送出去"的原则，及时组织业务管理人员和经济运行管理人员出门考察学习，学习先进的管理理念和管理经验，引导公司做大做强，尽快转变经济发展方式，促进吉利快速发展。

吉利利用信息技术促进管理水平和管理能力的全面提高，重视人力资源管理和企业文化建设，创建学习型组织。通过营造积极的企业文化和组织学习氛围，吉利培养了组织学习、执行和协作能力，以完全整合创新能力。

吉利从技术人员的培训开始进入公司教育领域。经过十多年的实践和探索，吉利已经找到了非常适合中国国情的职业教育模式，这也给吉利进入研究生教育领域的决定带来了信心和勇气。

准确的市场分析

市场永远是领导者决策的风向标，市场供求是企业发展的方向。事实证明，如果企业的生产经营活动不受市场供求信息的引导，就会盲目。杰出的领导者善于利用敏锐的市场嗅觉发现市场空白，从而抓住市场机会并确立企业在行业中的主导地位。众所周知，生产决定消费，而消费也决定生产。两者相互决定，消费是生产的最终目标和测试者。研究消费者行为是实现企业生产目的的需要。正是因为准确地了解了消费者的多样化和不断变化的需求，吉利才能不断进步，实现从"以生产为基础的生产"到"以销售为基础的生产"的过渡，更加合理地利用资源，取得更大进步。

研发系统：根据吉利控股集团的公告，2016—2018年，研发投资约占收入的4%，年投资额超过100亿美元。

领先的平台策略：缩短产品更新周期，并显著降低成本。

继CMA平台之后，吉利先后针对BMA、DMA、PMA等不同平台的车辆推出了多种模块化架构，以实现吉利、沃尔沃和领克这3个品牌的共享，在共享的同时共担技术费用。

以BMA平台为例，零件的泛化率可达到70%，与传统平台相比，研发成本降低了20% ~ 30%，研发周期缩短了18 ~ 24个月。对汽车公司来说，这种效率无疑在成本上具有巨大的竞争优势。

"新产品周期＋技术领先＋成本控制能力"是吉利汽车的制胜法宝。

新产品周期：基于CMA、BMA、DMA平台的新产品在2020年继续推出，基于平台的产品带来了产品性能的提高和成本的持续下降。

技术领先：传统电力系统和新能源电力系统的技术领先。沃尔沃每年在技术上的投入超过100亿元。吉利在传统动力系统、新能源、智能驾驶和平台策略方面具有领先优势。

成本控制能力：在低端市场上实现更高的盈利水平。吉利比其他独立汽车公司具有数量优势。大量的销售保证了其在零件采购方面的优势。吉利现有平台和 CMA 平台的引入将增加零部件的共享程度，这有助于降低成本。

标杆组织的协同基石总结

吉利自成立以来，抓住我国汽车行业高速发展的机遇期，通过自身在技术研发、人才培养、国际化发展等核心能力上的不断突破，制订合适的战略目标，已经迅速占据自主品牌的龙头地位，并逐渐向全球扩张。每个阶段的发展与经济社会环境紧密相连，受经济社会发展的影响，客户需求发生变化，企业的共同价值／首要目标、战略／战略决策、制度／模式这三重引擎如同齿轮咬合，不断驱动吉利快速发展，并促成与其相关者形成一个价值统一、运营高效的价值共同创造体。强大的科技创新能力、优秀的人才激励机制、前瞻性的全球化视野都是吉利成功的护城河。

现状——中国品牌第一名。2018 年，吉利的汽车销量突破 150 万辆，自主品牌市场份额为 15%，全行业市场份额 6.3%。2019 年吉利汽车销量仍为自主品牌第一名，全行业位列第四。

过往——励精图治，打造中国精品车。1999—2006 年，吉利入局，是国内第一家拿到生产资质的民营车企。2007—2014 年，吉利伴随行业高增长，2014 年多品牌整合，渠道重组，借力沃尔沃。2015 年至今，吉利产品力明显提升，再次超越行业，实现快速增速。

未来——动力系统、平台和新技术。2016—2018 年，吉利研发投入占营业收入约 4%。平台化战略领先，继 CMA 平台后，吉利先后又推出 BMA、DMA、PMA 等针对不同级别车型的多个模块化架构，实现吉利、沃尔沃和领克三品牌共享，在分享技术的同时均摊成本。

行业、格局与竞争力。吉利 2019 年表现总体好于其他汽车自主品牌，更好于其所在的细分市场，具备提升市场份额实力。2020 年吉利进入新的增长周期，厚积薄发。

　　吉利通过不断的努力实现了从零到现在的全球化企业的成长。长路漫漫，何其修远，但路遥知马力，如今的吉利让我们刮目相看，未来的吉利让我们拭目以待。

第八章

万华化学：协同创新造就发展传奇

自主创新是企业核心竞争力

烟台万华聚氨酯股份有限公司（以下简称"烟台万华"）成立于1998年12月。2011年，烟台万华收购了匈牙利博苏化学公司，成为其全球化战略的一个重要举措；2013年，为了实现国际化、全球化战略，烟台万华更名为万华化学集团股份有限公司（以下简称"万华化学"）。

万华化学是一家国际化的化工新材料公司，长期坚持以科技创新为核心竞争力，不断优化产业结构，业务涵盖MDI（二苯基甲烷二异氰酸酯）、TDI（甲苯二异氰酸酯）等聚氨酯类产业，丙烯酸及酯、环氧丙烷等石化类产业和化学材料类产业。主要服务的行业包括生活家居、运动休闲、汽车交通、建筑工业和电子电器等。

万华化学在北京、上海、宁波、烟台、珠海等地设有专业的研发和生产基地，在美国、欧洲、日本等十多个国家和地区设有独立的公司和办事处。万华化学在休斯敦的北美技术中心已经投入使用，在烟台、北京、上海、宁波等地的研发中心已持续运营。万华化学在海外拥有独立的生产基地，在国内拥有烟台、珠海、宁波三大生产基地。

"为客户创造价值"是万华化学的第一使命，万华化学通过提供高质量、有竞争力的产品和服务，在化工新材料领域不断进行科技创新和市场拓展，打造一体化的绿色化工产业链，引领行业发展方向。万华化学已经逐步成为具有国际一流竞争力的化工原材料供应商和服务商。

万华化学的三大主营业务

万华化学主营业务领域有聚氨酯业务、石化系列产品业务和功能新材料化工品（精细化学品）业务。

聚氨酯业务，特别是MDI，是万华化学发展的基石。万华化学的MDI全球产能第一，其生产成本非常具有市场竞争力。聚氨酯作为有机高分子材料，具有橡胶的弹性、塑料的强度，以及良好的加工塑造的性能，被大量地应用在多个行业和领域。它的应用领域涉及航空航天、汽车装备、化工医疗、纺织轻工、建筑建材等，基本上涵盖了经济发展所能涉及的各个重要行业和领域。

万华化学生产的石化系列产品业务采用的是一体化的生产工艺技术，实现重要上游化工中间体的自产自供。相对于其他两类业务，石化系列产品的生产工艺不是完全独立的，MDI一体化生产工艺中的丁醇、粗氢气等，可以作为原料，用于石化系列产品生产当中；石化系列产品中的环氧丙烷、丙烯酸，可以用于高附加值的功能新材料化工品的生产当中。在一体化工艺体系中石化系列产品业务与其他两类业务的生产工艺形成了良好的"互动"，大大提升了化学原料的利用效率。石化系列产品业务是万华化学向化工产业链上游延伸的结果，MDI产品系列的一体化生产，大大降低了生产成本，提升了产业链的价值和竞争力。万华石化系列主要提供产业链上游的基础石化产品，包括环氧丙烷、甲基叔丁基醚、新戊二醇、丙烯酸及丙烯酸酯等。

万华化学的功能新材料化工品业务是MDI一体化产业链向下游的延伸，主要生产热塑性聚氨酸弹性体及脂肪族异氰酸酯。新材料化工品的技术门槛较高，需求量稳定，但供应商少。功能新材料化工品业务是万华化学的主要利润增长点之一，产品产量、销售收入和利润呈快速增长趋势。

"炼化一体化"的典型样本

万华化学是中国地方国有石化企业"炼化一体"的典型样本。万华化学以科技创新为核心，围绕高科技、高附加值的化工新材料领域，实施上下游产业链一体化战略，通过精细化和低成本的措施，成为中国化工企业的一个具有明显特点的标杆企业。

万华化学的产品业务除了上述的聚氨酯、石化系列以及功能新材料化工品三大板块之外，还包括水性涂料树脂和 ADI（脂肪／环族异氰酸酯）表面材料等新产品系列。万华化学这种整合了产业链上游石化产品和下游化学产品的业务模式，就是产业的炼化一体化。这是大型化工企业普遍采取的一种发展模式。对万华化学这种立足于化工产品的企业来说，向上游整合，可以更好地降低成本，实现产品的多样化，提升市场适应能力，更具有竞争力。

万华化学已在全球建立了 3 个大规模的生产基地，即万华化学匈牙利生产基地、万华化学宁波工业园和万华化学烟台工业园。万华化学匈牙利生产基地生产历史长，未来产能扩大空间较小，且一体化程度较低。万华化学宁波工业园以生产 MDI 为主，且拥有全球单厂 MDI 产能最大的装置，一体化程度较高，有一定的功能新材料化工品生产能力。万华化学烟台工业园 2010 年开始建设，是万华化学一体化程度最高的生产基地。万华化学产能主要集中于烟台工业园，PC（聚碳酸酯）二期、SAP（高吸水性树脂）项目已于 2019 年建成投产，乙烯及其配套项目于 2020 年建成投产。随着万华化学烟台工业园 SAP、PC 二期、PMMA（聚甲基丙烯酸甲酯）和 MMA（甲基丙烯酸甲酯）及 ADI 系列产品建成投产，功能新材料化工品系列的产量将稳定增长。

万华化学全力打造的新材料业务逐步发展壮大，这将打破空间与资源对万华化学业绩增长的束缚，并削弱大宗商品周期波动对业绩的影响，万华化学的功能新材料化工品业务有望依靠不断加大的研发投入来持续增长。此外，万华化学的专利申请中材料、涂料胶黏剂、专用化学品的专利申请量占总量的 40% 以上，再加上功能新材料化工品，这些领域将成为万华化学未来的发展方向。

万华化学烟台工业园通过"炼化一体化"的方式，将上下游产业链打通，而产能持续增加。万华化学在 MDI 上已经形成了核心竞争力，并在继续加强，通过战略转型万华化学正在向 MDI 产业链上游 C2（碳二化合物）、C3（碳三化合物）、C4（碳四化合物）石化和下游功能新材料化工品延伸，产业链延伸走的是一体化发展道路，进一步降低生产成本，巩固万华化学的成本优势。

向下游功能新材料化工品延伸，是万华化学的未来；在基于聚氨酯应用的功能新材料化工品上，万华化学具有技术核心竞争力。万华化学技术创新能力的加强和持续的科研投入，保障了万华化学能研发出更多应用广泛的功能新材料化工品。这些功能新材料化工品的市场需求较大、竞争较小、利润较大，是万华化学最重要的利润增长点。

万华化学通过有效协同，不断向产业链延伸，通过信息化打造卓越的运营体系。以市场需求为先导，树立细分行业品牌，重视企业社会责任，宣扬创新企业文化。以国内市场为基础，抓住机会进行国际化并购和布局，专注细分行业，进行产业链整合。完善法人治理结构，建设现代企业制度。运用有效激励，培育创新人才。

对比同业，万华化学在以下几个方面具有核心竞争力：产能规模、研发创新、核心技术、产业链集成、客户资源、人才及管理。

强烈的企业使命感，重视创新和人才

万华化学以受社会尊敬、让员工自豪、国际一流的化工新材料公司为企业愿景，追求务实创新，追求卓越企业文化。万华化学有很强的使命感，历来重视科技研发，且公司的管理层大多是技术出身。万华化学每年的科技研发投入很大，公司通过不断努力，突破 MDI 关键核心技术，具有很强的科技创新能力，

万华化学的企业文化和创新文化，就是敢想敢干，锲而不舍。万华化学的发展道路经历了许多坎坷，只能走一条自我发展的道路。从万华化学的发展历程可以看出，万华化学的成功并不是一帆风顺的，而是一条艰辛的、曲折的自主创新之路、不断奋斗之路。万华化学的蜕变起于 20 世纪 90 年代其选择自己创新突破 MDI 核心技术。万华化学的核心技术团队不仅突破了 MDI 核心技术，还在原有基础上通过技术创新和技术改造提升了单厂的 MDI 产能，具有强大的成本优势。

万华化学的创新、奋斗文化深入员工内心，员工认同感很高，以在万华化学工作为荣。万华化学已有坚实的基础，通过创新引领、协调产业园模式，万华化学逐步走向世界。随着万华化学下游特种新材料功能产品的逐渐丰富，未来万华化学将成为定制化工新材料的提供商。

实力雄厚的研发创新团队

万华化学的研发团队与市场、生产及采购部门协同度高，将产品研发创新的目标与市场需求动态以及万华化学内部整体业务目标协同。万华化学还通过向客户提供技术支持与解决方案来提升企业的服务品质和专业形象，与客户间建立了紧密的沟通合作机制，有利于市场需求对公司研发创新方向的及时反馈。

目前，万华化学已形成了集基础研究、工艺研究、工程化开发与产品应用研究于一体的研发创新及技术服务体系，并成立了国家级企业技术中心、国家级工程技术研究中心、国家级工程实验室，设立了企业博士后科研工作站等行业创新平台。万华化学在烟台、北京、上海、宁波和休斯敦等多地拥有研发基地，充分发挥当地的区位优势和市场优势，形成跨越国界的研发合作模式，拓展公司创新发展的国际化视野。

万华化学在全球拥有庞大的研发团队，先后与十余家国内外科研院所和高校开展了产、学、研合作，多次荣获国内外技术研发奖项。通过产、学、研模式的多样化发展，万华化学成功吸引并培养了一大批优秀的技术类、管理类人才。

始终重视技术的自主创新

在近 20 年的发展历程中，万华化学始终将技术创新作为企业发展战略的核心竞争力，形成了"奖励成功、宽容失败"的创新文化，在企业内部营造鼓励创新的文化氛围，成功走出了一条适合自己的"生存、发展、赶超、全面国际化"的道路。把体制创新作为创新的前提、观念创新作为创新的先导、技术创新作为创新的核心、管理创新作为创新的基础、文化创新作为创新的保证、人才创新作为创新的主线，实施创新系统工程，使研发创新能力得到了快速发展。

万华化学生产基地的单套产能规模居于全球领先地位。目前，万华化学是全球仅有的两家能够覆盖 HDI（六亚甲基二异氰酸酯）、HMDI（二环己基甲烷二异氰酸酯）以及 IPDI（异佛尔酮二异氰酸酯）产品自主生产的化工企业之一，采用业界领先的气相光气化工艺制备 ADI 产品，回收率高、能耗低，各项技术指标均已达到了国际领先水平。

管理人才和技术人才并重

万华化学的管理团队经验丰富，在化工行业深耕多年，对国内外化工行业的发展和变革有着较为深刻的理解。

万华化学通过不断提升，已经形成了高效的经营和管理体系，根据各个部门的工作职责和要求来配备专业化的管理人才，实施精细化管理，做到职责清晰。万华化学不断通过外部引进和内部培养的方式，健全人才队伍，持续改进薪酬管理体系。

万华化学拥有庞大的研发人员队伍，其中接近半数的研发人员具有硕士以上学历，有多人入选国家科技创新领军人才计划。同时，万华化学积极引进海内外的高层次创新人才，在国际化的趋势下，继续加强对前沿技术的分析和把握，不断加深对国际化工行业未来发展趋势的理解，为万华化学未来的可持续化发展和国际化发展，打下坚实的基础。

基于创新的发展战略，拓展上下游产业链

万华化学的战略十分明确清晰，立足于聚氨酯系列业务，拓展上游的化工产品和下游的化工新材料功能产品。立足国内市场，放眼全球，积极开拓国际市场，努力成为国际一流的化工企业。万华化学始终以客户需求为目标，以科技创新为核心，依靠烟台、宁波和匈牙利三大生产基地，以卓越的运营管理，实现客户价值、员工价值和公司价值的可持续发展。

万华化学以科技创新为发展核心，以人才队伍建设为发展根本，以卓越的管

理运营为发展基础，以优良的企业文化为发展保障，在高科技和高附加值的化工新材料领域实施一体化和相关多元化发展战略，通过精细化管理不断降低成本，逐步发展成国际化运营的一流化工新材料公司。

相较于欧美日韩等发达国家和地区，我国的聚氨酯行业起步较晚。面对MDI、ADI 等异氰酸酯产品较高的核心技术壁垒，万华化学通过多年坚持不懈的研发创新，成为成功突破国外优势化工企业在 MDI、ADI 等产品技术垄断格局的中国化工企业，并在掌握自主知识产权的基础上，不断进行技术优化和创新，产业规模快速发展。

2008 年国际金融危机爆发以后，MDI 等原料市场的主要原料价格从最高点大幅下跌，其他大宗商品的价格也持续下跌，MDI 的供求关系受到很大影响，万华化学面临着极其严酷的外部环境。之后，万华化学统一提出了"三化一低"的措施：全球化、差异化、精细化和低成本。

创新研发引领企业发展

万华化学的发展历程是一条科技创新兴企之路。随着技术核心竞争力的不断增强，万华化学先后完成了宁波工园业和烟台工园业 MDI 及其配套装置的建设，以及重组 BC 公司的举措，成功实现了战略转型。

万华化学的技术壁垒主要体现在 3 个方面：一是万华化学的 MDI 生产在国内率先实现了工业化突破。由于 MDI 的生产过程涉及光气化、硝化、加氢等工艺过程，均是化工生产过程中最危险的反应，且反应过程的控制和产品的分离难度都很大，因此技术壁垒较高。生产突破形成之后，潜在的进入者进入的难度、投产后的成本为万华化学筑起了"护城河"。二是 PO（环氧丙烷）技术壁垒的超额利润。2016 年万华化学成功实现了 PO/SM（环氧丙烷/苯乙烯）的技术突破，具备了自主扩产的能力，实现了 30 万吨新产能，并且率先在国内实现了共氧化法的技术突破。随着环保标准的逐渐提升，PO 产能会变为更绿色环保的共氧化法和 HPPO（直接氧化）法。万华化学可以凭借成本优势和一体化优势，不断扩产，成为市场中具有影响力的企业之一。三是在新材料与功能化学品业务板块，万华化学的高端精细化工产品之所以能够维持着高毛利率，主要是因为万华化学所掌握的技术优势形成了技术壁垒。

万华化学已经建立了全球性的研发中心、行业领先的创新平台和鼓励创新的人才培养机制，取得了 MDI、TDI、TPU（热塑性聚氨酯弹性体橡胶）、ADI、C3、C4 和 C2 产业链石化产品生产工艺技术等一系列的技术创新和突破。公司研发部门的主要职能是实现新产业和新业务的成果转化，为现有和未来的业务提供技术支持，从效率提升、科技创新、方案创新等几个方面着手，构建集工艺研究、技术开发、产品应用于一体的创新组织体系，建立了一系列的制度保障体系，使企业整体研发始终处于行业领先水平。

万华化学资产结构中经营性资产占 90% 以上，这说明万华化学的业务高度集中，坚持走专业化的经营道路。2010 年，万华化学开始烟台工业园建设，主要集中于 MDI 产业及产业链的上下延伸。万华化学长期经营资产快速增长，但长期经营资产占比却未一直增加，且下降至 80% 左右，表明万华化学经营资产更趋合理和稳健。万华化学的营业收入呈稳步上升趋势，毛利率长期稳定在 20% 以上，未来万华化学的毛利率将更趋稳定。

产业链集成打造企业竞争力

万华化学专注于研发、生产和销售重要化工原料以及功能新材料化工品，在聚氨酯、石化系列产品以及功能新材料化工品等行业中均具有较为明显的产能规模优势，其中，万华化学在 MDI、ADI 等寡头垄断领域中已位居行业前列，能够较好地满足下游市场日益增长的消费需求。

万华化学规模化、一体化的产业链集成，能够保障生产中各环节所需原料供给的稳定性，减少了原材料的对外依赖，缓解了外部原材料的价格波动对生产经营造成的不利影响。万华化学产业链中的重要原料，既可以对外出售，又可以用于企业内部其他业务板块之中，进行高附加值功能新材料化工品的加工生产。这进一步丰富了万华化学重要原料的消化途径，增强了公司应对 MDI、环氧丙烷、丙烯酸等化工产品产能过剩的风险抵御能力。

产业多元化、集成化的发展模式使得万华化学的定位有所转变，从一家大宗化工原料提供商，逐步发展成多元化产品及综合性化工解决方案集成商，提升了万华化学在全球化工行业中的竞争力。

全球 MDI 行业也会受定期检修停产以及不定期的不可抗力停产等因素影响，供应状况相对不稳定，但万华化学凭借其庞大的产能优势，能够及时响应下游市场的临时性需求缺口。同时，万华化学跨区域的生产布局，也能较好地分散产能集中所带来的风险，大幅提升销售半径和品牌覆盖范围，在一定程度上抵御不同地区供求情况变动所造成的不利影响。

不断拓展上下游市场

经过多年发展，万华化学在 MDI、ADI 等行业的产能规模位居前列。与此同时，万华化学凭借着高质量的产品、及时的服务响应入围众多国内外知名化学品生产厂商的采购体系，与客户建立了长期的战略合作伙伴关系。

近年来，万华化学不断向 MDI 产业链上下游纵向延伸，形成了以 MDI 系列产品为核心，TPU、ADI 等高附加值功能新材料化工品加速发展的一体化生产体系。2016 年，随着烟台工业园正式投产，万华化学开始横向开拓石化产业集群，进一步丰富了万华化学的化工产品体系，并为下游功能新材料化工品中新品类的开发提供高品质原材料支持。

万华化学凭借高质量的产品，稳定的供应链，被全球领先的涂料工业集团评选为"优秀供应商"。双方的合作范围由 MDI、HDI 延伸至包括环保型树脂在内的多种涂料原材料产品，合作的区域遍布全球。在客户的供应体系中赢得重要奖项，是对万华化学在产品质量、产品供应、技术支持、客户服务响应以及可持续发展等方面表现的积极肯定。

协同治理结构和模式

混合治理模式

万华化学的混合治理模式，即国有资本、管理层、产业资本结合，管理层话语权较大，保证了相关利益方利益一致，公司有活力，业绩稳健，现金流状况良好，能以持续稳定分红回报投资者。

万华化学主要股东为国丰投资、合成国际、中诚投资、中凯信和德杰汇通。国丰投资是烟台市国资委控制的国有产权的经营管理平台。合成国际是一家外资投资控制股公司。中诚投资和中凯信均是员工持股平台。德杰汇通主要从事投资及投资管理业务。

万华化学主要股东国丰投资、中诚投资和中凯信签署了"一致行动协议"。万华化学实际控制人为烟台市国资委，但管理层的话语权很大。万华化学的股权是混合模式，由国资、外资、员工持股、投资公司、机构投资人等组成，既可以充分利用股东的资源，又有利于调动各利益方的积极性，是一种经营效率很好的公司股权结构。

万华化学核心管理层几乎都是自己培养的，而且都有技术背景，是从经营生产实践中成长起来的，在万华化学内部具有很高的员工认同度和感召力。另外，万华化学核心管理层具有很好的传承，其中考虑了年龄梯度。

正是一代代的万华人带领万华化学开拓进取、锐意创新，使万华化学从烟台走向全国，从中国走向世界。万华化学的管理层用实际行动赢得了客户、员工、股东和利益相关方的信任。

有效的股权激励

万华化学 1995 年进入全国建立现代企业制度百户试点企业行列。1998 年正式组建股份公司，引入 3 家市属企业作为股东。2001 年万华化学上市后，公司进入快速发展阶段。

让高管人员、核心骨干、专业技术人员持股，充分体现了劳动创造价值的思想，极大地激发了骨干员工干事创业的热情。万华化学采用了国有股和职工股作为一致行动人的办法，解决了员工的持股问题，也解决了国有股比例降低之后对企业的控制力问题。

基于信息化的卓越运营

万华化学自 2008 年启动管理信息化建设以来，每年投入在信息化建设上的费用达上千万元。信息化的意义，在于提升企业管理的效率和质量，解决企业的发展瓶颈，提升企业的战略管控力和执行力，决定着企业未来能否做大做优做强。

万华化学在完成对匈牙利 BC 公司的收购以后，对各地办事机构的所有信息化软件和应用进行了梳理，并逐步开始信息系统的整合。在后续 3 年的时间里，万华化学完成了 ERP、CRM、OA、BI 等系统的信息化整合和建设，大幅提升了企业的管控和运营效率，构筑了严格的内控管理体系，通过整合流程，促进了各部门的协同，培养了一批优秀人才。

经营模式上，万华化学持续走专业化、一体化的发展道路，始终专注于在功能新材料化工品及新材料领域发展。采购模式上，万华化学生产所需的主要原料纯苯、煤炭、LPG（液化石油气）等为大宗原料，公司通过积极开拓国内外供应渠道，与战略供应商建立良好的合作关系，采用多种采购模式，实现了原料的稳定供应和低成本采购。生产模式上，万华化学的产品种类繁多，生产过程和路线比较复杂，涉及高温高压、有毒有害等危险过程和工艺。为确保生产运营的顺利，提供客户满意的高质量和稳定性好的产品，万华化学采取宁波生产基地、烟台生产基地、珠海基地属地生产管理、总部统筹协调的生产运营模式。万华化学根据生产经营计划所制定的月度目标，依据市场需求和装置的状况，进行动态调整。销售模式上，公司主营业务为化工和功能新材料化工品及新材料产品，全部通过市场化运作以直销和经销两种形式销售。

标杆组织的协同基石总结

万华化学通过有效协同，实现产业链的一体化发展，打造产品核心竞争力，重视共同价值 / 首要目标、战略 / 战略决策和制度 / 模式的协同。

万华化学在产业链上下游整合，多元化发展，全面部署信息化，构建高效的管理体系，实现精细化的运营。以客户需求为先导，重视企业社会责任。以人才为根本，实施创新工程，努力在细分行业树立品牌。创新、奋斗的文化深入员工内心，员工的认同感很高。以资本运作为辅助手段，进行国际化并购和布局，围绕高技术、高附加值的新材料领域拓展产业链。成功实现了由工厂制向现代企业转变，不断完善法人治理结构。万华化学以其务实求真的企业文化，不断追求卓越，努力创建受社会尊敬、让员工自豪的国际一流的化工新材料公司。

第九章

微软：重新发现商业与未来

刷新：微软的重生之路

2020 年初新冠肺炎疫情的暴发，成为 21 世纪极具影响力的黑天鹅事件。跨国企业纷纷都站到了抗疫救援的前线，在全球的支援声中，我们听到了来自微软的声音：2 月 12 日，微软中国宣布，发起包含现金捐款及微软产品、服务和解决方案在内的第二批捐赠，累计捐赠总额超过 4578 万元，全力支持抗击新型冠状病毒疫情。

微软资深副总裁、大中华区董事长兼首席执行官柯睿杰表示："在这个全球挑战面前，微软始终坚定地与中国在一起。我们要做的不只是捐款，从北京到西雅图，整个公司都在全天候地共同努力，竭己所能，用我们的技术和平台帮助更多受影响的人和组织克服重重挑战。我们不遗余力地帮助我们的员工、客户、合作伙伴共渡难关。"

在这样一段特殊的日子，微软有力的支持，让我们看到了一家全球知名企业的担当和作为。

微软成立至今，经历过作为行业翘楚的辉煌、悬崖边的迷失而后重生的过程。2018 年，微软新掌门人萨提亚·纳德拉出版了《刷新：重新发现商业与未来》一书。这本书详细描述了萨提亚·纳德拉在微软引领行业变革中的不凡经历。"刷新"这个形容确实贴切，很多人都愿意用它来描述这次重生的微软。你可以闭上眼睛想象一下，面对一个快要崩溃的页面，你点击一下"刷新"，页面奇迹般复活，又充满了灵动和色彩。

我们来看在 2019 年，微软交出了怎样的成绩单？

2019 年 7 月，《财富》世界 500 强排行榜第 60 位；

2019 年 8 月，2018 年美国实用新型专利授予机构的 300 强第 9 位；

2019 年 10 月，Interbrand 全球品牌百强榜第 4 位；

2019 电商消费 3C 数码品牌 TOP 10 榜第 10 位；

2019 年度世界品牌 500 强第 3 位；

……

2019 年对微软来说的确风光无限。4 月的财报显示，微软市值首次超过万亿美元，成为继苹果公司和亚马逊之后，全球第三家市值超过万亿美元的公司。微软一举签下美国国防部和毕马威共 150 亿美元的云服务协议，此后，微软的营业收入和股价持续上涨，在云计算领域给最强劲的对手亚马逊带来不小的压力。

微软也成为资本市场的热门标的，在 2018 财年营业收入破千亿美元后，2019 财年的营业收入同比增长 14%，达到 1259 亿美元。

这些数字让人很难想象，5 年之前，微软还在泥沼中艰难前行，甚至被认为倒闭只是时间问题。2014 年 2 月，萨提亚·纳德拉在内外部强烈的质疑声中出任微软第三任 CEO。他的出现改变了微软的轨迹，也正是他刷新了微软快要崩溃的"页面"。

微软由比尔·盖茨和保罗·艾伦于 1975 年在美国成立。该公司总部位于华盛顿州雷德蒙德。微软专注于研发、制造、授权并提供广泛的计算机软件服务，它是个人计算机软件开发的全球领导者。自 2014 年以来，云服务已成为微软发展的新增长点，是引领微软发展的引擎。

战略是一种判断未来的思维方式

"对手是我们前进的标尺"

在高科技领域，竞争从未停止。微软的成功靠的是一路的拼杀，1986年上市时，微软的主要产品和收入来自软件业务。微软推出Windows，也成功地向个人电脑制造商销售操作系统MS-DOS。1989年微软将竞争对手归纳为两类：一是计算机软件制造商，主要是IBM和苹果公司；二是独立的系统软件供应商，如Digital Research和AT&T。1989—2018年，随着业务的不断拓展，为适应快速的技术创新和不断变化的市场环境，微软的竞争对手也在不断地变化着，一些早期的竞争对手逐渐消失，而新公司不断出现。

如果让微软自己来说它持续的时间最长的、最大的对手，它应该会挑IBM，因为在过去的30年里，IBM曾270多次出现在微软财务报告的"竞争者"部分。"相爱相杀"的这一对，步调似乎总是很统一，比如MS-DOS操作系统是微软早期的成功与骄傲，那时候微软将这个操作系统直接卖给IBM等计算机制造商，当然，其后IBM开发了自己的操作系统。1989—1994年，IBM和苹果公司在其不同型号的个人计算机上预先安装了某些应用程序软件产品，直接与微软的桌面应用程序软件竞争。2001年，当IBM又选择几乎与微软在同一个时点将业务扩展到基于云计算的产品。IBM在许多方面都是微软的竞争对手，包括"服务器操作系统""企业计算解决方案""信息技术基础设施管理"和"基于云的服务产品"。2018年，微软在"数据库、商业智能和数据库解决方案产品"项下，将IBM确定为竞争对手。

近年来，越来越多的公司成为微软的竞争对手，一些公司不止在一个领域与微软竞争，比如苹果公司、Oracle、Google等，也是微软的竞争对手。相比IBM，苹果公司和微软的竞争要小一些。苹果公司主要在操作系统方面、Oracle主要在服务器应用和支持方面、Google主要在软件套件方面与微软形成竞争。虽然从微软和竞争者的角度都不愿意承认微软的垄断地位，但是，从市场占有率的角度来看，微软又确实在某些领域上是具有垄断地位的。这种垄断，确实令微软在竞争中占据优势。

上任后，萨提亚·纳德拉带领微软进入新的领域——云。在这一领域，微软最强大的对手是亚马逊。在 2018 年全球 IaaS（基础设施即服务）公共云服务市场份额排名中，微软仅次于亚马逊，成为 IaaS 市场的第二大供应商，年增长率为 60.9%。

做大饼是能力，分大饼是智慧

在做大规模之前，企业需要考虑的问题是将企业有限的资源投到哪里。创业初期微软的选择是在技术研发上投入大量的资金，以出售客户端软件为主，在每一个用户身上赚取少量的费用，依靠规模收益递增、边际成本递减的经济学原理实现盈利，并不断根据客户的要求改进自身产品的不足，巩固市场地位。然后将在操作系统上的收入投入其他业务及产品研发中，先得到客户，再制造产品，成功地将企业模式过渡成 IT 行业标准。

在此阶段，微软使用自己的开发证明了两条定律：一是摩尔定律。摩尔定律由英特尔的创始人之一戈登·摩尔提出。内容是：当价格保持不变时，集成电路上可容纳的组件数量每 18 ～ 24 个月增加一倍，性能也会提高一倍。换句话说，1 美元可购买的计算机性能每 18 ～ 24 个月将增加一倍以上。该法则揭示了信息技术进步的速度。微软的反应速度非常快，能够在比较短的时间内完成下一代产品的开发，这样的速度保证微软不但抢占了技术上的制高点、新技术应用的定价权，同时也让追求技术升级的客户更加地依赖微软。二是安迪—比尔定律。它与摩尔定律之间是有关联的，摩尔定律告诉了我们技术的飞速进步本应带来成本节省，但是事实却是，我们都在不断地花钱买性能更好且更贵的电子产品。如何解释这一行为？这个真相就是由安迪—比尔定律来揭示了。安迪指的是英特尔的首席执行官安迪·格罗夫，比尔指的是微软创始人比尔·盖茨。在过去的 20 年中，英特尔处理器的速度每 18 个月翻一番，并且计算机内存和硬盘驱动器的容量以更快的速度增长。但是，微软的操作系统和其他应用程序越来越慢、越来越大。尽管今天的计算机比 10 年前快 100 倍，但是运行软件仍然感觉与以前相似。10 年前，一台计算机上可以安装多少个应用程序，现在仍只能安装那么多应用程序，尽管硬盘容量增加了上千倍。更糟糕的是，用户发现如果不更新计算机，将无法使用许多新软件，甚至连上网都可能成为问题。尽管用户对新软件感到非常恼火，因为几乎所有的硬件升级好处都用光了，但在 IT 领域，各种硬件制造商都依靠软件开发人员来消耗自己的硬件资源来生存。结果，个人计算机产业形成了 Wintel 联盟，促使个人电脑工业整个生态链的形成。

29 年前，比尔·盖茨说："有一天，计算机要能看、能听、能说，并了解人类。"今天，这件事正在发生。

正是微软第三任 CEO 萨提亚·纳德拉重新评估大环境后大胆创新，把微软带入人工智能、云计算等技术领域，并通过组织变革和有效执行让微软重塑自己的生命力。

制度 / 模式就是你的思维认知

董事会管理

公司治理是企业运营的基石。在萨提亚·纳德拉的领导下，微软已经逐渐走出谷底。在向萨提亚·纳德拉送上鲜花和掌声之前，我们也应该感谢微软拥有一个智慧的董事会，以及董事会进行的一系列有效合理的管理举措。2020 年 3 月，微软宣布其创始人比尔·盖茨辞去董事会职务，这也使我们看到了企业家的专业精神为企业带来的活力，一个有朝气的企业家必须能上能下、能进能出。

微软董事会不是永久性的。董事会成员通常每年选举一次，治理和提名委员会在年度股东大会上提名候选人以填补空缺。

为了有效地控制董事会的整体运营，微软颁布了一系列公司制度，包括针对董事会、监事会、职能委员会、执行人员甚至普通员工的一系列工作规章和条例。各委员会的议事方法和决策程序更加明确地界定了每个人的权力和责任，促使他们有效地行使自己的权力、有效地履行职责、提高操作标准和科学决策水平，并确保环境控制达到良好的水平，从而确保组织的良好运作，为企业盈利奠定坚实的基础。

员工是微软最大的财富

对微软这样的企业而言，员工如同生命一样重要，对员工的激励出现问题，将造成巨大的内部消耗，不成事，反误事。而当激发出这些员工的巨大创造力和执行力时，整个企业也将焕发出无穷的力量。

微软拥有一套严格的员工绩效评估系统，有自己的后端信息处理器，每年进行严格的预算控制，并且系统中明确规定了职责划分。

（1）设立了客户成功经理（Customer Success Manager）的岗位。他们的工作是确保客户能用技术做想做的事，帮助客户成功，确保客户买了产品都能用起来。

（2）通过 KPI 改变销售员工的行为。之前销售的 KPI 由 Windows、Office 等产品的销售量决定，只关注客户的规模和 PC 终端的数量，云产品属于打包赠送，使用率非常低；现在的 KPI 除了现有的销售量之外，开始用云客户的使用量作为考核指标。

（3）一线员工的述职文化取消了，微软开始推行一种"coaching"模式。中国员工向美国总部汇报时不再拘泥于数字上的表现，而是问有哪些需要帮助的，老板花了很多时间和一线员工沟通。

（4）取消了末位淘汰制度，高层经理对一线员工的考核主要在于：你自己做得怎么样、怎么帮别人做得更好、怎么站在别人的肩膀上把事情做好。除了任务上的奖金，还有行为上的奖金。

（5）每一个员工都要做好面对客户的准备，任何岗位都要对产品有一些了解。

（6）开始参考用户的需求，确定技术研发的方向。

作为数十年来的计算机操作系统设计和制造行业的领导者，微软强大的硬实力对所有人都是显而易见的，其丰富的行业经验是不言而喻的。尽管微软近年来在发展过程中遇到了瓶颈，但其问题的根源并不在于高科技行业的技术水平这个根本基础，而是在于对消费者需求和心理的把握。因此，就像微软以前的盈利率不断提高一样，我们有理由相信，如果它能够成功突破当前销售和产品市场扩张的瓶颈，那么微软仍将拥有更强大的发展潜力，还将取得更好的发展。

你的文化决定了你能走多远

文化演变，支撑发展

任何企业肯定都会经历一段成熟期，随后陷入一个非连续的困境，遭遇阿喀琉斯之踵。这时，最初帮助公司发展和成长的企业文化将成为最限制公司成长的枷锁，即公司心智的枷锁。从进攻转为防守，将有各种各样的担忧和焦虑。即使收入很高，利润很高，员工数很大，公司在业界的地位也很高，但是企业高管担心失去，担心失去产品、客户，担心利润率、市值下降，担心被董事会辞退。

2019年11月，《财富》杂志将萨提亚·纳德拉评选为年度商业人物榜首。当被问及是如何实现这看似不可能的转变时，萨提亚·纳德拉回答的核心总是两个字"文化"。而文化，形成概念容易，落地不易。对于已有60余年历史的微软，在同一个初心的引领下，企业文化也一直跟随时代的大潮进行着调整，让微软始终能焕发朝气。

微软企业文化形成了八大核心思维。

（1）人是微软真正的最大的财富。

（2）建设性地争锋：直截了当地说出想法，不鼓励玩弄权术和外交辞令。

（3）时刻处于战争状态，记住对手是谁。

（4）小型项目组：机动而有效率的企业组织架构。

（5）合格的主管和明智的管理模式，没有只管人的主管。

（6）比尔·盖茨是公司的灵魂。比尔·盖茨作为首席设计师，仍然每天辛勤工作。

（7）自我批判和学习系统：尽早识别失败之处，短时间的失败是可原谅的，但延宕失败是不允许的。

（8）旨在提高生产力为目标的开销方式：给员工大量投入，提供最佳工作环境。

在新的掌门人的带领下，微软的企业文化一直在演变。新的企业文化在科技的色彩中加入了更多人文关怀，这也从根本上激发出了这个充满着"天才"的公司所能发挥出的更大能量。

2014 年，一幅流传甚广的漫画（图 9-1）生动地描述了微软当时内部争斗的窘境。讽刺的是，微软第二任首席执行官兼总裁史蒂夫·鲍尔默主张的文化理念之一恰恰是"one microsoft"。所以，回到 2015 年，微软员工对新 CEO 虽然有了一定信心，可对新文化的实施落地仍然充满怀疑。"customer obsession"（以用户为导向）和"one microsoft"是老生常谈。"diversity and inclusion"（多元化和包容性）更像是美国科技公司为了政治正确时常挂在嘴边的一句标语。除了成长型思维外，其他元素听起来都毫无新意。简洁优美的言辞虽然可以定义文化，可是真正做到"知行合一"仍然遥遥无期。

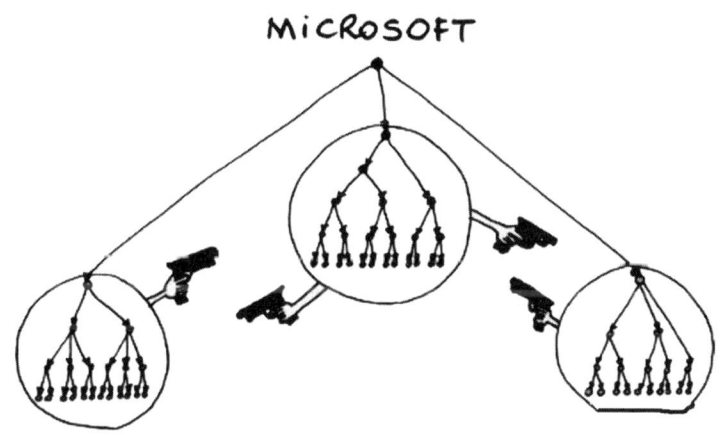

图 9-1　描绘微软"内部斗争"的漫画

除了以身作则之外，萨提亚·纳德拉最常说的就是"culture is not just my thing"。在微软这样拥有十几万员工的庞大组织里，没有合理的制度和体系，文化是没有办法存活的。给文化以丰富的土壤，辅之以有效的制度和持续的沟通，才能让文化发生显著的变化。

2014 年 2 月开始，微软的副总裁们发现，每月的 CEO 例会发生了很微妙的变化。前任 CEO 史蒂夫·鲍尔默信奉的是"precision Q&A"，问题回答不上来轻则被骂，重则影响下一步的发展。高管在和史蒂夫·鲍尔默开会之前，需要和下面的团队层层推敲、反复演练，预测并准备可能被问到的一切问题，为的是做到万无一失。萨提亚·纳德拉上台后，大家发现，新的 CEO 在会议上大多时间很安静，他认真倾听，只在关键决策时发声，他会问很尖锐的问题，但当陈述者被问住而惶惶不安时，他会温和地鼓励他们回去继续跟进。于是，会议从原来紧张、僵化的状态中解冻，与会者更加放松，讨论也越来越深入和开放。与萨提亚·纳德拉有亲密接触的人开始认识到这位新 CEO 的独特领导风格，但又不知如何定义。直到萨提亚·纳德拉第一次在公司大会上提出了成长型思维（growth mindset）。

成长型思维与固化型思维（fixed mindset）是相对的，认为人的优势、能力是可以通过不断的努力提升的，我们不需要无所不知，而需要时刻保持强烈的好奇心，善于提问，耐心倾听，勇于探索，在失败中收获经验而不是相互指责。萨提亚·纳德拉提出将成长型思维作为全公司文化转型的基石，让微软从一个傲慢的"know-it-all"（无所不知）的公司转型为时刻保持成长心态的"learn-it-all"（无所不学）的公司。

2015 年初，经过全公司自上而下和自下而上的访谈和反复研讨，萨提亚·纳德拉首次明确宣布了微软基于成长型思维的文化理念。

一言既出，再无退路

萨提亚·纳德拉并没有让员工失望。他坚持 CEO 要对文化变革直接负责，并把"CEO"这个头衔里面的"C"直接定义为文化（culture）。他上任之后，无论是在公司内部的大会上还是面对外界媒体的采访，他都一遍遍地强调公司文化的重要性，并用具体事例为每个文化元素作注解。

他定期在公司分享自己的学习心得；他飞去硅谷，谦虚地向初创公司学习更灵活的管理理念；他坦白承认自己在采访中的失言，并在全公司员工面前道歉；他在公司的创新产品出现重大纰漏时，给创新团队公开鼓励；他把昔日与微软剑拔弩张的竞争对手请到公司，以开放的心态畅谈合作的可能性。他用这些微软前两任 CEO 前所未有的举动一次次向大家说明了什么是他提倡的文化。

1. 以文化为基础的人才观

2015 年，萨提亚·纳德拉任命凯瑟琳·霍根出任首席人力资源官。凯瑟琳·霍根上任之后，微软的人力资源部先后推出了一系列的改革，旨在给文化创造有利的发展环境，助力文化落地，重点包括：人才战略的更新，将文化融入人才战略的核心。

全公司范围内的组织架构调整，有效地促进了不同产品和团队之间的合作，提高了协作效率，为"one microsoft"的实现提供了有力的保障。招聘思维的转变，以更多元化的心态迎接候选人；绩效考核的变革，有效避免内部争斗，鼓励协同合作；领导力发展的创新，以文化为领导力的核心准则；员工体验的变革，依托数字化管理为员工提供更加个性化的体验。这一系列的变革，使文化转型不再是一句空话，而变成了行之有效的操作方案。公司人力资源部门各个岗位为此作出了大量的努力，与业务部门紧密配合，把文化转型渗透到人才体系的每个环节，使其与每位员工的发展息息相关。至此，文化不再是某个人、某个部门、某年的任务，而是每个人、每个部门长期的工作。

2. 每个人都是文化的代言人

既然文化已经渗透到每个人的工作中，那么每个人都可能是文化的代言人。此外，在全体高层管理者的"all-hands"（全员大会）上，在中层和前线管理者的例会上，文化成为常设的话题。从摸索着学习、讨论文化因素的定义，到分享、宣扬文化的优秀案例，再到系统地公开提名、奖励推动文化落地的行为，公司各部门之间通力合作推动文化落地，市场部为文化的传播定制了大量的宣传材料，后勤部将文化的因素潜移默化地穿插在办公楼的显著位置，人力资源部开发了一系列与文化相关的培训课程等。如萨提亚·纳德拉所说，文化从来不是他一个人的事，只有当每位员工都参与其中时，文化才会植根于人心。

3. 文化与使命的相互成就

微软首席营销官克里斯·卡波塞拉在谈起文化变革的时候，总会回忆起2014 年和萨提亚·纳德拉的一次特殊会议。在那次会议上，萨提亚·纳德拉邀请了带领西雅图海鹰队取得全美橄榄球联赛冠军的心智教练迈克尔·杰维斯博士到场，和 CEO 团队成员进行了深入讨论：探讨是什么赋予了他们人生深厚的意义，而他们又是肩负怎样的使命前行，以及作为权高位重的高级管理者，微软可以怎样帮助他们实现自己的人生价值。

这场听起来玄幻的讨论，使 CEO 团队的每位成员坚信使命感是驱动每个人前进的动力，只有当员工的使命感和公司的使命感相互促进时，才能激发出每位员工最大的潜能，而文化的最大价值就是从根本上助力员工和企业使命的实现。依托成长型思维，以更多元化的、更包容的环境，以为员工服务为导向，给员工的内部环境带来实际的改变，为员工赋能，从而激励员工为用户赋能。当文化这一广义又抽象的概念与个人的使命相互融合、相互成就时，便爆发出了巨大的能量。萨提亚·纳德拉对此直白的解释是："你为微软工作，微软也应该成就你，成就你的心愿和理想。"简单的一句话，不仅使微软在最受欢迎雇主的榜单上名列前茅，更极大地激发了员工的创新热情和生产力，为公司带来了雇主品牌和经济效益的双赢。

微软的文化元素发生了些许变化，"one microsoft"已不在其中，想必今日的微软已经不需要通过这样一条定义来提醒自己协作的重要性。这是微软文化变革的重要心得，即基于成长型思维的文化变革是个动态的过程，其魅力在于有开始、有进步，也有失败后的调整，但是，追求卓越的过程永无止境。

团队精神是最能将微软的企业文化与微软强大的竞争力和创造力联系在一起的力量。因为微软是一家开发技术的公司，技术又是靠人来实现的，为了实现一种好的技术，并创造一种好的产品，都需要有一个好的团队。微软开发了无数的产品，管理着数量超过 9 000 个项目组，如何让所有团队团结在一起，创造出最好的产品，这里面的学问非常大，这也是微软做得特别成功、特别值得骄傲的一个方面。

标杆组织的协同基石总结

有人评价比尔·盖茨的伟大之处在于：善于通过自己的远见卓识，在技术上把握公司的发展方向，专注于做软件；不断为公司的新产品研发制定战略目标；对科技、创新、人才的重视；对市场的敏锐度。

改善发展战略，并保持活力

> 个人电脑销售界的陨落，而且微软 Windows 10 可能没法挽救今年的市场。
>
> ——Aaron Tilley 于 2015 年 7 月 10 日

对于像 Google 这样的公司来说，进入移动世界是明智的。移动终端现在是广告的宠儿，该公司可以重塑其基于 Web 的业务模型，并迈向移动终端的第一步。微软曾经利润丰厚的许可模式将逐渐变得微不足道，但它仍然可以从 Windows 和 Office 产生收入，只是来自另一个领域：移动。Office 365 是微软提供的一项软件服务，用户可以通过不同的设备在不同的操作系统上使用。萨提亚·纳德拉监督 Windows 10 的发布过程，并决定免费出售，这是其他企业巨头永远不会做的事情。从这些举动可以看出，微软正在部署一些新的定价策略。客户可以免费升级微软的产品，但必须单独购买高端软件或硬件升级。Office 365 也是微软试图增加收入的一种尝试，它摒弃了将许可证绑定到一个设备的方法，而采用了一种可以通过多个设备进行订阅的方法。

价值主张和商业模式会像冰箱里的酸奶一样慢慢消失。现有的成功将变得微不足道，或者很快将被业务环境（尤其是在技术领域）抛弃。微软的许可模式可能占据了主导地位，但是用户不再看重其商业模式提供的服务，因此公司必须为变化做好准备。

为了未来尝试新的制度／模式

2014 年 2 月，萨提亚·纳德拉成为微软的新首席执行官，那时公司正处于历史的关键时刻，面临许多潜在威胁：Windows 的市场份额开始下降；错失移动浪潮；在收购未完成时，对诺基亚的手机收购项目被认为是一个错误；竞争者和顾客纷纷涌向"云"端，走在了前面；公司文化变得封闭而好斗。

在萨提亚·纳德拉负责企业的数年中，微软发生了翻天覆地的变化。该公司在 2018 财年的总收入达到 1 104 亿美元，比 2014 年的 868 亿美元大幅增长；与云技术相关的收入在 3 年内从 44 亿美元跃升至 189 亿美元。该公司的股价已经从萨提亚·纳德拉上任时的 36 美元涨到了 2018 年 10 月中旬的 111 美元，涨了 2 倍多；市场价值接近 1 万亿美元。

微软成功转型的核心要素是公司核心制度理念的转型。公司内部建立了积极合作并继续促进创新的新制度理念。萨提亚·纳德拉为公司制定了"移动优先，云技术优先"的企业愿景，确保其下属和公司领导层都认可这一愿景，并大幅调整了公司资源，以专注于加快创新和推动增长，实现升级转型；他提出了全新的企业使命，并建立了一种全新的管理模式和赋能机制。萨提亚·纳德拉的同理心、卓越的领导力深受团队喜爱，其深刻的洞察力和强悍的学习能力让他带着微软实现转型并不断创新。

建立一个能够构造企业未来的文化

微软前首席执行官史蒂夫·鲍尔默鼓励的企业文化是要在主导市场上引起人们的注意力，主要是通过改善现有业务并持续保持。总体来说，即使偶尔会围绕特定业务产生创新，企业的核心也还是 Windows。尽管这笔钱已经投入到一个强大的研发团队，但是已经开发出的一些成功的产品（如 XBOX）和大量专业协作服务（如 Sharepoint）没有一个可以与 Windows 的规模相匹配。史蒂夫·鲍尔默提出的愿景是展望未来，Windows 只是微软开发过程中的重要组成部分。

萨提亚·纳德拉意识到微软不会像以前那样占据主导地位，但他仍然下决心探索能够从不同方向引领公司发展的产品和服务，并从中获利。这就产生了意想不到的巨大转变，例如开放了生态系统，以便生态系统外的人员也可以为企业的发展作出贡献，这是微软"赢家通吃"文化的重大转变。

作为公司的领导者，你需要问自己：你的公司是否存在有利于创造未来的架构？是否要改善内部现有结构？过分专注于现有业务将阻碍公司的发展，你的公司需要一个全新的结构，并且这个结构可以对业务未来的发展负责，它会与现有业务共存，但需要独立的文化、资源和技能来运行。

组织必须坚定不移地适应时代的变化，改革是企业持续领先的根本。萨提亚·纳德拉领导这个年过四十的科技巨头，实现了自我转型和文化重塑，在过去的几年中，微软的核心产品和战略发生了巨大变化。在他的领导下，这家老牌科技巨头顺应时代的变化，并通过使用"云＋AI"构建生态系统实现了重生，这头大象再次跳起了舞。

什么是公司使命？公司使命是灵魂的表达，是内心声音的自然流露。这家公司是做什么的？我们为什么存在？我们活着的意义是什么？这些追溯都指向了未来。

第十章

苹果公司：生来多彩，引领全球科技潮流

问鼎全球市值的高科技公司

苹果公司是闻名全球的顶级高科技企业，它的成长历程跌宕起伏、波澜壮阔，在 40 多年的商界激荡中充满了传奇色彩；它的发展模式与众不同、独辟蹊径，在近半个世纪的乘风破浪中勇立科技潮头，其成功之路值得认真思考解读、深入学习借鉴，也日益成为众多学者专家和企业人士研究与实践的标杆典范。

苹果公司的诞生与发展

1. 遐迩所闻的苹果公司

1976 年 4 月 1 日，史蒂夫·乔布斯（Steve Jobs）联合斯蒂夫·盖瑞·沃兹尼亚克（Stephen Gary Wozniak）与罗纳德·韦恩（Ronald Wayne）等在美国加利福尼亚州创立了美国苹果电脑公司，并在 1977 年 1 月 3 日完成注册，正式成立"Apple Computer Inc."。

1980 年 12 月 12 日，苹果公司公开上市，进入资本市场，迈向了专业化、规范化、市场化的发展轨道。之后，于 2007 年 1 月 9 日，苹果公司正式更名为

"Apple Inc."。经过 40 多年的发展，苹果公司现已成为全球顶级的科技巨头，其经营范围涵盖电脑硬件与软件、数字发布、消费电子产品、零售等诸多市场领域。2012—2014 年，苹果公司在资本市场大放异彩，连续 3 年位列全球市值第 1；2018 年 8 月 2 日，苹果公司的市值规模首次超过了 1 万亿美元，刷新了历史纪录。2019 年，在《福布斯》全球品牌价值 100 强和全球数字经济 100 强的排名榜单中均位列第 1，这充分说明苹果公司在全球范围内的数字科技实力持续强化，品牌影响力不断增强。

近年来，随着华为、三星等竞争对手的崛起，苹果产品在中国市场的销量下滑，公司的品牌价值和市场份额受到一定程度的冲击和影响。2020 年 1 月，在 Brand Finance 发布的《2020 年全球品牌价值 500 强报告》中苹果公司排名第 3，较 2019 年下降了 1 位；2020 年 5 月，在《财富》美国 500 强排行榜单上，苹果公司跌出了前 3（1983 年首次上榜，2009 年排名第 3），排名第 4。同时，苹果公司在《福布斯》2020 全球企业 2 000 强榜单中排名第 9，较 2019 年下降了 3 位，在 2020 年《财富》世界 500 强中排名第 12，较 2019 年下降了 1 位。苹果公司基本信息见表 10-1。

表 10-1　苹果公司基本信息

公司名称	苹果公司
英文名称	Apple Inc.
总部所在地	美国加利福尼亚州库比蒂诺市
创立时间	1976 年 4 月 1 日
注册时间 （正式成立时间）	1977 年 1 月 3 日
上市时间	1980 年 12 月 12 日（美国 NASDAQ 证券交易所）
主营业务	经营范围：电脑硬件与软件、消费电子产品、数字发布、零售等 产品和服务：iPhone，iPad，Mac，iPod，电视，消费类和专业应用软件；iOS 和 OSX 操作系统，iCloud，以及各种配件、服务和支持 销售模式：零售商店、网上商店、直销人员销售；通过第三方移动网络运营商、批发商、零售商和增值经销商销售 客户群体：教育界、创业者、消费者、商业用户、政府用户
公司类型	上市公司、跨国企业

续表

核心价值观	辅助功能、教育、环境责任、包容性和多元化、隐私、供应商责任
公司规模	营业收入：2 601.74 亿美元
	利润：552.56 亿美元
	资产：3 385.16 亿美元
	员工数：13.7 万人
创始人	史蒂夫·乔布斯（Steve Jobs） 斯蒂夫·盖瑞·沃兹尼亚克（Stephen Gary Wozniak） 罗纳德·韦恩（Ronald Wayne）
主要股东（2020 年 3 月）	领航集团（The Vanguard Group，Inc.）持股 7.77% 贝莱德集团（又名黑岩集团，BlackRock,Inc.）持股 6.34% 伯克希尔·哈撒韦公司（Berkshire Hathaway，Inc.）持股 5.66% 道富集团公司（State Street Corporation）持股 4.17%
现任董事长	阿特·莱文森（Arthur D. Levinson）
首席执行官	蒂姆·库克（Timothy D. Cook）
公司官网	www.apple.com
《财富》世界 500 强	第 12 位（2020 年）、第 11 位（2019 年）
全球品牌价值 100 强	第 1 位（2019 年）
全球数字经济 100 强	第 1 位（2019 年）
《财富》美国 500 强	第 4 位（2020 年）、第 3 位（2019 年）

2020 年以来，尽管全球新冠肺炎疫情、全美范围内的民权抗议运动对苹果公司的正常运营造成冲击，但资本市场表现良好，苹果公司的股价屡创新高，增强了市场信心。2020 年 8 月 22 日，苹果公司以 497.48 美元 / 股收盘价创造历史新高，其市值规模突破 2 万亿美元，又一次成为全球市值最高的企业。

2. 充满波折的非凡历程

苹果公司至今已有 45 年历史，在经历过早期辉煌、陷入困境、起死回生、复兴崛起后，正在寻求平稳发展和探索转型，见表 10-2。纵观苹果公司历史，可以概括为初生期（初创期）、衰退期、成长期、探索期（后乔布斯时代）4 个发展阶段。

表 10-2　苹果公司发展历史

时间	重要事件
1976 年	乔布斯联合沃兹尼亚克和韦恩等创立了美国苹果电脑公司，代表产品为自主研发的 Apple Ⅰ
1977 年	推出了人类史上第一台个人电脑产品 Apple Ⅱ，掀起了个人电脑的革命
1979 年	苹果电脑公司同时启动了 Apple Ⅲ、Lisa 和 Macintosh 三个项目
1980 年	12 月 12 日，进军资本市场，公开招股上市，市值规模达 17.78 亿美元
1983 年	推出产品 Apple Lisa 和人性化的操作系统，电脑系统拥有图形界面、应用软件，可以支持多任务，这为后续 Macintosh 问世打下坚实基础
1984 年	Macintosh 诞生，图形用户界面使其拥有革命性的操作系统，并成为电脑发展历史上具有代表性和里程碑意义的产品
1985 年	苹果电脑公司自 1976 年创立以来，第一次出现季度亏损局面，进入衰退期。这一年，乔布斯将产品硬件与软件相结合，实行捆绑组合销售，市场推广受阻，而 IBM 公司迅速抢占个人电脑市场，对苹果电脑公司造成很大冲击 4 月和 9 月，乔布斯分别经历了经营管理权被撤销和辞职，同年，在卖掉手中股权之后，创建了 NeXT Computer 公司
1988 年	苹果电脑公司因对手微软在其 Windows 2.0.3 中的图标与 Mac 相类似，提起了微软侵犯版权的诉讼，从此陷入了法律纠纷
1993 年	约翰·斯卡利辞职，后由迈克尔·斯平德勒继续接任 CEO 掌管企业，苹果电脑公司的产品市场萎缩，公司发展遇到瓶颈
1996 年	苹果电脑公司仅在一个季度就亏损数亿美元，濒临崩溃、陷入了破产危机 12 月，以 4.29 亿美元将 NeXT Computer 公司收购，乔布斯再次回到苹果电脑公司
1997 年	微软于 8 月购买苹果电脑公司 1.5 亿美元非投票股票，并在 Macintosh 产品上应用 Internet Explorer、Office，双方握手言和、相互合作、共同发展。同年 9 月，乔布斯时隔 12 年后，重新回到苹果电脑公司担任 CEO，全面接管企业
1998 年	苹果电脑公司摆脱困境、扭亏为盈，推出 iMac G3（"果冻式 iMac"），深受市场欢迎，开启了复兴之路
2001 年	推出了基于 NeXTStep 的操作系统 Mac OS X，成功销售 iPod、iTunes 产品，在全球便携式音乐市场份额中排名第 1。同年，创新线下销售模式，在美国泰森角购物商场开设了第一家零售店面，广受消费者欢迎
2004 年	推出 iMacG5，硬件设备整合在平板显示器后面，形成一体化台式机
2006 年	4 月，苹果电脑公司推出 Boot Camp 应用软件，使得 Mac 产品可以运行 Windows XP 系统，增强了产品的兼容性。同年，推出了 iMac 和 MacBook Pro 产品，并内置了英特尔处理器

续表

时间	重要事件
2007 年	完成了公司更名，将苹果电脑公司改为苹果公司，发布了第一款 iPhone 手机及相匹配的第一版 iOS 操作系统
2008 年	推出当时最薄笔记本电脑 MacBook Air
2010 年	推出 iPad、iPhone4 产品，5 月 26 日，苹果公司的市值第一次超越微软，市值规模达 2 221 亿美元，标志着苹果公司迈向了世界最具价值的高科技企业
2011 年	8 月，乔布斯辞职卸任，蒂姆·库克成为新一任 CEO，掌管苹果公司 10 月 5 日，乔布斯离世，iPhone 4s 上市，苹果公司进入后乔布斯时代
2012 年	1 月，苹果公司 5 亿美元收购 Anobit（以色列存储设备制造企业），并在以色列当地建立研发机构，以投资并购和设立研发中心方式加大技术研发投入与产业布局 4 月，苹果公司市值突破 5 200 亿美元，成为当时全球市值最高的高科技企业，在全球科技领域极具影响力
2014 年	推出 iPhone 6、iPhone 6 Plus、Apple Watch 等产品，其中 Apple Watch 作为苹果公司的第一款可穿戴智能设备投放市场，掀起新的购买热潮
2016 年	推出第一代无线耳机 AirPods，开启了 TWS 耳机行业
2017 年	推出了具有全面屏设计的 iPhone X 产品，不再保留手机的 Home 按键，革新了面屏技术，给用户带来了新的体验
2018 年	8 月 2 日，苹果公司市值又创新高，刷新纪录，第一次突破 1 万亿美元。9 月，推出第一款双卡双待手机 iPhone XS，满足了用户使用双卡的市场需求
2019 年	推出 iPhone 11、支持主动降噪功能的无线耳机 AirPods Pro，深受市场欢迎
2020 年	2020 年 8 月 22 日，苹果公司以 497.48 美元 / 股收盘价创造历史新高，市值突破 2 万亿美元，又一次成为全球市值最高的企业

苹果公司的传奇业绩

苹果公司的起源可以追溯到 1976 年 4 月，创立于美国加利福尼亚州一个普通的车库中。自 1980 年 12 月 12 日上市至 2020 年 8 月 22 日，市值从 17.78 亿美元到 21 270 亿美元，增长了 1 195 倍，成为全球市值最高的公司。2000 年至今，苹果公司的营业收入增长了 30 余倍，利润增长了 70 倍，产品从专注小众的 PC 个人电脑，到广泛普及的智能手机，再到万物互联的 5G 移动互联网，业务涵盖电脑硬件与软件、消费电子产品、数字发布、零售、在线服务等，现已发展成为极具创新力的全球科技巨头。2019年9月—2020年3月的财报数据显示（见图10-1），在苹果公司的主营业务构成中，iPhone业务对苹果公司的营业收入贡献了一半多的份额，说明目前iPhone业务仍是苹果公司发展的主要驱动力量。

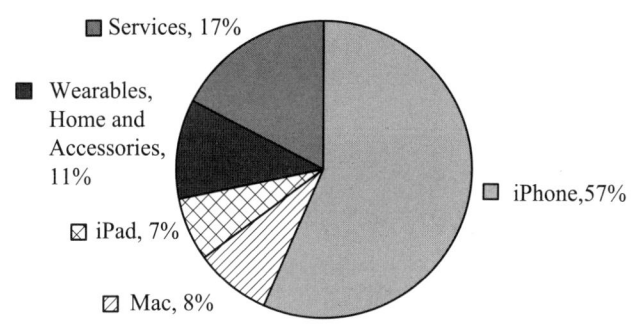

图 10-1　苹果公司主营业务构成

数据来源：根据苹果公司公布信息整理。

苹果公司2019年年报和2020年《财富》世界500强榜单数据显示，公司营业收入260 174.0百万美元，利润55 256.0百万美元，资产338 516.0百万美元，净利率21.2%，资产收益率16.3%，位列《财富》世界500强第12，无论是营业收入规模、资产总额还是盈利能力、资产利用效果都领先于三星电子、微软、华为、戴尔、IBM、惠普等主要竞争对手（见表10-3），在全球科技行业可谓世界一流标杆企业。

表 10-3　苹果公司与主要竞争对手财务指标对比

2020年《财富》世界500强企业	营业收入/百万美元	利润/百万美元	资产/百万美元	员工人数/人	净利率/%	资产收益率/%
苹果公司（第12名）	260 174.0	55 256.0	338 516.0	137 000	21.2	16.3
三星电子（第19名）	197 704.6	18 453.3	304 907.5	287 439	9.3	6.1
微软（第47名）	125 843.0	39 240.0	286 556.0	144 000	31.2	13.7
华为（第49名）	124 316.3	9 062.1	123 269.9	194 000	7.3	7.4
戴尔（第81名）	92 154.0	4 616.0	118 861.0	165 000	5.0	3.9
IBM（第118名）	77 147.0	9 431.0	152 186.0	383 800	12.2	6.2
惠普（第184名）	58 756.0	3 152.0	33 467.0	56 000	5.4	9.4

数据来源：财富中文网。

苹果公司的成功之道

人们在深入分析苹果公司成长历程，总结评价其发展模式和成功之道时，往往众说纷纭：有的认为是得益于苹果手机充满艺术气息的精美外观设计，有的认为是乔布斯的个人魅力，有的认为是苹果公司独特的营销模式、分销渠道和营销策略，有的认为是苹果公司领先的科技创新实力，有的认为是苹果公司合理的价值链设计和商业模式……这些往往聚焦于某些点或者某些面，为了对苹果公司成长发展进行深入的剖析与解读，需要从企业发展的基石角度，更为系统地加强理论研究和实践分析。

苹果公司的成功充分说明了共同价值/首要目标、战略/战略决策、制度/模式协同的重要性。只注重产品技术的创新，很难脱离同行竞争的"红海"，苹果公司从企业发展的实际现状出发，突破传统观念，在坚持创新驱动、聚焦主业发展的基础上，通过为客户提供独特的价值主张，以及为实现客户的价值主张聚集资源、实施战略、运行制度/模式，才能夯实企业发展基石，拥有核心竞争优势，开创全球科技市场一片新的"蓝海"，成就伟大的世界科技巨头。

共同价值／首要目标：追求极致，坚守匠心，铸就卓尔不群的经典

被"神化"的苹果产品凸显了消费者极高的满意度与忠诚度

在移动互联网普及的智能手机时代，苹果公司在乔布斯的领导下，其产品可谓引领潮流，iPod、iPhone、iPad 等在消费者看来，拥有超强的吸引力，一度被誉为"完美"的代名词。这种被"神化"了的"艺术品"，诠释了不同于寻常热卖电子商品的客户满意与认可，甚至催生了超越理性、近乎"痴迷""崇拜"的"果粉"群体。无论是新品发布上市时，零售店前凌晨排队、门庭若市的热闹景象，还是黑市"割肾"买"苹果"的"疯狂"个例，从铺天盖地的各类新闻媒体报道中可见一斑，这也在某种程度上说明了苹果公司为什么能凭借消费者心中极

高的价值认同，在 2010 年超越微软的市值，发展成世界顶级科技公司。

独树一帜的个性文化凝聚了苹果品牌的核心与内涵

经过 40 多年的发展，苹果公司形成了与众不同、别具一格的品牌文化，并通过独特的品牌符号——商标，凸显了其时尚、潮流、创新、简约的品牌个性。1976 年至今苹果公司 logo 的演变历程见表 10-4。

表 10-4　苹果公司 1976 年至今 logo 的演变历程

时间	商标图形	说明
1976 年		设计初衷源于牛顿发现万有引力定律的载体，赋予了"创新"内涵，应用在产品 Apple Ⅰ 上
1977 年		描绘了简化的被咬一口的苹果形状，并增添了 6 种颜色分布，成为彩色 logo，应用在 Apple Ⅱ 产品上
1998 年		为更加展现苹果产品的质感、美感，诠释时尚、创新的品牌定位，进一步提升知名度和影响力，在 iMac、G4 Cube 及后续产品中投入使用
2001 年		在推出 Mac OS X 等电脑系统时，将产品标志设计为透明的，并以美学的角度，革新了软件系统的界面与风格

续表

时间	商标图形	说明
2007 年		在原有透明 logo 的基础上增添了银灰色，有效配合了应用新触屏技术的 iPhone 上市，给广大消费者带来新的感官和体验
2013 年至今		logo 设计更加简约，更富有科技感、时尚感

资料来源：根据苹果公司公布信息整理。

优秀或者卓越的企业更多是坚持市场驱动，以客户为中心，不断迎合顾客群体、提升品牌形象、满足市场需求；而伟大的企业却是"以终为始"，坚持市场与技术的双驱动，敢于创新产品设计、重塑品牌定位、引领市场需求。苹果公司的品牌核心与内涵，不仅以外在时尚美观的 logo 设计为载体充分展现，更通过内在强大的创新基因，引领了技术与市场的潮流，赢得了广大客户群体的时尚共鸣和消费认同。20 世纪 70 年代 Apple Ⅱ问世，颠覆了人们对电脑传统的认知，给整个行业带来了革命性的变革。20 世纪 80 年代 Lisa、Macintosh 的推出，给电脑赋予了灵性与活力。20 世纪 90 年代至今的 iMac、iPod、iTunes、iPhone、iPad、iWatch 等"i"系列产品上市，给电脑软硬件、移动设备终端、音乐、可穿戴设备、零售、数字发布、在线服务等诸多细分市场领域带来了新的生机。一次又一次的技术更迭、一代又一代的新品问世，让苹果品牌不仅成为消费者心目中无与伦比、无限向往的"完美"产品，也使得投资者推崇苹果公司为极有潜力、极具价值的资本"宠儿"。

灵魂人物的领袖魅力让苹果品牌价值深入人心

2005 年，电视剧《亮剑》在国内热播。剧中赵刚（独立团政委）与李云龙

（独立团团长）的一席对话令人印象深刻，他们认为一支部队气质和性格的塑造与其长官的气质和性格密切相关，这也就是俗话说的"兵熊熊一个，将熊熊一窝"。在战争年代，领袖人物对军队来说意义重大、影响深远，一个部队是需要灵魂人物的，而灵魂人物往往是部队的创建者，即便是"铁打的营盘，流水的兵"，但只要军队的灵魂和精神图腾仍在，其强悍的战斗力和优良的作风就能很好地传承。革命战争年代浴血奋战的军队尚且如此，和平发展时期竞争激烈的企业更是这样，一个企业的领袖往往是企业的灵魂人物，对企业的发展起着至关重要的作用，而领袖的个人魅力会对企业的长久发展产生深远的影响。

在众人眼中，乔布斯就是苹果公司的代言人，这位充满传奇色彩的励志大咖以其独有的领袖魅力，带领苹果公司在全球科技浪潮中乘风破浪、独占鳌头。对广大消费者而言，乔布斯在发布会上推出的产品，总能掀起新品消费的热潮，引大批"果粉"争先抢购，让苹果公司的产品远销全球、深入人心；对公司内部员工而言，乔布斯是企业的灵魂人物，他能挽救苹果公司于危难之际，激励员工为梦想而奋斗，凝聚企业共同价值，铸就强大的向心力和创造力，并以新的产品设计带来极高的品牌价值，不断引领科技与消费潮流，为苹果公司从弱小走向强大奠定了坚实的基础。

多元灵活的营销策略让苹果公司牢牢掌握市场主动

苹果公司的产品之所以能够在全球范围内畅销盛行、广受欢迎，离不开其因时制宜、因势利导的营销策略。凭借多元化的组合营销，苹果公司将iTunes、App store 等线上服务与 iPod、iPad、iPhone 等线下移动设备载体深入融合、有效衔接，能够最大限度挖掘客户需求潜力，在丰富产品功能的同时，满足了消费者差异化、个性化、定制化的市场需求，拓展了市场边界，从而抢占了市场先机。通过"点到为止"的饥饿营销，适时调整供需平衡，以精准的产能设计、适量的市场投放、神秘的产品宣发，让 iMac、iPhone 等热销产品短时间内迅速打开销路，释放出巨大的潜在消费需求，快速占领市场。依托广大"果粉"群体的良好口碑，让苹果公司的产品成为社会交流的媒介与工具，形成独特的品牌营销，无论是带来产品消费共鸣的创意广告，还是零售店中极为潮流舒适的用户体验，都在持续深化消费者对苹果公司品牌的信任与忠诚，让苹果公司的产品总能推陈出新、焕发活力，牢牢掌握市场的主动权。

战略／战略决策：赋能创新，互利共赢，擘画勇立潮头的蓝图

技术赋能的创新驱动发展战略塑造核心竞争优势

坚持创新驱动、技术赋能是苹果公司能够在日趋激烈的科技市场竞争中引领潮流、稳立潮头的关键所在。通过不断地厚植创新能力、研发进度、专利与知识产权管理等核心竞争优势，磨砺出一流的产品与服务，从而在与微软、英特尔、IBM、惠普等科技巨头的抗衡中屹立不倒。苹果公司每年举办新品发布会的背后是强大的研发实力和创新能力，在推动产品更新换代、功能升级的同时，强化了企业的核心竞争力。苹果公司的创新驱动发展战略的另一体现是严格的知识产权管理，依托庞大的专利申请数量，加之法律和经济手段的合理运用，巧妙的价值链设计和组织运营，将关键核心技术严密保护在美国本土，占据了"微笑曲线"的核心环节，又通过成本分摊协议等税务举措，实现海外公司与本土公司的风险规避、利税转移，掌握了利益最大化的主动权。

互利共赢的超竞争性战略联盟助力外延式发展

纵观苹果公司的外延式发展历程，其迅速崛起、快速发展更多地依托投资并购方式，构建多领域战略合作模式，实现内外资源的优势互补、业务布局的优化调整、关键技术的转型升级，从而不断提升企业核心竞争力与抗风险能力。苹果公司的重要并购事件见表10-5。

表 10-5　苹果公司的重要并购事件

时间	重要并购事件
1996 年	12 月，以 4.29 亿美元，收购 NeXT Computer 公司，为乔布斯再次回到苹果公司奠定坚实基础
1997 年	9 月，以 1 亿美元股票收购了 Power Computing 公司，便于发展电脑克隆业务
2002 年	2 月，收购 Nothing Real 公司，便于开发数字特效软件
	收购德国 Emagic 公司，便于开发音乐制作专业软件，推广音乐产品业务
2006 年	收购 Proximity 公司，便于开发视频、动画、音频等产品服务
2008 年	以 2.78 亿美元收购 P.A. Semi 公司，致力于微处理器的研发与应用
2009 年	7 月，收购 Placebase 公司，致力于开发导航软件，发展自有地图服务
	12 月，以 8 000 万美元收购 Lala 公司，致力于发展流媒体音乐业务，但仅仅一年后便取消了该项在线服务业务
2010 年	1 月，以 2.75 亿美元收购 Quattro 公司，以图发展自有广告服务
	4 月，以 1.21 亿美元收购 Intrinsity 公司，通过并购移动芯片制造企业，开发速度、能耗等指标更优的处理器设备，提高产品质量
	4 月，收购 Siri 公司，通过数字技术，致力于开发语音服务，之后在 iPhone 4S 中实现了智能语音的功能，改进了用户体验
2012 年	1 月，以 5 亿美元收购以色列存储设备制造企业 Anobit 公司，并在以色列当地建立研发机构，强化产品的存储功能
2014 年	4 月，与日本 Renesas Electronics（瑞萨电子）谈判，计划以约 4.8 亿美元收购部分股份，以图改善手机的液晶显示芯片
	4 月，收购 Novauris Technologies 公司，开发语音识别业务，改善 Siri 服务
	5 月，以 30 亿美元收购 Beats Electronics 公司，以图发展流媒体音乐服务，布局耳机生产线，拓展流媒体市场
2018 年	8 月，收购 Shazam 公司，便于发展音频识别的服务和技术
2019 年	10 月，收购 IKinema 公司，便于开发视觉动画技术，改善 AR，积极布局游戏和虚拟现实行业

资料来源：根据苹果公司公开信息整理。

在 20 世纪 90 年代，苹果公司发展史上一个具有里程碑意义的事件，是与竞争对手微软的合作。当时，苹果公司陷入生存危机，在乔布斯带领下力挽狂

澜，与微软采取竞合战略，以 1.5 亿美元无投票权股票的让利空间，换取了在
Macintosh 上内置 Internet Explorer 和 Office 的契机，为苹果公司的起死回生、复
兴崛起打下了坚实基础。

独具匠心的价值链设计夯实苹果公司发展基石

苹果公司高度重视价值链的构建与战略成本管理，注重精益管理，从创新研
发、供应采购、生产制造、物流配送、市场营销、售后服务等经营管理的价值链
各个环节，不断夯实发展基石。苹果公司的技术研发人员大多分布在美国本土，
这就使研发的关键核心技术能够得到有效的控制与保护。同时，在供应链管理
上，不局限于一个国家或地区，而是在全球范围内根据产品设计进行集约采购，
及时响应物资需求，降低生产制造成本，确保供货质量可靠，最大限度满足技术
研发和生产经营需要。此外，苹果公司将低附加值的生产环节以外包形式转移到
富士康、和硕科技、苹果公司爱尔兰分部等海外代工厂，借助强大的物流系统、
庞大的分销网络、灵活的营销模式，提高整体生产效率，压降生产物流成本，创
造更多利润空间。

制度／模式：因势利导，敢于变革，探索引领发展的路径

化繁为简，建立柔性组织架构

科学有效、富有柔性的组织架构与运行机制对一个公司的长远健康发展至关
重要。如何依托合理的组织结构、授权分权设置、管理层级等构建科学的管控模
式，成为抓好企业管理创新与能力的重要课题。苹果公司之所以强大，与其困境
危局之中的组织结构变革密切相关。20 世纪 80 年代，苹果公司的发展陷入停滞，
组织机构设置复杂，权责界面、职权划分不够清晰，内斗与纷争不断，领导层
权威受损，经营非常困难。面对煎熬与困局，乔布斯时隔漫长的 12 年，于 1997
年再次回到苹果公司担任 CEO，全面接管企业，对内优化组织机构，重组高层，

树立权威，建立百人团队，将组织化繁为简、赋予柔性，充分地授权放权，压缩管理层级与链条，明确职责定位与分工；对外整合海外机构，引入外包生产和代工模式，依托在爱尔兰注册的苹果国际运营公司加强国际化市场布局。得益于一系列大刀阔斧的组织机构改革，苹果公司成功地化危为机，重新崛起，进入新的发展阶段。

敢为人先，创建顶级商业模式

苹果公司敢为人先，勇于变革创新，构建了终端与云端、软件与硬件、线上与线下等一系列全新商业模式，颠覆了人们对传统电子产品行业的认知。依托iTunes、App Store、iBook、iWatch 等产品服务平台，将移动终端和网络云端深度融合，改善了人们数字化的生活体验，打开了在线服务、零售、数字发布、可穿戴设备、运动健康等新的市场领域。苹果公司的硬件产品设计与软件生产系统的有机结合，让其市场边界不再局限于电脑 PC 端，而是拓展渗透到数字化产品领域，开辟了新的市场空间。线上商店与线下零售的系统整合，让苹果产品的销售渠道官网商店与实体零售双线布局，更加注重顾客沟通体验和售后运维服务，为广大消费者营造"以客户为中心"的良好营销氛围，提高了服务黏性，从而赢得了顾客的高度认可与信任。

注重精英的人才激励机制

人才强则企业强，人才兴则企业兴，人才资源是企业能够立足和发展的第一资源。如何建立市场化的选人用人机制，引进高层次优质人才，完善激励约束制度，充分激发人才的活力动力，成为当下企业加强人力资源管理的新趋势和新要求。回顾乔布斯时代的苹果公司，大力推崇精英文化理念，精心招募最优秀的人才队伍，建立完善的股权激励、人岗匹配机制，一时间云集了许多领军人才和顶尖团队。同时，懂得如何尊重和激励人才，通过设立"员工帮助中心"，实施"员工福利计划""苹果公司研究员计划"，不断强化员工的学习提升、自我管理和专业化培训，营造了关心、关爱员工的良好环境氛围，从而加强了企业与员工的良性沟通与互动，让员工能够安心、放心、全身心地投入工作中，为企业创造更大的价值。正是这样的"精英人才""关键少数"，铸就了苹果公司强大的创新研发能力，为其辉煌发展凝聚了人心、积蓄了力量。

标杆组织的协同基石总结

纵观苹果公司从优秀、卓越的企业一步步成长为全球一流标杆的伟大企业的发展历程，企业的灵魂人物、完美的产品和服务、高度的客户认可、适时的舆论行销将企业、客户、员工三方利益有机融合，推动形成了基业长青的共同价值／首要目标；通过技术赋能、整合内外资源、价值链设计等战略举措进一步明确了发展方向和发展路径；柔性组织保障、商业模式支撑、人才激励机制让苹果公司探索出了独具一格的制度／模式。正是得益于共同价值／首要目标、战略／战略决策、制度／模式3个关键支持要素的相互协同，才推动苹果公司迅速发展壮大成为世界一流企业。无论是早期个人电脑时代的 Apple、Macintosh、iMac、iBook 等 PC 产品，还是智能手机、移动互联网时代的 iPod、iPad、iPhone、Apple Watch、MacBook、AirPods 等数字产品，抑或以 Mac OS、iOS 等为代表的软件操作系统和以 iTunes、iCloud、Apple Store、Game Center 为代表的在线服务等，无不凸显了苹果公司全球一流的科技创新实力和"软硬结合"的世界顶级商业模式，特别是乔布斯时代的苹果公司，总能够在科技领域点燃市场激情、引领世界潮流，不断推动新技术与新服务的推广、消费类电子产品的革新和人们美好生活品质的提升。

第十一章
亚马逊：最有战略头脑的科技公司

亚马逊概况

1994 年夏，杰夫·贝索斯辞去了在华尔街的工作，飞往得克萨斯州的沃思堡，继而在驾车开往太平洋西北岸的途中，他萌生了创立一家能够充分利用互联网技术的零售公司的想法。贝索斯首个办公场所设在位于西雅图郊区的一个车库中。

贝索斯决定使用"亚马逊"这个名字给公司命名，因为他觉得这是个"富有异国情调且与众不同"的地方，而按流域面积和水流量计算，亚马孙河是世界上最大的河流，这与贝索斯希望公司成为世界之最的期望不谋而合。

公司最早的业务是在网络上销售书籍。1995 年 7 月，Amazon.com 上线；10 月，亚马逊开始面向公众。在最初的两个月中，其商品销往了美国所有 50 个州以及其他 45 个国家，每周的销售额达到 2 万美元。

经过重组，1997 年 5 月 15 日，亚马逊以每股 18 美元的价格于纳斯达克证券市场展开首次公开募股。亚马逊的第一份不按常理出牌的商业计划引起了许多股东的抱怨，因为它并未计划尽快实现大的盈利。然而当 21 世纪初互联网泡沫爆发后，亚马逊却生存了下来，并最终成为互联网零售业的巨头。亚马逊在

2001 年第四季度首次实现了盈利：财报显示，当季实现净利约 500 万美元，这也同时证明了贝索斯非传统的商业模式获得了成功。1999 年，《时代》杂志因亚马逊使网络购物风靡而将贝索斯设为当年的时代年度风云人物。

亚马逊目前总部位于美国西雅图，在 2019 年的《财富》世界 500 强企业里列第 13 位。公司创始人和董事长贝索斯为最大股东，持股比例为 12%。

亚马逊在美国、加拿大、英国、法国、德国和中国等十多个国家均开设了零售网站，而其旗下的部分商品也会通过国际航运的物流方式销往其他国家。

从 2000 年起，亚马逊的品牌 logo 设计为一条从字母 "A" 指向字母 "Z" 的微笑箭头，象征着其旗下商品包罗万象。

产品与服务

亚马逊的主要产品包含零售、消费电子产品、数位内容、出版业务、计算服务和连锁超市。其中零售商品线涵盖图书、音像制品、软件、消费电子产品、家用电器、母婴用品等十多种类目，以及亚马逊集市、生鲜，无人商店 "Amazon GO" 和全食超市。

市场占比

亚马逊是最受美国消费者欢迎的电子商务平台之一，2018 年在美国电子商务市场中的份额达到 48%。到 2019 年底，亚马逊在美国电子商务市场中的份额达到 52.4%，占美国线下和线上销售总额的 5% 以上。

同时，根据市场调查公司 eMarketer 的预估数据，代表着美国电商市场的一个重要组成部分的亚马逊 Prime 会员数量将增长 8.6%，至 1.212 亿人，占所有美国数字消费者的 65.5%，这一增幅远远超过数字消费者的整体增速。

营业收入

1. 财报情况

2020 年 1 月 31 日，亚马逊公布了 2019 财年第四季度财报，交出了一份不逊色于同期微软的成绩单。据美股研究社报道，亚马逊 2019 年第四季度净销售额为 874 亿美元，较上年同期增长 21%；净利润为 33 亿美元，较上年同期增长 8%。亚马逊的市值继续保持万亿美元的级别。

2. 亚马逊的主要业务收入构成

现阶段亚马逊的主要业务收入来自北美市场，2019 年的营业收入贡献约 1 776 亿美元，占亚马逊当年营业收入的 60.9%。

亚马逊主要业务涵盖 6 个有机组成部分，分别是在线商店业务、线下实体店业务、零售第三方销售服务业务、亚马逊网络服务业务（AWS 云服务）、订购服务业务（Prime 会员订阅）和其他业务。

亚马逊 2019 年财报的净销售额一项显示，2019 年第二季度在线商店业务的净销售额为 456.57 亿美元，线下实体店业务的净销售额为 43.63 亿美元，零售第三方销售服务业务的净销售额为 174.46 亿美元，订阅服务业务的净销售额为 52.35 亿美元，AWS 云服务业务的净销售额为 99.54 亿美元，其他业务的净销售额为 47.82 亿美元。可以看出，亚马逊的业务类型非常丰富，结构也很完备，而且在每项细分业务中都具有明显的竞争优势和市场主导能力。

3. 亚马逊市值的历史变迁

亚马逊在 1997 年 5 月上市，市值为 4 亿美元。2018 年 9 月 4 日，每股价格升至 2 026.50 美元，亚马逊成为继苹果公司之后美国第二家突破万亿美元市值的公司，市值增长了将近 2 500 倍。

亚马逊营业收入和利润的增长是其市值和股价增长的重要原因。从 2005 年底到 2017 年底，亚马逊的营业收入从 84.9 亿美元上升到了 1 778.66 亿美元。亚马逊的 2019 年营业收入达到了 2 805 亿美元。利润从 2014 年的 1.78 亿美元上升到了 2015 年的 22.33 亿美元。亚马逊 2019 年实现净利润 115.58 亿美元，较上年同期增长了 15%。

同行业对比

成为市值过 1 万亿美元的互联网巨头，亚马逊对整个行业来说都是神一样的存在。市值管理一向是亚马逊的重要优势，其市值是阿里巴巴的 2 倍，京东的 25 倍。

2019 年 12 月，全球十大电商平台网购排名更新，位于第一的亚马逊美国仍是当今地球上最强的电商平台，比第二名 ebay 的网站流量多出了 15.6 亿人次，相当于地球五分之一的人口。此外亚马逊其他国家平台（亚马逊德国、亚马逊日本和亚马逊英国）仍继续占据前十名的位置。

组织治理 10S 协同模型对亚马逊的导入与分析

在现今的移动互联网时代，企业的发展充满着不确定性，未来为了应对更多挑战，企业只有摆脱传统的枷锁，开展广泛的、多角度的协作，赋能个体，才能获得更大的活力与发展的动力。纵观亚马逊的成长历程，我们可以使用组织治理 10S 协同模型对其进行研究和分析，来深度挖掘其成功的真正原因。

下面我们将分别从共同价值 / 首要目标、战略 / 战略决策、制度 / 模式 3 个大的方面分别进行阐释。

企业共同价值 / 首要目标：靠信仰，也靠制度

企业的共同价值 / 首要目标是决策者对企业战略 / 战略决策、制度 / 模式作出选择的重要依据，它是企业协同发展的根基。

在硅谷广为流传着一句管理名言："Culture eats strategy for breakfast." 翻译过来就是文化能把战略当早餐吃，强调了企业文化对企业的重要性。苹果公司、微软等也都有着独特的企业文化作支撑，并且都有着明确详尽的制度保障使企业文化落地。亚马逊亦是如此。

1.价值认同：亚马逊的企业定位和领导力准则

亚马逊的企业定位最初只专注于书，除此以外什么都没有，用巨额亏损换取

营业规模，不到 3 年就发展上市。之后为充分利用网络零售的优势扩充产品线，逐步将战略目标转为做最大、最全的网络零售商。到了 2001 年，随着业务的发展，贝索斯对企业未来的思考更加深入，作出重大战略调整，定义为"努力成为'最以客户为中心'的公司"。相应地，亚马逊也逐步形成了完善的企业价值观，即 14 条领导力准则，分别是：顾客至上；主人翁精神；创新简化；决策正确；好奇求知；选贤与能；最高标准；远见卓识；崇尚行动；勤俭节约；赢得信任；刨根问底；敢于谏言、服从大局；达成业绩。

这 14 条领导力准则在亚马逊得到深度推行，但是仅凭借"以客户为中心"的主导思想和准则并没有办法保证宏观战略规划的逐步推进，为此，亚马逊设置了诸多看似简单实则意味深长的制度。

2. 客户满意度

亚马逊凭什么吸引这么多忠实粉丝？

第一，无声无息的广告。

亚马逊把广告做到了极致，它完全融入页面当中，丝毫不影响整体的和谐与完整，消费者有时候甚至不知道自己点击的是广告。调查报告表明，近三分之一的消费者很少注意到广告，21% 的消费者认为这些广告对自己有用。亚马逊广告因"致力于不断优化广告和消费者体验"这个一直所坚守的理念得到了消费者的认可。

第二，"性价比高"的自有品牌。

五分之三的消费者被问及是否知道亚马逊拥有自己的品牌时回答"有"，其中 60% 的消费者购买了亚马逊品牌的产品，几乎所有的消费者都对他们购买的亚马逊品牌产品的质量感到满意。

为了给品牌快速开拓空间，亚马逊打出了"性价比"牌。很多消费者表示，自己被亚马逊的自主品牌吸引的首要因素是"价格"，其次是质量。自 21 世纪初推出首个内部品牌以来，亚马逊目前已经拥有超过 125 个品牌系列，并仍在继续扩张。

第三，一半消费者是亚马逊主要会员。

亚马逊 Prime 年度计划，使其会员享有免费送货、两天内送货上门以及特定品牌和优惠的访问权限、免费的音视频资源、有声书和杂志等。根据研究机构

eMarketer 的数据，2019 年 51.3% 的美国家庭是亚马逊 Prime 会员，比上年增加 520 万用户。

第四，不断推出满足消费者需求的优质服务。

亚马逊为 Prime 会员提供了"旗舰优惠—免费的两日送货"服务，使过半的消费者选择成为亚马逊 Prime 会员。在所有受访的亚马逊 Prime 消费者中，83% 的人认同免费的两天送货服务是 Prime 会员最引人注目的好处。

当然，亚马逊能够产生如此高的黏性远不止上述原因，庞大的商品种类、强大的物流配送体系等因素也是它吸引用户的原因之一。而且，亚马逊对电子商务相关的技术研究始终处在行业的最前沿，对用户消费行为、消费心理的变化也保持持续性关注，这让它能够不断推出满足消费者需求的优质服务。

战略／战略决策

错综复杂的商业环境，需要企业拥有随时适应和不断进化的能力，需要随着周边环境的变化进行新的战略调整。

1. 增长引擎：不同阶段的不同发展战略

亚马逊的成长发展经历了以下 3 个阶段。

第一阶段（1994—2009 年）：全品类扩张，打造高效供应链。

亚马逊创立之初，通过兼并收购竞争对手，迅速成长为全球最大的书店。随后亚马逊逐年扩大经营品类，线上零售作为主营业务以扩大品类和规模并提高供应链效率。亚马逊 1998 年开始实行全球化策略，通过提供更广泛的商品范围和更低的价格来吸引更多消费者。

亚马逊最为出色的战略即打造现代化的高效供应链体系，使其逐渐超过了当时的行业领军企业——沃尔玛超市。在这一阶段，亚马逊公司的年均增速高达 50%。

第二阶段（2010—2016 年）：科技与服务持续创新，飞轮效应有效循环。

亚马逊在这一阶段致力于打造"飞轮计划"，将 Prime 会员制与 AWS 云服务有效结合，形成飞轮效应良性循环。从电商领域到云服务领域，亚马逊实现了从量变到质变的飞跃。在本阶段，亚马逊整体营业收入增长了 5 倍，股价相比上市时涨了近 572 倍。包括奈飞、美国中情局、通用电气、宝马等超过 100 万活跃用户使用 AWS 服务。

第三阶段（2017 年至今）：线上线下联合发力，"新零售"突起。

传统的零售业与电商数据的融合是第三阶段的主要特征，亚马逊通过优化资产配置来创造高效企业和引领消费升级。"新零售"推进了无人实体零售店等一系列新业态门店的新生，而新科技加深了线上与线下的高度融合。2017 年 6 月，亚马逊以 137 亿美元收购全食超市（Whole Foods Market），结合 AR/VR 人工智能等高科技综合应用推出无人便利店 Amazon Go，从而把线上和线下结合的新零售优势充分展现，继而推出的一系列线下生鲜市场也是亚马逊新零售的重要构成。

2. 价值引擎：品牌出海，自我更新迭代的全局战略

每年一次的亚马逊大会对跨境电商从业者都是一次自我更新迭代的机会，亚马逊的全局战略更是众多商家 2020 年运营决策的重要参考因素。

持续投入开发运营工具，包括全球注册、选品、推广、配送、客服和收款，帮助卖家实现一站式管理全球业务。

提供多元化业务模式，包括 Amazon Business、Amazon Accelerator、亚马逊授权品牌项目，为很多商业和采购领域的传统企业开辟了跨境电商的新模式。

丰富全球物流和库存管理方案，简化跨境物流，降低亚马逊物流服务的库存成本，提升自配送透明度。

提供全球品牌推广和保护工具，品牌的注册、推广、分析、保护，投放广告吸引消费者等，助力商家销售。

品牌出海，在价值链重构的浪潮中，推动消费者进入全球价值链的中心，从而直接带动了全球价值链的普惠格局。

3. 竞争引擎：对中美地缘政治格局的影响

对美国而言，亚马逊不仅是一个电子商务平台，更是排在美国国防部、沃尔玛和麦当劳之后，在美国雇佣员工最多的机构或企业之一。亚马逊直接雇佣人数超过 61.3 万，并且完美地融入了美国的生产系统和权力机关。亚马逊掌门人杰夫·贝索斯已多次解释以国家利益优先和与美国国防部合作的责任及必要性。

据美国媒体称，亚马逊与阿里巴巴之间的"冷战"是目前世界上最重要的电

子商务战争，而东南亚可能将成为接下来几年中双方最重要的战场。

美国《福布斯》杂志网站 2019 年 11 月 27 日报道，亚马逊宣布将向印度电商市场投入 30 亿美元。如亚马逊将向印度尼西亚投入 6 亿美元传言为真，即形成了印度尼西亚、印度、新加坡的三地战略布局。

而阿里巴巴斥资 10 亿美元收购了开支巨大的电子商务公司 Lazada，还通过旗下企业蚂蚁金服投资了东南亚地区的金融行业。阿里巴巴拥有 5.76 亿年度活跃用户，比亚马逊多出 2 亿多。其主做中间商，直接雇用员工数量较少。马云说："阿里巴巴与亚马逊的不同在于，亚马逊更像是一个电商帝国，控制着销售或购买。阿里巴巴的理念是构建一个电商生态系统。"

制度 / 模式

拥有共同的目标和文化价值观，以此作为激励的内生动力，并且坚定地去捍卫它，这是伟大组织和一般组织的主要差异。组织和员工之间是紧密的协同关系，彼此之间以共同价值 / 首要目标为核心，使得组织各个环节按照最优的原则相互协作、配合及互动。而在激励员工的过程中，组织领导者必须由控制者转变为赋能者，通过激发员工内在的动力，提升员工的自主性、创造性和灵活性，不断推动组织的发展。

1. 亚马逊的股权激励制度

2018 年 9 月 4 日，亚马逊市值突破 1 万亿美元，成为继苹果公司之后全球第二大市值的公司。作为全球最大的电商，亚马逊的成就举世瞩目，这不仅取决于它成功的战略和先进的技术，还取决于它独特的股权激励制度。那么，亚马逊究竟是采取什么股权激励制度来支撑公司战略达成的呢？

亚马逊的高层员工薪酬由 3 个部分组成：基本薪酬、基于股票的薪酬、其他薪酬及福利。我们从付薪理念、薪酬机制两个角度来了解一下这家电商巨头背后的股权激励情况。

付薪理念：保持一致。

在亚马逊，上下保持一致的付薪理念，并遵循以下原则：亚马逊会基于股票价格的情况，为高素质员工提供高于行业平均水平的薪酬，来吸引和留住这些人才；亚马逊的薪酬计划提供了强大的长期激励机制，让其员工利益与股东利益保持一致，公司以此作为员工薪酬增长的基础，并牵引员工为亚马逊的长期成功作出贡献。同时还强化了亚马逊的核心价值观，包括客户至上、创新、乐于行动、主人翁意识、高标准的雇佣、节俭等。

薪酬机制：以长期激励为主，使长期回报成为主要关注点。

正如贝索斯在给股东的信中所说："亚马逊能否成功很大程度上取决于我们能否吸引和留住员工，每一名员工都希望成为主人，因此就应该让他们成为主人。"亚马逊认为，能否为股东创造长期价值是衡量一个企业是否成功的标准。以付薪理念为例，亚马逊一直坚持优先考虑基于股票的薪酬。

基本薪酬：亚马逊高管的基本工资很低，2017 年最高为 17.5 万美元，远低于美国科技企业同行的 65 万美元。

基于股票的薪酬：亚马逊高管薪酬的主要组成部分是基于股票的薪酬，这是为了方便将总薪酬与长期股东价值紧密联系起来。因此，亚马逊公司高管被聘用的时候可以获得相当大的股票奖励，也有资格定期获得股票奖励。

其他薪酬及福利：亚马逊高管可以得到额外的薪酬，包括休假、医疗、401（k）[①]、搬迁和其他所有员工都可以享受的福利。

独特的业绩衡量指标：将业绩与股票价值挂钩。作为一个能持续创新的公司，亚马逊在衡量公司业绩指标上与其他公司是不同的。那么，亚马逊自身采取的指标是什么？是股价。亚马逊认为，最好的业绩衡量指标是公司自身在股票市场的价值，也就是亚马逊保持股票价值长期增长的能力。当亚马逊设定高管的目标薪酬时，会将高管的薪酬与公司的股价挂钩，这样一来，如果股价下跌，那么高管的薪酬就会减少；如果股价高于最初假设的股价，那么高管的薪酬就会增加。

综上可以看出，正是这一独特的理念与股权激励制度，使亚马逊员工拥有共同的目标和文化价值观，并以此作为激励的内生动力，使得亚马逊保持如此高的竞争力，市值稳居世界前列。

2. 亚马逊的使命观

亚马逊在成立之初就将企业使命定为"建立全球最以客户为中心的公司"，

---

① 401（k）也称401计划，兴起于美国，是一种由雇员、雇主共同缴费建立起来的完全基金式的养老保险制度。

目前亚马逊的顾客群体已遍布全球。

3.亚马逊的发展动能

亚马逊总裁贝索斯提出了"飞轮效应"这一创新型经营理念，意在推动开发板块间的相互融合、相互联动，如同"齿轮"一样，在经历了磨合期后，可以带动整体效益高速飞转。其主要目的有两个：第一，通过物超所值的发展理念来吸引消费者大量订阅亚马逊 Prime 会员，并为用户提供不间断的平台内及外延权益。目前全球会员订阅人数已迈入 1 亿人次大关。其中，以美国本土会员为主，日本、英国、德国等国家会员也在不断增加中。亚马逊会员订阅费用屡创新高，2017 年第三季度增长接近 60%。亚马逊第三方佣金收入近两年平均增速为41.34%。第二，随着订阅人数增加，推动第三方商家入驻平台，使其成为包容一切商品的平台。截至 2018 年，亚马逊吸引的卖家已经为其创造了 1 083.54 亿美元的净销售收入。

飞轮纽带——物流完整供应链。亚马逊为第三方商家有偿提供代发货体系（FBA），替代了商家自发货（FBM）系统。早在 2005 年，亚马逊就与美国联邦快递合作，使其配送服务从服务和价格两方面远超其他电商。截至目前，全球至少有 450 万卖家使用亚马逊的 FBA 服务，并保持以每年 40% 的速度增长。近几年，仓储物流作为亚马逊自建物流体系最为重要的一环得以不断完善，实现了运输成本和运输过程中产品损耗的有效降低。到 2018 年，亚马逊已在全球设立了486 个仓储及物流中心。

飞轮润滑剂——AWS 云计算服务。亚马逊旗下的云计算服务平台 AWS 作为其业绩支柱，面向全世界范围的用户提供一整套云计算服务，包括弹性计算、存储、数据库、应用程序等，为全球 190 个国家的企业提供支持，处于行业领先地位。

收购是亚马逊以资本驱动力带动企业发展的重要方式。从近 10 年亚马逊的收购发展趋势来看，从 2008 年开始，收购成为亚马逊获得迅速发展的重要方式，其每年用于收购的资金基本上都在 1 亿美元以上。

收购也是亚马逊提升企业科技水平的重要手段。亚马逊陆续收购了一系列企业，包括最大的北美鞋类电商 Zappos 和中东最大的电商平台 Souq 等，不仅提升了亚马逊的效率和盈利能力，还大幅推进了亚马逊仓储中心实现自动化，实现了以机器人为主的新一代自动化仓储运营模式。Souq 的收购还对亚马逊打入和占领中东市场具有重要的战略意义。

高科技研发推动亚马逊发展。研发费一直是亚马逊的一项高值投入，2017年达到 226 亿美元。智能硬件的开发是亚马逊不断强化自身业务的重要方式。Amazon Kindle 作为亚马逊通过智能硬件的开发推动自身业务发展的典型范例，颠覆了传统纸质阅读模式。

亚马逊还将人工智能技术研发作为推动公司业务发展的重要方式。推出亚马逊 Amazon Go 无人便利店是亚马逊的一项巨大的革命创新，实现了无人结算的新的购物体验模式，创新性地实现了顾客离店支付无须任何操作的效果，极大地推动了亚马逊抢占美国的便利店市场。

除此以外，亚马逊还通过开发人工智能技术来推动发展，包括研发智能音箱 Echo 和 Alexa 语音服务，实现智能语音网购下单、Uber 叫车、定外卖、播放音乐、设置闹钟或计时器等重要技能，使之成为亚马逊业务发展的重要助力。

4. 明确的机制是管理的关键

贝索斯有句在亚马逊内部广为流传的话："良好的意愿是没有用的，建立可执行的机制才是关键。"建立明确的规则制度，要让全公司上下协同、共同实现美好愿景，促进公司发展。

比如，为了真正实现以客户为中心、顾客至上，亚马逊赋予客服极高的权限，实行"安灯"（Andon Cord）制度，体现亚马逊对于价值观践行的三大原则：一是制度为先，用明确可行的制度或指令指导员工工作；二是充分授权，给客服及时处理问题的权限，同时也提升了他们的责任心和主人翁精神；三是思考长远利益。在这样的制度指导下，公司基层可以培养出为客户服务、解决问题的习惯，与公司整体宣导的价值观相契合。

标杆组织的协同基石总结

1995 年，杰夫·贝索斯创立了亚马逊，一家只是向外兜售图书的网络书店，而今，亚马逊已然成为科技界一股不可忽视的力量。随着不断发展，亚马逊已不再是一家依靠销售别家商品获取收益的在线零售公司，目前这家电商巨头已在包括零售、物流、计算、数字内容销售、硬件和影视制作等领域多面开花。

通过上面 3 个方面的深入了解和分析，我们可以将亚马逊发展与成功的历程，用 10S 协同的方法分析汇总如表 11-1 所示。

表 11-1 亚马逊不同发展阶段的 10S 协同

时间	业务阶段	亚马逊的发展特点	10S 协同
1994—2009 年	全品类扩张阶段，成为"地球上最大的书店"	全球性业务的扩张，打造现代化的高效供应链体系	**战略 / 战略决策：** ● 不同阶段的不同发展战略 ● 自我更新迭代的全局战略
2010—2016 年	"飞轮计划"阶段，成为最大的综合网络零售商	服务及科技持续创新，致力于打造"飞轮计划"，充分发挥 Prime 会员制对整个零售系统的助力作用，着力打造蕴藏新商机的 AWS 云服务，形成飞轮效应良性循环	● 不断致力于创新，勇于探索新事物 ● 数据驱动、以客户为导向的创新 **共同价值 / 首要目标：** ● 企业定位和嵌入核心使命的 14 条领导力准则 ● 顾客至上 ● "性价比高"的自有品牌 ● 亚马逊 Prime 年度会员计划 ● 庞大的商品种类，强大物流配送体系等 ● 不断推出满足消费者需求的优质服务
2017 年至今	线上与线下联合发力阶段，成为"最以客户为中心的企业"	传统的零售业与电商数据的融合，通过优化资产配置来创造高效企业和引领消费升级。"新零售"兴起催生了无人实体零售店等一系列新业态门店，而新科技加深了线下与线上的高度融合	**制度 / 模式：** ● 独特的股权激励支撑公司战略达成 ● 以"建立全球最以客户为中心的公司"为使命 ● "飞轮效应"带动整体效益高速飞转 ● 飞轮纽带——物流完整供应链 ● 飞轮润滑剂——AWS 云计算服务 ● 收购——以资本驱动力带动企业发展的重要方式 ● 高科技研发推动亚马逊发展

纵观亚马逊的发展历程，每一阶段的发展都与其共同价值 / 首要目标、战略 / 战略决策和制度 / 模式的有效协同不可分割。经过反复试验和调整，经历了沧桑与繁荣，亚马逊已经形成了一套企业前进的指导原则、文化实践和发展策略，以保持其增长核心的运转，其中包括提高客户满意程度、一个接一个地击败竞争对手、颠覆零售行业、冲击一个又一个领域，从图书销售到在线零售，再到个人电子产

品；从软件服务到医疗保健行业等领域，乃至走得更远。亚马逊使其企业的共同价值 / 首要目标、战略 / 战略决策、制度 / 模式这三重引擎和赋能平台如同齿轮咬合，不断驱动，促使亚马逊快速发展。

亚马逊作为一家市值万亿美元的公司，作为行业的创新效率领导者，正在往更高的成功的道路上不断迈进，并关注那些可能影响其发展壮大的因素。亚马逊是商业创新领域的先驱，在企业产品、运作流程和商业模式创新上都在不断迅速发展，因而亚马逊将成为其他公司衡量自身成功或落后的标准。

亚马逊在其战略创新模式下正在不断前进。

第十二章

华为：以客户为中心，以奋斗者为本

中国的华为走向世界

华为技术有限公司（以下简称"华为"）成立于 1987 年，在深圳逐步发展壮大，从一家电信设备制造商发展成为一家世界级的技术巨头。2018 年，华为来自消费者业务、运营商业务和公司业务的收入分别为 3 489 亿元、2 940 亿元和 744 亿元。华为专注于"连接"和"智能"，扩展了个人、政府和企业客户，并成为全球数字领导者。进入 5G 和 AI 时代，作为中国最大的科技公司，华为有望引领下一波技术浪潮，同时也面临更大的挑战。

在《商业周刊》杂志评选的全球十大最具影响力的公司中，华为是中国唯一一家上榜的公司。作为一家中国非上市民营高科技企业，华为成功背后的协作哲学值得中国公司和企业家深入思考。

协同哲学：均衡的发展模式

从 2001 年开始，华为总裁任正非制定了"十项重点管理要点"，无论内部和外部环境如何变化，"坚持均衡发展"始终是头等大事。在任正非看来，均衡是生产力的最有效形式。可以说，任正非管理思想的核心是均衡，均衡是最高的管理理念。任正非自称是一个有"灰度"的人，他认为黑白之间的灰度很难掌握。这是领导和导师的水平。没有领会的人，是不可能有灰度的。

华为的发展壮大是建立在运营和管理动态平衡的基础之上的。通过持续改进和完善，华为不断增强了管理能力，公司走上了良性发展之路。华为的成功说明，均衡管理是企业真正的核心竞争力。

价值引擎：以客户为中心，以奋斗者为本

10年前，华为提出：华为的追求是实现客户的梦想。历史证明，这已成为华为人的共同使命。

在客户需求的指导下，它可以保护客户的投资，减少客户的资本支出和运营支出，并提高客户的竞争力和盈利能力。目前为止，全球超过 1.5 亿电话用户在使用华为设备。正是因为有了华为，人们的沟通和生活变得更加丰富多彩。

如今，华为已经形成了用于无线、固定网络、商业软件、传输、数据和终端的完整产品和解决方案，为客户提供端到端的解决方案和服务。全球已有 700 多家运营商选择华为作为合作伙伴。华为及其客户将共同面对未来的需求和挑战。

华为从公司创立之始就呈现全开放的态度。在与西方公司的竞争中，华为学会了竞争并在技术和管理上不断进步。国际化只能通过打破狭隘的民族自豪感来实现，专业化只能通过打破狭隘的个人自豪感来实现，而成熟度只能通过打破狭隘的品牌意识来实现。

互联网促进了技术的交流与进步，但它也可能破坏一个国家的正确价值观。罗马俱乐部的一份报告指出，将来唯一可以颠覆这个世界秩序的就是互联网。美国的一份报告也指出，在未来 20 年内唯一可能破坏美国国家价值观的是互联网。

华为愿景的主要部分是丰富人们的沟通和生活。实际上，它也谈到了未来网络在世界上的作用。网络的存在使经济全球化不可避免，不仅对华为，而是对世界所有公司而言。

此时，我们必须勇于面对全球化。由于网络的发明，市场与制造的分离，世界上最重要的市场工具是知识产权（IPR）。没有核心知识产权的公司在国际市场上将遭遇重重阻力。

从事制造业的公司不能随意销售产品。这就是知识产权之争。台湾工厂依靠代工，主要依靠大规模生产和大规模采购，从而降低了采购成本并降低了制造成本。这些工厂的利润仅占毛利润的 3%～5%；而有了高科技的知识产权，产品的毛利润可达到 40% 以上。未来的市场竞争是知识产权的竞争，没有核心知识产权的国家将永远不会成为工业强国。

战略引擎：以满足客户需求支撑企业战略落地

为客户服务是华为存在的唯一理由，客户需求是华为发展的原动力

1. 真正认识到为客户服务是华为存在的唯一理由

从企业生存的根本角度来看，企业必须获得利润，但利润只能来自客户。满足客户需求、提供客户所需的产品和服务以及获得合理的回报可以为华为的生存提供支持。员工需要支付工资，而股东则需要偿还投资。世界上唯一给华为钱的人就是客户。华为认为，为客户服务是其生存的唯一理由。

既然决定企业生死存亡的是客户，提供企业生存价值的是客户，那么企业必须为客户服务。现代企业竞争不再是单个企业之间的竞争，而是供应链和供应链之间的竞争。企业的供应链是生态链，客户、合作伙伴、供应商和制造商的命运在同一条船上。只有加强合作，关注客户和合作伙伴的利益，追求多赢，企业才能长寿。因为只有通过帮助客户实现利益，华为才能在利益链中找到自己的位置。只有真正了解客户需求，了解客户压力和挑战并提供令人满意的服务来增强竞争力，客户才能与企业长期发展和合作，企业的寿命才会更长。

2. 真正认识到客户需求是华为发展的原动力

华为认为，就产品技术创新而言，华为必须保持技术领先地位，但只能领先竞争对手半步；如果向前迈出三步，它将成为"烈士"。华为将以技术为导向的战略转变为以客户需求为导向的战略。通过分析客户需求，华为提出解决方案并使用这些解决方案来指导高附加值产品的开发，避免盲目地引导技术创新而成为"烈士"。为此，华为反复强调产品开发路线图以客户需求为导向。

在华为看来，针对客户的需求，使用新的技术手段来满足客户的需求，此时技术只是一种工具。新技术必须带来高质量、良好服务和低成本，否则就没有商业意义。

华为了解中国客户的需求，并借用一句话"新三年，旧三年，缝缝补补又三年"，以说明华为对技术和产品的看法。华为认为，客户普遍希望进一步改善已安装设备的功能，并且不会因新技术的出现而放弃现有设备来重建网络。因此，当 IT 泡沫疯狂时，全球主要通信设备制造商放弃了对现有交换机的研发，而将全部精力转移到下一代 NGN 交换机的研究上，华为仍然继续对传统交换机进行不可动摇的研究承诺。

在 IT 泡沫破灭之后，全世界的运营商都认同华为的观点，它们不再盲目追求新技术，而是更加关注网络优化和建设成本。结果，华为增加了传统交换机的供应，成为世界第一。

西方泡沫经济崩溃之后，西方公司对它们推崇的下一代 NGN 交换机产生了动摇。华为却坚信 NGN 交换机将取代传统交换机，并且加大了对 NGN 交换机的投资。华为的 NGN 交换机已在国内外得到广泛使用，中国移动、中国电信、中国网通等都采用了华为的设备和技术，例如中国移动的 T 网络是由华为建设的，这也是世界上最大的 NGN 网络，而盲目创新导致许多西方公司迅速死亡。

华为的高端 DWDM 在世界上处于领先地位。华为的光传输技术不需要在4 600 多公里的中间设置继电器。华为还提供了世界上最长的光环网，该光环网在俄罗斯，长度为 1.8 万公里。实际上，这项技术是华为从美国花了 400 万美元买的。

华为认为，市场是最重要的，只要满足客户需求，华为就能成功。如果没有资源和市场，其他都毫无用处。为客户服务是华为存在的唯一理由。这是成千上万名华为员工的共同心声，并且在行动中加以实施，而不限于口号。

3. 以客户需求为导向的组织建设、产品投资决策和产品开发决策、人力资源和干部管理以及企业文化

第一，以客户需求为导向的组织建设。

为了使董事会和业务管理团队（EMT）领导整个公司实现"服务客户"的目标，业务管理团队设有专门的战略和客户常任委员会，主要负责务虚工作并更正公司的工作方向，董事会和管理团队就该方向达成共识，然后授权管理团队通过行政部门作出决定。该委员会为 EMT 提供决策支持，以履行其在战略和客户方面的职责，并帮助 EMT 确保客户需求驱动公司整体战略的实施。

在公司的行政组织架构中，建立了战略和营销体系，重点是对客户需求的理解和分析，并根据客户需求确定产品投资计划和开发计划，以确保客户需求推动华为公司战略的实施。

在每个产品线和每个区域部门中建立营销组织，使其与客户亲近并倾听客户的需求，以确保可以将客户的需求快速反馈给公司并纳入产品开发路线图。

无论客户在何地使用华为的设备，华为都将在当地构建服务机构，并且这些服务机构靠近客户，以提供优质的服务。华为的服务机构遍布中国 30 多个省市和 300 多个地级市，并进入全球 90 多个国家和地区。

第二，以客户需求为导向的产品投资决策和产品开发决策。

华为的投资决策是基于对客户通过多种渠道收集的大量市场需求的分析和理解，从内外部相互去伪存真，并确定是否进行投资和投资的步伐。在已批准的产品开发过程的每个阶段，都必须根据客户需求决定是继续开发还是停止。

在产品开发过程中构筑客户关注的质量、成本、可维护性、可用性和可制造性。一旦确定产品发展方向，就会建立由营销、开发、服务、制造、财务、采购和质量人员组成的产品开发团队（PDT），以确保产品满足客户需求并投放市场。服务、制造、财务、采购和其他过程的后端部门的早期加入将充分考虑并反映对产品设计阶段的可安装性、可维护性和可制造性以及成本和投资回报的要求。

第三，以客户需求为导向的人力资源和干部管理。

客户满意度是从总裁到各级干部的重要评价指标之一。外部客户满意度调查是委托盖洛普公司实施的。客户需求导向和客户服务包含在干部和员工的招聘、选拔、培训、教育和评估中。加强对客户服务贡献的关注，将干部和员工选拔与培训的质量模型整合到招聘面试模板中。在培训刚加入公司的每位员工时，华为必须谈论《谁杀死了合同》的案例，因为所有细节都可能导致公司倒闭。

华为专注于人才选拔，但不招募以自我为中心的学生，因为他们很难以客户为中心。华为强调要让客户找到自己需求得到重视的感觉。现在，许多人都强调技能。实际上，意志力比技能更重要，道德比意志力更重要，思想比道德更重要。

第四，以客户需求为导向、高绩效、静水潜流的企业文化。

企业文化表现为企业的一系列基本价值判断或价值主张。企业文化不是宣传口号，必须植根于企业的组织、流程、系统、策略以及员工的思维方式和行为方式。多年来华为一直强调：资源是会枯竭的，唯有文化才会生生不息。一切工业产品都是人类智慧创造的。华为没有可以依存的自然资源，唯有在人的头脑中挖掘出大油田、大森林、大煤矿……精神是可以转化为物质的，物质文明有利于巩固精神文明。华为的文化不仅包括知识、技术、管理、情感等，也包含所有促进生产力发展的无形因素。

华为的文化承载着华为的核心价值观，使华为以客户需求为导向的战略得以分解并融入所有员工的每项工作中。

不断灌输"服务客户是华为生存的唯一理由"的理念，提高了员工对客户服务的认识，并深入人心。通过加强责任导向的价值评估体系和良好的激励机制，华为的所有目标均以客户为导向，并采用一系列流程化的组织结构和标准化的操作程序来确保满足客户需求。结果，形成了静水潜流的以客户为导向的高绩效企业文化。华为文化的特征是服务文化，全心全意为客户服务的文化。

华为是一个企业组织，一切都围绕商业利益展开。因为只有服务才能交换商业利益。华为通过服务确定目的，服务贯穿华为生产经营的全过程。

质量好、服务好、运作成本低，优先满足客户需求，提升客户竞争力和盈利能力

1. 真正认识到"优质服务，低运营成本，重视客户需求"是提高客户效益和盈利能力的关键，也是华为的生存之道

华为所处的通信行业属于投资市场。购买通信网络设备的客户通常必须使用 10 ~ 20 年，而不是像消费类产品那样寿命非常短。因此，当客户购买设备时，他们首先选择合作伙伴，而不是设备，因为客户知道一旦两方合作，合作伙伴就需要长期为消费者提供服务。因此，客户选择的合作伙伴不仅必须具有领先的技术、高度稳定和可靠的产品，并且能够快速响应其发展需求，并提供良好的服务。如果不满足这些条件，就是将产品送给客户，客户也不会选择。

客户要求的是良好的质量、良好的服务、低廉的价格和对需求的快速响应。这是客户的简单价值观，也决定了华为的价值观。但是，良好的质量、良好的服务和对客户需求的快速响应通常意味着高成本、高价格。因此，华为必须做到优质的服务、低廉的价格，并以满足客户需求为优先，而华为也确实做到了。

2. 华为如何提高客户竞争力和盈利能力

让我们看一下泰国移动运营商亿旺资讯服务公司（AIS）的案例。

1998 年，当华为与 AIS 合作时，AIS 仍然是泰国的一家小型移动运营商。华为迅速满足了 AIS 的需求，并以优质的品质和优质的服务提供了产品和解决方案，使 AIS 成为泰国最大的移动运营商和泰国市值最大的公司。

1999 年 6 月，AIS 和全通通信公司（DTAC）同时推出了预付费服务。华为为 AIS 提供产品、解决方案和服务，并对设备进行了 8 次扩建，帮助 AIS 把竞争对手甩在后面。华为在 60 天内完成了设备的安装和测试，并迅速满足了 AIS 的需求。华为专门针对 AIS 开发的多达 80 项业务功能（AIS 在开发过程中的新要求）有效地提高了用户平均收入（ARPU），并提高了竞争力和盈利能力。

制度引擎："狼性文化"的内核，目标导向，杜绝借口

"狼性文化"

"对于创业者来说，华为的'狼性文化'在一定程度上值得借鉴和学习。"这是一名前华为员工（以下简称"Y"）离开华为后开始自己的业务，面临失败和重新站起来时发自内心的一句话。

众所周知，华为的管理非常严格。在华为的绩效评估系统中，一度分为四个等级：A、B、C 和 D。A 级和 B 级员工将会得到薪资和职位的提升，C 级员工维持，D 级员工将接受约谈甚至被解雇。无论员工做得如何，华为都会实施一定比例的末位淘汰。即使一个部门的表现很好，仍然会有 D 级员工。

由于企业规模巨大，系统经常会错误地杀死一些无辜的好员工，例如由于评估主体和调动过程中产生的评估来源不一致而导致的评估不公。

Y 起初认为，华为的系统没有考虑人性。他随后选择辞职创业。但经历了创业的风风雨雨之后，他说了开头那句话。

不谈情怀，多发薪资

Y 的新公司成立于 2016 年，在公司成立之初，公司就树立了一种企业文化：成为一家有温度、有情怀、有归属感、有幸福感的"四有"公司。为了证明这种企业文化的优越性，Y 甚至决定公司在每星期五下午休息，并提早下班，而且公司没有考勤系统。团队建设、会议共享、培训、专业指导、健身等已逐渐成为公司文化的一部分。

起初效果很好，吸引了很多人上班，但是好时光并没有持续很长时间。公司成立后仅几个月，提出辞职的员工出现了，而她实际上是经过 Y 悉心培养，很受 Y 重视的一名员工。Y 很震惊。问了之后，他意识到根本原因在于薪资低。也许是因为公司对她不错，她没好意思提涨工资。

Y 此时意识到，他在建立企业文化上投入了太多精力，并且没有考虑扩大业

务。结果，该公司的账面一直不好看，员工无法提高工资。在华为期间，Y 很少听到人们谈论自己的感受。对于企业中的中高级员工或核心员工，当然可以在某些情况下谈论其使命和愿景；但对于基层员工，他们应注意其最基本的诉求：收入。能够给员工发更多的钱，并提供比行业平均水平更高的薪水，实际上是公司对员工表达关心的最佳方式。

不作为？是犯罪！

Y 在企业经营中，忽略了管理制度的建立，一味地认为宽容的环境就是好的环境，甚至在员工忘记工作的时候，也只是和声细语地提醒一下。于是，员工准点下班，老板加班输出内容。这种现象正常吗？这种情况能责怪员工吗？

"只能怪我自己，管理的失度和制度的松散，就是我的不作为。" Y 的内容输出能力虽然有了进步，但作为老板，他没有在管理制度上进行有力的"立旗"，这是严重的管理失误。而当要进行改革、执行传统的绩效考评时，事情已经不是那么好控制了。就在推出绩效考评的当月，马上有 3 名员工提出离职。不仅仅是离职，离职后更是在私人的社交媒体上责骂 Y，认为 Y 不人性。能怪员工吗？不能。老板不作为，即是对员工的犯罪，没有让员工锻炼出应该有的能力，更是对企业的犯罪——没有持续的增长和发展，你拿什么来提升企业的生存能力？又如何让员工获得收入和成就感？

华为塑造的"狼性文化"，包括末位淘汰制度——没有人想被评为 D 级员工，更没有人想被辞退——事实上帮助华为塑造了坚韧、拼搏、进取的奋斗精神，遇到困难和挑战，他们是不会轻易认输和退却的。相对宽松的工作环境不是说不好，但如果企业家不作为，在某种程度上就是对员工、对企业的犯罪。

不找借口

在许多企业中，我们很容易为自己找原因和借口：项目无法推进，原因是土地征收人太难搞定，狮子大开口；公众号涨粉慢，原因是内容不够吸引人，并且该公司没有提高预算；产品卖不出去，原因是产品设计太差，技术无法提供足够的支持以及营销团队制作的界面设计（UI）太差了⋯⋯

真正的狼性其实很简单：面向目标，没有任何借口。绩效考核始终坚持以目标为导向，运用合理有效的手段，帮助员工实现既定目标，并具有良好的检查和综合激励机制，以实现企业绩效的增长和员工收入的提高。而当寒冷的冬天来时，绩效促进了公司的可持续发展，抵御了冬天的寒冷，赢得了增长！

标杆组织的协同基石总结

企业是追求组织利益的特定组织。对所有企业来说，不断追求利益是企业可持续发展的第一动力，也是企业建立、成长和发展的内在基因。市场经济从不相信眼泪或抱负，它总是偏爱那些有实力的公司。

公司依靠什么来实现自己的利益追求？依靠公司自身的"力量"，即依靠公司自身的资源、能力、技能等来实现对利益的追求。

在资源紧张的和非垄断竞争的条件下，企业要实现自己的利益目标，就必须具有自身的内部能力，才能不断从外部获取利益。换句话说，企业当前的盈利水平取决于其自身的能力，企业未来的盈利水平取决于其未来的能力。

当公司缺乏自己的能力并追求外部利益时，它们将不可避免地走向投机或机会主义。但是暂时的利润永远不是公司的最终目标。残酷的现实是，许多公司为投机付出了巨大的代价：有些跌入了低谷；有些陷入了沉默；有些倒闭了；有些弥补了自己的不足，放弃了投机，获得了重生。

企业管理必须以客户为中心，公司的利益并非来自公司内部。客户是公司生存的基础，为客户服务是公司生存的唯一价值和理由，因为这是公司利益的源泉。只有保持业务的不断扩展，才有可能为更多客户提供产品和服务。管理的目的从属于经营的目的。企业内部管理不能解决企业的赚钱问题，但可以为企业的赚钱提供有力的支持。管理意味着高效率，管理是与低效率作斗争的工具和手段。

华为在商言商。在任正非的领导下，基于公司的基本和简单的业务逻辑，基于理性和智慧的思想，构建公司的发展和增长理念，并始终如一地尊重、坚持和贯彻执行，这是公司成功的基因与密码。

第十三章

阿里巴巴：21世纪全球移动互联商城的缔造者与主宰者

阿里巴巴概况

股东之于公司，价值巨大，但阿里巴巴集团控股有限公司（以下简称"阿里巴巴"）是世界上第一个提出"客户第一、员工第二、股东第三"的公司。这一理念在提出来之后的很多年都不被商界所理解，但近年来它正在被广泛接受。

阿里巴巴由以马云为首的18人于1999年在中国杭州创立。阿里巴巴创立伊始，就深信互联网能够创造公平的营商环境，可以让国内中小微企业通过平台创新与科技发展延展业务，实现成长，并在国内外市场竞争时处于更有利的位置。创立20多年来，阿里巴巴已成长为一个多元化集团，关联公司众多，主营业务与关联公司业务互为支援，实现了商业生态的有机整合与融合。阿里巴巴一如其名，是一个巨大的宝藏，为所有关联方都创造了源源不断的财富价值，目前阿里巴巴旗下包括领先业界的批发平台和零售平台、云计算、数字媒体和娱乐以及创新项目，具体如淘宝、天猫、聚划算、全球速卖通、阿里巴巴国际交易市场、1688、阿里妈妈、阿里云、蚂蚁金服、菜鸟网络等。

2019 年财年，阿里巴巴收入达 560 亿美元，全年收入同比增长 51%。在整个生态系统中收获了强劲的用户增长，互动表现活跃，去除新购业务并表的因素，全年收入同比增长 39%。2019 年阿里巴巴人均产值约为 363 万元，人均利润约 84 万元。与之相比，连续 6 年位居《财富》世界 500 强榜首、成立于 1962 年的沃尔玛，2019 财年营业额为 5 144 亿美元，净利润为 66.70 亿美元，人均营业额约 163 万元，人均净利润为 21 万元，阿里巴巴的发展如坐上了直升机一般让人敬畏。

阿里巴巴历经无数让人难以想象的波折，但波折并未消极地影响到它，因为它从创立的那一刻起，就是要让天下没有难做的生意。阿里巴巴将目光锁定在全世界的交易联结上、继而全世界的文娱和全世界的新兴技术，深耕发展、以变为不变不懈布局。2020 年 10 月 30 日（美东时间），阿里巴巴的市值达到 8 243.80 亿美元（美股），华尔街最精明的分析师都不敢轻言它的市值尽头在哪里。

分析阿里巴巴的制胜之道，我们发现共同价值 / 首要目标、战略 / 战略决策、制度 / 模式构成了其价值、竞争和增长的三大引擎，支撑阿里巴巴协同发展，形成核心竞争力。而对电子商务领域及移动支付技术的前瞻性洞察和运筹帷幄，并在此基础上勇于创新尝试、持续不断地投入，实现各种关联联结并彼此赋能，阿里巴巴不断自我打造升级，从独木舟到游艇、到豪华巨轮，再进化成一艘航母，在深邃的大海里自由航行。

价值引擎：让天下没有难做的生意

2019 年 9 月 10 日是阿里巴巴 20 周岁生日。在生日前夕，阿里巴巴 11 万员工收到了集团董事局主席兼首席执行官张勇的一封信。信中称：无论外部世界如何变幻，阿里巴巴"让天下没有难做的生意"的使命始终不会改变。

自 1999 年阿里巴巴成立，它的每个发展阶段的经营活动无不围绕这一企业使命展开。

第一阶段：阿里巴巴布局 B2B 模式（1999—2002 年）。

1999年前后，中国互联网浪潮方兴未艾，对外贸易快速增长。阿里巴巴成立后，将自己定位为"中国中小企业贸易服务商"，为中小企业提供"网站设计＋推广"服务，2000年开始海外扩张。世纪之交，全球互联网泡沫破灭，阿里巴巴也受到很大影响，为应对网络经济寒冬，推出"中国供应商"和"诚信通"等开源项目，向供应商提供附加的线上线下服务，收取会员费用，争取实现盈利。到2001年，阿里巴巴B2B的企业注册用户数超过100万。2002年，阿里巴巴又推出"关键词"服务，同年首次实现盈利。此后，阿里巴巴的"会员费＋增值服务"的B2B模式开始形成。

第二阶段：阿里巴巴布局B2C与在线支付（2003—2011年）。

2003年，阿里巴巴力图寻找新的利润增长点，上下半年分别推出淘宝和网上实时通信软件贸易通（阿里旺旺）。为快速积累人气，打出知名度，争夺市场，阿里巴巴持续向淘宝投资。淘宝迅速发展，阿里巴巴成为中国最大的电商平台。这个时期，阿里巴巴还相继推出支付宝、阿里妈妈、阿里云、聚划算、速卖通等平台；并将一搜、雅虎中国收入囊中。2007年，阿里巴巴首次在中国香港上市。为更精准和有效地服务网购人群，淘宝网分拆为淘宝网、淘宝商城（后更名为天猫）和一淘3个各自独立的公司。

2008年9月，阿里巴巴打出"大淘宝"牌，雄心壮志升至新高度。阿里巴巴提出"要做电子商务的基础服务商，让用户在大淘宝平台上的支付、营销、物流以及其他技术实现都不成问题都能顺畅实现"，打通B2B与淘宝平台，形成B2B2C电子商务生态链条。

第三阶段：阿里巴巴从大淘宝到大阿里战略（2011年至今）。

2011年6月，大淘宝战略升级至大阿里战略，提出"和所有电子商务的参与者充分分享阿里集团的所有资源，整合信息流、物流、支付、无线以及提供数据分享为中心的云计算服务等，为中国电子商务的发展提供更好、更全面的基础服务"。阿里巴巴雄心勃勃，在电商、互联网支付和金融、云计算和大数据、物流、大文娱等多元领域布局、联动发力，真正成为网络基础设施提供商，庞大的数据帝国和互联网生态系统也由此建立。

阿里巴巴坚持不懈地构建未来的商务生态系统，致力于拓展产品和服务范畴，时至今日，阿里巴巴已然成为C端和B端客户日常生活的重要组成部分。

高度认同的企业文化

企业文化是旗帜，旗帜指向哪里，员工就会往哪个方向前进。阿里巴巴的创始人马云喜欢金庸小说，是个武侠小说迷。金庸构想的武林江湖，让每一位读者都有仗剑走天涯的神往。马云的爱好影响了一大批追随者，所以马云认为阿里巴巴就是一群有情有义的人在一起做一件有意义的事情，这件事情就是"让天下没有难做的生意"。

六脉神剑文化：阿里巴巴在发展初期，企业文化是"独孤九剑"，随着时光流转、企业发展，慢慢提炼为"六脉神剑"。

阿里巴巴的价值观如图13-1所示。

客户第一：阿里人做事，一切从客户需求出发。

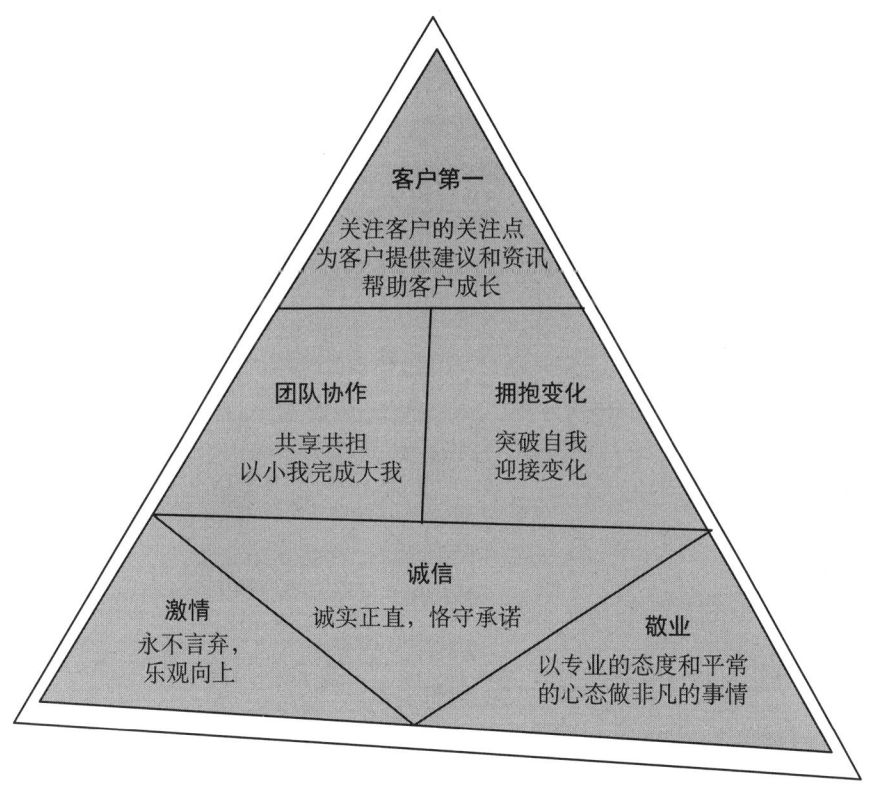

图13-1 阿里巴巴的价值观

团队协作：阿里巴巴内部非常重视团队协作，提倡推崇平凡人做非凡事。阿里巴巴西溪园区里有个非常有名的雕塑，船里每个人都在奋力地划桨，但因为他们方向不同，船始终在原地不动。如果没有团队协作，就算是一群聪明人，也会像船里的人一样划船，所以雕塑的名字叫"愚人船"。

拥抱变化：开放精神与创新精神的结合，把积极求变视为赢得未来机遇的主要手段，以免被快速变化更新的互联网时代所抛弃，阿里巴巴主张员工以更加开放的心态去拥抱变化。

另外 3 条分别是：诚信、激情、敬业。这是对员工的要求，也是阿里人最基本的素质。

"花名"文化：在阿里巴巴内部，每个人都要给自己取一个"花名"，"花名"需要是武侠小说里面正派人物的名字。比如马云的"花名"叫"风清扬"。在阿里巴巴内部，核心技术研究项目组叫作"达摩院"，办公室名字叫"光明顶""桃花岛"……所以公司开会被称为"聚首光明顶"，淘宝年庆活动被称为"武林大会"。

倒立文化：淘宝成立初期遇到了强大的竞争对手，有一段时间行业排名一直靠后，员工士气受到影响。于是阿里巴巴提出倒立文化，倒着来看排名就在前面，呼吁员工换个角度看排名看世界。直到现在，新员工进入淘宝后也必须要学会倒立，这是新员工培训考核的内容之一。学倒立有 3 层含义：其一，锻炼身体，倒立有助于保持健康的工作状态；其二，帮助不会倒立的同学学会倒立，这也是在培养团队协作；其三，倒立之后看世界的视角就不一样了，新思路、新创意时常随之而来。

"中国企业在管理中间必须要有一个强大的思想和文化基础。我认为我们把基础架构好，阿里巴巴就能做到 2101 年，刚好 102 年，一个百年企业。"马云说。

独特的员工培养计划

马云认为公司没法找到最好的人，而是要通过培训把员工变成最好的人。最好的人都在公司里，阿里铁军就是在这样的思路下逐渐打磨出来的。

在阿里巴巴，各层级人才的培训培养由人事部门和业务部门协力混合式进行，员工在每一个发展阶段都会有培训项目与之相对应。

以培养中层管理者为例，在阿里巴巴，中层管理者是企业的腰部，起着承上启下的作用，只有腰部挺直了，头部才能转动自如灵活思考。中层管理者对上要确保绩效实现与决策执行，对下要做好基层管理者和高层之间的衔接转承工作。所以在阿里巴巴，中层管理者的能力模型是：快速应变、迭代创新、群策群力、把握关键、协作共赢。（见图 13-2）

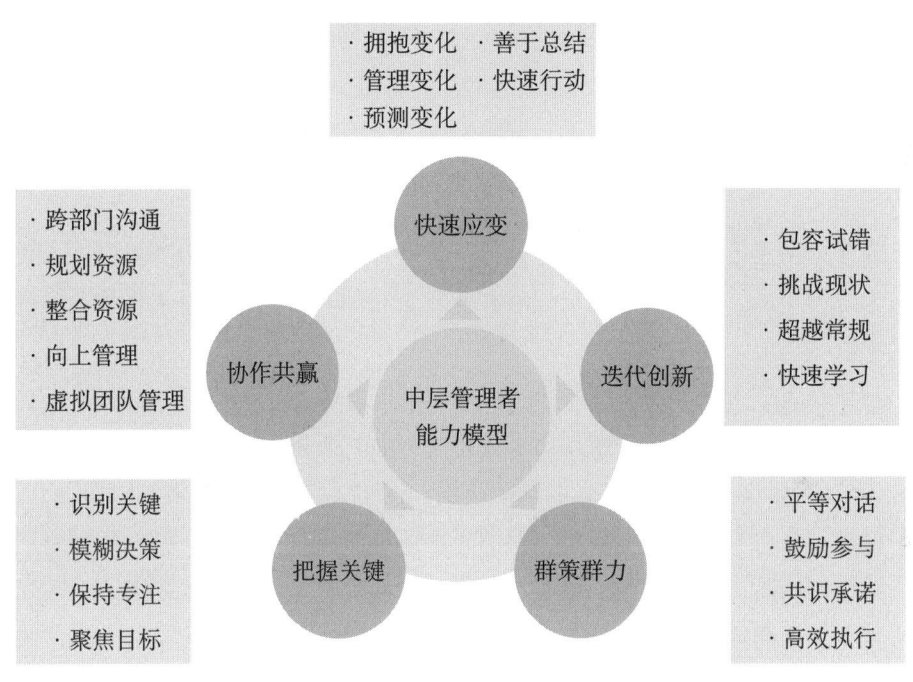

图 13-2　中层管理者的能力模型

阿里巴巴有一整套系统完善的课程来帮助管理者培养思维和领导力，除对外采外购知名课程外，阿里巴巴还有更接地气的自主研发课程来训练管理者的能力，通过"一带一"的师徒制、导师制、伙伴制的方式来帮带管理者，用轮岗的方式让中层管理者去了解、实践更宽泛的业务和管理知识，从而提高管理协调能力，提升逻辑思维方式和素质。

阿里巴巴人才培养的三板斧，着力于塑造胸怀豁达、以人为本、放眼大局、价值观愿景使命驱动的优秀中层管理者队伍，通过组织和平台的交互合力，为企业构建人才梯队，促进整个组织的成长。阿里巴巴注重以战养兵，用人即养人，养人即用人，即阿里巴巴所说的"借事修人、因人成事，人事合一、虚事实做"，如此，业务才能长期高速发展，人才才能源源不断涌现。

腰部力量提升项目也是阿里巴巴"客户第一，员工第二，股东第三"价值观的体现。员工必须为客户创造价值提供价值，而员工自己也要成长，除了在与客户交往中获得成长，阿里巴巴还承担起员工成长的重要责任以帮助员工更好地为客户创造价值。员工受益于这些过程，当客户和员工都有满足感、获得感时，股东也能获得长远利益。

前瞻性思维或战略思考

为什么阿里巴巴的业务越做越大，一直走在时代前沿？因为阿里巴巴一直在面向未来做布局，且有一套制定战略和业务策略的方法论去应对未来和业务的不确定性。

马云信奉"天气晴朗的时候就要修房顶"。2002年，马云察觉到eBay在中国对阿里巴巴的潜在威胁，就派出了秘密小分队，开发出淘宝。淘宝的诞生有效地阻击了eBay在中国抢占先机以垄断市场，保护了当时还很稚嫩的阿里巴巴。

这场"小土鳖"与"大海龟"的悄无声息的防御性对抗，让马云和阿里巴巴声名鹊起。而阿里巴巴和马云还有一系列的当时浑然不觉、后来拍案叫绝的富有传奇色彩的前瞻性决策。

2009年，国内多数科技公司还不知云计算为何物，马云力排众议布局阿里云，不惜为此承担多年巨额亏损。阿里云2019年收入规模为52亿美元，同比增速达到63.8%，市场份额提升至4.9%，为亚洲第一大、全球第四大云计算公司，国内市场份额近半，远超第二名的腾讯云。今天来看，布局阿里云是极具眼光的正确决策，2020年8月，高盛给阿里云估值达千亿美元。

2016年，阿里巴巴进军新零售领域。阿里巴巴在推出盒马鲜生之前筹备了2年之久，盒马鲜生是超市，是餐饮店，也是菜市场，是阿里巴巴对线下超市重构的新零售业态，是阿里巴巴的又一次超前大手笔。阿里巴巴2019年第三季度季报显示，以天猫超市、盒马鲜生为首的新零售及直营业务营业收入占比达到

15%，首次超过长期占据阿里巴巴核心收入来源的佣金收入，成为阿里巴巴第二大收入来源。2020年第二季度季报显示，阿里巴巴新零售业务同比增长80%，成为其增速最快的业务。

竞争引擎：产品创新、商业模式创新、营销创新

身处唯快不破的互联网业，以马云为首的阿里人从来都是拥抱变化且引领变革的，变化、变革、创新是阿里人心中永远的热词。

产品创新

为了"让天下没有难做的生意"，为了"用户第一"，为了让用户形成最佳的购买体验，阿里巴巴不断探索新产品、产品升级迭代与整合，逐渐构建起一个生态多元、各自独立又鲜活互联、兼容并蓄的超级互联网商域。淘宝网成立后，为提升沟通效率与质量，阿里巴巴推出PC版通信软件阿里旺旺；为确保安全便捷支付，阿里巴巴推出支付宝；为进一步细分市场，更好地为不同的客户、用户群体提供精准服务，阿里巴巴推出专注于服务第三方品牌及零售商的淘宝商城、团购网站聚划算、让中国出口商直接与全球消费者接触和交易的全球速卖通；为加强互联网技术研发和大数据处理，成为互联网基础设施服务商，阿里巴巴设立阿里软件、阿里研究院、阿里云；为加强宣传推广，阿里巴巴入股新浪微博、新浪视频、社交软件陌陌，并推出社交软件来往；为物流服务更方便快捷可靠，阿里巴巴组建菜鸟网络；阿里巴巴还在音乐、影视、娱乐、文化、绿色生态等领域发力，以互联网基础设施为根基，不断优化用户与客户的体验，致力于做优做强做大做全"互联网江湖"。

2013年6月，蚂蚁金服高调推出的"余额宝"震惊了金融业和银行业，余额宝曾因其高流动性、高收益性成为全民理财产品。

筹备于2015年、正式推出于2017年7月的盒马鲜生，是阿里巴巴旗下以数据和技术驱动的新零售平台。盒马鲜生希望为消费者打造社区化的一站式新零售

体验，用科技和人情味带给人们"鲜美生活"。

2019 年 6 月，阿里巴巴重组了创新业务事业群，这个事业群在阿里巴巴的定位和使命是培育更深厚的产品创新土壤。创新业务的目标并非仅打造单点创新产品，而是要开创一套持续在阿里巴巴内部加速孵化创新产品的能力和体系。为此，阿里巴巴创新业务事业群建立了完整的项目推进机制：创新项目均来自内部孵化，唯一的衡量标准是用户价值。当产品发展到一定用户量级，或方向足够清晰时，将通过投资评审会的答辩获取融资，随后独立发展，产品团队会获得股权激励。为了让天下没有难做的生意，阿里巴巴一直在以一种不缺钱的姿态鼓励着产品创新。

商业模式创新

阿里巴巴自诞生之初，就在创造新的业态、引领业界变革，并极大地影响和改变了客户和用户的消费观念、消费模式、消费习惯、消费品类、支付方式，剑指消费升级。消费升级被普遍视为中国未来最大的商机之一，早已将电商业务重心从淘宝转型升级到天猫，且将天猫的宣传语换成"理想生活上天猫"的阿里巴巴，正通过对其大力推动的"新零售"的实施，成为这一巨大商机的引领者甚至是规则定义者。

阿里巴巴从 B2B 起家，其最早的批发业务电子商务网站在成立第 3 年底通过收取会员费首次实现全年正现金流入。不同于技术驱动的早期互联网公司如腾讯、百度和三大门户网站，阿里巴巴创新了商业和盈利模式，并与风险资本联姻，缓解实现盈利之前的长时间亏损以及实现盈利之后的雄心勃勃的扩张。

淘宝免费的商业模式与当时通过注资易趣进入中国的国际巨头 eBay 截然相反，淘宝成立前三年，不收取平台费，以此吸引了大量的商家入驻，在丰富商品品类的同时，自然形成了竞价搜索。

为解决网上交易信任的问题，阿里巴巴于 2003 年 10 月推出支付宝。支付宝代表了"简单、安全、快速"的在线支付模式，始终以"信任"为核心。同时第三方商家和购物平台也接入了支付宝进行支付。支付宝已成为中国线上交易的一个基础平台，引领了数字支付的趋势。

2008年，支付宝推出了手机支付业务。2013年，支付宝手机支付完成超过27.8亿笔、金额超过9 000亿元，成为全球最大的移动支付公司。从支付宝平台上衍生出来的余额宝开启了互联网金融无门槛理财模式。余额宝让用户更加对支付宝产生黏性，也让支付宝从余额宝的运营中获得不菲的托管费。

马云曾说："如果银行不改变，那我们就改变银行。"阿里小贷主要商业模式是向用户收取利息和ABS成本之间的差价。近年来，小贷微贷业务为蚂蚁金服的利润贡献近半比例，阿里小贷可以被认为是"不是银行的银行"。

为优化物流体验，尤其是提高最后一公里的配送时效与质量，阿里巴巴于2013年5月与多家物流公司共同组建菜鸟网络。菜鸟要打造中国智能骨干网，在物流的基础上搭建一套开放、共享的社会化仓储的基础设施平台，为整个物流行业赋能。

2016年杭州云栖大会上，马云首次提出"新零售"的概念，在随后一两年里，阿里巴巴大刀阔斧地实施了一系列投资并购：增持银泰商业股份，注资联华超市新华都和高鑫零售，推出新零售样本盒马鲜生，阿里巴巴新零售阵营强手如云。全资收购饿了么，希望通过从实物电商到服务电商的突破，把新消费生态版图补充完善。阿里巴巴要构筑未来商业的基础设施，包括交易市场、支付、物流、云计算和大数据，以云计算和大数据为基础，让商家不仅与互联网，还要与未来的商业模式相联结。

营销创新

在快如翻书页的互联网行业，创新需要日日新、时时新。阿里巴巴在营销方面总是出其不意放大招，吸睛又吸金，特色鲜明，引发强大的轰动效应，我们不禁感叹"只有阿里巴巴，唯有阿里巴巴"。

在阿里巴巴初始阶段，平台零收费以吸引企业登录注册会员，从而积累人气，活跃氛围，在会员发布供求信息的过程中，众多商机也应运而生。参加《福布斯》评选，增加了阿里巴巴的曝光度，有助于品牌的树立和推广。

马云是金庸迷，常以风清扬自居。他在杭州发起"西湖论剑"论坛，讨论互

联网的当下热点和未来趋势，该论坛被称为互联网行业的群英会。2000 年 9 月
10 日的首届大会，国内三大门户网站的掌门人来了，金庸也来了。这如同武林
大会般的峰会受到社会的广泛关注，政府代表、跨国公司中国区代表、近百家媒
体都参加了此次"论剑"。

娱乐营销给阿里巴巴带来蓬勃生机。2004 年，淘宝和电影《天下无贼》合
作，除广告贴片、海报宣传、新闻发布等外，双方还在影视副产品网络合作开发
和网络增值方面建立了伙伴关系。

2009 年开始的"双 11"活动也源于阿里巴巴。天猫在这天全平台大促销，
希望激起广大买家的消费欲望，结果一呼百应，其他电商纷纷跟进效仿。如
今"双 11"已成为中国电商领域的年度盛事，并且影响着全球同行业。2019
年天猫"双 11"交易额最终定格在 2684 亿元，再次刷新"双 11"交易额
纪录。

创始人马云是阿里巴巴的核心、精神领袖，也是阿里巴巴独一无二的代言
人。马云是天生的演讲家，他的演讲激情澎湃，铿锵有力，充满正能量，而且金
句频出，流传甚广。这既提高了马云个人的美誉度，为自己赢得了大量粉丝，也
无形中极大地提升了阿里巴巴在社会公众中的形象。

增长引擎：赋能平台

1999 年 2 月 21 日，阿里巴巴召开第一次员工大会。马云提出阿里巴巴的
愿景，做持续发展 80 年的公司，后来改为 102 年，原因在于从 1999 年起，到
2101 年要横跨 3 个世纪。要企业生存期横跨 3 个世纪，如果不能一直增长，尤
其是在烧钱如烧纸、唯快不破的移动互联网行业，就一定是纸上谈兵、空喊口
号。阿里巴巴每年都会有新的突破性业务孵化生长出来，且通过投资并购控股、
积极布局"独角兽"企业。阿里巴巴一直在成长，从未后退过，因为阿里巴巴
是一个极度赋能的大平台，这个平台在创始人和高管团队的带领下，自我新陈代
谢、吐故纳新、推陈出新、锐意创新、协同进取的能力非比寻常。

组织的快速升级变化

"拥抱变化"是阿里巴巴的价值观之一，也是其每一次自我升级的要旨。它通过企业内部组织结构的持续调整和升级，适应且引领新的业务发展变化。在这种变化的刺激下，人力、物力、财力各种资源的调配，新赛道的构建，与面向 10 年、20 年后的企业目标及更长期的使命形成了协同效应。

阿里巴巴现任 CEO 张勇提出，重构自己，才能"带来业务的重构和市场的重构"。从组织结构上进行源头性的升级，是阿里巴巴在拥抱变化的同时创造变化的方法。纵观阿里巴巴的发展历程，从投身电商、构建信用体系，到布局云计算、新零售，每次组织变化都带来业务的大爆发。

2019 年，张勇宣布阿里巴巴的一系列组织升级，包括重组阿里巴巴创新业务事业群，盒马鲜生升级为独立事业群，钉钉进入阿里云智能事业群等。阿里巴巴表示，此次组织升级旨在保障创新，又保障阿里巴巴数字经济体的持续繁荣，推动各项创新与阿里巴巴数字经济体的生态融合，全面提升其服务能力和增长空间。同时，升级后的组织将进一步优化阿里巴巴的创新孵化机制，为创新的技术、模式和业务"万物生长"提供更好的土壤。

2019 年，阿里巴巴宣布新一轮面向未来的升级，集中发力推进全球化、内需、大数据和云计算三大战略，以及相应的人事变动。张勇表示，阿里巴巴历来的习惯就是在最好的时刻为未来变阵。

阿里巴巴通过一轮又一轮组织升级和人员变迁，达到进一步通人才、通策略、通技术的目标，实现内部分子组织之间、人员之间更强的创新融合密度，从而让阿里巴巴向新技术密集、新知识密集、资金投入效能倍增的数字经济体方向加速迈进。

同股不同权

在阿里巴巴的股权结构中，软银集团是最大股东，目前持股占比为 25.9%；其次为 Altaba（前身为雅虎），持股占比为 9.4%；阿里巴巴董事局主席马云持股占比为 6.2%，为第三大股东；阿里巴巴董事局副主席蔡崇信持股占比为 2.2%，为第四大股东。但阿里巴巴的控制权在合伙人手里。

在 2009 年阿里巴巴成立十周年晚会上，18 名创始人集体辞去"创始人"身份。2010 年阿里巴巴合伙人制度出台，合伙人有权提名 4 个董事会席位（总计 9 个席位）。上市之后，合伙人提名权增至 6 名（总计 11 个席位），如此实现了合伙人控制董事会再控制公司的管理方式。

阿里巴巴合伙人制度意义非常深远。马云深知创始人对企业话语权的重要性，因此他天马行空地创造了这个制度，保证了管理团队对企业的控制权主导权，避免"野蛮人"撞门、企业被资本市场架空，而且合伙人制度完美地解决了马云之后后继无人的问题。这种类似于长老会的模式，比让任何一个单一的人接手更让人放心。因为合伙人不仅是管理者，也是企业的创立者、拥有者，天生对企业存亡发展有着极强烈的责任感和使命感。合伙人制度还一并解决了企业和创始人深度捆绑的问题。合伙人制度作为阿里巴巴的最高权力中枢，可以确保在没有马云的情况下，也能对公司进行重大决策。

标杆组织的协同基石总结

在《财富》杂志发布的 2018 年全球 500 强企业排名中，美国超级巨头沃尔玛再次位列榜首，阿里巴巴排名第 300，比 2017 年上升了 162 位。虽然在排名和收入上有很大差距，但阿里巴巴和沃尔玛的利润相差并不多。2018 年沃尔玛的营业额为 5 003.43 亿美元、利润为 98.62 亿美元；阿里巴巴的收入为 377.7 亿美元、利润为 69.73 亿美元；阿里巴巴的利润率为 25.6%，而沃尔玛的利润率为 1.97%。沃尔玛 1962 年成立，阿里巴巴 1999 年成立。和众多的世界 500 强企业相比，阿里巴巴是年轻人，血气方刚，但它的每一次成长跳跃、每一次新赛道的选择，都与当时社会发展、经济发展、科技发展深度关联，从各个角度、各个点位去切入解决商业活动直接相关方以及间接方的痛点、难点。阿里巴巴的共同价值／首要目标、战略／战略决策、制度／模式彼此响应，高度协同，驱动阿里巴巴飞速发展，通过自我驱动孵化、投资、并购，将自己打造成一个具有共同价值观、共同企业文化、执行力强大、运行高效的价值共同体，始终身处全球创新前沿。

　　阿里巴巴的每一次重大动作都对行业格局带来了重大的影响，因为它是一个高效运行的价值共同体，见表13-1。

表 13-1　阿里巴巴是一个高效运行的价值共同体

2B 起家	阿里巴巴创立的初心就是为中小企业牵线搭桥、减少信息不对称，创造生意机会，"让天下没有难做的生意"
2C 获客	淘宝和天猫是阿里巴巴 2C 业务的核心和基石，阿里巴巴在其基础上完成客户和大数据的原始积累，同时也是阿里巴巴实现连年增长的主要贡献力量
金融立信	支付宝为阿里巴巴电商平台构筑起信用护城河，缘起于支付宝的蚂蚁金服伴随智能手机的广泛应用，创造出几乎无现金的世界，其五大业务板块（支付、融资、理财、财务管理、芝麻信用）产生了巨大的用户黏性
阿里云筑基	为阿里巴巴生态圈的开放融合繁荣稳定提供了扎实的基础架构和技术支撑
物流布网	与合作伙伴联手打造的菜鸟网络，是阿里巴巴快递行业的互联网智慧改造，创造出物流共享模式，大大提升了供应链时效和物流体验
新零售蜕变	新零售承载了大家对零售行业数字化转型的期待。阿里巴巴 20 年沉淀出的商业操作系统将帮助传统零售业走向新零售，同时为阿里巴巴生态王国里的各种业态扩充流量、拓展市场空间
数字媒体与娱乐业务	阿里巴巴数字化、生态化布局中的重要组成部分，中国经济放缓需要寻找新的增长点。阿里巴巴将直播和视频整合到其移动终端购物软件中，吸引更多的买家前往阿里巴巴平台，与电商核心业务协同

　　1999 年 2 月 20 日，时值正月初五，马云把他的"兄弟姐妹"召集到湖畔花园，和大家探讨以后至少 5 年要做的事情。他开口的第一句就是，阿里巴巴要定位成为国际站点，而不是国内站点。

　　奋斗了 20 来年的已经雄霸亚洲的阿里巴巴仍在实现新零售、新制造、新技术、新金融、新能源（五新愿景）的道路上狂奔，毫无松懈，初心不改。

第十四章

腾讯：一只"帝企鹅"的帝国组建之路

腾讯概况

发展历程

1998 年 11 月 11 日，马化腾和他的同学张志东、徐晨业、陈一丹、曾立清创办了深圳市腾讯计算机系统有限公司（以下简称"腾讯"）。发展至今，腾讯成为中国最大的综合互联网服务提供商，也是中国用户数量最多的互联网公司。腾讯的业务非常广泛，涵盖即时消息、门户、在线游戏、无线服务、电子商务、搜索等领域。对整个中国互联网行业而言，研究腾讯的组织治理 10S 协同发展模式具有重要意义。

腾讯通过通信及社交平台微信和 QQ 促进用户联系，并助其连接数字内容和生活服务，尽在弹指间；通过高效广告平台，协助品牌和市场营销者触达数以亿计的中国消费者；通过金融科技及企业服务，促进合作伙伴业务发展，助力实现数字化升级，并大力投资于人才队伍和推动科技创新，积极参与互联网行业协同发展。

从 1998 年成立到 2004 年在中国香港上市，都是腾讯的创业时期。在此期间，腾讯完成了从产品模仿、应用创新到利润模型探索的全过程。在业务开始之初，马化腾提出了两个产品计划：一个是无线网络寻呼系统，另一个是虚拟寻呼系统。

在 2007 年之后，平台模式崛起，百度、阿里巴巴、腾讯分别从搜索、电子商务、即时通信 3 个领域入手，到 2010 年形成 BAT 三巨头。2010 年第三季度大战中，腾讯虽然在法律上赢得判决，但在商业上却输给了奇虎 360。

这一场战斗改变了马化腾的脾气。他开始思考，腾讯不仅要做好产品，还要做能够让人接受的产品。在腾讯成立 12 周年之际，马化腾给员工写了一封公开信——《打开未来之门》，从此以后马化腾开始变得爱跟人交流了，腾讯也变得开放了，其战略调整为：一个开放的平台。

2011 年，张小龙团队发布微信，打破新浪微博独步天下的局面，从此以后，微信几乎成为中国互联网的标志性应用，腾讯也因此成为无可替代的互联网霸主。

营业收入状况

2020 年 3 月 18 日，腾讯发布了 2019 年财报，实现营业收入 3 773 亿元，较 2018 年增长 20.7%，非美国会计准则下净利润 944 亿元，较 2018 年增长 21.8%。

按业务划分看，腾讯 2019 年增值服务实现营业收入 2 000 亿元，同比增长 13%；金融科技及企业服务业务实现营业收入 1 014 亿元，同比增长 39%；网络广告业务实现营业收入 684 亿元，同比增长 18%。

就单一国内的互联网企业而言，现有几大门户网站新浪、搜狐、腾讯，以及以电子商务著称的阿里巴巴、国内搜索排名第 1 的百度、以游戏著称的盛大网络等大型互联网企业平分秋色，各自在垂直领域有着深度的研究和发展，并保持行业领域的领先地位。同时，我们也注意到，越来越多的互联网企业开始向平台化发展，急速扩张相关领域产品和业务，通过基础运营平台发展多业务协同，产品和业务间的互相渗透和协同也将是大势所趋。在众多互联网企业中，腾讯作为集网络媒体、网络游戏、无线增值业务、互联网增值业务、搜索业务、电子商务于一身的综合服务提供商，早在 2005 年就提出了"一站式在线生活"的战略布局，其主要核心思想是整合资源优势，充分发挥现业务间协同作战能力，提高企业竞争优势。对于用户来讲，会满足广大用户越来越成熟的个性需求，每个用户不仅用一个平台，而且看到的将是一站式全面服务。

腾讯的共同价值／首要目标

价值认同与社会满意度

互联网公司庞大的用户基础决定了它们对社会的重要影响。积极履行社会责任、赢得社会尊重已成为互联网公司树立企业形象、提升企业价值的关键目标之一。将社会责任层面作为一个单独的维度，提升其在企业战略评价中的权重是很有必要的。

腾讯的使命是：通过互联网服务改善人类生活质量，并为用户提供"一站式在线生活服务"；愿景是成为最受尊敬的互联网公司，不仅要赢得用户和员工的尊重，还要赢得行业和社会的尊重。

我们可以从以下3个方面了解腾讯的使命：腾讯产品／服务的覆盖范围、差异和平台构建。

（1）腾讯提供的互联网产品和服务已经涵盖生活的方方面面，并且仍在不断创新和发展。一方面，腾讯必须继续增加投资、持续创新，以巩固其在即时消息和在线游戏等增值服务中的优势；另一方面，它必须寻找另一种方式来占领移动智能终端软件集成应用市场。

（2）由于中国幅员辽阔，人口众多，腾讯还需要关注不同的地区和群体，并为不同的对象提供差异化且具有同等竞争力的产品和服务。具体行动是在QQ和微信这两个社交平台之间建立差异。用户基础将多样化，并在此基础上提供差异化的在线游戏、数字内容以及其他产品和服务。

（3）腾讯致力于建立一个开放互通的平台，深化合作伙伴关系，提高行业运营效率，共同维护互联网生态环境的健康发展。只有使命的良好践行才能促进愿景的实现，从而体现出腾讯作为互联网平台企业的价值，使腾讯成为受人尊敬的企业。

2007 年，腾讯成立了中国互联网首家慈善公益基金会——腾讯慈善公益基金会，并建立了腾讯公益网。秉承"致力公益慈善事业，关爱青少年成长，倡导企业公民责任，推动社会和谐进步"的宗旨，腾讯的每一项产品与业务都拥抱公益，开放互联，并倡导所有企业一起行动，通过互联网领域的技术、传播优势缔造"人人可公益，民众齐参与"的互联网公益新生态。

成为最受尊敬的互联网公司一直是腾讯不懈追求的愿景。其中，关注企业责任、关爱社会、回馈社会、赢得社会尊重是愿景的重要组成部分。在改善合作伙伴关系方面，腾讯积极实施和探索"互联网 +"战略，整合了开放式人工智能、大数据、云计算、支付和安全性等基本技术功能，并与各界合作伙伴携手合作，共同发展。在价值方面，腾讯已经形成了用于共同建设安全生态系统的"腾讯模型"，以保护用户的信息和隐私。在增强员工的归属感方面，腾讯建立了完善的薪酬福利保障体系，并通过三维培训促进了员工的自我完善。在社会问题方面，腾讯在环保领域积极探索，办公大楼、数据中心等办公场所采取多种节能措施，并制定环境关键绩效指标表，建立腾讯公益平台。

舆论行销

互联网的兴起带来了新媒体时代，新媒体的诞生改变了人们的生活方式。互联网也使传播学的架构迎来了新的组成部分。互联网将全世界的网民联系在一起，同样也使谣言、负面消息传播得更加快速，随之带来的企业公关危机变得更加迅猛。2020 年 9 月 29 日，中国互联网络信息中心（CNNIC）在京发布的第 46 次《中国互联网络发展状况统计报告》显示，截至 2020 年 6 月，我国网民规模已经达到 9.40 亿，相当于全球网民的五分之一。互联网普及率为 67.0%，约高于全球平均水平 5 个百分点。城乡数字鸿沟显著缩小，城乡地区互联网普及率差异为 24.1%，2017 年以来首次缩小到 30% 以内，网络扶贫作为扶贫攻坚的重要手段，已越来越多地被网民所了解和参与。在互联网时代的背景下，信息的传播速度呈几何指数式暴增，因而也对当下的企业特别是处于风口浪尖的互联网企业的舆论行销提出了更高的要求。良好的企业舆论行销不但可以迅速应对并处理企业的舆论危机，甚至可以把危机转变成机会，利用危机公关提升企业的公众形象，为企业进一步赢得消费者和社会的信任。

在无所不在的网络及越来越多的网民的作用下，企业日益面临着网络舆情的考验。当前，企业舆情危机数量不断增多、领域不断扩大、影响不断增强。为避免或减少舆情危机事件，企业一方面要不断改进管理、提升产品质量或服务及员工素质等，以减少可能引发舆情喷涌的事件发生；另一方面在面临舆情危机事件时，要综合运用各种积极性策略包括道歉、改进服务、启用第三方调查等以减少舆情危机的负面影响。

腾讯的战略／战略决策

2008 年 5 月 12 日下午，腾讯负责 QQ 数据的人在内部 RTX（腾讯通）上反馈，四川地区突然"少"了一大片 QQ 在线用户。腾讯 39 号员工朱达欣说："我们一开始以为是网络断了，或者其他原因，后来才知道，地震了。"当天晚上，腾讯内部很多 QQ 群都在讨论同一个话题：我们能做些什么？有人说做寻人启事的留言墙，有人说想办法联系里面的群众。第二天早晨，各部门讨论的会议纪要就整理完毕，邮件发送给管理层，收到的答复是："老板什么都没说，你们赶紧弄吧。"

"汶川地震使我第一次意识到，原来我们能做一些事情。之前 QQ 跑得太快了，没人意识到腾讯有什么社会影响力。"朱达欣说。很多腾讯人也因此真正意识到，每个 QQ 号背后都是一个个鲜活的人，QQ 已经是他们生活的一部分。增长的数字越大，腾讯的责任就越重。"如果把 QQ 后来的数据用时光机提前告诉我，我们都不敢创业了。"腾讯主要创办人张志东曾给腾讯写了第一份商业计划书，当时为 QQ 订下的第一个"五年计划"是在线人数突破 1 万，这个预测曾经让徐钢武吃了不少苦。

徐钢武是腾讯 3 号员工，也是 OICQ（QQ 前身）第一任后台，徐钢武就按照这个预期来写出最早的 OICQ 架构。后来 OICQ 的用户增速远超过所有人的想象，用户量增长迅猛，但公司没钱买更多、更好的服务器，徐钢武被迫不断修改设计架构，每星期都要优化一次程序，拼命把性能提上去，修修补补的过程持续了很久。张志东说："有传言我们当时建立了很牛的架构，不做任何变化就能支撑 QQ 过亿在线用户，纯属乱说。我们根本没预料到中国互联网会是一条指数式发展的曲线。"在过去很长一段时间，QQ 的名气甚至比腾讯本身还大。

徐钢武接受《中国企业家》采访时一度感慨："公司上市前大部分人都不知道腾讯，但如果你问 QQ，他们都知道。"在很长的一段时间里，QQ 等于腾讯，腾讯就是 QQ。如今 22 岁的腾讯，从表面上看，已经摆脱了对 QQ 的单一依赖，因为还可以互相扫一扫加微信。腾讯的产品覆盖即时通信、社交媒体、云服务、移动支付等多个领域，市值跻身全球十大科技公司行列。但许多人并不知道，在决定腾讯命运的很多决定性时刻，QQ 都起到了关键性作用，而且时至今日，它依然是腾讯的两大 C 端"柱国"，捍卫着辽阔的疆土，仍未"解甲归田"，相反还受到新一代用户的欢迎。在无数产品如超新星爆发又如流星般陨落的互联网产品世界里，它也不断重获新生，目前仍有超过 7 亿月活跃账户。

腾讯的制度／模式

品牌的稳定发展

腾讯成立 20 多年来的 3 次转型，都准确踩上了互联网产业的变革节奏。从 2005 年中国互联网真正爆发，到 2011 年移动互联网风起云涌，再到 2019 年腾讯宣布拥抱产业互联网，业务版图也从 To C 挺进到 To B。

To B 并不是什么新业态，产业互联网却是一个新课题。

腾讯 2019 年 5 月 24 日内部低调发文，成立一个名为"CSIG 营销管理委员会"的虚拟组织，集结了集团市场公关团队、云与智慧产业事业群（CSIG）市场公关团队的精锐。此时距 CSIG 在腾讯当年最为重头的会议活动——"腾讯全球数字生态大会"上亮相不过数日，可见应该是酝酿了一阵子的组合拳。

虚拟组织在腾讯很常见，多数瞄准大仗硬仗，横跨多个 BG。视需要，上至马化腾、刘炽平，下至一线员工，都可能出现在一个虚拟组织里，承担相应的角色和任务。

在"CSIG 营销管理委员会"的名单上，高管刘炽平、汤道生、刘胜义担任顾问，代表了资源能向上协调到达的层级；一线指挥是集团副总裁程武，集团市场公关和 CSIG 市场公关的总经理级干部都担任管理成员。

该文件列出了 CSIG 营销管理委员会的职责与目标：

品牌审视机制：定期追踪客户对腾讯在产业互联网领域的品牌认知现状，识别营销机遇与挑战。

市场资源协同：围绕产业场景进行整合营销联动，进一步塑造腾讯在产业互联网领域的品牌影响力。

探索营销模式：基于腾讯云与智慧产业的业务特征，探索面向未来的产业互联网营销策略、模式和体系。

组织能力建设：基于产业互联网的特点与策略，探索发展面向长远的营销组织架构、职责能力与协作机制。

透过以上描述，细究调整背后的用意，可以读出腾讯做 To B 的 3 个信号。

一是重视品牌。腾讯的 To B 品牌地位上升，从"业务品牌"上升为"集团品牌"的一部分，产业互联网战略的优先级从中可见一斑。

二是关注用户。腾讯上下流传一句话："一切以用户价值为依归。"而如何发展 To B 业务，已从这次重视营销和品牌中透露出来：将以"用户"为中心，而非以"产品"为中心。产业互联网归根结底是要服务用户，腾讯以 C2B 模式连接 B 端产业和 C 端需求，显然，打这场仗它选择从最擅长的地方出发。

三是营销中台。腾讯战略升级之后，技术中台、内容中台等名词接连出现在业务演讲和媒体报道当中。这次动作，可以理解为打造 To B 业务的营销中台，同时释放出一个信号，腾讯在 To B 层面的准备比市场预期的要充分和快速。

成立营销管理委员会，并不是腾讯的首次尝试，此前在互娱（IEG）领域已被证明行之有效。腾讯游戏的崛起与地位巩固，与其背后体系化、专业化的营销能力支撑密不可分。

与现在人人可手游不同，10 年前，端游玩家数量并不巨大，聚集效应明显。游戏厂商竞争激烈，但营销打法却很传统，大多是在游戏门户发文章、投 Banner、买弹窗，导流量赚快钱。

当时的腾讯游戏，也还没建立起什么强势品牌。2009年成立营销管理委员会，紧接着，第二年发布整合品牌，成为国内第一个打造整体品牌的游戏公司；签约"快乐家族"成代言人，在行业内吃了螃蟹。

10年间，这支营销团队从30人发展到近1 000人，据说内部称为"坦克式的急行军"，强调体系和速度，如做数据分析，预测一款游戏在一个月后的在线人数和收入，误差能做到10%以内。

本次发文负责CSIG营销管理委员会的，是当时的IEG营销负责人程武。

4年前，程武组建了腾讯集团市场与公关部，打造腾讯的品牌体系，在科技、文化和社会责任上频频推出刷屏作品，举办WE科学大会、青少年科学小会、全民军装照、声势浩大的99公益日、T-day科技日、小朋友画廊等。与故宫博物院、敦煌的几个合作爆款，也引来几家互联网巨头跟风。这几年，腾讯品牌价值增长显著，还冲进了全球品牌榜前五。

外行看热闹，内行看门道。腾讯并没有选择广告等传统形式来塑造品牌，而是充分运用腾讯的社交工具、数字内容业务来传播马化腾所说的"科技向善"的使命和品牌理念，比如将创意与零售电商相结合的敦煌丝巾小程序，以及腾讯与故宫博物院的古画会唱歌等结合音乐、视频等数字内容的各种创意社交广告，把传统文化IP打造成新时代文化网红，高雅而不庸俗，以此来传承文化。2019年腾讯推出的湾区青年行，更是一个连接优质企业的青少年活动小程序平台。

用腾讯的工具、能力、业务来打造新社会服务，与腾讯的商业服务相互补，腾讯市场公关的确走出了一条有自己特色的品牌打法。

腾讯的公关能力也比"3Q大战"时提升了N个段位。在包括"梦想事件""差评事件"等一系列舆论风波里，腾讯展现了真诚、自省、负责的一面，这不仅表现在态度上，更是在一些争议事件的处理上迅速而彻底，从公关直达业务。当然，这一点与马化腾的风格也有极大的关系。腾讯公关体现出了和其他互联网公司公关截然不同的风格，自成一派。

品牌上用腾讯的工具、能力、业务来打造新社会服务，与腾讯的商业相互补，而公关上像水一样推动业务前行。

短短4年，程武培养了一个厚实的梯队。张军、李航作为联席负责人，与岳淼、林涛、戴斌等几位总经理级别的干部形成了核心班子，各自独当一面，负责集团市场、公关，并支持几乎所有业务线的公关工作。在 2C 市场，腾讯的市场营销证明了自己的价值。而在 2B 领域，营销的作用显然更大。在美国曾经流行的那句"没有人因为购买 IBM 的产品而被炒鱿鱼"，就说明了这一点。

商业结构

一般情况下，商业生态系统中的分解者种群，是受理企业和消费者所产生的废品物资的主体。基于本文的研究对象是腾讯商业生态系统，而腾讯是一家互联网企业，不产生有形的废品物资，因此腾讯商业生态系统中不存在分解者种群。商业生态系统中的市场环境由竞争环境、政治环境、法律环境、经济环境、技术环境、社会文化环境和自然地理环境等构成。竞争环境包括内部竞争环境和外部竞争环境，内部竞争环境由内部企业和诸多子生态系统构成，而外部竞争环境由众多同质化商业生态系统构成。政治环境是指商业生态系统的外部政治形势、政府的发展意愿和支持力度等。法律环境是指商业生态系统所涉及的国家或地方政府颁布的各项法规、条例及其公民的法律意识形态。经济环境是指商业生态系统所涉及的国家或地区的经济发展水平。技术环境即商业生态系统所处环境的技术发展情况，新兴技术会改变消费者的生活方式和消费需求。社会文化环境是指商业生态系统所涉及的国家或地区的被公认的价值观、道德规范等。自然地理环境即商业生态系统所涉及的自然地域空间。

腾讯商业生态系统由众多子生态系统构成，是一个复杂的、持续演化的动态系统。腾讯总体上经历了起源、成长、成熟和自我更新等发展阶段。

在起源阶段，腾讯通过创新的运作模式或高附加值服务吸引必要的合作者来提供良好的产品和服务，共同满足某一特定群体消费者多样化的需求，从而初步构建并形成商业生态系统。在该阶段中，商业生态系统最为脆弱，市场环境的快速变化给其带来了巨大的生存挑战。商业生态系统的运营模式越有效，其生命力也越强大，会在该阶段中生存下来并发展到初具规模。

在成长阶段，随着生态系统中核心企业自身的快速成长，以及系统内主宰型企业、缝隙型企业和消费者数量的不断增长，商业生态系统的规模持续扩大。与此同时，基于不同核心企业的同质化生态系统间的竞争强度开始升级，并将会在该阶段基本形成较为稳定的竞争格局。

在成熟阶段，由于在成长阶段腾讯各子生态系统快速成长以及主宰型企业和缝隙型企业数量的快速增长，使成熟阶段各成员间的联系越来越紧密，利益关系也越来越复杂，子生态系统间和企业间的竞争和冲突日益明显。腾讯为维持商业生态系统的持续健康发展，需要对其领导的商业生态系统规则进行一定的调整与完善，通过众多手段抑制系统内的恶性竞争和不良行为，如微信公众平台服务协议、账号实名认证等。

以腾讯QQ子生态系统为例，20世纪90年代，聊天室开始兴起。腾讯创始人马化腾受到基于Windows系统的ICQ演示的启发，抓住机遇于1998年创办腾讯，计划在中国推广类似ICQ的集寻呼、聊天和电子邮件为一体的软件，经过努力于1999年开发出了令消费者和投资商都满意的腾讯QQ。腾讯QQ及其用户共同构成了初期的腾讯商业生态系统。但腾讯商业生态系统在初步形成阶段，就受到了互联网泡沫破灭带来的冲击。腾讯QQ子生态系统艰难度过其起源阶段，成功地进入成长阶段。在该阶段，腾讯QQ以消费者需求为中心，通过与主宰型企业的合作来不断改善其运营模式、产品和服务品质，吸引了众多消费者，生态系统得到快速发展，生态系统的边界进一步扩大。例如，与中国网络运营商中国移动、中国联通和中国电信等合作，共同推出移动QQ。2004年6月，腾讯在香港上市，获得了较为稳定的资金支持。腾讯QQ子生态系统基于其3亿多的注册用户，继续以较低的成本开展新服务，不断满足消费者更多需求，并且在新服务和功能方面通过即时通信增加用户黏性，增强其生态系统的竞争力。与此同时，以腾讯QQ为核心的社交生态系统在成长阶段中在与飞信、MSN、米聊等同质生态系统的竞争中取得了压倒性的胜利。

虽然如今腾讯QQ子生态系统已经进入成熟阶段，但仍要密切关注市场环境的变化，应对潜在的挑战与威胁。例如，抖音的快速发展引起了腾讯的关注，并迅速推出自己的相应同质化产品微视。腾讯QQ子生态系统也在不断调整和改善其原有服务并推出新服务，腾讯QQ子生态系统中的大多数成员都遵守生态系统的发展规则，合理竞争并相互合作，促进资源的合理配置以及资源共享、优势互补，以实现共赢为目标，保证整个生态系统的可持续发展。

综上所述，腾讯生态系统发展变化的一个显著特征即生态系统内种群数量不断增加，结构逐渐复杂。腾讯商业生态系统最先围绕核心企业推出若干核心业务，随之而来的是相关主宰型企业，以满足核心企业所未发现或无法满足的用户需求，进而再吸引大量缝隙型企业进入，来填补市场空白，力求全面满足消费者需求，同时为消费者创造更多核心价值。目前，腾讯商业生态系统包含多种类型的企业、消费者和市场环境，各个组成部分也在不断变化，与此同时，各个部分之间相互作用、相互依赖和相互制约。

对员工的激励方式与约束办法

腾讯的业务逐步扩大到游戏、人工智能、娱乐等多个板块，已成为亚洲市值最高的公司。腾讯身处高度创新的行业，行业中优秀人才的特质是年轻、活力、聪颖。客户希望他们的新办公空间能够展示企业的国际影响力，体现团队协作的工作环境并激励员工，从而促进企业创新和发展。

腾讯全球新总部深圳滨海大厦（双子塔楼分别有 50 层和 39 层高）目前容纳 12 000 名员工办公，是深圳一处新地标。B+H 集团作为滨海大厦的室内设计方，和业主以及建筑师紧密合作，共同将垂直社区的概念融入整个设计中，以充分体现腾讯独有的社群文化。垂直社区为员工提供了各类工作和休闲设施，让人不禁回想起大学校园的场景。腾讯的大部分员工为年轻的千禧一代，现代化又符合人体工学的大楼既是生活空间，也是社交场所，如此多元活力的办公环境符合他们的生活和社交方式。设计亮点还包括 3 个连接两座塔楼的"天桥"（连接层），每个连接层都有特定的主题，这些公共空间是两座塔楼的员工进行社交、互动的主要场所，更是培养协作精神、碰撞火花和灵感的地方。

在网络游戏方面，腾讯先后从美国、韩国买断了王者荣耀和英雄联盟在国内的唯一代理版权。腾讯旗下游戏近几年多数是最火爆的网络游戏，如英雄联盟作为腾讯旗下最为吸金的游戏业务，2017 年全年盈利大约 100 亿美元，其单一网络游戏业务的盈利能力更是超过 80% 的 A 股上市公司。

腾讯自成立以来进行了多次股权激励。第一次是 2007 年 12 月，目的是挽留和吸引人才，股权激励的总股本不超过已发行流通股总股本的 2%。时隔 6 年后，腾讯再次进行了股权激励，于 2013 年对第一次的股权激励进行了扩容，将 2%

提升至 3%，并且将激励对象扩容到管理层。

腾讯在 2016 年 7 月 7 日宣布执行约为 26 亿港币的股权激励政策，向 7 068 位受奖励人士授予 14 931 760 股奖励股份。腾讯的这次股权激励方案在上市公司的历史上可以称得上是手笔最大的一次股权激励，与以往对管理层进行股权激励不同，这次腾讯进行的股权激励是针对大多数普通员工的行为。所进行的股权激励的手段为 RSU，也就是限制性股票激励。

腾讯授予这些员工的股权激励并不是一次性全部支付完成，而是为期 3 年的分期付股，第一年在特定员工满足公司的触发股权激励的条件后立即支付 100 股，作为首批股权激励对象，之后两年依照此项类推。在两年之内如果被股权激励员工离职，那剩余的股权激励立即取消。这种股权激励方式是一种长期激励的措施，增进了公司与员工的黏度，同时确保了公司的股权激励没有浪费，这样可以更好地起到股权激励的作用，腾讯以后的价值创造能力有了更大的提升。

标杆组织的协同基石总结

作为中国互联网企业的领跑者，腾讯承担着不可推卸的重大的社会责任，它不仅代表着自己，也代表着中国互联网企业。在接下来的发展中，腾讯一方面需要继续推进并完善企业社会责任管理体系，将社会满意度与运营融合得更加亲密无间，以适应环境下所肩负的重大社会以及网络安全责任；另一方面需要更加充分与时代、与大众连接，携手各利益相关方共同努力，拥抱更加美好的未来。

第十五章

海康威视：视频安全行业领先者的崛起之路

2019 年，杭州海康威视数字技术有限公司（以下简称"海康威视"）实现营业总收入 576.58 亿元，同比增长 15.69%；归属上市公司股东的净利润为 124.15 亿元，同比增长 9.36%。该公司 2019 年的整体毛利率为 45.99%，比上年同比增长 1.14%。从数据可以看出，海康威视再次向资本市场的投资者提交了一份漂亮的答卷。

海康威视概况

海康威视诞生于原电子工业部第 52 研究所，其全名是计算机外围设备研究所。在 20 世纪 80 年代中期，计算机是一个炙手可热的新兴产业，在此期间积累了相当多的杰出人才。海康威视的两位创始人就来自第 52 研究所。

海康威视的创始人之一，陈宗年 1982 年被当时的武汉华中工学院（现为华中科技大学）录取，攻读计算机外围设备专业。大学毕业后，陈宗年一直在原电子工业部第 52 研究所工作。他最初是一名普通技术员，已经工作了 30 年。

与陈宗年一样，现任总经理胡扬中从华中科技大学毕业后也加入了第 52 研究所。

2001 年，就在国有经济改革开始之际，大量的公共机构开始建立自己的营利组织，如电视台开始成立广告公司，体育组织开始建立培训学校。第 52 研究所也在考虑自己的盈利方向。

陈宗年和胡扬中从未在公司工作过，但他们对数字音频和视频监视系统充满热情。到 2001 年，他们已经形成了完整的技术体系，但仍然缺少重要的编码和解码技术。碰巧龚虹嘉掌握了这种技术，于是他们共同组建了海康威视。龚虹嘉在海康威视的初始投资为 245 万元，占 49% 的股份。

2001 年 11 月，由海康威视三位创始人领导的 28 人小组在杭州"定居"。海康威视成立并开始销售主板和 DVR（数字硬盘录像机）。

随着公司规模的不断发展，海康威视进入资本市场，公司继续保持高速增长。2010 年，公司实现营业收入 36.05 亿元，2016 年达到 319.24 亿元，是上市时的 8.55 倍。伴随营业收入猛增的，是净利润的快速增长。2010 年，公司实现净利润 10.52 亿元，2016 年达到 74.22 亿元，增长 6 倍以上。

2017 年 12 月，海康威视在 CCTV 金融论坛和中国上市公司峰会上被评为"CCTV 中国十大上市公司"。

在不懈努力下，海康威视赢得了重要的市场地位：2016—2018 年"全球安全 50 强"排名第 1（a & s"安全自动化"）；2011—2017 年全球视频监控市场份额排名第 1（IHS）；在 2018 年中国软件业务收入 100 强中排名第 6；2018 年中国大数据公司 50 强；品牌财务"全球技术百强品牌"等。

海康威视的营销和服务网络覆盖全球。它已在国内 32 个城市建立了分支机构，并在中国香港、洛杉矶等地建立了全资和合资子公司，并准备在全球建立更多分支机构。

截至 2018 年底，海康威视在杭州滨江、杭州桐庐和重庆拥有 3 个国内生产基地；有 4 个海外区域物流中心和 1 个海外生产基地。具有行业领先的自动化生产能力：100 多个 SMT（表面组装技术）生产线，40 多个全自动组装线。

海康威视的快速崛起和快速增长与共同价值 / 首要目标、战略 / 战略决策和制度 / 模式三驾马车的协同作用密不可分。

科技创新是海康人的共同目标

经过长期的探索，海康威视选择视频监控作为其核心业务。由于第 52 研究所的开放环境，一切都可以尝试，因此有更多选择。由于安全问题，视频监控行业得到了发展。在中国乃至世界，人们的安全需求并没有停止，反而有所增加。同时，随着全球经济的发展和人们生活水平的提高，人们对安全的需求越来越高。因此，海康威视的目标放在了具有广阔市场前景的视频监控业务上。正确的战略选择为海康威视随后的跨越式发展奠定了坚实的基础。

通过早期的业务探索，第 52 研究所拥有相对完整的视频监控技术系统，但仍缺乏重要的编码和解码技术。后来，作为战略投资者，龚虹嘉拿出了自己掌握的编码和解码技术，与由电子技术集团控股的浙江海康信息技术有限公司共同投资成立了海康威视。

海康威视的核心竞争力是专注于技术研发，从下面的数据中可以较为清晰地看出：

拥有超过 1.6 万名员工的研发团队（截至 2018 年底）：是全球安全行业研发团队最大的公司之一。

自主知识产权（截至 2018 年底）：公司已累计拥有 2 809 项专利和 881 项软件版权。

研发费用：约占公司销售额的 8.99%（2018 年），绝对额居行业之首。

行业专家单位：主持或参与制订多个安全行业标准和与安全相关的行业标准。

海康威视每年对科技创新的直接投资约占销售收入的 8%。从行业角度来看，海康威视的主要安全监控产品是生命周期较短的电子产品，通常在 3 ～ 5 年，而下一代产品与上一代产品有一段重叠期，实际上有效期较短，因此具有技术发展迅速、更新速度快的特点。这意味着如果要保持企业竞争力，就必须继续投资于科学技术研发，不断创新并跟上升级的步伐。因此，人才和创新对安全行业至关重要。

通过对人才的投资，可以掌握自己的核心技术，然后构建难以复制的创新系统。根据业内人士的说法，海康威视是业内最热衷于产品技术升级的公司之一。该公司每年在技术创新上的直接投资一直占很高的比重，几乎每年都推出新一代的新产品来满足并领导市场。同时，公司坚持研发应该以市场为导向，并将其量化为评估指标。其核心科研人员的收入与公司的经济利益直接相关。

如今，经过 20 多年的快速发展，以数字视频监控系统为代表的传统安全行业已逐渐进入成熟阶段，行业领导者海康威视也受到了影响。自 2014 年以来，海康威视的营业收入和利润增速持续下降，应收账款周转率和库存周转率等经营指标也不同程度地下降，分别见图 15-1 和图 15-2。

就公司的盈利能力指标而言，海康威视 2018 年的净销售利润率为 22.8%，比 2017 年高 0.4 个百分点，但仍低于公司上市以来的其他年份。尽管公司的股本回报率（ROE）保持相对稳定，但这主要归因于债务资产比率的增加。该公司的盈利能力和运营效率已呈明显下降趋势，分别见图 15-3 和图 15-4。

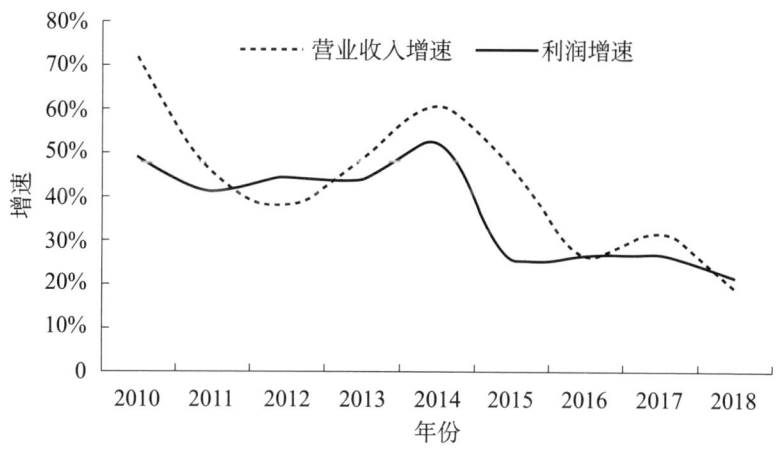

图 15-1　海康威视营业收入和利润增速

数据来源：公司公告。

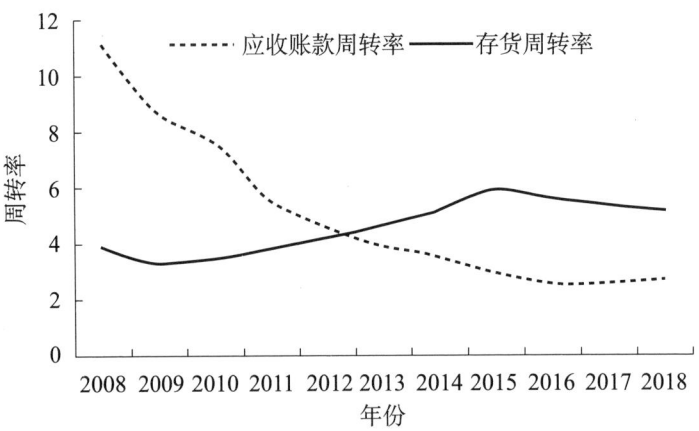

图 15-2　海康威视营运指标

数据来源：公司公告。

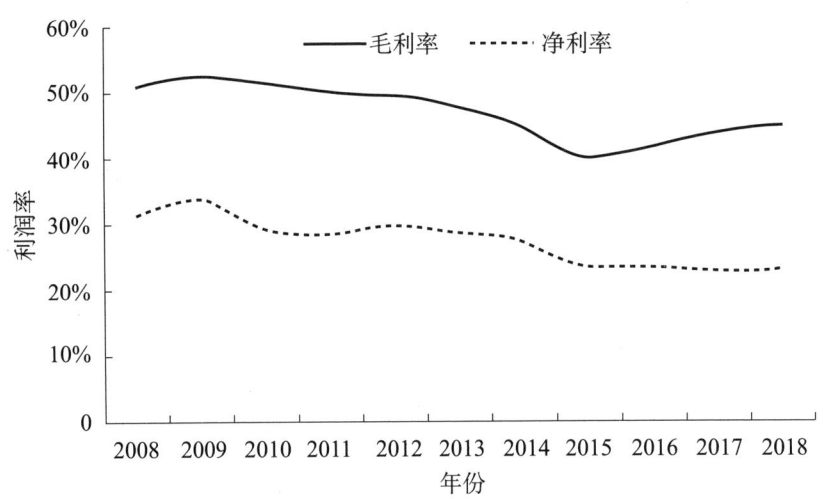

图 15-3　海康威视毛利率和净利率

数据来源：公司公告。

随着近年来以深度学习算法和技术（如云计算和大数据）为代表的人工智能的兴起，从传统安全性向智能安全性转型升级的浪潮逐渐到来。与传统安全性相比，人工智能安全性具有预警、事件发生时快速处理、事件发生后进行综合分析等几大优势，可以大大提高整个安全系统的监控能力和效率。通过将传统安全性转换和升级为智能安全性，打破了安全性行业的原始上限。不仅如此，智能安全

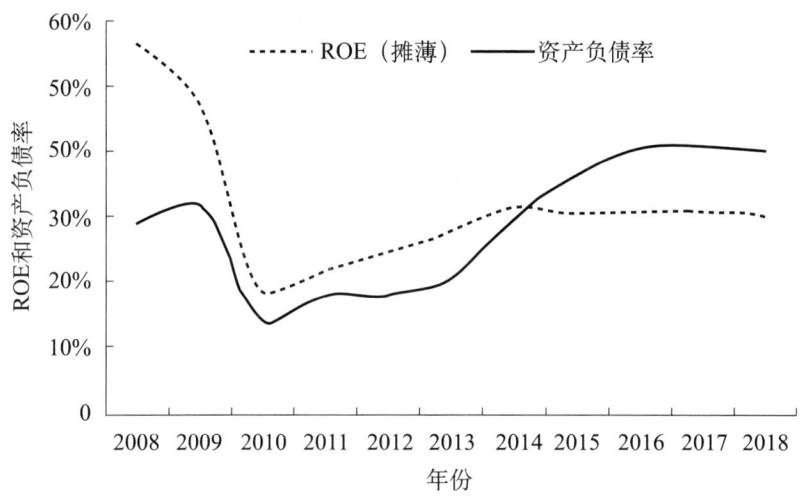

图 15-4　海康威视 ROE 和资产负债率

数据来源：公司公告。

还可以与智能城市和物联网等其他新兴领域相结合，以创造更大的市场空间。因此，智能安全行业不仅吸引了以海康威视为代表的许多传统安全公司的参与，还吸引了华为和阿里巴巴等其他行业的巨头公司的参与。此外，以"AI 四小龙"（商汤科技、云从科技、旷视科技、依图科技）为代表的新兴公司也加入了竞赛，进入了人工智能领域，如智能安全所需的芯片和算法。加上安全行业本身的明显分散，海康威视在传统安全领域的领先优势在智能安全时代并不重要。在如此激烈的竞争中，如果稍有疏忽，海康威视可能会处于劣势。在这方面，2016 年，海康威视正式将其发展战略从"世界领先的视频产品和内容服务提供商"更改为"以视频为中心的物联网解决方案和数据运营服务提供商"，并且主要从以下 3 个方面实现突破。

第一，调整传统视频监控服务的架构。为了更好地针对不同类型的客户，2018 年，海康威视将运输和能源等之前的 7 个业务部门和渠道营销团队重组为 PBG（公共服务事业群）、EBG（企事业事业群）和 SMBG（中小企业事业群）。其中，PBG 包括传统公安、交通和司法 3 个业务部门，它专注于城市治理和城市服务业务。通过建立 AI Cloud "海康威视·红数林"平台，PBG 提供了出色的工程运输、生态保护、民生服务等公共服务领域的综合解决方案。EBG 包括传统金融、能源、建筑和文教卫生 4 个业务部门，主要服务于传统的大型企业。SMBG 由公司以前的渠道分销管理团队组成，主要服务于由中小企业组成的 SMB 市场。它的"长尾效应"是显著的，单个用户的需求很小，并且具有一定程度的个性化，但是用户数量巨大并且累积效果显著。

第二，加大对创新业务的支持和投入。早在 2015 年 9 月，海康威视就提出了《海康威视核心员工跟投创新业务管理办法》，并经股东大会批准。根据该办法，公司将持有 60% 的股权以投资和设立创新业务子公司，而员工跟进投资平台将按照 40% 的股权进行投资。此外，根据适用对象，共同投资平台分为两个计划。计划 A 面向公司及全资子公司和创新业务子公司的中高层管理人员和核心骨干，要求大家对各种创新业务进行强制性共同投资；计划 B 面向创新业务子公司的核心全职员工，要求大家参与特定创新业务的共同投资。该办法的实施，不仅可以使公司的创新业务获得稳定的资金来源，而且可以通过后续的投资模式形成长期的激励机制，从而充分发挥员工的创造力和积极性。

第三，提出 AI 云战略，加大研发力度，构建"云端集成"三级架构。从理论上讲，在智能安全系统中，将系统数据上传到云中后，安全行业的后端存储、计算、显示和控制的主要功能都可以通过云计算来实现。但是，由于安全行业产生了海量数据，如果将前端设备收集的所有数据都上传到云中，不仅对网络线路的要求非常高，而且传输成本也很高。另外，如果所有分析操作都由云计算处理，则其操作效率将不可避免地降低，从而延长了整个安全系统的响应时间。因此，未来的智能安全系统必须是边缘计算和云计算的结合，即简单的数据操作由边缘计算直接处理，复杂的数据首先通过边缘计算进行精简，然后传输到云进行分析和计算。

海康威视在 2017 年意识到了这一点，并提出了一个 AI 云架构，该架构由 3 个级别组成：边缘节点、边缘域和云中心。其中，边缘节点侧重于多维传感数据的采集和前端智能处理；边缘域专注于数据聚合、存储、处理和智能应用程序；云中心专注于业务数据集成和大数据分析应用程序。数据从边缘节点移动到边缘域，再到云中心。通过这种架构，海康威视为智能相机和其他前端设备提供了一定数量的分析和计算功能，从而突显了该公司在前端相机和视频算法方面的优势。

为了实现公司的 AI Cloud 云战略，海康威视在软件和硬件上进行了相关的部署。在软件方面，该公司开发了"两个池、一个数据库和四个平台"的软件产品，具体指的是数据资源池、计算存储资源池、算法仓库、数据资源平台、智能应用程序平台、资源管理和调度平台以及运维服务平台。它被进一步集成到"事物和信息融合数据平台"中，以实现诸如水平跨网络集成、垂直跨层融合、双网络应用程序和数据安全性之类的功能。在硬件方面，该公司利用其在前后视频监控设备中的技术积累，结合人工智能和云计算，开发了"深眼"系列智能相机、工业相机、智能传感器和其他前端设备以及行为边缘计算产品。

此外，为了保持公司的技术领先地位，海康威视在技术研发方面的投资也在增加。2018 年，公司研发投入达到 44.8 亿元，占当年收入的 8.99%。研发投入的规模和比例均为历史最高水平，见图 15-5。从人员组成的角度来看，当公司于 2010 年首次公开上市时，研发人员只有 1 100 名，占员工总数的 29.8%；到 2018 年，公司拥有研发技术人员 16 010 人，占员工总数的比例高达 46.6%，见图 15-6。

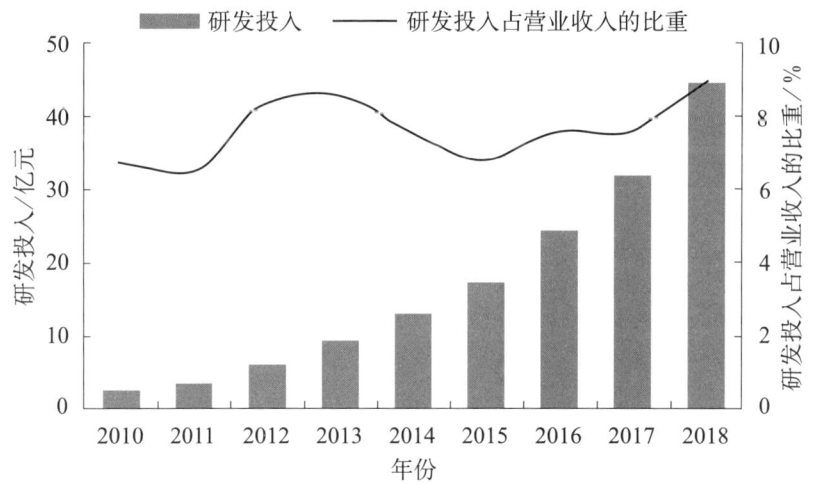

图 15-5　海康威视研发投入及占营业收入的比重

数据来源：公司公告。

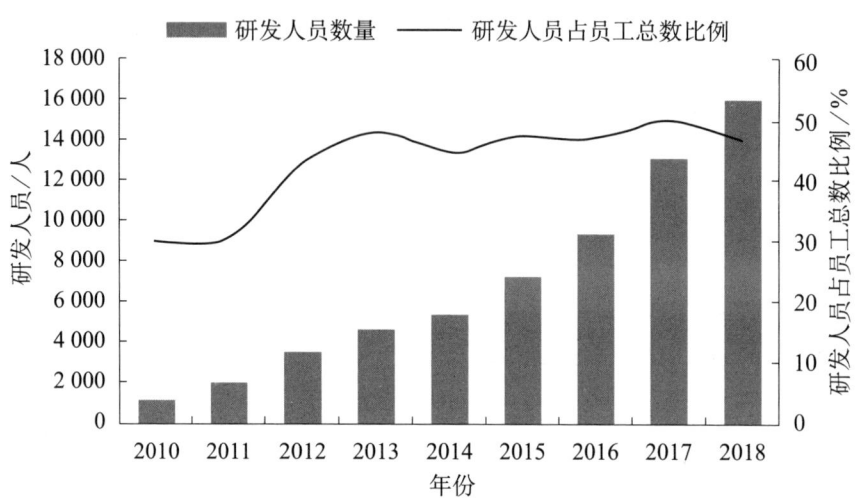

图 15-6　海康威视研发人员数量及占员工总数比例

数据来源：公司公告。

高瞻远瞩的战略眼光

与国内安全行业的两极分化趋势不同，海康威视在海外市场面对的是霍尼韦尔、博世、三星等巨头公司。对海康威视而言，海外市场的空间还远远没有达到上限。

自 2003 年以来，海康威视已开始进行国际营销，并在出口之初已在全球100 多个国家和地区完成了"HIKVISION"商标的注册。和许多最初开始国际化的公司一样，海康威视除 OEM 生产外，只能进入其自有品牌的低端市场，很难吸引中高端用户，从而更好地提升其品牌形象并找到溢价空间。

自 2007 年以来，海康威视雇佣本地员工，建立营销网络、海外物流、装配基地和其他在地化服务，积极拓展海外市场渠道。目前，海康威视的海外市场收入约 80% 来自其自有品牌。

2017 年 5 月，海康威视宣布收购英国入侵警报公司 Secure Holdings Limited（SHL）。SHL 拥有 Pyronix 品牌，是家庭和办公室安全解决方案的制造商，其产品涵盖室内和室外探测器、传感器、有线和无线控制面板、警报铃等。SHL 在入侵报警方面专注于视频监控产品和技术，并且可以在欧洲客户资源、渠道和品牌方面补充海康威视。未来，海康威视有望利用资金来促进产品线扩展和加速海外品牌发展。

目前，经过三十多年的发展，国内安全行业已经进入过渡时期和泛安防时代。传统的安全公司采用互联网＋，与多个行业的跨境集成是大势所趋。海康威视将新兴领域（如云存储、数据可视化和智能分析）视为下一个出口。

未来大数据的重要来源是视频数据，因此海康威视在大数据分析和人工智能方面具有先天优势。2017 年，海康威视开发了萤石和机器人等产品，开始进入个人住宅领域，并从 To B 部署到 To C，其主要目的是利用人工智能来捕获数据。

海康威视意识到人工智能将在安全领域发挥重要作用，于 2006 年开始研究智能分析技术。2013 年，海康威视在深度学习方面进行了技术布局。2014 年，海康威视研究所正式成立，专注于感知、智能分析、云存储、云计算和视频大数据研究。2015 年，海康威视的深度学习技术研究团队在 MOT Challenge 4 多目标跟踪技术、KITTI5 车辆检测和航向评估算法上取得了全球第 1 的成绩。

在物联网方面，海康威视自 2014 年以来一直在新领域发展。2014 年 9 月，海康威视与阿里云展开了战略合作，以测试物联网和互联网的集成。

2016 年初，海康威视凭借多年在图像传感、人工智能等领域的技术积累和自主创新，宣布推出"阡陌"智能存储系统。该系统利用机器人实现物联网，适用于具有多种品种和小订单分拣要求的仓储环境。

物联网是下一个非常大的市场，视频监控也是物联网的一部分。海康威视未来将在这一领域扩展。

资本市场助力腾飞，股权激励分享成功

随着海康威视的业绩持续增长，其上市条件逐渐成熟。2010 年 5 月 28 日，海康威视在深圳证券交易所创业板上市，以每股 68 元的发行价发行 5 000 万股，募集资金 34 亿元。上市当天收盘时，公司总市值达到 409.7 亿元。

我国的安全市场和视频监控市场迎来了新的爆发期。随着我国城市化水平的

不断提高，教育、金融、交通、能源等许多行业的安全需求也在增加。此外，公共安全和其他政府部门继续增加对安全的需求，例如政府于 2016 年启动了"雪亮"项目。我国安全行业的市场规模已从 2010 年的约 2 400 亿元增长到 2018 年的 7 578 亿元，视频监控的市场规模也从 242 亿元增长到 1 192 亿元，分别见图15-7 和图 15-8。

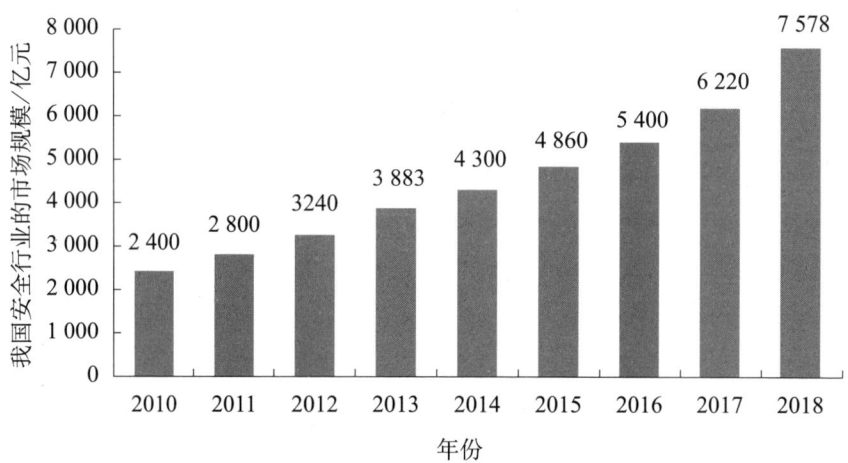

图 15-7　我国安全行业市场规模的发展

数据来源：GPS 中安网，光大证券研究所。

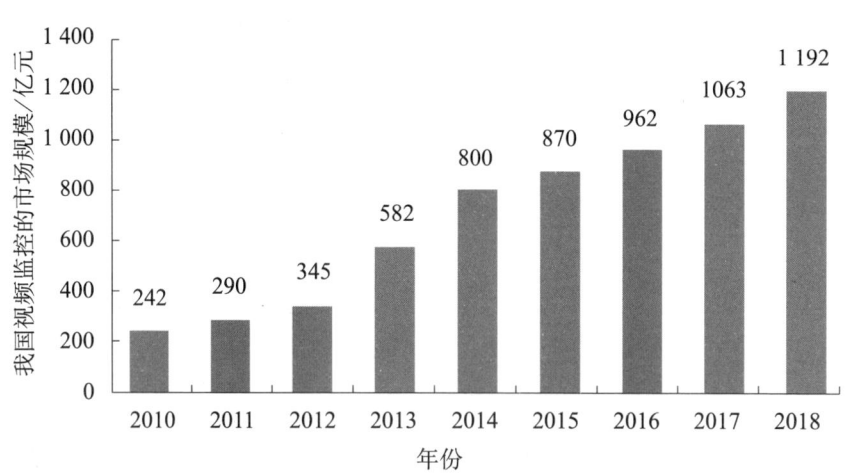

图 15-8　我国视频监控市场规模的发展

数据来源：中商产业研究院，光大证券研究所。

为了更好地适应市场，2013 年，海康威视制定了"细分行业和行业驱动型"战略，并设立了 7 个业务部门，分别是公安、交通、金融、楼宇、司法、文教卫、能源，它们对应于各自的行业。此外，为促进为小微企业、家庭和个人提供民用服务，海康威视还推出了一个新品牌"萤石 EZVIZ"，该品牌使用智能视频产品和其他传感器、云智能视频服务平台以及移动应用软件，为小微企业、家庭和个人客户提供互联网视频应用程序和服务。

2007 年 11 月 2 日，海康威视董事会通过决议，同意其外资股东龚虹嘉将所持公司 15% 的股权以 75 万元价格转让给杭州威讯投资管理有限公司（以下简称"杭州威讯"）。此次，杭州威讯仅出资 75 万元就获得了 15% 的股权，其公允价值约为 7 560.85 万元。如果以公司上市后两年半的市值计算，这 15% 的股权高达 61.5 亿元，增值近 8 200 倍。自海康威视成立以来，这是公司首次实施股权激励。这种股权激励措施不仅使公司的创始人和管理层可以获得股权和大量资产增值，还使管理者的利益与公司的整体利益紧密相连，为公司的未来发展奠定了坚实的基础。此外，龚虹嘉以 2 520.28 万元的价格将其 5% 的股权转让给了杭州康普投资公司。

2008 年，海康威视的控股股东海康威视信息将其股权转让给第 52 研究所，进一步提高了海康威视的国有企业地位。海康威视通过持续增资和上市前的股权扩张，走上了快速发展的道路。

海康威视自上市以来每两年实施一次股权激励。随着公司的不断发展，每次股权激励的人数和授予股票的价格也不断增加，见图 15-9。在适当的战略指导和组织架构下，加上股权激励带动公司员工的积极性不断提高，海康威视的营业收入和净利润持续增长，公司市值屡创新高，见图 15-10。

在某种程度上，海康威视可以走到今天，国有企业控股的重要影响力在安全视频监控领域尤为重要。这代表了权威和保密性，使海康威视能够赢得更多大型客户，例如国有企业、银行和机构。但是，尽管有国有企业的背景，海康威视仍在发展中保持强大的独立性和灵活性，包括股权激励和以市场为导向的运营。

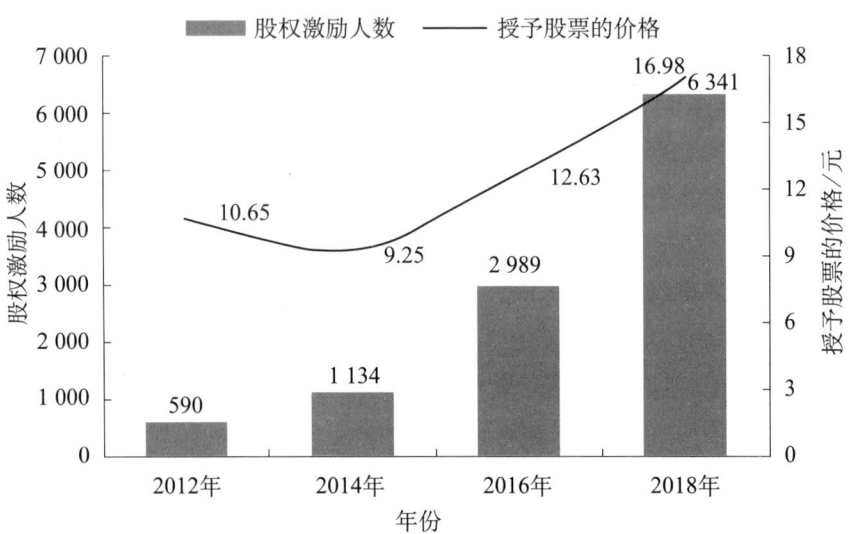

图 15-9　海康威视股权激励人数及授予股票的价格

数据来源：公司公告。

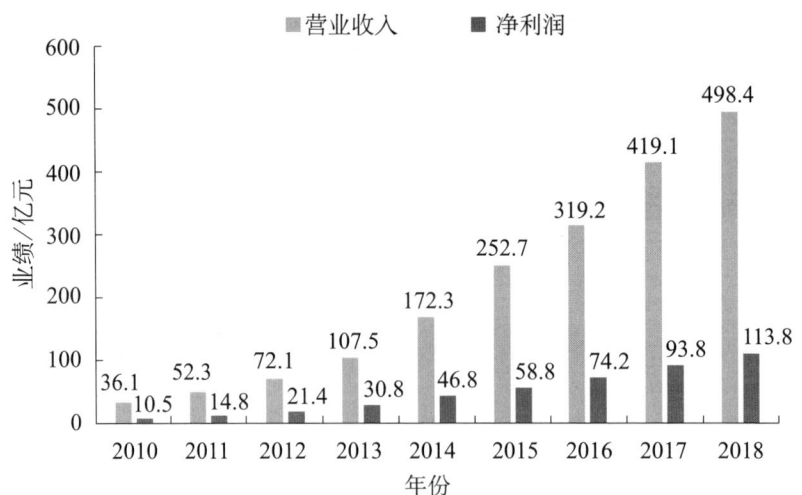

图 15-10　海康威视业绩持续增长

数据来源：公司公告。

创新是企业发展的核动力

资金力量激励着团队，但海康威视的核心能力则是无法复制的创新系统。

战略主导的动态创新能力。每个人都在谈论创新这个词，但是许多公司不仅无法成功创新，而且会因"创新"而"崩溃致死"。创新为何消亡？这是因为许多创新并非真正的创新，而是基于现有海外市场的二次创新，或者创新并非以战略为指导。

在掌握现有技术的同时，海康威视始终可以关注下一轮新技术升级，其创新具有前瞻性的战略领导地位。在模拟技术占主导地位的时期，它一直在探索和改造数字技术。当数字技术占主导地位时，它已经转变为互联网；当互联网蓬勃发展时，它的注意力已经转向大数据和云计算……从核心技术到产品，再到市场应用，它总是可以准确地把握下一轮产品的生命周期，摆脱困境追赶路径依赖，最终实现"产品＋服务"相结合的跨越式发展。

用户需求是创新的源泉

为了深入了解客户需求，海康威视一直与客户保持紧密联系。

自 2004 年自建销售网络以来，海康威视开始建立销售和营销系统。海康威视是业内第一家建立自建销售网络的公司。从制造商到总代理、区域分销商、集成商、工程师、安装人员，最后到用户，安全行业项目市场具有较长的产业链。

海康威视选择成为自己的区域代理商，在全国范围内建立分销网络，并建立分支机构。分公司的销售、物流、仓库、交货、人员任命和撤离权以及财务管理都与总公司联系在一起。

行业细分和区域下沉。2009 年和 2010 年，海康威视开始从单纯销售硬件产品扩展到解决方案。

为了更接近最终用户，海康威视开始细分行业。自 2010 年以来，海康威视先后为不同行业的用户建立了 7 个业务部门，每个业务部门细分为十多个子行业，并为各种子行业提供服务。同时，在分支机构的基础上，还扩大了县和市政机构的服务范围，以更好地为用户服务。

快速响应市场

与用户和市场的距离越来越近，以及越来越细分的行业和场景研究，海康威视的产品可以更准确地满足用户需求。

在海康威视的公司展厅中，可以透雾的监控设备，在弱可见光下可以清晰看到的"黑光"摄像机以及可以用于火灾探测和警报的热成像摄像机，可以实现收货、搬运、分类、入库和其他仓储操作的机器人……各种有特点的产品都针对不同用户的痛点。

海康威视拥有强大的基础研发能力，拿出了年销售额 7% ～ 8% 的资金用于研发。海康威视对研发出来的产品只有一个要求，就是最大可能地满足用户需求。

例如，在海外市场推出的 IP 网络视频监控业务中，海康威视创造了一种 easy IP 概念，该概念使许多拥有十几个人甚至几个人的小型公司能够以负担得起的价格进行使用。

过去，对于 IP 业务，以安讯士为代表的解决方案价格高昂且技术壁垒高，小公司根本负担不起使用专业软件、复杂的 IT 技术和专业服务器。

海康威视已开发了"前端＋后端"的组合解决方案。在后端，使用一种设备将前端摄像机集成在一起，从而简化了整个安装、部署和调试的复杂性，并可以快速为有需要的小型公司提供服务，导入 IP 系统。easy IP 在欧美市场迅速流行，为扩展海外市场创造了良好的条件。

海康威视提供了一个技术型公司赢得市场的典型例子。它没有谈论创新，但总是可以观察到第一个机会，提前 5 年甚至 10 年为未来的工业趋势提供技术储备，像猎豹一样感知市场变化，并让技术迅速适应市场。

创新的衡量标准取决于创新对环境的影响程度。因此，企业的创新必须始终以市场为导向。以产品为导向的创新可能会产生"技术奇迹"，其结果最终将令人失望。

当然，就像所有公司战略一样，创新战略最终必须回到德鲁克的 3 个经典问题：你的业务是什么？你的业务将是什么？你的业务应该是什么？

在这方面，海康威视从未迷失：视频技术是海康威视的根源，所有枝叶都源于此。海康威视在技术创新、管理等方面充分学习科学理论和方法，充分遵守科学规律，非常务实。如今，许多公司一直期盼着"神奇的子弹"。事实是，在日益激烈的竞争中，尤其在全球竞争中，所有公司都需要按照科学法则进行锻炼和成长。

人才是第一生产力

人才是海康威视发展的最活跃动力。海康威视已经建立了完整的人才培训体系。2014年，公司培训投入约600万元，培训总时间约9万小时。

海康威视设有人才评估中心，专门评估核心人才和业务骨干，并根据每种人才的不同情况进行一系列培训和晋升。公司这一制度培养了大批核心人才。

通过全面平衡长期战略目标、年度发展计划、工作职责和绩效改善的需求，以及员工自身能力的差距和职业发展的需求，员工的学习和发展不仅可以促进实现海康威视的总体目标，还可以满足员工个人能力和职业发展的需求，实现公司和个人的双赢局面。

海康威视已经形成了高端人才的高地。2013年，海康威视的国家博士后科研工作站获得批准，这是海康威视人才发展的又一个里程碑。

标杆组织的协同基石总结

海康威视成立19年来，抓住了我国安防行业快速发展的机遇，通过自身在视频编解码和其他视频监控核心技术方面的不断突破，制定了适当的战略目标并确立了自己的目标。凭借人才激励的机制和公司的长效机制牢固地占据了我国视频安全行业的领先地位，并逐步向全球扩展。公司每个阶段的发展都与经济和社会环境紧密相关，受经济和社会发展、客户需求变化的影响，而共同价值/首要目标、战略/战略决策、制度/模式的三重引擎就像齿轮一样咬合，不断驱动海康威视迅速发展，并促进了与相关方建立具有统一价值和有序行动的价值共同创造机构。强大的技术创新能力、出色的人才激励机制以及具有前瞻性的全球视野，都是海康威视成功的秘诀。

安全行业的早期客户需求相对简单，主要是从头开始寻求改变。海康威视提供低成本和高质量的安全设备。同时，它以国有企业为背景进入了一些政府、大学和其他部门，在研发和销售上投入了大量精力，以建立良好的品牌基础。

随着当前传统安全行业进入成熟阶段并向智能安全转型升级，海康威视还可以及早了解该行业的发展趋势，增加研发投入，改变公司的定位，并努力扩展智能安全，在行业中赢得市场，并将业务扩展到与视觉业务相关的无人机、工业机器人和智能家居领域。

对海康威视而言，国内安全行业的格局正在加速重组：互联网的影响尚未结束，物联网已经来临；工业市场、民用市场发展如火如荼；安全城市的建设方兴未艾，智慧城市的建设又来了。在巨大的变化中，海康威视如何保持其在行业中的领先地位，未来将走向何方？让我们一起拭目以待。

第十六章

中国平安：在"金融＋科技"协同战略下重新起航的世界级金融巨头

中国平安概况

从中国首家股份制保险企业到最大的综合型金融服务集团

中国平安保险（集团）股份有限公司（以下简称"中国平安"）在 1988 年诞生于深圳蛇口，是中国第一家股份制保险企业，已发展为国内金融牌照最齐全、业务范围最广泛、控股关系最紧密的个人金融生活服务集团。中国平安目前在香港联合交易所主板和上海证券交易所两地上市，股票代码分别为 HK2318 和601318。

中国平安是中国为数不多的能够为客户提供全方位金融产品和服务的金融企业之一。公司坚持"科技引领金融，金融服务生活"的理念，持续深化"金融＋科技"的战略定位、探索"金融＋生态"的战略形态，深度聚焦"大金融资产"和"大医疗健康"两大产业，并深度应用和协同于"金融服务、医疗健康、汽车服务、房产金融、城市服务"五大生态圈，搭建了全面的业务子公司体系。包括但不限于平安寿险、平安产险、平安养老险、平安健康险、平安银行、平安信托、平安证券、平安资本等诸多行业内领先的公司。

此外，中国平安还积极开拓陆金所、平安好医生、金融壹账通、平安好房、壹钱包等在内的金融科技业务。依托主业优势以及科技的赋能，平安横跨金融、医疗、科技等多个领域，在保持核心主业高度协同的同时，实现了全面发展。

30多年来，中国平安的成长之路折射着中国保险业乃至中国金融业的巨变。创立至今，中国平安的发展经历了3个重要阶段：1988—2006年是平安1.0时代，定位是主打线下资源的传统金融机构，从偏居南方的保险公司发展成全国性的综合金融集团；2006—2015年是平安2.0时代，公司利用互联网及科技升级，将金融嵌入线上生活服务，成为具有O2O金融服务能力和优势的金融集团；2015—2020年，平安开启了3.0时代，提出"金融＋互联网"战略，并进一步创新升级为格局更大的"金融＋科技"战略，将一系列资源进行开放式探索，携手多行业伙伴共同打造开放式的互联网金融服务平台。

中国平安在过去30多年有着惊人的发展速度，其取得的一系列成绩让世界金融巨头瞩目。2016年，"年仅28岁"的中国平安首次进入世界500强前50，蝉联中国内地非国有企业冠军，位居中国保险企业第1。截至2019年，进入而立之年的中国平安继续巩固并扩大着自己在业内的优势地位：2019年，中国平安获评《福布斯》全球2 000强企业第7名，蝉联全球多元保险企业冠军，全球金融企业排名第6，中国入围企业里排名第5；获评《财富》世界500强排行榜第29名；在2019全球最具价值100大保险品牌排行榜中荣列榜首。中国平安已经成为名副其实的世界级金融巨头。

仍然在路上的万亿级巨头

（1）中国平安在路上：2019年总营业收入、净利润、总个人客户数均大幅增长。

纵然拥有庞大的体量，中国平安仍然以狂奔式的速度发展着。2019年的年报显示，中国平安的总营业收入达到1.17万亿元，同比增长19.7%；净利润达到1 643.65亿元，同比大涨36.5%；归属母公司股东的净利润达到1 494.07亿元，同比大涨 39.1%。向股东派发股息每股现金 2.05 元，同比增长 19.2%。截至 2019 年末，中国平安总资产已经达到 8.22 万亿元，较年初增长 15.1%，集团个人客户数首次突破 2 亿，为同行业最多。作为中国最大的上市综合性金融服务商，中国平安的增幅和增速依然不断刷新着人们的认知。

（2）科技链接生态，未来致力于打造五大生态圈。

在中国平安的"金融＋科技"协同战略下，科技不仅可以赋能和提升传统金融的业务效率，也可以将影响力延伸到金融以外的其他领域。除了进一步扩大在保险、银行等传统金融业务上的领先地位，中国平安也在逐渐加码和布局科技业务。董事长马明哲不止一次在演讲中提到，中国平安不会满足于在金融保险领域的领先地位，科技将逐渐成为中国平安的新引擎。

在 2019 年初正式明确"金融＋科技"的核心战略后，中国平安的科技业务被提升到了前所未有的高度。根据 2019 年财报，保险板块（人寿＋财险）是中国平安最核心的业务，合计贡献利润超过 80%；金融科技和医疗科技虽然是重点发展业务，但其对利润总额的贡献占比仍然不高，合计贡献利润 3%。

商业的本质是"风险—回报"的博弈。高投入带来更多可能性，但也带较高的回报率压力。对中国平安来说，进行科技转型是必须要迈出的一步。2019 年，中国平安来自五大生态圈的新增客户数占总体新客户数的比例上升至 40.7%，而来自传统渠道的新增客户同比下降了 17.5%。由此可见，中国平安的五大生态圈已经在"金融＋科技"两大引擎的支撑下开始发力。

2019 年，平安科技板块出现较大的盈利压力。具体而言，2019 年金融科技和医疗科技板块全年整体的净利润为 34.9 亿元，相比 2018 年有较大的下降。数据下降的原因不能简单归因为经营不力，事实上，很多子公司的前期亏损在不断缩小。总体科技部分净利润下降的主要原因在于 2018 年公司有陆金所 72.4 亿元重组利润基数，另一个原因是中国平安在 2019 年继续加大了对新科技业务的投入。

2019 年，各个科技相关的子公司也取得了较好的成绩。虽然很多还在亏损，但是对于科技板块来说，短期的盈利或许并不是最重要的：第一，科技能够对金融主业进行一定程度的赋能，提高主业的效率和产品质量；第二，科技板块和金融板块放在一起，让"五大生态圈"具备很大的协同想象力；第三，原有的综合金融服务商概念，在与科技概念叠加后，能够让中国平安在资本市场横跨多种估值体系，拥有更大的资本运作空间。

其中，作为重点布局的金融管理平台，平安金融壹账通在 2019 年营业收入大幅提高（同比增长 64.7%，至 23.28 亿元）；作为汇聚各种集团资源的互联网医疗平台，平安好医生 2019 年也大幅提高了营业收入（同比增长 51.7%，至 50.65 亿元）；作为中国平安旗下知名汽车服务商，汽车之家的营业收入同比增长 16.4%，至 84.21 亿元（较为亮眼的是，净利润也同比增长 10.7%，至 34.09 亿元）。在传统金融业务全面开花的同时，中国平安正在为自己打上"科技"的新基因。经过多年的耕耘和布局，中国平安目前还投资设立了 8 个研究院，57 个实验室，拥有近 11 万名科技业务从业人员，科技专利申请数累计达 21 383 项。

（3）企业如同生命体：成长的阵痛，是获得进化的必经之路。

然而，由于某些业务的亏损以及战略定位发生调整，2019 年中国平安科技板块也在频频进行结构优化，甚至爆出整体裁员的新闻。不可否认，裁员固然残酷，但是对市场化企业来说，裁员也是更新迭代、优化布局的重要手段，相当于企业层面的新陈代谢。平安科技板块就好像一个高速成长的生命体，既然想要获得高速发展，那就注定要经历成长的阵痛。如何进行内部治理、如何应对外部竞争，都将是中国平安管理层重点思考的课题。科技这条转型路，中国平安注定要踏上。但是对中国平安科技板块的评价，则不妨拉长时间维度，不能仅看一时得失。

虽然科技业务要面对非常激烈的同业竞争，但是在"霸主级"的传统金融业务支持下，中国平安的科技板块绝对称得上潜能无限。在"金融＋科技"协同战略的引导下，中国平安正在逐渐成为金融和科技行业里无法忽视的一股新力量。

分析复杂组织：组织治理 10S 协同模型的引入

经过 30 多年的高速发展，中国平安已经拥有五大生态圈，横跨金融、科技、医疗、房产等多个领域，拥有非常庞大而复杂的组织生态。并且，中国平安的管理层想要通过协同的方式，让五大生态圈之间互联互通，能够最大限度地分享彼此之间的业务流，共享支付流，乃至最终形成数据流，形成融贯且稳定的"大平安生态"。因此，分析中国平安的成功要素，一定要理解其系统的复杂性。

复杂商业组织的协同，是多维度、多层次、动态的协同。协同性的体现会跨越宏观、中观和微观等多个层面。复杂组织的协同治理体系，并不是单一要素构成的，而是共同价值／首要目标、战略／战略决策、制度／模式等一系列核心要素所形成的匹配共振。

共同价值／首要目标："狼性文化"标签下的精神内核

共同价值／首要目标是商业组织运营的基本目标、使命、愿景、文化价值等，是商业组织永续经营的基础。对组织来说，共同价值／首要目标是组织间区别的关键，又因其是商业组织首先要回答的问题，深刻影响着战略决策和制度的搭建，因此更是组织能否长存的决定性序参量。

中国平安作为拥有极大业务体系的巨无霸公司，对于核心价值观的定义具备体系化的特点，极具研究价值。从图16-1中可看出，中国平安的核心价值观很难出现"基石不牢，地动山摇"的问题。中国平安价值观的底座和基石，来自业务层面，要求员工"专业领先，诚信服务，创造价值，回馈社会"。这简单的16个字高度概括了中国平安的文化。重视诚信服务，构建起了平安金融服务和数亿客户之间的信任桥梁；而重视创造价值，则令数万名中国平安员工对工作拥有一致的期待，进而打造属于中国平安广为流传的"狼性文化"。

从业务层面出发，中国平安的共同价值／首要目标金字塔，逐步从业务上升到文化特征层面，进而形成核心理念和价值观层。价值最大化是中国平安的核心价值观，也是其"狼性文化"和出众的执行效率的内核所在。市场化的保险业务是中国平安的发家之本，中国平安之所以从激烈的商业竞争中脱颖而出，是因为管理层将价值最大化这个核心价值观，通过战略设计和制度设计充分地贯彻到文化和业务层面，使得中国平安的价值文化体系具有高度的稳定性和可拓展性。

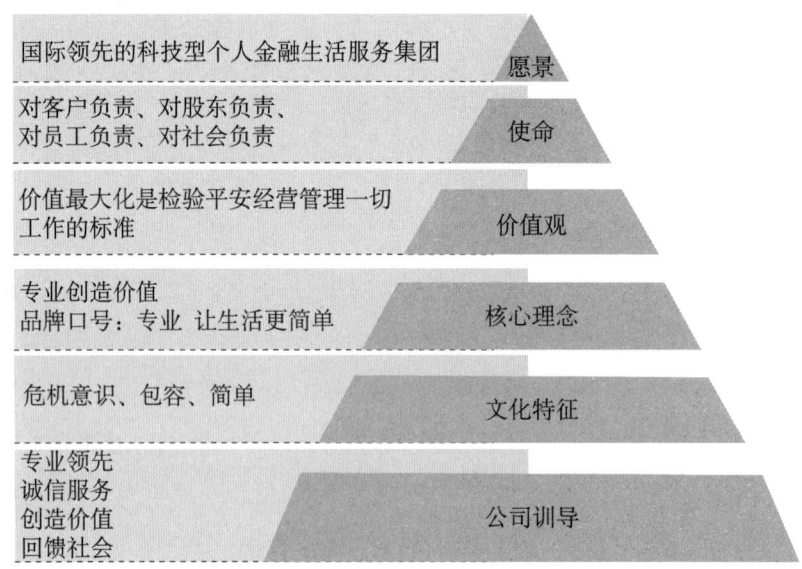

图 16-1 中国平安的共同价值 / 首要目标

资料来源：平安集团官网。

在 30 多年的发展过程当中，中国平安的企业文化并不是一蹴而就的。中国平安的战略目标也是经历了许多次重要的转型。总体而言，中国平安的价值观和战略目标调整，经历了几个重要的阶段。我们在此通过分析 4 个标志性事件，来解析平安发展过程中的一些重要变化：第一件事是创业初期，中国平安通过推出"两创三能"的口号，统一全公司的思想，为公司奠定了市场化的基因；第二件事是为了适应浮躁的商业环境，中国平安将中国传统文化当中的儒家思想引入公司价值观层面，与商业文化进行融合探索；第三件事是在打造平台型保险公司的过程中，中国平安及时跳出舒适圈，制订了国际化的战略目标；第四件事是充分吸取"投连事件"的惨痛教训，中国平安开始高度重视制度的设立和执行，并把坚决贯彻执行制度作为一种价值观来传播，促使全公司上下形成了共同的价值观。

创业时期："两创三能"构建市场化基因

20 世纪 80 年代末，即便是中国的大城市居民，对保险的认知也非常有限。找不到合适的员工，找不到合适的客户，中国平安的业务开展工作面临重重困难。创业初期，为了让大家领悟新业务的意义，吸纳志同道合、能够一起创业的员工伙伴，中国平安管理层在 1988 年深入思考并适时喊出"两创三能"的口号，其中"两创"是创业和创新，"三能"是人员能进能出、干部能上能下、薪水能高能低。可以看出，自创立以来，中国平安就深深地嵌入了创新的基因。现在的人看"三能"可能不会觉得特别，但是把这句话的坐标系往回推 30 年，便能够看出它蕴藏的极大智慧。30 年前的中国尚处于计划经济时代，一个人在一家单位干一辈子的观念深入人心。而中国平安提出的"三能"明确指出：工作人员是可以被裁撤的，高管是可以上下调整的，薪水是可以随着业绩浮动的。这种观点对当时的商业观念产生了巨大的冲击。依靠公司管理层确定的核心价值，中国平安吸引到了一批认同平安文化，敢于跳出舒适圈来跟中国平安一起创业的人。有了这样一群具有共同商业认知和价值观的"猛将"，中国平安开始迅速攻城拔寨，从一家办公面积不到 400 平方米的公司，以惊人的速度开始向全国扩张。在市场化的核心价值观下，公司的发展带动了员工个人的财富积累和价值实现，同时不断强化员工对公司的忠诚度和价值认同。代理人个人层面的成功，也不断吸引更多优秀的人跳出舒适圈加入中国平安。毫不夸张地说，"两创三能"虽然只是短短十几个字，但是它对中国平安日后的发展具有不可估量的价值，可谓一字千金。市场化的基因，是中国平安改变中国保险业乃至金融业的市场格局的重要基石。古语道："上下齐心，其利断金。"对公司管理层来说，如何根据公司所处的赛道和竞争格局，归纳并形成独特的共同价值 / 首要目标是极其重要的课题。中国平安的历史则是最好的证明。

发展时期：儒家思想约束功利化风气

在健康的商业社会中，"讲求信誉、注重诚信"是最基本的原则和条件。而当时的中国基本上处于"一穷二白"的状况，法律和商业体系不健全，导致违法的成本很低。急功近利、唯利是图的风气有蔓延的势头，"劣币驱逐良币"的事件频频发生。随着中国平安业务规模的迅速扩大，管理层发现，部分员工开始忽视商业道德，以权谋私。对商业文化的忽视，对立志于改变行业格局的中国平安来说是致命的。1992 年，为了公司的可持续发展，中国平安管理层深入思考公司的基因，确立了以传统儒家思想作为平安人的为人之基、立司之本，以"仁、义、礼、智、信、廉"作为平安人的道德规范，以及处理各种关系的准绳。以儒家思想作为公司精神根基的举措无疑是高明的，因为中国平安是一家中国公司，未来会深入处理中国人之间的客群关系，需要理解面向中国客户的商业逻辑。而儒家思想在中国拥有近千年的历史，在政治、商业、学术方面拥有极大的影响力和实践智慧。在倡导互相尊重、讲究礼仪、和谐相处的儒家文化培训以及一系列专题教育和讨论会下，平安员工开始正确认识、处理个人与公司、社会、国家利益之间的关系。健康的商业环境并不是你死我活，而是互利共赢。管理层为了把员工的发展和公司的发展紧密结合，还力排众议推出了"员工合股基金"并坚持下来，最终得到了广泛的认可。

破局时期：国际视野拔高平台化上限

20 世纪 90 年代中期，中国平安在充分思考"我是谁、去哪里、怎么去"的基础上，开始实行以"外资、外体、外脑"的"三外"国际化战略——引进海外战略投资者，学习借鉴国际化的公司治理结构，吸纳海外优秀人才。在快速变化的市场中，中国平安管理层意识到，自己是一家中国保险公司，而中国的保险制度和公司治理体系，仍然远远落后于国际先进水平。因此，要想成为一家具有国际竞争力的保险公司，最佳的选择是充分吸纳和借鉴海外已经形成的标准，把现成的先进的商业理念拿来为我所用。通过建立国际化战略形成的共同价值／首要目标，中国平安在非常短的时间里，将外资保险企业用上百年时间树立的国际化标准迅速引入中国，并充分结合中国特色进行改进，实现战略和战术上的降维打击。国际战略的确立，大大增强了中国平安在本土的竞争力。

通过引进海外人才，中国平安内部在学习吸纳海外经验的同时，迅速成长起一大批本土干部，进而为公司，乃至为中国保险行业输送了一大批优秀管理人才。正确的战略，不仅为中国平安创造了极大的财富，也为中国保险行业乃至金融行业的发展打下了坚实的基础。中国平安成为国内第一家引进国际战略投资者、国内第一家建立国际标准的财务与精算体系、国内第一家大规模聘请海外专业人才、率先开展个人寿险营销业务的金融保险企业。在国际化战略学习的过程中，中国平安不单单将技术和经验作为发展公司的"器"和"体"，还将其进行本土化的总结升华，归纳出"道"和"用"。将西方讲原则、讲纪律、讲制度的理性精神和传统文化的人本精神相互结合，进一步丰富了平安文化的内涵。正是得益于不断吸纳外部的能量，中国平安的协同组织才能够不断适应市场变化、不断进化，进而获得本质提升。在"三外"的助力下，中国平安迎来了业务高速发展和规模急剧扩张的发展阶段。

危机时期：共同价值／首要目标推动专业化提升

2001 年 5 月的"投连事件"是一个深刻刺激中国平安管理层的事件。中国平安的投资连结险产品起初在福州拥有不错的前景，但由于某个业务员的违规承诺，导致保险客户账户最终发生亏损，触发巨额保费赔付。这一事件被福州媒体广泛关注和密集性报道，导致产品的舆论环境迅速恶化，全国各地开始陆续掀起投连退保潮。一度卖空的投连产品从"寿险市场转型的标志性产品"一夜之间变成了"过街老鼠"。这个问题的核心在于平安的制度"执行不力"，制度没有在基层得以落实，变成了空中楼阁。

为了重获客户的信任，中国平安将"执行"文化上升到公司核心价值层面，通过一系列制度安排让每个基层员工都充分理解公司的核心价值观，并且在业务中予以贯彻落实。中国平安还投入重金推行"百万客户大回访"行动，调动数万基层员工，总共回访了 126 万客户，为他们受到的误导致歉，并提供多样化的解决方案，尽可能帮助客户最大限度地维护自身权益。经过整整 3 年的努力，中国平安逐渐重塑了品牌形象。"百万客户大回访"行动虽然成本极高，但是能够充分让每个平安员工感知公司的价值观，是一次"物超所值"的行为课。中国平安通过实际行动，基于"客户优先，创造价值"这一基本点，大力推行的公司制度建设和执行改革，让平安人在危机下自发自愿形成命运共同体。之后随着汇丰的入股，中国平安整体上市，公司的执行水平逐渐提升，集中化、标准化运作水平不断进步。

平安文化不是一天形成的，中国平安的价值观在无数历练和挫折的洗礼下而越发清晰。对如今的中国平安来说，其文化以及共同价值观已经成为最宝贵的精神财富。共同价值／首要目标的形成，离不开管理层的睿智和果断。公司管理层需要及时感知市场，并适时地提炼总结，为公司价值观注入新的内容，从而更好地适应市场，打造核心竞争力。在组织治理 10S 协同模型的分析框架下，中国平安在共同价值／首要目标这一项无疑是典范版的存在。

战略／战略决策：运筹帷幄之中，决胜千里之外

中国平安的 logo 是对其战略的高度概括，从 1988 年开始，每当遇到大的战略转型，平安都会以更换 logo 的方式来更好地传达其意图。

2019 年初，中国平安的品牌 logo 发生了变化，由原来的"保险·银行·投资"变更为"金融·科技"。"保险·银行·投资"涵盖了中国平安此前的各项核心业务，而"金融·科技"更为宽泛，能够高度概括未来的业务范围。这一变化预示着中国平安的战略转型正式启动。

整体战略的六大细则

中国平安的整体战略分为六大细则。

一是对公司的核心战略定位：坚持科技引领金融，金融服务生活的理念，推动核心金融业务和互联网金融业务共同发展，成为国际领先的个人金融生活业务提供商。

二是面对客户提出的战略思想：打造"一个客户、一个账户、多个产品、一站式服务"的综合金融服务平台，推动交叉销售。

三是基于产品提出的战略计划——核心金融业务：推进"金融超市"和"客户迁徙"，同时积极推动"保险客户向银行、投资客户""线下金融客户向线上服务用户"的迁徙和转化。

四是基于互联网思维提出的战略构想——互联网金融业务：在"流量为王、生活切入、价值驱动"的指导思想下，持续围绕"医、食、住、行、玩"等需求，搭建互联网金融平台。

五是从宏观角度出发对战略目标的阐释：积累活跃客户和高质量资产，树立独特竞争优势。

六是从可量化指标出发对战略的解构：获得持续的利润增长，向股东提供长期稳定的价值回报。

由此可见，中国平安整体战略的六大细则针对产品层面、客户层面、增长层面、外部环境层面分别提出了战略目标，针对性和指导性很强。然后从考核角度进行分解，落到了"积累活跃客户，积累高质量资产，获得利润增长，向股东提供长期稳定价值回报"的四大要求中来。这样一个开放式的框架，非常适合中国平安的体量和业态复杂性。对中国平安这个体量的公司以及管理者而言，最难的不是保持现有局面，而是不断突破自己的上限。这高度考验着管理者的格局以及理解复杂组织的能力。

我是谁、去哪里、怎么去

商业模式是思考价值创造方式的框架，战略是寻求持续竞争优势的逻辑。积极拥抱金融科技就是基于这样的逻辑。随着5G技术、人工智能技术以及大数据技术的成熟，科技正在显著改变金融业的基本要素，也在不断丰富着公司协同战略的核心逻辑。中国有句古语，"祸兮福所倚，福兮祸所伏"。虽然过去几年中国平安受到各种科技型金融创业公司的冲击，但是从另一个角度来说，科技的发展也带给中国平安新的发展机遇。

科技对中国平安金融主业的改变从3个方面体现：一是成本和效率优化。云计算、大数据、人工智能和区块链等新兴技术能够降低人工成本、交易处理成本、提升服务效率。二是风控管理的强化。金融的本质是融通、经营和控制风险的生意，光有钱不行，关键是风险定价能力。这个能力越强，资金成本就越低，资源配置就越有效。三是资本市场想象力的提高。科技的概念远比金融要大，科技能够跨越行业，能够为企业扩大想象边界，从而获得更高的估值倍数。

中国平安董事长马明哲曾经提到，金融科技的生态搭建是中国平安的终极目标之一。这也是中国平安在充分思考"我是谁、去哪里、怎么去"这三大问题后找到的最优解法——中国平安的"协同生态体系"必须拥有一个抓手:第一,这个抓手必须可以作为流量入口,把中国平安的客群体系价值最大化,进行充分链接;第二,这个抓手要具备快速链接数亿乃至数十亿人口的能力,要能够规模化;第三,这个抓手有极高的进入门槛,让竞争者抄袭困难;第四,这个抓手要能够充分转化金融服务的价值,将各个体系的支付和中国平安本身具有的金融业务网络打通;第五,这个抓手要能够具备跨行业的可复制性。而恰好,科技就是解决这一切的最佳武器。为了这个充满想象力的生态圈,中国平安过去一直在加大高门槛的科技投入,等待新的爆发。

积累近 10 年,"金融 + 科技"成为最优解

虽然 2019 年初才正式提出"金融 + 科技"转型战略,但是早在多年前,中国平安就已经开始了准备工作,从"资本"驱动型向"资本 + 科技"双驱动型转型。将科技充分与金融相融合,将生物识别、大数据、人工智能、云、区块链等技术广泛运用于客户经营、渠道管理、客户服务以及风险管控等业务领域,提升效率、降低成本、强化风控和改善体验。

最近 10 年,中国平安在科技领域的投入巨大:累计投入资金超过 500 亿元;集团内聚集超过 23 000 名科技研发人员和 500 位大数据专家;建立了 6 个技术研究院;在金融科技、医疗科技、人工智能、区块链、大数据等方面均取得重大突破,人脸识别、智能读片、区块链、智能音乐、智能环保等多项科研成果获全球大奖。一分耕耘,一分收获,重金投入后的回报也是显著的。2018年,中国平安金融科技的创新与运用成效显著,在全球首创应用微表情智能识别技术,实现"微表情"信贷放款超过 5 000 亿元,信贷损失率降低 60%,审批时间从 5 天缩短至 2 小时;车险服务再升级,"510 极速查勘"模式,实现全年逾 1 000 万起理赔 90% 以上案件在 10 分钟内完成现场查勘,"智能闪赔"助力车损理赔成本降低 10%,自助理赔率达到 60%。中国平安利用多年积累的、国际领先的人工智能、区块链、智能认知、云计算等技术,为国家智慧城市建设赋能,构建了"1+N"智慧城市平台体系,已在全国超过 100 个城市以及多个"一带一路"沿线国家和地区推广和实施,涵盖财政、政务、交通、生活、卫健、海关、

教育、农业、司法、环保和社区治理等领域。借助原有的广泛的业务形态，中国平安通过科技战略，有效对各个业态实现了效率升级，通过数据互联互通，将各个业态深度链接起来，创造出了协同的生态。

企业经营的基本要求是适应其所在的市场环境，任何不能适应市场的企业注定会被淘汰。在历史的长河中，恐龙曾经是霸主级别的存在，时至今日，昔日的霸主已全然不见踪影。企业经营就如同漫长的生物进化周期一样，是一场长跑。合适的战略，能够帮助企业更好地适应市场的变化，在一轮轮淘汰中存活下来；错误的战略，就好像一剂毒药，虽然可能给企业带来短暂的亢奋，但无疑是饮鸩止渴。从组织治理 10S 协同模型来看，中国平安的科技板块虽然目前经营得并不理想，但科技对于金融主业的赋能逻辑是清晰可见的。因此，将科技上升到公司战略层面无疑是一招妙棋。但能否取胜，仍需要考验管理者后续的决策。明确"金融＋科技"双轮驱动的战略后，中国平安的未来非常值得期待。

制度／模式：没有最好的，只有最适合的

根据组织治理 10S 协同模型，企业在设计企业制度的时候，要跟所处的商业环境、组织结构等多种要素协同匹配才能够发挥其真正的价值。企业建立制度有两种方式，一种是"top-down"，就是基于某个核心目标自上而下地设计制度；另一种是"bottom-up"，围绕某个业务逻辑，让员工在业务的碰撞中不断总结优化出一套适合的规则或者制度。在发展初期，中国平安的业务还比较单一，所以"bottom-up"的方式更加具体、更加具有实践性。而 30 多年后的今天，中国平安的制度设计则一定要通过"top-down"的方式，以拉高企业上限为目标进行制度设计。

权力责任清晰，相对透明的治理结构

1. "联席 CEO＋ 矩阵"模式

在公司内部管理结构上，中国平安构建了集股东大会、董事会、监事会、党

委会、执行委员会为一体的"五会制度"，能够实现"集团控股、分业经营、分业监管、整体上市"的公司治理模式，实现控制权、管理权和监督权相互制约。这样的安排有利于决策的实施和推进。

在决策模式上，中国平安拥有"联席 CEO+ 矩阵"的集体决策机制和模式。集团内部会任命业务执行官和职能执行官，这两类执行官在具体实践上，可以共同决策，分工负责，形成矩阵化管理。对管理层来说，联席 CEO 相当于业务线的核心负责人和执行人，有助于将业务层面和职能层面的事务进行有效分离，充分解放和发挥该负责人的专业能力，也有利于集团领导在不同层面对业务线进行考核和评价。联席制度有助于快速发现并解决经营管理中的问题，从而实现整个公司治理体系在复杂的商业实践中获得修复能力，及时调整和改进运营中出现的问题。

2. 股权高度市场化流通

中国平安是在上海证券交易所和香港证券交易所同时上市的公司，股权高度市场化流通，本质上实现了高度的混合所有制。其中 59% 是内地市场流通的 A 股，股东有中央汇金、社保基金等；41% 是香港市场流通的 H 股。

平安的股权结构是高度分散且市场化流通的，这样的结构使股东层面与职业经理人层面能够有效地分隔开：股东较少参与公司经营，管理层能够发挥的空间更大，治理结构的透明度较高，这样的股权安排有利于政策的落实和执行。

不可否认，作为一家拥有数万员工的公司，制度永远不可能解决中国平安的所有问题。但好的制度设计一定是解决问题的开始。

重视 ESG，带来可持续性

中国平安具备完善的公司管理体系和领先的全面风险管理体系。在不断改善和规范公司管理的过程中，管理层认识到环境、社会及管治（Environmental Social and Governance，ESG）相关风险和影响对中国平安稳健发展的重要性。中国平安把"可持续发展"理念深入融合作为集团发展战略，深入将 ESG 理念融进公司的制度设计，从而持续指导集团所有职能中心和专业公司结合业务实践，更加科学、专业、体系化地加强企业管理。

中国平安"可持续发展管理架构"的逻辑关系是这样的：L1 层是董事会与集团执行委员会，也是核心管理层和决策层，负责 ESG 事宜的全面监督；L2 层是执行委员会层，以投资者关系和 ESG 专业委员会为核心，协同集团其他 3 个专业委员会（风险管理、投资管理和科技发展），负责识别 ESG 风险、制订计划目标和管理政策、绩效考核等；L3 是执行主体层，集团 ESG 办公室负责上传下达，协同集团各职能中心，统筹集团可持续发展的内外工作；L4 层是落实层，主要是以集团职能单元以及多个业务公司组成的矩阵式主体。

打江山易，守江山难。面对如此庞大体量的公司，可持续发展是公司管理层需要考虑和研究的重要话题。ESG 是公司可持续发展管理结构的核心所在，ESG 理念不仅会关注公司行为的经济影响、社会影响、环境影响，还会关注企业管理模式与内外部影响的互动。理想的 ESG 公司是一个高度复杂化的自组织。通过制度机制设计，让企业如同一个生命体一般具有一定的自我调节能力，作为一个组织整体能够有效地与外部环境进行呼应，同时能够对内部刺激做出自发的反馈。

可持续发展管理结构就如同血管一般，能够帮助中国平安"top-down"地梳理管理流程，明确相应的责任和考核机制，能够持续完善对于 ESG 事务及风险的管理；再通过"bottom-up"的定期汇报制度，确保公司董事及高管获知 ESG 风险管理、目标、计划以及执行情况及进展。如此上下通透，就如同人的体内形成健康的血液循环，使信息流和营养流在体内自然地流转，同时将废物及时排出体外，保证了自组织中 ESG 管理的有效性。

开放式、扁平化的沟通机制

对一个复杂的自组织而言，制度框架固然重要，但是信息流在制度中流转更是制度发挥作用的决定因素。如果信息不能够在制度中高效传达，那么制度的复杂性反而成了管理的弊端。

中国平安的沟通机制是一个"开放式、扁平化"的制度设计，是基于对中国平安自身禀赋和客户思考"我是谁"的结果。作为一家金融＋科技的服务型公司，中国平安需要平衡自身和多个利益相关方之间的关系（如股东、客户、员工、社区和环境、合作伙伴等）。中国平安针对股东、客户、员工、社区和环境都有特定的沟通机制。通过沟通制度的设计，中国平安能够保持与利益相关方的定期沟通，充分了解各利益相关方对中国平安的期望，明确信息要求，分析评估公司经营活动对利益相关方群体的具体影响，从而确保信息流的高效传达，保证公司管理层能够对一线员工的反馈作出最快的感知和调整。

中国平安设立了员工代表大会，开通了员工申诉通道、员工热线以及内部办公系统，使得一线员工的想法能够以多种途径向上反馈。高度重视一线员工的信息反馈无疑是高明的制度设计，因为对一个"庞然大物"而言，要想在变化多端的商业丛林里立足，一定要能感知最基层，最贴近市场的变化，而员工就是那个离市场最近的"触角"。通过开放式，扁平化的沟通机制，各层级员工的信息能够有效通过"毛细血管网络"，层层向上，直到被管理层的"大脑"所看到。

诚然，再好的制度设计落实到实际仍然会有局限性。中国平安依然具备很多大公司在管理和绩效考核上的通病，存在"劣币驱逐良币"现象，以及人员数量庞大导致的"官僚化"问题。良好的制度设计，需要和公司价值观、公司战略以及员工利益形成有效的协同，这样才能在实践中尽可能地解决问题，达到公司整体价值和利益的最大化。

标杆组织的协同基石总结

经过分析，我们发现中国平安的管理智慧与组织治理 10S 协同模型倡导的复杂组织协同学的思想不谋而合。中国平安从共同价值／首要目标、战略／战略决策、制度／模式 3 个方面系统构建了公司组织治理体系框架。

在共同价值／首要目标方面，公司从诞生之初就高度重视培养并形成文化共识，创造价值认同。从最开始的创新精神，让一无所有的中国平安通过价值认同吸引一大批志同道合的年轻人愿意跟公司一起白手起家；到后来引入儒家思想，充分将中国文化中的道德根基与商业文化、商业道德相匹配，形成巧妙的共振；国际化战略使得中国平安迅速汲取了世界保险行业发展的宝贵经验，获得了高速成长；在不断处理危机和解决问题的过程中，平安大军形成了严明的军事纪律，作战素养在战斗中不断获得沉淀。平安人以领先者的思维不断突破自己，不断更新、升级并丰富自身的共同价值观，更好地适应市场的变化。

在战略／战略决策方面，中国平安贯彻了开放式、多层次的战略构建体系。既有宏观的六大整体战略，也有拆解开来针对不同业务线的子战略。整体战略是公司的核心目标体现，子战略是整体战略的具体表现形式。由于中国平安的业务线处于高速发展、不断扩充阶段，因此开放式的框架能够最大限度地对业务线的调整、增加或减少作出最快的反馈和兼容。科技是对中国平安金融战略的绝佳补充，纵然当下面临转型的阵痛，但未来无疑非常值得期待。

在制度／模式方面，中国平安把"可持续发展"里面深入融合作为集团发展战略，深入将 ESG 理念融入公司的制度设计，从而持续指导集团所有职能中心和专业公司结合业务实践，更加科学、专业、体系化地加强企业管理。并且，着重突出了沟通的重要性，并建立了双向沟通机制。流畅的沟通使得制度优势得以发挥。从组织治理 10S 协同模型来看，其共同价值／首要目标、战略／战略决策、制度／模式三者的良好匹配、共振进而产生的协同，已成为中国平安攀登高峰过程中最可靠且坚实的企业基石。

纵览中国平安的发展历史，每一阶段的发展均与外部经济社会环境紧密结合，受经济社会发展的影响，客户需求也在不断变化。中国平安不断调整其共同价值／首要目标、战略／战略决策和制度／模式，以获得对环境最佳的适应能力。这三重引擎如同齿轮咬合，不断驱动中国平安快速发展，并促使与其相关者形成一个价值统一、运营高效的共同创造体。相信在高超运营管理经验的作用下，中国平安这艘来自中国的巨轮，将继续在世界商业大航海的历史上，写下更多传奇篇章。

第十七章

摩根大通：银行业屹立不倒的常青树

传奇帝国的千禧新生：摩根大通与摩根财团

摩根大通公司（以下简称"摩根大通"）作为一家金融控股集团，其主要的银行子公司是摩根大通银行和美国大通银行，主要的非银子公司有摩根证券公司、摩根期货公司等，可提供投资银行、商业银行、零售银行、资产管理、私人银行和私募股权等全方位的金融服务。摩根大通发源于多年来象征着权力与财富的摩根财团，拥有悠久的历史，并在多次合并收购中不断发展壮大，成为美国第一大银行。说到摩根财团，正如《摩根财团》中所言："今后再也不会有哪家银行能像摩根财团那样强大，那样神秘和富裕。"如今，摩根大通依然屹立在国际金融市场的绝顶之上，是经久不衰的金融帝国、枝繁叶茂的常青树。

摩根大通：最古老、最大、最知名

作为一家纽约证券交易所的上市公司，年报显示，摩根大通 2019 年年收入 1 187 亿美元，净收入 364 亿美元，总资产 2.7 万亿美元，监管资产总额 26.8 万亿美元。摩根大通在全球 50 多个国家和地区为个人、企业及政府提供多种金融服务，包括消费者与社区银行、公司与投资银行、商业银行、资产与财富管理四大业务板块。

摩根大通的网站这样说："摩根大通公司是全球最古老、最大、最知名的金融机构之一。公司建立在1 200多个先驱机构历经发展合并的基础上。我们追根溯源到1799年的纽约，我们的鼻祖包括J.P.摩根公司、大通曼哈顿银行等。这些公司在它们所处的时代，都与金融创新和美国及全球经济的发展密不可分。"可见，今天的摩根大通已经混合了多家头部金融机构的基因，而其摩根财团的血脉，仍最为耀眼。

摩根财团：兴盛、衰落与复兴

财团是资本主义进入垄断阶段的时代产物。在垄断资本主义时期，工业资本和银行资本加速融合，控制大银行和大企业的垄断集团逐渐形成，在国家的经济、政治、文化和社会生活各个方面发挥着重要的影响力，也就是我们所说的财团。著名的财团包括洛克菲勒财团、摩根财团、波士顿财团、三菱财团、富士财团等。摩根财团在美国历史上的巨大影响力可以通过其鼎盛时期的一组经营数据看出：摩根财团在鼎盛时期拥有全美企业资本的25%，金融资本的33%，保险业的65%，是名副其实的控制华尔街的金融巨头。摩根财团还通过其控制的金融机构，向企业派出董事，参与这些企业的经营，其影响力覆盖石油、钢铁、制造、电信行业等。

顺着摩根这条主线，下面我们就一起来追溯摩根财团兴盛、衰落与复兴的百年历史，了解这个富有传奇色彩的金融帝国。

1. 起源时代：战争机遇与世界债主

1838年，美国商人乔治·皮博迪（George Peabody）开设伦敦商业银行公司，为摩根帝国奠定了根基。1854年，英格兰商人家庭后裔J.S.摩根成为乔治·皮博迪的合伙人，并最终于1864年接管了公司，将其命名为J.S.Morgan & Co.。1861年，J.S.摩根24岁的儿子J.P.Morgan（老摩根）创建了J.P.摩根。1868年，巴黎银行公司Drexel Harjes & Co.成立。老摩根于1871年成为合伙人，后来公司重新命名为Morgan Harjes & Co.。1890年，J.S.摩根去世。

摩根帝国的奠基离不开摩根父子的卓越才智，同时与世界政治经济格局和工业发展历史息息相关。美国南北战争时期，摩根家族敏锐地嗅到了黄金交易与战争消息的影响关系，通过幕前幕后的操作与交易一次次获利。1871 年，经历了普法战争的法国政局一片混乱，老摩根为陷入困境的法国政府提供了 5 000 万美元的国债承销服务。通过采用联合募购的方式，摩根的名号在行业中名声大振，确立了其为各国政府担任融资顾问的地位。美西战争之前，墨西哥政府由于无力偿还西班牙政府的旧债，处于破产边缘。老摩根以取得墨西哥油矿及铁路权为担保，联合认购了墨西哥发行的公债，再次获得不小的收益。阿根廷经历了与巴拉圭的战争后陷入经济危机，老摩根果断出手购买阿根廷政府国债。就连身为老牌资本主义强国的英国在第二次布尔战争开始后，也面临了战争费用庞大、军备竞赛激烈造成的财务难题。老摩根在这期间认购了多笔英国政府公债，获得丰厚的利润。第一次世界大战中，老摩根的儿子 J.P.Morgan Jr.（小摩根）更是担任美国政府代理，为盟国提供巨额资金，其中最大一次的融资额达 5 亿美元。

2. 兴盛时代：拯救美国与金融大亨

1880 年，J.S. 摩根通过手段与谋略涉足铁路投资，掌握了萨斯科哈那铁路公司的董事会并集中控制了当时美国六分之一的铁路系统，在铁路投机业中获得巨大成功。1895 年，老摩根整合了家族的银行权益，并担任纽约、费城、伦敦及巴黎 4 家相关公司的资深合伙人。1898 年老摩根承销美国政府 2 亿美元债券、1899 年认购英国 18 亿美元国债，一跃成为世界头号金融大亨。到 1906 年，老摩根已经推动创建了当时美国 3 家最大的公司——美国钢铁公司（U. S. Steel）、通用电气公司（GE）和美国电话电报公司（AT&T）。1910 年，伦敦投资银行公司 Morgan Grenfell & Co. 成立，并取代 J.S.Morgan & Co. 成为摩根网络的英国分支机构。1913 年，老摩根去世。

摩根财团"拯救"美国的历史故事更是家喻户晓、载入史册。1907 年，美国陷入经济大恐慌，企业倒闭，股市跌进深渊。稳定金融秩序、保障经济持续稳定发展需要大量的资本投入，但当时的美国没有中央银行来调控资金供需平衡。老摩根组织多位银行家共同筹集了 2 500 万美元的资金开展援助，协助当时陷入恐慌之中的华尔街度过危机。几个月后，他又安排了 2 000 万美元的融资，协助纽约证交所维持正常交易。摩根财团挽救美国金融业的信息不胫而走，恐慌终于平息，股市开始上扬。此后，美国政府意识到必须成立国家中央银行，成为美国联邦储备委员会诞生的初衷。

3. 变革时代：无法复制与历史传承

老摩根去世后，小摩根成为公司资深合伙人，开始在纽约金融区华尔街 23 号建设摩根新的意大利文艺复兴风格的总部大楼。小摩根继承了父亲的商业天赋，在第一次世界大战和罗斯福新政中均扮演了重要角色。1933 年美国国会通过 *Glass-Steagall Act*（《格拉斯—斯蒂格尔法案》），为美国银行业立法，要求银行业及证券业务分离，以保证商业银行避免证券业的风险。1935 年，作为应对措施，小摩根选择继续进行其商业银行业务，而几位资深合伙人及员工离开公司，并组建证券公司摩根士丹利。1940 年，根据纽约州法律，J.P.Morgan & Co. Incorporated 成立，小摩根成为资深合伙人和董事会主席，家族以外的人出任首席执行官。1942 年公司首次公开发行股票。1943 年，小摩根去世。此后的摩根家族继承人再也无法复制战争与垄断所铸造的帝国传奇，但在变更中生存的摩根公司却和它的职业经理人共同传承着这个金融帝国出色与卓越的血脉，在时代的浪潮中变革、生存、复兴。

1959 年，J.P. 摩根与担保信托公司合并，新公司叫作摩根担保信托公司（Morgan Guaranty Trust Company），是摩根财团独家商业银行子公司。为了突破美国银行法对商业银行业务的限制，1969 年成立银行控股公司 J.P. 摩根股份公司（J.P.Morgan & Co.Incorporated），是摩根担保信托公司独家银行控股公司。1988 年，J.P. 摩根完成了具有里程碑意义的重大交易，帮助墨西哥政府成功向债权行发行了 26 亿美元的债券用以交换现有债务。这一模式在发展中国家的债务重整中得到了广泛采用。1989 年，美国联邦储备委员会授权 J.P. 摩根承销并交易公司债。1997 年，J.P. 摩根收购了美国第四大共同基金直接分销商美国世纪投资管理公司（American Century）45% 的股权。2000 年，J.P. 摩根宣布与大通曼哈顿公司合并，并于 2001 年完成合并交易，合并后实体为美国第二大银行及全球主要金融机构之一。2004 年，摩根大通宣布合并美一银行（Bank One），合并后公司资产达 1.1 万亿美元，公司名称为摩根大通银行，并继续在纽约证券交易所交易，代码为 JPM。2005 年，摩根大通建立合资公司摩根大通嘉诚，继续从事嘉诚的投资银行业务。2008 年，在国际金融危机中，摩根大通收购贝尔斯登和华盛顿互惠，成为美国第一大银行。

共同价值／首要目标：做正确的事，让客户、员工、股东和社会为之骄傲

对摩根大通这样一个古老、知名、庞大的机构来说，绝对不能仅仅依靠血脉传承延续昔日的辉煌。在瞬息万变的世界格局下，如何立足当下，守住江山并抓住新的机遇，需要一个富有生机活力的现代化组织。这个组织能够有效运作的底层基石就是清晰的共同价值／首要目标。

在摩根大通公司网站公布的商业原则专栏，清晰地写着（根据英文翻译）："几项原则是我们成功的重要基础。它们集中展示了我们如何在时间的变迁中强化、保卫和发展我们的公司。遵循每一项这些原则让我们成为全世界最优秀和最值得尊敬的银行。我们不能承诺具体的业绩或零风险的结果。很多时候，我们的努力可能白费，但这时候我们将更加坚定地遵循这些原则并加倍付出我们的努力。我们能够承诺的是真诚对待并诚实评价我们的业务和观点，正直诚信做事，做正确的事而不是容易或权宜的事。我们决心竭力让这个公司成为客户、员工、股东和社会为之自豪的公司。"

这些原则包括4个方面，分别是：卓越的客户服务（关注客户；客户和专业驱动／本地化；世界级的经销网／长期投资以服务客户），出色的运营（追求最高业绩标准；严控财务风险／严守资产负债表堡垒；努力做最好的内控和管理；像股东和合伙人一样思考行事；努力建立和维护最好最有效的系统和运营；每件事都有纪律；用技巧和效率执行），正直、公平和负责（正直且绝不妥协、面对事实、不屈不挠、培育尊重包容人性谦逊的环境、帮助社群进步），共赢文化（选用、培训和保留优秀的多元化的员工；创造团队意识、忠诚和士气；为所有人保留一个开放的、创业型精英管理体制；诚实清晰持续沟通；努力成为好领导）。

而除了网页上的这些字字珠玑的共同价值／首要目标描述外，摩根大通还公开了一份长达100页的重要文件《我们如何经营》，详细论述了摩根大通的企业文化、控制环境、客户承诺、公司与监管者／股东和社群的关系及公司不懈的

努力。在这份文件首页，CEO 杰米·戴蒙用大标题写着"看看我们是谁"。他指出，摩根大通是一个金融控股公司，全球领先的金融服务公司和美国最大的银行机构之一。公司在全球运营，是一家在投资银行、消费者和小企业金融服务、商业银行、金融交易和资产管理领域领袖级别的公司。为了管理汇报之目的，摩根大通的运营被按公司结构和 4 个主要汇报商业板块（又称作业务线）进行管理，即消费者与社群银行、公司与投资银行、商业银行、财富管理。这份报告被作为"商业原则"的伴随作品，强调了做一家好的公民企业和始终努力做正确的事情的重要性。

清楚了解"我是谁"，对企业来说至关重要。因为不同人可能有不同的观点和角度，能够让员工、股东、管理层、客户的思想统一起来，必须保持客观、真实、准确的定位。

也许这些数字可以帮助说明摩根大通的定位——让客户、员工、股东、社会为之骄傲——是否客观：摩根大通是美国排名第 1 的信用卡发卡机构，排名第 1 的联合品牌信用发卡机构，排名第 1 的信用卡和借记卡支付总额，排名第 1 的 ATM 网络，按照美国客户满意度指数，连续多年在大银行中客户满意度排名第 1；在 J.D.Power 发布的小企业银行排名中，摩根大通在美国 4 个区域中的 3 个区域保持客户满意度领先；在线金融服务（chase.com）排名第 1；手机银行功能排名第 1（Forrester Research 的全球和美国手机银行功能排名）；ATM 网络系统排名第 1；零售分支银行网络排名第 2（排名第 1 的是富国银行）。2019 年摩根大通在世界 500 强排行榜中排名第 41。2019 年摩根银行在世界银行资产排名中居于第 6。另外，品牌管理公司 Universum 对全美 218 所大学的 53 237 名学生进行调查后，发布了"2019 年美国最具吸引力雇主排行榜"，摩根大通排名第 2，仅次于谷歌。

战略／战略决策：负责任的银行，坚守财务堡垒

摩根大通网站公布的 2018 年年报中，在首要位置分享了公司的战略与原则，这里罗列如下（根据英文翻译）。

（1）首要的是，我们从客户的角度看待我们的生意。

（2）我们努力在每件事情上做到最好。

（3）我们坚守财务堡垒。

（4）我们助力我们的社区发展。

（5）我们关心员工。

（6）我们总是努力改进管理和领导力。

（7）我们不担心某些事项，这些事项包括波动的市场、短期的盈利报告等，但我们高度关注我们承担的风险。

上述说明其实更像对公司价值的复述，在确认对公司共同价值／首要目标的理解之后，与价值相吻合的在公司战略目标指导下的当前发展方向自然清晰起来。年报的第二部分介绍了摩根大通对目前一些重要事项的"意见"，更明确地说，应该是"判断"，表明了现阶段公司的战略决策。

这些战略决策包括（根据英文翻译）：

（1）我们需要继续对美国银行系统和具有全球系统性的重要角色的金融机构之稳健充满信心。

（2）我们必须提醒自己良好的和安全的银行业务才是负责任的银行业务。

（3）我们相信好的监管既能够帮助美国发展又能够保持金融稳健。

（4）我们相信回购股票是适当进行资本重组的重要部分，但长期投资更加重要。

（5）对于云和人工智能的重要性，我们全力以赴投入。

（6）我们继续投入和尽责保护隐私与网络安全。

（7）我们会关注即将到来的风险。

（8）我们为衰退做好准备，尽管我们并不预期发生。

制度／模式：并购重组、公司治理、风险控制、科技创新

能够历经百年的企业在其发展过程中一定不会一帆风顺。摩根大通的发展史恰恰说明了人才与制度是组织延续的命脉。摩根家族领航人的素质和能力在摩根大通的发展史上发挥了重要作用，而作为一家现代企业，摩根大通在突破家族基

金的桎梏后，如何将公司人才与制度实现有机结合变得更加关键。公司需要优秀人才的引领与助力，公司的制度不能压抑人才；同时，人才也不能凌驾于公司制度之上，公司治理必须有一套科学周密的运转体系。摩根家族以外的高管们包括丹尼斯·韦瑟斯、威廉·哈里森、杰米·戴蒙，他们都是华尔街的精英甚至传奇人物。回顾摩根大通千禧年以来经历金融危机、"伦敦鲸"事件和互联网金融等重重挑战的一路历程，这艘金融巨轮破浪前行的制度/模式要从并购重组、公司治理、风险控制和科技创新4个方面说起。

并购重组，绘制战略地图

摩根大通的多笔重量级并购重组夯实了未来发展的基础，通过强强联合全面提升了各项业务水准。1996年发生了美国银行史上最大的并购案之一——大通曼哈顿银行与当时美国最大的商业银行化学银行合并，合并后仍沿用大通曼哈顿的名称。2000年，大通曼哈顿银行和 J.P. 摩根公司合并，造就了今天的摩根大通。

尽管每一次并购对组织来说都是巨大的挑战，但摩根大通并购的脚步并没有因为阶段性的成功而停滞。2004年，摩根大通并购了以零售业务见长的第一银行（当时美国的第六大银行）。并购完成后，摩根大通的零售业务能力实现显著提升，其分支行由529家增至2 508家。在美国金融危机期间，摩根大通再次果断出手，并购了处于困境中的贝尔斯登（当时美国的第五大投资银行）和华盛顿互助银行。此次并购加强了摩根大通的投资银行业务，也使摩根大通实现了由美国东海岸向西海岸的区域扩张，服务覆盖面进一步提升。就这样，在复杂的银行业竞争中，摩根大通不断完成业务板块的拼图和扩张，分支行机构数量由2007年的3 152家飙升至2008年的5 474家。

并购重组对任何组织来说都是脱胎换骨的大手术、大战役、大布局。一系列并购重组动作行云流水般地衔接，彰显了摩根大通管理层高瞻远瞩的格局与杀伐决断的睿智；而这一系列并购重组的成绩单通过摩根大通的业绩来体现最直接不过。2000年以来，美国经济经历了两次大的冲击，分别是2000年末高科技股崩盘引起的经济衰退和2008年波及全球的国际金融危机。2000—2018年，美国共有 546 家银行倒闭，其中 165 家银行在 2008—2009 年倒闭。尽管两次冲击对美国银行业产生了几乎地动山摇的影响，但对摩根大通的影响却显得平滑许多。1999 年，摩根大通的净收入占美国银行业的 8%；在后续的并购成本影响下，净收入占比降低至 5% 以下；但在随后的几年，特别是 2006 年以后，占比回升至 10% 以上；2009 年以来更是企稳在 16%。美国银行业受 2008 年国际金融危机的影响，净收入持续下滑，2009 年亏损 116.2 亿美元，此后直到 2012 年才恢复至 2006 年的盈利水平。在此期间，金融危机虽然影响了摩根大通的净收入水平，但银行整体始终未出现亏损。摩根大通从并购重组中获得的结构性优势让其在金融危机中表现出优秀的稳定性和抗风险能力。

从微观上看，摩根大通来自不同业务板块的合理的收入结构是其防范各种风险的最优筹码。业内人士统计分析了摩根大通多年来的收入结构，重点关注其利息收入和非利息收入的占比情况。数据显示，摩根大通的非利息收入和净利息收入形成了均衡平衡。以 2018 年为例，摩根大通的非利息收入为 540 亿美元，占其净收入的 50% 左右；而比较同期的中国工商银行，这个数字仅为 26%。由于利息收入属于利率敏感性收入，而非利息收入属于市场敏感性收入，两者互为补充，所以，当利息收入下降时，非利息收入可以缓冲调节其减值部分；而当非利息收入下降时，利息收入可以缓冲调节减值部分，从而保持整体盈利水平的稳定性和抗风险能力的持续性。

随着并购重组不断绘制摩根大通的新的战略版图，其业务结构和收入结构也不断均衡和完善，赋予其更强大的金融稳定性和收益增长性。

完善公司治理结构，优化客户服务

完善的公司治理结构是摩根大通的运行基础。摩根大通在过去 10 年的并购重组中，杰米·戴蒙等 12 人构成的董事会作为主要决策层发挥了重要作用。摩根大通董事会外部董事占大多数，除杰米·戴蒙属于内部董事以外，其余 11 位都是股东推荐的外部独立董事，这些外部独立董事都是一些知名公司的前任 CEO 或董事，皆为经验丰富、战绩辉煌的业界翘楚。公司董事会非常重视战略谋划，每年都召开闭门会议来决定公司战略方向。杰米·戴蒙作为公司董事会主席兼任 CEO，充分行使经营自主权，带领经营管理层贯彻董事会的战略，承担具体运营职责，可谓权责清晰、分工明确。

在摩根大通，杰米·戴蒙每年会主持召开两个重要会议。一是年初由来自全球 200 多个区域公司高管参加的年会。年会上，这些对于公司经营发展最重要的管理者汇聚一堂，总结上年度表现、分析全球和行业趋势，探讨新一年的战略规划。二是由 15 名国际顾问委员会委员参加的年会，其成员包括美国前国务卿亨利·基辛格、前国防部长罗伯特·盖茨及英国前首相托尼·布莱尔等。年会通常要用 1～2 天时间，主要讨论公司的长远战略以及全球重大政治及经济事件可能对公司战略的影响，与会人员全方位思考，充分阐发对公司战略的全面建议。

摩根大通始终目标坚定。当然，面对瞬息万变的环境，也必须拥抱变化、适应变化。摩根大通始终要照顾各利益相关方的不同需求，同时又必须要适应全球各种不同的监管要求。而这一切始终都是站在客户的立场来思考问题、看待业务。由于公司总部重在决策，区域公司重在执行，因此在治理模式上区域公司与公司总部有一定差异。和总部的董事会构成不同，区域公司内部董事的数量大于外部董事，而且外部董事数量很少，任职时间一般都会很长。外部董事主要来源于公司业务需要的专业人员，如法律方面等。在摩根大通区域公司的治理中，更加重视通过建立制度来加强当地的管理，通过设置权限来达成，而不是完全靠董事会监管。当地的管理部门都有非常详细的制度，每个职能部门都按照相关制度来执行。

坚守风险控制底线，稳健经营

尽管摩根大通善于利用并购重组业务版图并优化营业收入结构，但对于大的并购重组所面临的风险，公司管理层也非常清楚，可谓谨慎果敢。杰米·戴蒙曾表达自己对并购重组的看法，他指出，必须搞清楚 3 件事：一是业务逻辑，二是价格，三是执行能力。只有将这 3 件事搞清楚了，才可以去权衡轻重，达到平衡。也就是说如果业务逻辑清晰、执行能力突出，就可以支付更高的价格；如果这些事情风险较大，就必须争取更低的价格来弥补。杰米·戴蒙还极其重视加强公司对危机的应对能力，他强调，"你不能经营一个业务时希望它永远碰不上经济衰退"。因此要求公司花费时间进行前景规划，尤其强调熊市的可能性。

摩根大通的风险管理模式也在银行业享有盛誉，被称作财务堡垒。公司内部风险管控框架将对风险的理解分为 3 个层面，即风险的驱动力（包括但不限于经济环境、政府监管政策、市场或竞争者估值、商业决策 / 执行或判断失误、恶意不法行为、市场失灵、自然灾害等）；风险的类别（分为战略风险、信用投资风险、市场风险、运营风险 4 类）；风险的影响（包括收入减少、流动性降低、罚款处罚、声誉损失、客户流失等）。矩阵式的风险管理模式包含纵向业务条线和横向分行条线，顶层由董事会风险政策委员会负责总管风险管理和监督工作。公司的风险监管计划必须由首席执行官（CEO）、首席财务官（CFO）和首席风险官（CRO）共同批准，在分行层面的风险管理工作也应由分行相应的代表制订并经总行管理层批准。公司设有独立的风控职能机构（Independent Risk Management，IRM），包含风控和合规团队，由首席风险官直接领导。这样就形成了摩根大通特有的风险管控 3 条防线：第一条防线是各分行业务线根据风控机构设定的指标识别风险，执行内控措施；第二条防线是独立风控职能机构对风控框架体系的监管，负责评估和挑战第一条防线的运转情况；第三条防线是内部审计防线，审计部门由总审计师领导，向审计委员会汇报，独立测试和评估全公司的风控。公司强调，有效的风控体系必须获得全员的支持和参与，必须在各条业务线和全公司执行，因此，事实上，各业务部门包括人力资源部门、法务部门、财务部门等都战斗在风险管控的战线上。

当然，摩根大通作为一家上市公司，还受到美国证券交易委员会和各项法律法规的严格监管和管制，它既需要在其经营和重大事项上保持透明和公开披露，又需要严格遵守法律与监管规则。即使在行业内以坚守财务堡垒著称，摩根大通依然无法避免风险事件的发生，只是在最大限度上维护业务运营和风险与保护客户、顾客、投资者和公司利益相平衡。近年来，摩根大通因其一系列违规行为所付出的昂贵代价表明了这项工作中面临的巨大挑战和风险压力，包括因安然破产案支付数十亿美元的罚款和在销售次级债券中存在欺诈行为被开出 130 亿美元的罚单等。

科技创新，锁定未来发展

1. 加强数字化应用，让客户获得更好的服务

基于"客户是一切业务中心，数字能力事关银行生存"的认知基础，摩根大通数字化战略的重点目标是"移动优先—数字至上—多种渠道"服务以及"业务深度整合—支付总体解决方案"。摩根大通通过数字化转型扩大数字化能力，以便向客户提供更好的产品、服务、体验和价值。

在证券服务方面，摩根大通将其数字化投资分析平台推广至超过 200 余家大型投资客户，帮助它们更加清晰明了地分析自身资金管理情况。在支付领域，超过 180 家国际性的银行加入了摩根大通银行间信息网络系统，该系统利用区块链技术不间断地在银行间传输支付信息，从而帮助资金更快、更便捷地到达收款方。摩根大通还是第一家提供美元、欧元和英镑实时支付服务的银行，是第一家利用区块链技术实现电子货币跨境实时支付的美国银行。在投资银行领域，摩根大通运用科技帮助交易员更好地开展投资，并能够与客户之间建立更加有效的联系。交易员可以与客户同时登录资本市场信息系统，及时了解资本市场的变化趋势，利用相关模型自动生成分析报告帮助投资者决策。在日常生活中，客户可使用电子自动柜员机提取现金、使用电子钱包支付日常消费、使用电子快付分期账单、使用电子系统查询投资组合建议等。

2. 加大科技领域投资，获得持久经济效益

以客户为中心的数字化战略正改变着银行的各个业务板块，公司对科技投资的态度可谓不惜一切代价。随着互联网、区块链、人工智能、云服务等技术的快速发展，全球金融科技投资的热度不断升温。2014 年全球金融科技的投资规模约为 83.4 亿美元，到 2018 年该数字便已经飙升至 395.7 亿美元。摩根大通在全球金融科技投资的大潮中无疑是那个引领潮流的弄潮儿。摩根大通 2017 年科技投入约为 95 亿美元，2018 年更是增长到了 108 亿美元。

事实上，科技应用在服务客户的同时也帮助摩根大通提升了管理效率。据统计，摩根大通全球运营过程中的 40% 的时间都花费在服务客户上，包括回答客户各种各样的问题。通过科技提升服务便利性、透明性和有效性，帮助公司节省了大量运营时间和精力。更重要的是，科技投资帮助这个金融头部企业有效地防

止新崛起的金融科技创业公司和非金融公司抢占市场份额和收入来源，确保企业获得更加持久的经济效益。摩根大通被波士顿咨询集团评为50家最具创新企业，被《银行家》杂志评为全球最佳数字创新企业。

3. 加速技术创新和科技人才招揽，获得发展潜力

2016年，摩根大通启动"入驻计划"（In-Residence Program，IRP），通过与科技创新领域的外部公司建立合作关系，将金融科技界尖端领域的创新人才与摩根大通的独特资源整合，共同打造资本市场与金融业务创新深度融合的未来市场。摩根大通还和美国金融服务创新中心共同创立金融解决方案实验室，培育有价值的创新项目，打造高质量的金融产品及服务方案。公司年报披露，2017年在摩根大通全球25万名员工中，有近5万名技术人员，其中超过3万人从事研发类工作。

摩根大通科技创新的步伐不断加速，近年来已先后投资了上百家金融科技企业，包括移动支付、区块链、人工智能、可视技术、云服务、投资、销售、资产管理等众多领域。用摩根大通的话来说，银行绝不会因预算约束而放弃一项有价值的科技投资。针对云技术和人工智能两项科技，摩根大通更是给予前所未有的重视。摩根大通将加速利用云技术，使之整合应用到现有的大部分系统中，而人工智能技术则将加速被运营在各个业务板块以实现更好的用户体验和更安全的交易管理。摩根大通预言，大部分工作岗位最终将被人工智能所取代，因此公司已经开始提前规划，优化员工和岗位管理，提升运营效率。

标杆组织的协同基石总结

达尔文认为："能够生存下来的物种，并不是那些最强壮的，也不是那些最聪明的，而是那些对变化作出快速反应的。"适者生存学说同样适用于组织和企业。摩根大通作为摩根帝国屹立不倒的常青树，其发展必然适应着时代的变化，持续变革、持续创新、抵抗熵增、拓展组织生存极限。以摩根大通为代表的摩根帝国之延续离不开其与战争机遇、产业发展机遇、政治环境变化机遇的碰撞磨炼，这个攀登型的商业组织在复杂动荡的百年历史长河里、在激烈残酷的市

场竞争中，历练、沉淀、进化形成了摩根大通今天的协同基石——价值、战略、制度。

一个能长期保持协同状态的组织，必将成为一个伟大的组织。而对历史的长河而言，短暂的兴盛与衰落、崛起与崩溃都将被缩小成时间轴上的原点。一个能够载入史册的伟大组织，不仅要对股东和利益相关者负责，更要对商业环境、社会、时代和未来负责。摩根大通用兼容并包和业务调整不断实现均衡发展与自我修复，用完善的治理结构坚持服务客户，用风险控制坚守财务底线，用科技创新锁定未来发展，续写着摩根帝国的协同进化论。常青树是否会持续枝繁叶茂？老树是否能够抽出新枝条开出新花朵？也许唯一能够确定生生不息的是这个组织不懈的努力，正所谓"离离原上草，一岁一枯荣，野火烧不尽，春风吹又生"。

第十八章
高盛：合伙人战略机制协同助力基业长青

初识高盛

走进高盛

高盛集团（以下简称"高盛"）是一家国际投资银行，向全球范围提供广泛的投资、咨询和金融服务，在多个行业拥有大量的客户，包括私营公司、金融企业、政府机构和个人。高盛成立于 1869 年，是全球历史最悠久、规模最大的投资银行之一，总部位于纽约，在东京、伦敦和中国香港设有分部，在 23 个国家和地区拥有 41 个办事处。

2019 年 5 月 16 日，《财富》美国 500 强排行榜发布，高盛排名第 62，较上年提升 8 位。2019 年 7 月 22 日，《财富》世界 500 强排行榜发布，高盛排名第 204，较上年提升 55 位。2019 年 10 月，Interbrand 发布的全球品牌百强榜排名第 53。2019 年 11 月 16 日，胡润研究院发布《2019 胡润全球独角兽活跃投资机构百强榜》，高盛排名第 6。

高盛数字

2018 年底高盛营业收入达到 366 亿美元，同比增长 12%，增速创 6 年新高；在净利润方面，2018 年底为 105 亿美元，同比增长 144%。而 2019 年上半年受国际政治不确定性因素影响，高盛营业收入降至 183 亿美元，同比下滑 7%，同期净利润亦受影响降至 47 亿美元。

2019 财年全年归属于普通股东净利润为 78.97 亿美元，营业收入为 365.46 亿美元。从近年来的财务数据来看，高盛的主营业务收入常年维持在 300 亿～ 360 亿美元，占美国证券行业总收入的 10% 以上，2009 年金融危机期间因为经营相对稳健，收入行业占比高达 16%。

在金融危机爆发前，高盛税前 ROE 水平大幅度高于行业平均水平；在金融危机爆发后，伴随着去杠杆的进程，高盛税前 ROE 水平有所下滑，但仍然维持在 10% 以上。高盛的税前利润率虽然在金融危机期间波动较大，但是总体上维持在相对高位区间，金融危机前的净利润率水平为 20%，后危机时代虽然仍有小幅波动，但是仍然大幅高于行业平均水平。

从高盛百年的发展历程来看（高盛大事记见表 18-1），公司最大的特点是极其善于开发客户需求，无论是早期投行业务的开拓，还是后来投融资（交易）业务的兴起，都有其客户需求的因素存在；同时创新基因不断融入业务，使其业务总能保持相对高水平的盈利能力；而且公司层面也非常重视风险控制，公司在发展过程中也曾遇到风险，但每次风险出现后，我们可以看到高盛在风控方面的改进，使风险控制与业务发展很好地结合在一起。这些特点，使得高盛能够从一家小的票据商逐步发展成为行业龙头。

表 18-1 高盛大事记

1869 年	高盛集团成立，早期从事商业票据业务
20 世纪初	高盛与雷曼兄弟合作承销证券，使高盛成为真正的投行。高盛帮助遭受恶意收购的公司进行反恶意收购，使之成为投行界的世界级"选手"
20 世纪 60 年代	高盛创造了全新业务：机构大宗交易，率先建立了庞大的机构经纪人团队。随着共同基金、养老基金等大型机构入市，大宗交易开始迅速崛起，这为高盛带来了丰厚的回报

20 世纪 70 年代	高盛进入外汇交易、咖啡交易、贵金属交易等新领域，标志着业务多元化的开始。高盛创造性地将特定交易的执行与传统投资银行的承销业务分开
20 世纪 80 年代	高盛成立 GS 资本合作投资基金，开展资本投资业务，管理对冲基金、共同基金，开始直投业务。高盛制订了欧洲战略计划，谋求国际业务发展，抓住英国国企私有化改革机遇，成为英国钢铁和英国电力的承销商，并且将很多欧洲大公司发展成客户
1999 年	美国国会通过了以金融混业经营为核心的《金融服务现代化法案》，全面放松金融监管，标志着混业经营的开始
2007 年	全球金融危机爆发
2008 年	为应对金融危机，美联储宣布批准高盛和摩根士丹利转为银行控股公司的请求
2008 年以后	为了满足巴塞尔协议和沃克尔规则，高盛主动降低了杠杆率，并逐渐剥离方向型交易的自营业务

资料来源：查尔斯·埃利斯：《高盛帝国》，卢青、张玲等译，中信出版社，2015。

高度统一的共同价值 / 首要目标

在高盛，合伙人机制不仅是一种制度，还是一种文化，合伙人机制塑造了团队至上的企业文化。投资银行业是一个非常重视人脉关系的行业，家族关系通常是其最重要的资产，只有合伙制才能将这种无形资产留在企业内部。上市后，高盛合伙人制度（见表 18-2）与公司制完美结合，建立了一套独特、稳定、有效的管理制度。高盛成功地将个人对财富、声誉的渴望转化成真正的团队合作精神，实现了个人和集体利益的真正统一与融合。

从 20 世纪 70 年代末到 80 年代初，领导高盛的怀特黑特反复强调"在高盛只有'我们'，没有'我'"。这种团队精神已成为高盛文化的主要组成部分之一。在其他公司，个人的出色表现可能会受到鼓励，但是在高盛，能否融入公司才是关键。

高盛团队文化的突出表现是不同于"华尔街明星制"的双头制度。高盛在长达1个世纪的发展历程中，不仅由两个CEO共同长期领导，而且高盛的各个主要业务部门也多由两人共同负责。高盛的联合CEO总是可以共同做出决定并分担责任，且能倾听对方的意见。

表 18-2　高盛合伙人制度

规模	全球目前有 400～500 人
产生条件	每两年更换四分之一以上，只有约1.5%的员工可以成为合伙人，将员工的业绩贡献和文化适应性作为主要考核标准
合伙人激励手段	通过股票、期权等多种金融工具来强化中长期奖励
责任	并不附带明确的责任，但是如果业绩下滑或者出现违法违规的问题，合伙人会面临被更换的压力
合伙人制度优点	有效解决公司内部的激励问题，吸引和留住人才，增强员工归属感，保证核心团队长期服务于高盛；合伙人一般身兼多职，有利于公司内部避免过度内耗，同时保持一定程度的互相监督和制衡；有利于加强公司内部风险评估和管理，以及管理人员的责任意识，有助于提升公司整体稳健经营的能力

资料来源：国泰君安证券研究所。

坚不可摧的战略／战略决策

企业基石稳固

受金融危机的影响，同行业的公司不约而同地积极发展更多不同的触角来丰富业务，并且同时优化商业模式和制度。然而高盛并没有随波逐流，继续专一深耕投资银行等业务，并进行全球化的运营发展。高盛始终定位为全球领先的投资银行、证券和投资管理公司，其业务模式、客户战略和收入结构与金融危机前几乎相同。它仍然通过投资银行、机构客户服务、投资和贷款以及投资管理四大业务线，为企业、金融机构、政府和高净值个人等各个领域的许多客户提供一系列金融服务。

资本转型升级

主动去杠杆化。为了满足巴塞尔协议Ⅲ等外部监管和控制操作风险的要求，以美国投资为代表的金融机构加快了去杠杆化进程。海外投资银行的经营杠杆已从危机前的约 30 倍降至 2015 年的约 10 倍，高盛的杠杆比率则从 2007 年高峰期的 26.2 倍降至 2015 年的约 10.3 倍。

美国证券经营机构的杠杆率从 2007 年峰值时的 38 倍降至 2015 年的约 18 倍。由于监管变化，高盛需要更多资金来实现去杠杆化。高盛通过内生积累和外生补充提高了资本实力，去杠杆化取得了显著成效。

从重资本向轻资本过渡转型。为了满足沃克尔规则要求，高盛逐渐剥离方向型交易的自营业务，以重资本为主的自营业务规模大大缩减。业务结构已从高风险的交易业务转变为轻资本的中介业务。

客户定位精准

高盛的收入划分有两个口径：一个是财务报表口径，根据业务类型来统计，划分为投资银行、资产管理、佣金、做市业务、其他资本金投资和净利息收入等 6 项；另一个口径是根据业务组织架构来统计，划分为投资银行、投资管理、机构客户服务、投资与借贷四大业务来源。各业务部门之间可能存在相同类型的业务收入，这也说明了高盛并未按照业务类型进行组织架构设计。

但为了通过对标分析并体现出高盛在业务经营过程中的特点，按照业务类型划分更能进行有效的对比分析。因此我们在 6 项业务中按照国内证券公司分析框架，把券商的收入来源划分为手续费业务和投融资业务收入。（见表 18-3）

第一部分手续费收入主要是与资本金无关的业务收入，主要包括投资银行、交易佣金、投资管理业务收入。其中投资银行非息收入占主要地位，以利息收入和非利息收入作为收入结构划分标准，非息收入占比远高于利息收入占比，反映了其收入更多来源于手续费收入，深层次原因在于投资银行商业模式与商业银行商业模式的差异。

第二部分为高盛自身的投融资业务，主要包括利息收入、做市和投资与借贷业务下的其他资本金交易收入。反映的是高盛运用自身资产负债进行投资或者融资业务的业务。

与美国行业的数据对比发现，高盛的投融资业务收入占比显著高于美国证券行业平均水平，而且即使与同为美国投行业翘楚的摩根士丹利相比，高盛的投融资业务收入占比也是较高的。（见表18-4）

表18-3 高盛收入结构拆分

年份	2015		2016		2017	
	收入 / 百万美元	占比 /%	收入 / 百万美元	占比 /%	收入 / 百万美元	占比 /%
一、手续费业务	16 215	47.95	14 888	48.64	16 225	50.59
1. 交易佣金	3 320	9.82	3 208	10.48	3 051	9.51
2. 投资银行业务	7 027	20.78	6 273	20.49	7 371	22.98
3. 投资管理业务	5 868	17.35	5 407	17.67	5 803	18.09
二、投融资业务	17 605	52.05	15 720	51.36	15 848	49.41
1. 总净利息	3 064	9.06	2 587	8.45	2 932	9.14
1.1 机构客户服务净利息	1 322	3.91	1 456	4.76	1 322	4.12
1.2 投资、借贷净利息	1 325	3.92	880	2.88	1 325	4.13
1.3 投资管理净利息	285	0.84	251	0.82	285	0.89
2. 做市业务	9 523	28.16	9 933	32.45	7 660	23.88
3. 其他资本金交易业务	5 018	14.84	3 200	10.45	5 256	16.39
总计	33 820	100	30 608	100.00	32 073	100

数据来源：高盛年报。

表18-4 高盛和摩根士丹利收入结构对比

年份	2016				2017			
	高盛		摩根士丹利		高盛		摩根士丹利	
	收入 / 百万美元	占比 /%	收入 / 百万美元	占比 /%	收入 / 百万美元	占比 /%	收入 / 百万美元	占比 /%
一、手续费业务	14 888	47.95	19 739	57.00	16 225	48.64	21 861	57.61
二、投融资业务	17 605	52.05	14 067	40.62	15 848	51.36	15 236	40.15

续表

年份	2016				2017			
	高盛		摩根士丹利		高盛		摩根士丹利	
	收入/百万美元	占比/%	收入/百万美元	占比/%	收入/百万美元	占比/%	收入/百万美元	占比/%
三、其他业务	0	0	825	2.38	0	0	848	2.23
总计	32 493	100	34 631	100	32 073	100	37 945	100

数据来源：高盛年报。

投融资业务是高盛业务的最大亮点，而这来源于高盛堪称卓越的投融资能力。把高盛的投融资业务与行业对比后发现，高盛在投融资业务上的收益率水平远高于行业，且在次贷危机之后保持非常稳定的水平。

同时，高盛非常稳定地控制住了自身的负债端水平，这使得高盛在投融资业务上的净息差（投融资收益率－负债成本）极为稳定，这保证了高盛能够在较高的杠杆率水平上经营。

尽管在次贷危机之后，与行业一起，高盛也经历了持续降低经营杠杆的10年，但正是因为高盛极强的投融资能力，保证了高盛在次贷危机之后依然能在保证盈利能力相对稳定的基础之上逐步降低杠杆率。

高盛卓越的投融资能力来自清晰的客户定位。高盛主要服务于高净值及机构客户（尽管也有开发出Marcus平台服务零售客户，但高净值及机构客户仍是公司核心客户），这类客户的服务需求稳定，但也更倾向于资产端或者说是产品服务。为了服务这类客户，高盛在发展过程中逐步提升了自身的投融资能力，而这类客户稳定且巨大的投融资需求也使得高盛能够专注于投融资能力的建设，并不断优化。

高盛的客户定位非常清晰，即深耕美国及海外空间极大的机构客户。

第一，高盛主要服务于机构和类机构客户。以客户需求为依据，高盛把业务划分为机构客户服务（Institutional Client Services）、投资银行（Investment Banking）、投资与借贷（Investment & Lending）及投资管理（Investment Management）四大板块。（见图18-1）

其中机构客户服务业务收入占比最高，占高盛总收入的40%左右。其中主要包括做市收入、佣金收入和净利息收入。在这块业务上，高盛主要是给机构客户在股票及固收（FICC）资产上提供交易、融资及投资便利。

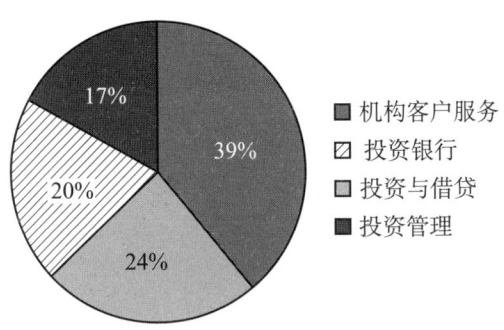

图 18-1　高盛 2019 年上半年各业务营业收入结构

数据来源：高盛财报。

投资与借贷业务主要包括投资收入和利息收入，约占高盛收入的 20%。高盛在投资业务上并不单纯以收益率最高为目标，稳定性也是其重要的考虑因素，因此，其投资业务的一大重要作用是对冲机构服务业务中的风险（这也使得高盛在做市业务收入出现波动的年份，整体投资收益是能够相对稳定的，这与中国证券公司大部分单纯"博方向"的投资模式有巨大区别），也就是说高盛的投资业务主要是服务于机构客户的，而非独立于客户服务之外的单纯投资行为。同时，其借贷对象以高净值客户为主。

投资管理业务方面，从高盛管理资产的分布情况来看，其主要服务的对象是机构客户。（见图 18-2）

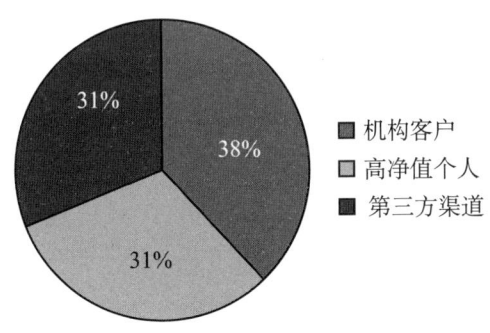

图 18-2　2017 年高盛管理资产规模的分布来源

数据来源：高盛年报。

投资银行业务收入主要包括财务顾问、股票承销和债券承销（见图 18-3），约占高盛收入的 20%。高盛投资银行业务的一大典型特点是财务顾问业务收入占比较高。其服务的主要对象是企业客户（也可以成为机构客户）。

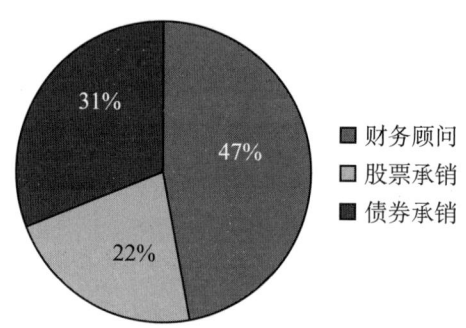

图 18-3 2019 年高盛投资银行业务收入结构

数据来源：高盛财报。

第二，机构客户投融资需求空间较大、稳定性强。在以美国为代表的海外发达市场中，机构客户又是主要的资本市场参与者。这使得高盛的业务所面临的是一个巨大的市场，业务空间比中国券商目前所面临的更大。

与巨大规模相对应的是美国机构客户极其稳定的投融资需求，无论从机构客户自身的规模、美国资本市场承销规模，还是从机构客户的交易和产品化规模来看都是比较稳定的，并且有小幅上升。

美国二级市场上共同基金和机构交易规模稳中有升，衍生品业务规模整体保持平稳；一级市场上股市、债市证券发行规模逐步上升。客户投融资需求的稳步上升，使得高盛对业务规模的增长形成稳定的预期。基于如此稳定的客户需求，高盛能专注于此类需求，并提升对此类客户的投融资服务。

第三，高盛国际化布局。由于高水平的全球整合运营，高盛全年海外业务收入占比通常保持在 40% 左右。这种收入结构不仅可以增加高盛的收入来源，而且可以有效地对冲单一市场波动对高盛整体经营稳定性的影响。国际化布局也是高盛的收入和利润能够长期维持稳定的重要原因。

高盛从 20 世纪六七十年代开始的国际化进程，至今已过了半个世纪，以服务客户切实需要为导向，重点布局国际各地区金融中心，循序渐进地在全球范围内开展各种业务，开展与各国企业和政府机构的密切合作，使收入多元化，同时最大限度地分散营业风险。高盛在国际化发展的过程中成功把握关键时机和主要经济体市场动向，适应全球经济金融一体化趋势，服务美国企业走出去，服务其他国家企业走进来，积极参与全球竞争。（见表18-5）

表18-5　高盛国际化进程

时间	事件
1970 年	设立伦敦办事处，开始进入欧洲市场
1974 年	设立东京办事处，开始进入日本市场，陆续开展日本上市公司境外并购融资业务
1980 年	抓住英国电力和钢铁行业私有化浪潮，开展大量承销业务，在英国开展大宗交易做市业务
1984 年	在香港设立亚太总部，开始在亚洲四小龙和东南亚国家设立分支机构
1985 年	在伦敦设立欧洲总部
1990 年	开始进入金砖国家和新兴市场，设立上海和北京办事处
1995 年	开始对中国大型国企进行股权投资，帮助其赴美上市
2005 年	整合在日本的业务
2020 年	在全球 32 个国家设有分支机构，海外业务利润率贡献度超过 40%

高盛20世纪60—80年代进军欧洲和日本，赶上了第二次世界大战后西欧经济快速恢复发展的时代以及日本80年代的经济腾飞，业务范围从早期的股票代理买卖、外汇交易拓展到投资银行和交易业务，服务的客户对象从在这些地区开拓市场的美国跨国企业到当地企业，高盛的盈利能力也在全球化发展中得到快速提升。

在20世纪90年代末期，以中国为代表的新兴市场国家开始步入发展快车道，高盛也同样制订了战略性扩张计划。1984年在中国香港成立了亚太地区总部，并于1990年在上海和北京设立代表处，尽管当时中国金融市场对外资开放程度有限，但是高盛仍然把握住了中国经济体制改革的历史机遇，帮助大型国企海外上市融资，获取了非常可观的证券承销收入。同时高盛充分利用中国政府给予的政策优惠，积极开始资本金等股权投资业务，积极入股大中型企业，业内熟知的案例有高盛战略性持股中国平安、中国网通、中国工商银行等行业龙头企业，高盛帮助中国政府改善了一些国有企业治理的状况，解决了一些融资需求问题，同时高盛在这些股权投资获得超高溢价时成功撤出，获取了丰厚的回报。

高盛国际化布局的一大特点是前瞻性极强，无论是进军欧洲和日本市场，还是进军新兴经济体，高盛都提前 10 ~ 15 年进行战略布局，把握各个经济体的经济、金融走势，提前布局，从而造就了高盛及时收获的结果。

合理严密的制度／模式

合理的组织架构

第一，以客户为中心的业务组织架构，保障了投融资需求的响应。

近 20 年，高盛经历了 3 次主要业务架构的调整，每次调整的主要原因是适应客户对不同业务需求的变化。（见表 18-6）

表 18-6　高盛业务框架调整过程

时间	事　件
2002 年前	一共设有全球资本市场、资产管理和证券服务两大业务板块
2002 年	将全球资本市场业务板块取消，将其原先下属的投资银行和交易与自营业务提升至一级业务板块，与资产管理和证券服务并列
2009 年	取消除投资银行外的两大业务板块，新成立机构客户服务、投资与借贷、投资管理业务板块

在 2002 年之前，高盛一共设置了 2 个一级部门：一是全球资本市场部，二是资产管理和证券服务部。全球资本市场部又包含 2 个两级部门：投资银行部和交易与自营部。投资银行部负责为公司、金融机构、政府及个人提供财务咨询和证券承销服务。交易与自营部则是从事投资、交易、清算和做市商业务的部门，下设 3 个主要业务部门：固定收益、货币与商品交易部（FICC），股票部，本金投资部。资产管理和证券服务部协助全球各地的机构和政府部门满足其投资需求，主要为客户提供资产管理服务及各种证券服务，例如，经纪业务、融资融券业务等。

鉴于 2001 年 FICC 业务收入已经在集团收入中占比高达 40%，2002 年高盛对原组织架构进行了调整：撤掉全球资本市场部，把旗下的二级部门投资银行部和交易与自营部一起提升为一级部门。

2008 年国际金融危机中，为了更集中、高效地为机构客户提供服务，高盛将组织架构调整为投资银行、机构客户服务、投资与借贷和投资管理四大部门。

这也是高盛业务部门的当前组织结构，可以看出，高盛业务部门的当前组织基本上是按客户类别划分的，这是避免出现由于业务合作的需要而影响公司整体服务水平之类问题的有效方法，也导致了在不同的业务线上同时产生相同的业务收入的可能性。这与目前的国内证券公司基于业务的组织结构有很大不同。

第二，稳健的风险管理体系，保障了投融资能力的长期建设。

高盛卓越的投融资能力和其完备的风险管理体系有直接关系，具体体现在风险管理的治理架构、流程体制和员工三大因素上面。

治理架构上，董事会为最高负责机构，提出总体的风险偏好要求，确定可以承受或避免的风险种类及水平，以实现公司的战略目标，并且在合规层面符合监管要求。流程机制主要包括识别、评估、监视和限制风险。在员工层面，无论是在一线业务部门，还是在中后台支持部门，高盛的员工对每种风险管理体系的差异和局限性的深入理解都帮助高盛准确地评估风险暴露情况，并且把整体风险维持在一个审慎的水平。

高盛的风险管理是作为一个体系存在的，而并非作为一个中后台部门存在，虽然整个体系的层次相比国内券商要多，结构较为复杂，但是整体隶属关系非常明确，体系运行高效。（见表 18-7）

其中委员会下面的客户和商业标准委员会、风险委员会、企业风险委员会各自还下辖更多的专职委员会，负责具体领域的风险管理。

高盛的业务覆盖金融全产业链，健全的风险管理体系为高盛的稳健发展发挥了重要作用。

表 18-7　高盛风险管理体系概览

风险管理体系目标	对所有商业活动中的风险进行积极管理，风险包括流动性、市场、信用、运营、模型、法律、合规、监管和声誉风险
风险管理文化	强调所有部门之间在决策上的合作意识、责任意识和进取意识，对中后台部门也投入大量资源来维持强有力的监督结构和合理的任务分配；风险管理水平和公司整体风险偏好、战略目标相适应
治理机制	以董事会为核心，首席风险官同时对董事会和首席执行官负责，管理委员会负责协调下属各专职风险委员会。董事会定期听取汇报，审核公司整体的风险情况，包括流动性、信用风险和其他重大潜在风险；同时对风险的计量和分析进行监督，对压力测试和情景分析的结果进行评估；董事会还负责统筹全局，给高级管理层和风险管理体系的员工沟通意见，指导工作
流程机制	每日按照现行市场交易价格进行金融资产盘点；坚持对金融工具实行严格的公允价值核算，按照公允价值对头寸进行日常记账，保持对交易类业务的高度敏感和警惕，主动管理市场风险限额和监控信用风险敞口，并管理流动性需求；设立限制和门槛来控制和监视一些交易、产品、业务和市场
对员工的要求	要求员工及时对风险的相关数据进行解读，并及时调整；列入员工考核体系；通过培训提升员工风险意识
与业务部门之间的关系	风险管理体系与业务部门保持独立，负责评价和监督业务部门，直接向公司管理层反映问题

资料来源：高盛年报，国泰君安证券研究所。

　　高盛对风险管理的认识不仅体现在风控过程上，还真实体现在合理控制业务风险上，这确保了高盛的利润更多来自投融资的真实能力而非放大风险后的结果。

　　对国内普遍认知风险较大、但成为高盛的核心优势的交易业务而言，在高盛所披露的年报中，有一块"Risk Management"用于揭示高盛在投融资（交易）业务上的风险控制情况。从高盛披露的数据来看，通过合理的风险对冲手段，高盛在交易业务上的风险头寸仅为整体资产的 7% 左右。这是高盛交易型业务能够成为公司稳健贡献利润的业务的重要原因。

合伙人制度和现代企业制度有效结合

高盛的合伙人文化与现代公司治理机制实现了完美的结合，整体公司治理水平以高效著称，保证了高盛长时期能够理性决策，防范非理性冒进。高盛整体组织架构扁平化，管理层级少，使决策过程更加灵活高效，能够很好地适应现代大型投行的业务性质。高盛目前的管控架构结合了合伙人制度的部分传统和现代公司治理机制，董事会下设立审计、公共责任、企业治理和提名、风险和薪酬委员会，由各位董事交替任职主席和委员，彼此独立，对高盛整体企业治理和运营起到关键作用。

标杆组织的协同基石总结

拥有共同价值／首要目标：合伙人机制塑造了团队至上的企业文化

高盛是有抱负的银行家的首选银行，在高盛工作已成为身份的象征。正如高盛高级合伙人费里德曼所说："没有人去清洗一辆租来的车。成为合伙人的梦想是一种无与伦比的激励力量，也是吸引最优秀人才的巨大诱惑。"

合伙人制度代表了高盛的文化，这是高盛一直以来为之骄傲的。合伙人变成了一种身份的象征，也为员工的职业发展指明了方向。员工毕业后加入高盛，从分析员基层岗位做起，经历各个级别的职位，最后到合伙人。商界顶尖人士称高盛是"伟大的人才库，不仅仅是在华尔街，而是在整个行业中都是如此"。

19世纪末期，大部分的投资银行都是合伙制企业。合伙人制度最大限度地保留了精英人才，使组织结构合理稳定，诸如高盛、摩根大通、美林等都采用合伙人制度，其中高盛是唯一一家一直在沿用合伙人制度的投资银行。

战略清晰：建立了紧密的客户和业务关系网络

持续推动高盛业绩增长的重要因素之一是其强大的客户和业务关系网络，其中包括广泛的客户网络和紧密相连的业务网络，相互交织的庞大网络为高盛带来了稳定的业务，不同业务网络之间环环相扣，相互创造商机。

高盛的直接投资商机很大一部分来自自身的客户网络。为了提高市场知名度，客户在公司上市之前愿意选择高盛作为联合投资者或合作伙伴。投资银行业务的快速发展进一步促进了高盛的商业票据和卖方代理业务的扩展。高盛建立的研究部门已成为许多机构投资者最重要的研究服务提供者。在获得可观利润的同时，该部门为包销业务在未来的成功奠定了客户基础。

制度保障稳定：集中且协同的全员风险管理模式

第一，意识第一，全员参与。风险管理的概念已深入高盛公司文化的核心，人人都是参与者。高盛认为，风险管理的意识和能力是公司员工年度评估的重要组成部分，此评估与薪资和职业发展直接相关。尽管高盛已经从上到下建立了多个风险管理委员会，并在主要的全球业务中心分配了首席风险管理官，但专职风险人员无法关注每个业务细节，因此高盛促进全面参与风险管理，该模式将每个业务部门作为风险控制的第一道防线。

第二，强调管控部门与业务部门的独立性。关于风险管理，高盛从治理的角度强调业务部门和风险控制部门之间的独立性。高盛对业务部门的定位是创造更多经济收益，管控部门的基本职能是评估、管理和控制风险。监督与被监督之间，以及两种部门之间的评估与评价之间存在关系，所以它们必须保持管控部门的独立性，尤其是人力、薪资和报告部门必须独立于业务部门，以便达到独立管控的目的。

第十九章

日航：春风吹又生背后的真谛

破产危机时的日航

日航破产前的基本情况

日本航空公司（以下简称"日航"）创建于 1951 年，总部位于东京。日航最初以私有制形式建立，在 1953 年 10 月成为日本的国有企业，1987 年由于向外抛售股票再次成为完全私有化的企业。后来日航经过重组和并购，从当初的只有数架租赁飞机的小航空公司一度跃升为亚洲规模最大、全球规模第三的航空公司，跨入世界 500 强企业的行列，被誉为"日本人心中的株式会社""战后经济繁荣的象征"。

2010 年 1 月，当时的日本首相鸠山由纪夫拒绝再次表态动用纳税人的钱来挽救日航，使得日航破产在所难免。1 月 19 日，举步维艰的日航终于向政府申请破产保护，以实施重组谋求"浴火重生"，总裁西松遥也于当天宣布辞职。2 月 20 日日航股票停止交易并退市。

截至破产，日航及其旗下公司共负债约 256.5 亿美元，是日本历史上除金融行业以外最大的破产案。

269

在航空业界风光无限的日航巨舰突然倒下，震惊了整个日本，也令全世界关注。曾经戴着这么多金光闪闪头衔的日航，为何会突然倒下？它究竟进入了怎样的迷途？层层迷雾笼罩在人们心头。

而日航的破产也给整个日本经济带来了不小的影响。

日航破产后直至复苏前带来的协同影响

日航破产并不只是影响了本身，从协同的角度来看，日航的破产牵一发而动全身，影响了整个产业链，甚至在国家与全球层面带来了震动。

2010 年 1 月 18 日，东京市场日航股票跌至每股 5 美分的历史低位。股价暴跌的同时，日航股票成交量也刷新历史纪录。在日航破产以及投资者等待多家美国公司公布收入报告两个因素作用下，全球股市普遍走低。

日航的困境反映了国际金融危机对航空业带来的影响。资料显示，2009 年全球有 30 家航空公司因缺少资金而停业，其中 14 家倒闭。

日本信用调查公司东京商工调查称，日航破产将对约 1 500 家与其有直接业务往来的日本小企业产生广泛的影响。日航破产更是对日本经济复苏信心的一次沉重打击。

日航的破产因素繁杂，如果想要重组这个企业，面临的不仅是财务运营上的困境。

日航与稻田和夫

眼看日航巨舰一点点沉入海底，在这危难之际，业内众多企业家断然拒绝蹚这摊浑水。谁来拯救危难关头的日航？

鸠山由纪夫思考了很长一段时间后，最终接受了民主党干事长小泽一郎的建议，邀请被称为"经营之圣"的稻盛和夫出山。2010 年 1 月 13 日，在日本政府的再三恳请下，稻盛和夫最终同意接手这个债台高筑的"烫手山芋"，且不取分文酬劳。此事引起了全世界的广泛关注。

早在接手日航之初，稻盛和夫就把在京都陶瓷公司（以下简称"京瓷"）的标语都拿到了日航，比如，"要想经营计划成功，只有一心一意去努力""人的强烈信念是能带来成功的""没有污浊的纯粹的心是能带来成功的""以高尚纯粹的精神状态工作"……

稻盛和夫奔走于日航的各个机场，他召集工作人员，告诉他们要重建日航，关键在于大家能在多大程度上得到乘客的喜爱。并召集干部开会研讨，最多的一个月开了17次。他从来不是命令大家该怎么做，而是讲为什么要这样做，以及这样做之后能达到什么效果。如此使得大家心服口服，发自内心地去做。"我是为日航员工的幸福而来的。"稻盛和夫说。

出任日航董事长时，稻盛和夫要求零薪酬，每周工作三四天。但实际上，他实现的只是前者。稻盛和夫每周工作五天，乘坐日航经济舱往返于京都的家和东京的办公室。而在旅程中，他慢慢发现，空姐的播音越来越充满感情了。"为员工"带来的是员工对客人的感恩之心，在迎接客人登机时，空姐每每鞠躬行礼。"对客人怀着感谢、抱歉的心情……"一位日航的中国籍空姐道出了众多日航员工的心情。

人生方程式

人们通常认为，人与人之间的差别取决于个人能力的不同，包括智商、体能等，这些与生俱来的能力决定着人生和事业的成败。事实并非如此。能力或许占了很大的比重，可人所持的思维方式、哲学、思想，其实发挥着更重要的作用。

稻盛和夫毕业于日本的地方大学。为了鼓励自己奋发图强，稻盛和夫不相信只靠能力就能决定人生或经营的成败。不管能力是否出众，只要竭尽全力、一丝不苟地去生活，充满热忱地去生活，付出不亚于任何人的努力，就一定会收获好的结果。

从年轻时起，稻盛和夫就想出了一个关于人生和工作结果的方程式，即"人生·工作的结果 = 思维方式 × 热情 × 能力"。观察许多人的人生，有人幸福，有人痛苦；企业经营亦是如此，有人做得风生水起，有人却怎么也不见起色。如此大的差别究竟从何而来？稻盛和夫从年轻时就开始思考这个问题，结果想出了上述方程式。

在稻盛和夫的商业哲学中，有"作为人，何为正确？正确的事物要正确地贯彻"这个条目。企业经营中，往往会有不体面的事件或者丑闻发生。人员多了，其中难免会有思想错误的人，因一时冲动而使坏的人。为了不让这些人走向错误的道路，企业需要有规范，这就是哲学。在企业内确立这样的规范，并成为人们的共识，就能防患于未然。

企业家特殊的战斗力

当我们带着爱的激情特别强烈和持续时，就产生了对某一个事物全然的敏感。任何一个方面的刺激，有关的和无关的，都会通过全然的敏感，转化为通向所渴望目标的台阶，智慧之井最终将喷薄而出，创造性的工作将不断带来喜悦。这是被稻盛和夫证实和揭示出的道理，也是被史蒂夫·乔布斯、比尔·盖茨、马云、江南春、李彦宏、李想、史玉柱等优秀的创业领军人物所证实了的"本真"。稻盛和夫认为，人性都有偷懒的偏好，领军人物是否能够掌握一刻接一刻的完美标尺，是驾驭企业的关键所在。研发是这样、服务是这样，企业经营管理的总体运营也是这样。只有当事人最知道利润指标能够说清的问题是有限的，而只有置身其中，反复体悟并推究事理，才知道实际上可以做得更好。

企业家为了做强做大，绝不恪守形式，甚至可以不要自尊，而必须拥有特殊的战斗力。与一般人想象的不同，这种特殊战斗力表现为一次次"回归零"的能力，表现为与自己和企业的每一个新发生接触的能力。不管先前何等成功，什么时候他都不能回归零了，开始脱离倾注热情的专业了，也就到他向下滑行的时候了。

以善恶，不以得失来作判断

企业经营者在日常工作中需要对各种事情作出判断。此时如果放任自己，人就会不以善恶，而以得失来作出判断。考虑得失，属于本能，就是凭算计损益，自己赚还是不赚，由此作出判断。不仅如此，还有感情用事，以自己是否受到侮辱来作出判断，或者以无谓的虚荣心来作出判断。要以一颗善良之心作判断，必须经过严格的训练，否则就很难做到。

在商海中历经浮沉的稻盛和夫，即使在最忙碌的时刻，也没有忘记心灵的追求。他一直在潜心研究哲学与宗教，始终都在追问一个终极问题："作为人，何谓正确？""稻盛哲学"的根本就是"敬天爱人，自利利他"，这不仅是他的人生哲学，也是他经营哲学的根本。"敬天爱人"也是京瓷的经营座右铭，其来自19世纪日本明治维新的领袖西乡隆盛。

在京瓷、KDDI 的经营中，在日航的重建中，稻盛和夫都反复倡导被称为"philosophy"的思维方式、经营哲学。稻盛和夫的这种哲学是约束自身行为的规范，是非常克己的信念。比如，"贯彻完美主义""持续脚踏实地的努力""把自己逼入绝境""有言实行""持有渗入潜意识的强烈而持久的愿望""认为已经不行时才是工作的开端""成功之前不言放弃"等，都要求严格自律的生活态度。

成为企业家的数学家

把稻盛和夫拯救日航从管理上作进一步的提炼，可以概括为四个字：信任管理。是"信"，是心气相通的信任给日航带来了变化。稻盛在 50 多年的经营中所确立的"信"，意味着自信、信人、被信、互信。稻盛管理是从信任开始的，也可称为信任管理。信任管理的要点是：以心为本，以信为门，发心于仁，践履于信，开启每个人的源头活水。自信不疑人，疑人不自信。从深入骨髓的自信开始，稻盛和夫形成了一个强大无比的气场，使得稻盛和夫周身散发出一种高能量的领袖魅力。

稻盛和夫认为，经营一家规模足够大的企业，和经营水果摊没有太大本质上的差别。经营企业应该脚踏实地，同时在经济景气时注重储备，在经济不好时进行投资，而要做到这一点确实需要有丰厚的现金储备。中国有句话为"阳光底下修屋顶"，就是说屋顶必须在晴天认真修好，等到下雨时再修就为时已晚了。不管数字上显示了多少利润，到头来能放心使用的只有手头的现金。可以用于企业发展、新设备投资的，也只有现金。虽然现代会计将现金的流动和收益、费用脱离计算，但归根结底经营仍需要回到原点，即在现金基础上思考。所以，清楚地掌握赚到的钱在哪里，以什么样的形式存在，再以什么样的方式保持增值，这是经营的根本。

有趣的阿米巴经营模式将在下一节重点讲述，这里解释一下单位时间价值核算制度。对每一个阿米巴用销售额减去创造销售额所使用的费用，得到"结算余额"，也就是这个阿米巴创造的"附加价值"，再除以总工时，得到单位时间效益（又称单位时间附加值）。通过某个阿米巴的净产值，我们可以清楚地看到它对公司总产值作出了多少贡献，单位时间效益更是将工作成果如实地使用数字归纳。

这种核算方法有下面一些优点：第一，简单易懂，符合直觉。提高单位时间效益只需要关注销售最大化、费用最小化和提高单位时间的产出。第二，基于准确的数字展开竞争。哪些费用产生了哪个阿米巴的销售都公正透明地展示给所有人。不同的阿米巴之间可以进行横向对比并展开竞争。第三，加速经营节奏。在阿米巴经营模式下，各阿米巴当天的业绩，第二天就会统考出来反馈给员工。阿米巴全员可以随时理解经营的实况，并立即采取措施改进。很多公司在年度、半年、季度核算中涉及的问题，在这种模式下每个月就可以进行。加速的经营节奏，会带来正向循环，反馈信息速度上的巨大差异日积月累，会造成企业行动和成果上的巨大差距。第四，让公司的每个角落都变得像玻璃一样透明。从单位时间核算表的数字中，可以看到每个经营的细节，数据可以按照部门、职能或工厂自由拆分。基层的动态也可以借助各项数据一步步传递到决策部门。

日航的经营战略

让每位员工将自己的内心正确地表达出来

我认为每个人以什么思维方式、持有怎样的信念、抱着怎样的人生观，来度过自己的每一天，换句话说，在日常生活中，在工作和人生遇到困惑的时候，我们以什么作基准来判断、来行动，至关重要。这种判断和行动的积累就形成了我们各自不同的人生。

个人的人生是这样，企业的命运也一样。在企业运营中，每个企业持有什么样的判断基准和哲学，如何去进行判断，这在很大程度上决定了企业的命运。就是说，因为企业所持有的经营理念、经营哲学不同，企业或者生机勃勃，或者衰败消亡。如果是这样，那么企业的荣枯盛衰，所有一切，都取决于企业所持有的经营哲学和理念。

这次由日航的许多经营干部和员工，经过认真学习和反复讨论，所编制的这本《日航哲学》将成为日航企业经营的基本指针。日航的干部员工根据自己的思想编辑完成这本《日航哲学》，真的很了不起。

这本《日航哲学》是日航经营的指针，它指明了日航今后应该以什么样的思维方式、什么样的哲学为基础来开展经营活动。因此我们必须让全体员工共有这种哲学，按照这种哲学指明的方向，把全体员工的思维方式统一起来，依据这种思维方式做出各种判断，以便好好地推进企业经营。同时，这种哲学不仅应该作为日航的宝贵财富认真守护，而且应该作为每个人的人生指针，在生活中贯彻运用。

仅仅做一本哲学手册并没有意义，仅仅停留在学习的阶段上也没有意义，哲学必须实行才有价值。我希望大家务必认真而且反复地学习《日航哲学》，在自己的生活和工作中切实贯彻这种哲学。如果能做到这一点，我坚信，不仅我们每个人的人生会结出更多的硕果，而且日航，不是在规模上，而是在员工的精神境界上，一定能成为代表世界最高水平的优秀企业。

以上是稻盛和夫在《日航哲学手册》一书中的序言。

工作是磨炼灵魂的道场。"人如果没有美好的心灵，就不能成功，我一直这样想。心是善良的，加上努力，就能做好。"稻盛和夫说。其实早在刚刚接手日航3个月时，他就已经充满自信，而他强调必胜的理由是：正确的思想，纯粹的动机，强烈的愿望，不亚于任何人的努力。如此而已。

2011年1月30日，稻盛和夫已满79岁。手握稻盛哲学这"唯一的武器"，连续3次在不同年代、不同领域缔造了成功。如今，他的心愿是：成功地使日航振作，让员工放心，然后回家安度晚年，同时，继续把盛和塾维持下去。

自1959年创立京瓷公司后，稻盛和夫几十年一直是京瓷研发的带头人。他发现，一旦发疯地投入工作之中，对某个目标有着强烈的渴望，就会在脑海里形成一个意象，身边的任何一个新发生，都会坚定地指向这个意象。这时，工作现场就会出现照亮前途的火炬，智慧之井就会洞开。用稻盛和夫的话说就是，"工作现场有神灵"。稻盛和夫一次次遭遇这种工作现场的神灵，以至于他作出结论——解决问题的答案总是在现场。当一个人以不服输的高度热情投入产品研发时，在对其进行全然的审视、倾听、专注当中，往往会听到"产品的私语"，找到解决问题的办法。稻盛和夫的体悟，给了我们一个相当重要的启示：当对一个追求目标有着强烈的持续的渴望时，丢掉成见，苦苦思索体悟，事先就能够清晰"看见"那个崭新的结果。相反，如果事先没有清晰的意象，就不会有崭新的成果出现。

从周边环境与地缘政治方面反思之前经营失败的原因

很多事情的发生并不纯属偶然，日航破产也一样，所谓"冰冻三尺，非一日之寒"。日航最大的对手也许不是全日空航空等公司，而是日本新干线。新干线发轫于20世纪70年代，也是日航全盛转衰的起点。航空和高铁从经济地理学角度来看优势完全不同，航空优在长途，而高铁胜在短途。如果一个国家的经济区域是分散的，例如，在日本20世纪50年代，城市化率较低，经济区域带分散，人口的经济活动分布也高度分散化，此时航空与长途慢速铁路相比有着不可比拟的优势。但是，到了新干线问世之时，日本经济发生了巨变，以京都经济圈为主的三大经济圈形成，城市化率已经接近80%，城市集聚效应相当显著，大量的人口生活在几个超级经济圈内，于是短途的高速铁路几乎覆盖了最有经济价值的人群，也就是说，对日本国内航空航线而言，它的超远距离的"黏合经济活动"优势几乎丧失。

日航的劳动力成本是行业内最高的，这同它的"老牌"有关。因为"老牌"，日航的工会也是最顽固的；而经营效率方面，日航则比其竞争对手，例如日本全日空航空公司要低得多。更重要的是，日航一直以航空路线的"大而全"而自豪，忽略了取舍和优化，不愿意放弃很多无利可图的航线。在"9·11"之后，航空市场急剧收缩，规模越大则受到的冲击越大。日航连续出现"安全门"事件，口碑迅速恶化，全日空坐收其利。

阿米巴的原理

稻盛和夫发明阿米巴经营模式的过程非常有趣，其来源是中国文学名著《西游记》。在阅读《西游记》时，稻盛和夫被孙悟空拔一根汗毛可以变出千百个小猴子的情节深深吸引，不禁遐想，如果在公司管理过程中能够同时出现千千万万个自己，那么公司的效率就会大大提高。

2010 年，日本其他三大"经营之圣"都已先后辞世，当日航宣布破产后，日本首相鸠山由纪夫出面邀请稻盛和夫重出江湖，担任关系到社会稳定的日航的掌门人。阔别商海 13 年后，稻盛和夫再次出山。2010 年 2 月 1 日，他正式出任日航新任董事长兼首席执行官，这一天恰好也是他 78 岁生日。

在就任仪式上，稻盛和夫出言谨慎，称"也许稻盛和夫并不称职，但稻盛和夫将以稻盛和夫的方式尽最大努力来拯救日航的员工"。并提出两个要求：一是不收取分文报酬，坚持零薪酬；二是不带任何旧有经营团队进驻日航。言语间潜台词明显：这一次，包袱实在太重，即使是稻盛和夫，也不敢贸然托大，揽下责任。

在数次金融危机中，稻盛和夫坚持不开除包括钟点工在内的任何一名员工，因为"公司永远都是保障员工生活的地方"。在日常经营过程中，他提倡稳健经营，公司永远保留大量现金，以应付不时之需。最终，京都陶瓷与 KDDI 公司的每个岗位上，都像存在着另一个稻盛和夫，在努力为公司作出贡献。日航、京都陶瓷与 KDDI 的成功，也证明了稻盛和夫经营方法的成功。

阿米巴经营模式

阿米巴原本是指一种软体原生动物，能随着环境的变化进行形体和姿态的变化，以适应多变的内外部环境。1959 年稻盛和夫成立了京瓷公司，然而，随着公司的规模越来越大，稻盛和夫一人负责研发、生产以及销售等环节，他渐渐感到力不从心。为保持公司发展活力，稻盛和夫于 1964 年首次提出了阿米巴经营模式。他依据实际情况，根据工序、产品、区域和客户，将庞大的组织系统划分成若干自主经营、独立核算的小集团，并采用量化赋权的方式授权阿米巴自主经营，使得各个小组织能够快速适应多变的市场环境，调整自身经营管理。每一个阿米巴通过"虚拟产权"的方式进行经营，这些阿米巴就犹如一家小企业，人数或多或少，存在经营者，有销售额、成本与利润等要素。通过引入阿米巴经营模式，京瓷公司现在拥有 200 多家子公司，创立 50 多年以来保持持续盈利。

此外，稻盛和夫将阿米巴经营模式成功地应用于日航重建。2010 年 1 月，日航按照公司再生法申请破产；2 月，日航在东京、大阪以及名古屋的证券交易被停牌处理。随后，稻盛和夫主持日航重建工作，将阿米巴经营模式植入日航。到了 2012 年 9 月，日航在证券交易所重新上市，并且在后续的生产经营中取得非常好的业绩。自 1964 年稻盛和夫创建阿米巴经营模式，并且在京瓷公司、KDDI 以及日航重组中得到成功运用以来，我国很多企业看到了阿米巴模式下的经营理念、方法和经营会计的优越性，开始模仿或者在原来的组织框架下植入阿米巴经营模式，以期实现企业盈利。例如，罗莱家纺、传化股份、宝钢金属、青岛海尔等纷纷导入阿米巴经营模式和经营会计，按照产品类型、所在区域、工序以及客户类型等细分为不同的阿米巴，划小核算单位，并执行单位时间核算制度。

纵观企业发展历程，科层制组织结构被政府和企业等广泛运用，但伴随组织规模的不断扩大，人员数量的增长，科层制组织体系所带来的信息失真、内部消耗过大、官僚制等使得组织内部人浮于事，效率低下。在规模较大的企业中，伴随组织层级的上升，科层制组织体系严重制约了组织中成员工作的积极性，降低了工作效率。同样，稻盛和夫在企业扩大到 200 人的时候便已经深感力不从心，迫切需要创新管理模式，而阿米巴经营模式能够适应多变环境，极具灵活性。面对日益庞大的企业规模，稻盛和夫一直在探寻"靠什么开展经营"，通过深思熟虑，稻盛和夫想到了人心，在他看来，人心变化无常，但是将人心连起来，那就能够成就伟大的事业。因此，稻盛和夫在京瓷公司、KDDI 以及日航重组中充分运用阿米巴经营模式时都特别注重凝聚人心，强调以人为核心的理念，这也就是阿米巴经营理念的成功所在。

总结稻盛和夫阿米巴经营的成功经验，可知阿米巴经营成功需要具备以下几个条件：第一，阿米巴经营模式最基础的要求是哲学共有，即组织中的成员应该具备共同的价值观，这些价值观包括"敬天爱人""利他之心"等。哲学共有是阿米巴经营模式的基础，只有在满足具备相似价值观的前提条件下才能够开展阿米巴经营。第二，在哲学共有的基础上，倡导"全员参与经营、培养经营人员"。也即阿米巴经营模式提出的"以心经营""伙伴式经营"，使全体人员都具备经营管理的素养和动力，充分调动全体人员工作的积极性。第三，按照产品类型、工序、客户类型、所在区域等某一标准或某几个标准将公司划分为若干个阿米巴，进行自主经营与独立核算。以此所划分的这些阿米巴需要具备明确的收入，并能够得到为了获取这些收入而导致的支出金额，这就相当于在组织内部建立一种虚拟产权的经营体系。此外，经过细化后的每一个阿米巴组织都必须能够独立完成有关业务，而且要能够贯彻公司整体的经营战略，实现公司整体目标。这就充分体现了管理会计中常用的精细化管理的理念，使得组织管理更加细化，权责更加明确。第四，阿米巴组织需要每天及时公布组织中每个成员每小时赚多少，在工作中还存在什么不足等。第五，推行"单位时间价值核算"体系，也即单位时间里所产出的附加价值的会计体系。以生产部门为例，单位时间附加价值＝（销售额－费用）／总工时，其中，费用是指除劳务费以外的费用，总工时为正常工时和加班工时之和。这种体系将每一个阿米巴作为利润中心，建立与市场挂钩的部门核算机制，并自始至终贯彻"以最小的费用，创造最大的价值"的原则，强调"售价－成本＝利润"的经营逻辑。

日航持续稳定的制度／模式

与阿米巴经营模式稳定契合

由于阿米巴经营模式构建了多个利润中心、成本中心和核算中心，使得公司整体被条块分割，因此需有强大的管理会计信息系统将各个阿米巴联系在一起。以宝钢金属为例，为配合阿米巴的运营，公司通过设计相关应用程序，实现阿米巴值目标差异分析的程序化、信息化、自动化。在生产模块信息系统中重点关注4个环节，即日常管理、生产统计、核算以及分析。在日常管理阶段重点完成排班管理、生产任务分配以及生产阿米巴绩效评价。在生产统计环节主要对生产投入、内部控制以及产出状况进行管理，进而进入核算环节。在核算环节中需要核算出实际价值贡献、目标价值贡献、班组评比以及计算目标差异。随后依据核算结果进行分析，包括对价值、成品率、时间效应、工艺控制、设备效率以及品质控制等的分析，也即将标准成本的思想与阿米巴经营核算相结合。与生产阿米巴信息系统一致，销售模块信息系统也有 4 个环节，即日常管理、业务统计、核算以及分析。在日常管理环节需要了解市场信息，制订生产计划，对订单、存货、客户进行管理。在业务统计环节则主要对销售事项以及包装物、工时等进行管理。然后，对销售阿米巴进行核算，核算的内容包括资金成本、运费、客户价值以及包装回收价值。在对销售模块情况进行分析时，重点围绕市场状况、客户价值以及营运周期等。销售模块信息化能够充分把握各个销售阿米巴的动态情况，促进销售环节的增值。

日航对员工的激励模式

包括经营班子在内，日航的每一位员工，把自己的人生和生活寄托于日航，每天勤奋工作。让每位员工都觉得"在日航工作真好！"日航认为，如果做不到这一点，员工就不可能给旅客提供最高水平的服务，也不可能提升企业价值，为社会作出贡献。根据这个观点，日航的企业理念开头就是："追求全体员工物质和精神两方面的幸福"。

为此，在追求经济收入的稳定、富裕时，还要追求工作的自豪感、劳动的意义、人生的意义，就是追求人的精神方面的富裕。与此同时，日航必须齐心协力、团结一致，竭尽全力，为旅客提供最高水平的服务。

接下来，日航的企业理念强调"为旅客提供最高水平的服务"。这就意味着为旅客提供世界第一的安全性、舒适性、便利性。

最后，日航的企业理念强调"提升企业价值，为社会进步发展作出贡献"。这意味着全体员工都要具备强烈的核算意识和不屈不挠的精神，通过光明正大的方法和不懈的努力来提高企业的利润，给股东分红，给国家交税，为社会作贡献。

日航把这一企业理念作为大家共同的经营目的、经营基础，并通过实践日航哲学来实现。

日航内部结构的调整

在挽救日航的过程中，采取的措施有以下几种。

精简机构人员：在政府的实际管理下，日航计划在 3 年内完成重组，包括把 110 家子公司减少至 57 家；集团员工削减三成约 15 700 人。

削减巨额债务：作为日航的债权人，日本 3 家主要银行向日本国内有关部门提交了针对深陷困境的日航的重组计划，减免日航总计超过 3 000 亿日元（合 33 亿美元）的贷款。

结盟达美航空：与美国航空业"老大"达美航空合作，2010 年 4 月起由星空联盟转投达美航空所参加的天合联盟。

停飞更多航线：在已公布的停飞航线基础上，再增加 12 条日本国内航线和 14 条国际航线。

标杆组织的协同基石总结

整个过程中，经营哲学是日航再度腾飞的灵魂，经营会计是指导日航正确判断的指南针，阿米巴经营模式是日航持续和深入改善的坚实保障。

倘若稻盛和夫没有在引入阿米巴经营模式之前先奠定一个稳固的哲学基础，日航能否再度腾飞恐怕要打上一个大大的问号。

从西松遥到稻盛和夫，不同的领导者率领着同样的一群日航人，西松遥失败了，稻盛和夫却成功了！西松遥与稻盛和夫最大的区别在哪里？恐怕最大的差别莫过于，稻盛和夫更加懂得运用整体的协同，更懂得人心。

第二十章
德科：人力资源行业领跑者的雄心

作为全球人力资源服务领域的领跑者，德科集团（以下简称"德科"）成立于 1957 年。1999—2018 年，德科已连续 20 年荣登《财富》世界 500 强榜单，并始终保持世界 500 强榜单中人力资源服务公司领航者位置。

坐稳行业头把交椅，背后是永不止步的雄心

研究德科的发展历史，可以发现其成功的秘诀就在于成为龙头老大的雄心，并且将这个目标转变为源源不断的发展动力，最终一步步成功登顶。

在共同价值／首要目标的驱动下，德科每一步决策都有赖于对周边环境／竞争态势的敏锐洞察，紧扣着环境变化而快速反应。无论是创立之初，先人一步发现蓝海市场，还是在竞争者如雨后春笋般涌现后变换商业策略，抑或迅速扩张抢占海外市场，这些让德科保持领先地位决策的背后首先都是对于周边环境／竞争态势的深度感知。

在德科的发展历程中，有两个重要的时间节点，都凸显了德科对于周边环境／竞争态势的深刻洞察，并及时调整发展战略，最终坐上了全球人力资源服务行业的头把交椅。第一个是 1996 年，德科在多次并购之后成为行业的龙头老大；第二个是 2017 年，德科提出"执行、变革、创新"的投资政策理念，掀起新一

轮的变革浪潮，增加自身规模优势，巩固行业地位。

20世纪90年代，万宝盛华发展势头正盛，并不断从美洲拓展到欧洲大陆。为了对抗万宝盛华的强势"入侵"，1996年，已经有39年发展历程的瑞士人力资源服务机构阿迪亚（Adia）和法国同行埃科（Ecco）合并成为德科集团。

阿迪亚于1957年由瑞士人亨利建立。1974年，亨利招聘了瑞士高管Martin O.Pestalozzi，大大加速了阿迪亚的扩张之路。这位高管雄心勃勃，带领阿迪亚进行了大量并购。5年之后，阿迪亚在瑞士苏黎世证券交易所上市。在资本的加持下阿迪亚如虎添翼，在全球范围内多个领域进行布局。

埃科于1964年在法国成立，在20世纪80年代成为法国人力资源服务行业的龙头老大，碰上强势扩张的阿迪亚，二者决定联姻组建德科，共同对抗万宝盛华。1999年，合并之后的第三年，德科首次入榜《财富》世界500强企业。为了进一步超越万宝盛华，德科在1999年收购了位于美国纽约的专注于医疗领域的人力资源服务机构Olsten Staffing，一举成为全球第一的人力资源服务机构。

成功登顶之后，德科逐步放缓在全球范围内的扩张步伐，开始从横向扩张转为纵向延伸，逐步完善自身的品牌生态圈。2005年以后，德科并购多侧重于补充业务短板：中高端人才访寻。2005—2012年，德科对法国、德国、英国以及日本侧重于中高端专业人才访寻的并购，使公司的增长点由低端职位招聘单轮驱动转变为低端职位和中高端职位并驾齐驱的双轮驱动。2012年至今，公司的并购步伐有所放缓。2017年，德科开始新的变革浪潮，重新梳理明确了自身未来发展的战略方向，通过数字化转型增加规模经济。

在快速变化的时代，企业的战略需要根据环境的变化不断转型。对德科而言，要保持企业的核心竞争力，需要不断适应环境的变化，及时调整发展策略，最终保持行业的领先优势。2017年，德科确定了推动人力资源行业变革的六个趋势：其一，地缘政治和经济不确定性；其二，就业经济；其三，技能失衡；其四，新的人口组合；其五，自动化、人工智能和机器学习；其六，数字化、大数据分析。基于这六大趋势，德科提出了三大战略——执行（perform）、变革（transform）、创新（innovate）。在贯彻三大战略之下，德科正在有序构建自己的品牌生态圈。

从组织治理 10S 协同模型看德科的全球扩张战略和业务发展

商业中强者与弱者的竞争，比拼的不仅仅是企业规模、营业利润，更多的是适应力。根据周边环境 / 竞争态势的变化对战略进行有效调整和创新，这是企业实现可持续发展的基本要求。对于组织来说，在复杂多变的商业环境中，只有提升察觉外部环境变化和竞争态势的感知能力，不断适应全新环境，根据外部动态变化，提升自身适应力，制定差异化的战略战术，才能打破残酷的丛林法则，这也是德科进行战略 / 战略决策调整的出发点。在战略 / 战略决策调整的基础上，德科进行了多次并购。

我们首先来看德科的发展历程。

1996 年：人力资源服务机构阿迪亚和埃科合并成为一家年收入达 54 亿欧元的全球性公司德科，形成了一个拥有 2 500 个分支机构的网络。

2000 年：德科收购 Olsten Staffing，成为美国最大的招聘公司。合并后的公司总收入达到 116 亿欧元。

2002 年：德科整合其业务并创建部门来管理其业务。

2005 年：德科扩展了职业领域定义的六条专业业务线，并且以一个名称提供所有服务。

2006 年：收购德国 DIS AG 后，Dieter Scheiff 担任德科首席执行官，Dominik de Daniel 成为首席财务官。

2007 年：年度股东大会批准提名前副董事长 Jürgen Dormann 为董事会主席。Rolf Dörig 成为副主席。德科的联合创始人 Klaus J. Jacobs 退休。

2008 年 9 月 11 日：德科创始人兼名誉主席 Klaus J. Jacobs 去世。Jürgen Dormann 作为董事会主席在年底辞职。

2009 年：Rolf Dörig 开始担任德科董事会主席。6 月 1 日，Patrick De Maeseneire 接任德科首席执行官。德科收购了英国的 Spring Group，并为 MPS Group 提供收购报价。

2010 年：德科完成对 MPS Group 的收购。德科与中国人力资源服务公司

Fesco 在上海成立合资企业。

2011 年：FESCO Adecco 于 1 月 1 日开始运营。德科宣布收购总部位于美国的 Drake Beam Morin，Inc.。

2012 年：德科收购了日本专业人员服务提供商 VSN Inc.。Adia 的创始人 Henri-Ferdinand Lavanchy 去世。

2014 年：德科收购 OnForce 以扩展其 Beeline 服务产品，为管理临时员工创建独特的集成解决方案。The Jacobs Group 出售其持有的德科 18% 的绝大部分股权。

2015 年：3 月 11 日，德科收购 Knightsbridge Human Capital Solutions，后者是加拿大职业转型、人才和领导力发展及招聘服务的市场领导者。9 月 1 日，Alain Dehaze 接任 Patrick De Maeseneire 担任德科首席执行官。

2016 年：5 月 10 日，德科完成对 Penna Consulting Plc 的收购，Penna Consulting Plc 是一家提供职业转型和人才发展服务以及招聘解决方案的英国公司，此次收购对 Lee Hecht Harrison 进行了有机补充。

2017 年：10 月，德科与微软联合推出自由职业者工作平台 YOSS，为自由职业者提供保险、法律和财务建议等一系列"按需"服务。

2018 年：2 月，德科以约 1 亿美元价格收购招聘初创企业 Vettery。4 月，德科宣布以 4.125 亿美元现金价格收购编码学校 General Assembly。6 月，德科宣布收购总部位于东京的面向信息技术行业自由职业者的人工智能配对平台——A-STAR 的全部股份。

结合组织治理 10S 协同模型进行分析，德科在 60 多年的发展历程中，对于周边环境 / 竞争态势的感知极为敏锐，在此基础上不断扩大自身的规模 / 范围，通过高质量的兼并收购实现业务发展战略 / 战略决策，同时，利用技术不断对商业模式进行创新，保持自身在人力资源服务领域的优势地位。

外延并购：规模扩张得益于高质量的兼并收购

德科早期注重自身业务在全球范围内的攻城略地，中期注重补充业务短板，从"广挖洞"转向了"深挖井"。德科借助资本的力量实现战略发展与扩张，不断通过并购扩大自身的版图，实现业务和横向延伸，扩大自身的规模／范围。同时，在技术发展驱动下，人力资源服务行业持续不断地发生着深刻变化，新入场者瞄准人力资源服务市场的各个领域：招聘、培训、薪酬福利等，新入场者的冲击势必会带来不可避免的行业重新洗牌、整合。德科作为传统人力资源服务巨头并非无动于衷，除了扩展自身的规模／范围之外，还通过多维度参与宏观的人力资源服务生态系统，捍卫自身地位。

从德科全球各市场份额情况可以看出，德科的主要市场集中于欧洲和北美（见表 20-1），因此其收购战略也重点放在这两个市场。其中，德科 2/3 的业务集中在欧洲地区，新兴市场增长较快，但占比较小。

表 20-1　德科营业收入情况

地区	2018 年增长 /%	2018 年占比 /%	2017 年占比 /%
法国	6	24	23
北美、英国以及爱尔兰（一般招聘）	-1	12	13
北美、英国以及爱尔兰（专业招聘）	-5	14	15
德国、澳大利亚、瑞士	-2	9	9
比利时、荷兰	0	9	9
意大利	9	8	8
日本	1	5	5
西班牙、葡萄牙	4	5	5
其他地区	-3	11	12
全球性业务	5	2	2

灵活用工：海外市场趋于成熟

企业对于灵活性的要求使得劳动力需求发生结构性的变化，灵活用工的接受度在逐渐提高。面对周边环境／竞争态势的变化，对以灵活用工发家的德科而言，灵活用工一直是其重点发力的业务领域。根据德科 2018 年财报，从业务营业收入结构来看，德科的灵活用工业务占比为 76%，猎头业务占比为 21%，人力咨询服务解决方案占比为 2%，人力资源外包占比为 1%。

由于欧洲的灵活用工市场的发展已相对成熟，行业成长红利相对较低，行业更多进入存量竞争的时期，并购成为德科持续做大的重要因素。德科在 1996 年的成立本身就是一个大型的企业并购，在初期就奠定了并购扩张的基因。由于欧洲市场的灵活用工发展经过 20 世纪 60—90 年代的快速渗透期，20 世纪 90 年代末已进入较成熟的阶段，成长红利相对较少。对此，德科一直以并购的方式持续拓展业务线，实现全球性扩张。

在并购方面，由于专业性灵活用工业务具备一定人才库和品牌认知的壁垒，因此企业在灵活用工细分子行业实施扩张时，往往采取"多品牌 + 外延收购"的打法，保持业务结构的稳定。该扩张策略尤其在以灵活用工为核心业务的德科上体现得淋漓尽致。

德科 1997 年收购了 TAD Resources International 以加强在 IT 方面的灵活用工服务；2000 年收购 Olsten Corporation，交易金额 13.28 亿欧元，成为美国市场最大的灵活用工服务商，并成为世界上领先的 IT 行业灵活用工服务商；2007 年收购了德国的 Tuja Group，进军德国市场，成为德国灵活用工行业的领军企业；2010 年，德科通过收购 MPS Group（交易金额 11.86 亿欧元），成为全球领先的专业灵工（Professional Staffing）服务商。德科在 1999 年瑞士交易所上市，获得了市场资金的支持，仅当年就收购了 11 家企业，实现了业绩体量的快速增长。

内生增长：技术赋能 + 数字化转型

为进一步提升服务水平和竞争力，德科的共同价值 / 首要目标已经从单纯的规模 / 范围的扩张，转向业务领域的深耕。2018 年，德科成功开启核心业务的数字化转型，在制度 / 模式上不断创新，并通过打造差异化品牌，利用品牌生态系统优势，发挥品牌协同作用，打造全方位人力资源解决方案领域 360° 品牌生态体系。这一体系中的各个业务品牌既相互独立，又互为补充，在优化公司利润结构的同时，与原有人才服务链一起形成业务闭环。

德科通过两个步骤实现自身的数字化转型：第一，加速并购与融合，扩大数字化解决方案；第二，新设立首席数字官职位，扩大 Adia、Vettery、YOSS 等品牌的数字化业务。所有这些策略的核心就是通过数字化解决方案的实施，为集团营业收入和未来业务的增长奠定坚实基础。

正是基于这样的共同价值 / 首要目标，德科在战略 / 战略决策上对于多方面技术进行研究，加上一直以来结构的稳定性，也为日后规模 / 范围的进一步扩大形成保障。

外企德科：德科拓展中国市场的重要路径之一

为了不断扩大自身的规模 / 范围，并迅速占领中国市场，德科在中国成立了合资公司外企德科（FESCO Adecco）。外企德科是北京外企服务集团（FESCO）与德科于 2010 年合资成立的人力资源解决方案提供商。

全球优势 + 本地品牌 + 灵活的资本合作

外企德科是德科重要的中国扩张路径之一，主要通过"全球品牌 + 本地化深耕"的方式占领市场。外企德科通过四大服务领域提供全面的人力资源服务，其中灵活用工是主要的服务领域。在外企德科的代表性客户中，全球 500 强占绝对优势，客户覆盖超过 90% 以上的全球 500 强企业，多细分领域灵工布局成型。2010 年后，外企德科在外资客户群迅速壮大的同时，向本地化及行业多元化逐步努力，但整体而言，公司客户性质依然以外企为主。通过分析外企德科的周边环境 / 竞争态势可以发现，虽然外企德科在外企中优势明显，但未来深度发展要看本土化深耕。

战略 / 战略决策上，德科的"全球优势 + 本地品牌 + 灵活的资本合作"模式，让德科在周边环境 / 竞争态势中占据了优势，保持了自身的结构 / 稳定，使得外企德科在中国不断扩张，这也印证了此前德科秉持的共同价值 / 首要目标和战略 / 战略决策的正确性，使得德科能够保持和秉承重视技术的共同价值 / 首要目标和战略 / 战略决策，为日后形成发展的良性循环打下基础。

以品牌文化塑造共同价值／首要目标，传播品牌形象

工作让生活更美好（Better work，better life）是德科长远商业策略的核心，德科期望所做的不仅是提供工作机会，更着重于人才培训和职业规划。正是基于这样的共同价值／首要目标，德科充分发挥和实践"以人为本"的理念，将其变成一种思维方式和实践行为，使品牌文化系统更具人性化，将其很好地融入品牌形象的塑造和传播中。从客户和员工这两个治理主体出发，德科做到了围绕治理主体构建出完整的组织价值协同运作机制，通过对共同价值／首要目标的营销和满足治理主体价值需求，实现了客户满意。

1. 结缘体育，提升品牌价值

体育营销作为一种新的方式，已经得到了不同规模企业的认可和效仿。若要将品牌的信息领先化传播，让目标受众对体育的热情嫁接到产品上，在体育营销中还需坚持品牌相关性原则，不能脱离品牌的共同价值／首要目标。德科是一些国际体育赛事，如悉尼、伦敦、雅典夏季奥运会，都灵、多伦多冬季奥运会，美洲杯帆船赛、戴维斯杯网球赛、世界室内田径锦标赛的长期合作伙伴，为其提供专业人力资源服务支持。这类国际性赛事，增强了德科品牌在全球的传播效果，树立了良好的国际品牌形象，提升了品牌的价值。

2. 坚持履行社会责任，塑造品牌形象

企业的社会责任是品牌建设中不可或缺的一部分，自成立以来，德科始终把公益事业与企业竞争战略有机地结合起来，使得社会公益活动成为提升品牌知名度的有效途径。通过这种企业社会舆论营销方式，德科成功地树立了自身的品牌形象，也占领了用户的心智。

2018 年，德科推出"与 CEO 一起工作一个月"（CEO for One Month）项目，通过从全球几十万份申请中严格选拔 50 名左右才华横溢的年轻人，和自己所在国家的德科集团区域 CEO 一起工作，从而让这些年轻人形成了对企业业务的独特见解，并了解了高管所面临的挑战。

此外，德科依托自身的业务，为退役运动员、在校大学生以及其他需要帮助的人群提供个人就业辅导服务。德科通过专业的测试，帮助他们寻找工作，让他们了解自己的长处，并提供职业培训计划。此外，每年德科都会组织专家，在不

同地区针对与就业相关的热点问题进行调查研究，及时发布相关调研报告，并将最新研究成果及项目中的经验与企业、政府部门和求职者一起分享。此外，德科设有人力资源管理学院，每年都会组织相关专家在不同地区针对引发的热点问题进行调查研究。德科视推动人力资本管理的发展与全球领先的实践接轨为己任，这种行业领导者的气魄和责任感极大地提升了德科在业界的品牌形象，实现了价值认同。

标杆组织的协同基石总结

通过组织治理 10S 协同模型进行分析，可以发现德科在创立之初，充分利用了周边环境 / 竞争态势这一要素，在此基础上协同规模 / 范围、战略 / 战略决策这两个要素，在商业模式和市场规模上进行突破发展，在全球人力资源服务领域一路领先，成绩斐然。

此外，在中国市场的开拓上，在周边环境 / 竞争态势上，德科在中国这个新兴的具备无限潜力的市场上面临着格外激烈的竞争；在制度 / 模式上也需要面对与美洲、欧洲等地完全不同的环境，制定出适宜中国本土的制度 / 模式；文化背景的不同也让内部员工和外部利益相关者的满意度 / 表达有不同的要求和体现；这些都影响着企业的结构 / 稳定和激励 / 约束机制。但无论环境如何变化，德科的核心价值都始终如一，而在国际市场上累积的经验也在中国市场上给其带来了规模化优势。

面对激烈的市场竞争，基于长期以来在中国市场的良好口碑以及其在全球人力资源服务行业领导者的地位和多年品牌运作的丰富经验，德科正逐步实践着为企业的人力资源管理提供全方位的服务规划的战略，不断捍卫自身在人力资源服务行业的龙头地位，激流勇进，强者恒强。

第二十一章
ADP：探索全球高市值人力资源公司的生财之道

人力资源行业市值高的公司真的很赚钱吗？它们凭什么赚钱？还能坚持多久？不妨继续用组织治理10S协同模型为全球高市值人力资源公司ADP（Automatic Data Processing,Inc.，中文名为自动数据处理公司，英文缩写音译为安德普翰）做一个系统的案例分析。

一家和钱直接相关的公司：市值高的人力资源公司何止是赚钱多

上市公司市值一直是商业成功的衡量标准。在云谲波诡的股票市场，ADP曾经连续40多年荣膺人力资源行业市值最高的公司。

相较于其他排名领先的人力资源公司，ADP最明显的特征莫过于其高利润率。在过去数年的《财富》500强榜单中，人力资源行业的巨头德科、任仕达和万宝盛华都正在以或曾经以较高的营业收入上榜。以这3家企业为例，2018财年，它们的平均净利润率在2.5%，而ADP的净利润却高达12.2%。

简单地说，ADP是一家本身业务就是和"钱"有关的公司。公司成立的初衷是帮助企业进行薪酬计算和薪酬发放。在美国，薪酬计算并不是件容易的事情，薪酬福利业务市场有着较高的门槛性，对技术有着一定的要求。

可以说，从诞生之初，从收益角度看，高利润率、高 ROE、股票高分红是 ADP 的一个显著特点。ADP 的主要营业收入来源于雇主服务以及职业雇主组织服务，分别对应不同的产品矩阵。雇主服务涉及提供全面的人力资源业务流程外包和人力资本管理解决方案，具体包括薪酬服务、福利管理、人才管理、保险服务等。

超强的市场影响力也是 ADP 的名片。这家赚钱的公司竟然还拥有超越本身人力资源行业的品牌影响力，跨界到就业甚至金融领域。超强的行业品牌影响力和市场营销能力突出，ADP 是全球极少数同时被标准普尔和穆迪评为 AAA 的 4 家非金融性企业之一。

ADP 全美就业报告采集自约 50 万家匿名美国企业，是美国就业情况的反映。还被市场称为"小非农"，是对美国非农就业人口的提前预测。

作为一家市值约 630 亿美元的上市公司，毋庸置疑，ADP 作为一家人力资源服务公司至少在影响力方面已经"跨界出圈"。回顾过去 10 年市值增长最大的企业，如微软、亚马逊、苹果、谷歌、Facebook 等存在以下几个共同点：技术 / 创新、数字化业务，通常基于云计算，CEO 拥有工程 / 计算机科学学位，大约成立了 30 年。ADP 是否满足上述特点，或是有更美好的理论模型可以佐证？我们尝试用组织治理 10S 协同模型来梳理和分析 ADP 过去、现在、未来发展过程中共同价值 / 首要目标、战略 / 战略决策、制度 / 模式之间的协同规律，并尝试了解这是否是其成功的原因。

ADP 的商业画布与组织治理 10S 协同模型

我们从时间、地理空间维度分别去分析组织治理 10S 协同模型与 ADP 发展之间的几次关键联系。从时间维度看，ADP 公司建立之初，倾向于实现共同价值 / 首要目标、满意度 / 表达、结构 / 稳定、战略 / 战略决策等关键序参量之间的协同。

随着业务发展和地理位置的扩张，成为一家全球性的公司，ADP 以客户需求为导向，按规模、地域、技术等级来不断创新和细化产品，并实现了规模/范围、周边环境/竞争态势和战略/战略决策之间的协同发展。

"名如其人，人如其名"

如果把带有遗传信息的 DNA 片段称为基因，那么技术可以说是支持着 ADP 基本构造和性能的关键基因。

ADP 在 1949 年创办之初便开始推广薪酬外包，是一家顺应市场机遇，从服务导向为主的产品公司转向新技术驱动的综合性企业；随着业务发展和地理位置的扩张，ADP 成为一家全球性的公司。

为什么是薪酬福利服务？薪酬福利服务是人力资源管理工作中频率最高、涉及人数最多、员工最关心的业务。美国有完善的薪酬社保和纳税制度，企业人力资源工作者往往需要在各种填报上耗费大量时间精力，因此很多企业会把薪酬社保和纳税事务外包给第三方专业的人力资源服务机构。

ADP 的薪酬服务针对所有规模的企业，并涵盖从招聘直到员工退休雇佣周期的各个阶段的服务。从编制工资表、代付工资到薪酬总结与管理报告，很多企业甚至将整个薪酬流程外包给 ADP。在美国，ADP 还帮客户负责从联盟政府到州的工资税申报，并发布社会保障、联邦医疗以及各级政府扣缴所得税的季度和年度报告供客户参考。

ADP 本质是一家拥有技术基因的公司。ADP 成立之初的业务是为客户提供薪酬计算和发放服务，但是直到 1970 年，外包的理念在美国还很难被客户接受。1970—1980 年，ADP 增加业务领域，即进入报税领域，为客户企业员工提供报税服务，相当于串联了后续金融服务，业务实现了上下游扩展和延伸，在业务领域实现了一次升级。1980 年之后，美国的"401K"等进入爆发期，企业客户的养老金、年金、保险等都涉及税务递延、抵扣等业务，ADP 再一次在这种金融契机下实现了增长。

2018 年 7 月，ADP 收购了全球薪资管理服务供应商 Celergo，这为 ADP 的薪资产品增加了一个专有的基于云的技术平台，巩固了 ADP 作为整个劳动力人力资本解决方案领先供应商的战略。

ADP 的毛利率、净利率指标走势证明了其服务壁垒的强大。企业计算复杂薪酬的强烈需求造成其规模化发展，同时，ADP 能连接外部供应端以及 C 端人群，通过服务进行业务支撑。

可以说，ADP 至少抓住了 3 个重要历史性契机：技术契机、税务契机、金融契机。ADP 也实实在在地为企业节省了钱、计算了钱，还发放了钱，获得了客户的满意度 / 表达。

满意度 / 表达与战略进行协同不仅表现在能开发和提供满足客户需求的产品和服务，还表现在对不同规模的客户满意度表达和期望进行了分类管理，并为客户提供了差异化的产品和服务。

全球扩张和业务发展路径图

世界时刻在改变，将给 ADP 留下怎样的烙印？ ADP 的发展仍处于规模、周边环境和战略等关系的相互作用中。战略定位愈加清晰，产品和技术、运营、渠道、激励不断优化。

ADP 的关键发展线路图以 2006 年为分水岭。在 2006 年之前，ADP 以扩大薪酬服务领域在全球不同地域市场的发展为主；在 2006 年之后，ADP 聚焦人力资本领域，并从各细分业务上进行拓展。

从全球发展路径看，跨国机构雏形初现，表现在 1974 年 ADP 收购荷兰薪酬服务公司；2001 年，ADP 收购澳大利亚薪酬服务公司，正式进入亚太薪酬服务市场；2006 年，ADP 进入中国市场，在上海和北京设立办事机构，主要为跨国公司的中国分支机构提供人力外包服务。

2006 年，ADP 的发展路径是通过全球地域区域的不断扩张成为一家全球性的公司。在这一过程中，最明显的烙印之一是聚焦的战略与一直延续的技术基因之间的协同发展。战略更为聚焦的 ADP 从 2006 年开始，不断增加对人力资本管理领域的战略资源投放，对于其他非人力资本领域业务采取逐渐剥离的方式。ADP 于 2014 年 4 月分拆了经销商业务（专门提供汽车零售行业解决方案的业务线），这一战略举措不仅有助于支持 ADP 更加聚焦于自身主营业务，更有利于

ADP 全球业务向着更高层次的高、精、尖发展。虽然这一举措没有对 ADP 中国的业务产生大的影响，但这一战略落地却向全世界宣告 ADP 将会一直在人力资本管理这条路上精进、创新与发展。

2006 年之后，ADP 在聚焦薪酬领域战略核心后，开始了人力资本服务其他细分领域的扩张。包括收购美国最大的招聘流程外包公司 TheRightThing 公司以及启动人才管理系统业务等。

2006 年之后，ADP 不再限于全球地域位置的扩张，而是在业务领域聚焦了人力资本核心战略，并将薪酬服务龙头地位延伸至招聘流程外包、人才管理系统等领导者地位。

更重要的是，世界正在发生革命性的变化，出现了越来越多的自由劳动者。ADP 敏锐地发现了灵活用工和自由职业者领域的巨大蓝海，且看重基于技术的自由职业者管理系统的未来，于是收购自由职业者管理系统 WorkMarket，此前还收购了支付卡行业公司 Global Cash Card，全面帮助客户解决日益增长的自由工作者劳动力问题。

中国路径图

ADP 在中国的发展轨迹也可以用组织治理 10S 协同模型去理解，是客户满意度 / 表达与战略、社会舆论营销等关键要素之间的一种协同。

走进 ADP 上海办公区，仿佛可以听到红白两色的协奏曲，ADP 的红色可被处处寻觅，咨询台前的 logo，讨论区的红色透明玻璃门……并非刻意，但这种颜色与中国传统文化契合得天衣无缝，似乎预示着这家跨国企业在中国的发展将前景远大。

2009 年，ADP 通过收购 ChinaLink 拓展在华业务，希望为中国市场提供更全面的本土化人力资源外包解决方案。对企业而言，并购是促进增长的快速方式。但并购能否顺利实施需要"天时、地利、人和"，这存在着一定的难度。现在看来，ADP 收购 ChinaLink 的决策十分关键，不仅取得了良好的并购效果，也实现了预期目标，成功地巩固了 ADP 在中国外包行业领跑者的地位。

进驻中国市场时，ADP 就制定了在华的长期发展战略。并且，对于人力资源行业合规性和云服务等领域进行了市场宣传和较为精准的广告投放，为自己赢得了大批客户。

亚太区对 ADP 本身而言有着独有的特点。第一，存在业务发展与增长速度的区别。亚洲与欧洲、北美等地区业务增长的速度明显不同，亚太区的活跃程度更高，经济增长速度更快。第二，存在产业成熟度的区别。从 ADP 外包业务市场来看，全球范围内亚太区产业的成熟度相对于北美与欧洲等地偏低，但每年都会有新增的劳动力进入亚太区市场。

标杆组织的协同基石总结

ADP 在具体的工作中其实也在不断应用组织治理 10S 协同模型，即共同价值 / 首要目标、战略 / 战略决策、制度 / 模式之间关系密切并由若干链环组成链，相互之间联系起来成为纽带。它是一条循环作用的闭合链，其中每一个环节的实施质量都将直接影响其后的环节，最终目标是实现企业的盈利。

随着我国信息技术和税收制度的不断改革和完善推进，薪酬外包及类金融服务产品受到越来越多企业的青睐，也将得到更多人力资源服务机构的重视，以及技术和资本公司的看好，势必成为各大企业新的市场竞争地和新的行业增长点。近年来，中国涌现一批提供薪酬服务外包服务的公司，如 CDP、易路等。

决定 ADP 未来继续发展方向和速度的链环仍在相互施加作用力，复杂多变的中美国际政治环境、技术的迭代和革新、资本市场的变化、中国市场的竞争格局、中国市场领导团队的稳定性和领导力等都充满了变数，因子之间也一直在相互制衡。

2019 财年，ADP 全年实现营业收入 141.8 亿美元，较上年同比增长 6%；净利润 22.9 亿美元，较上年同比增长 22%。

雅虎财经给出的股票售卖建议等级满分是 5 分，ADP 在 2020 年 7 月获得了 2.7 的分数，介于买和持有区间范围。2020 年 8 月 31 日 ADP 获得了 2.9 的分数，比此前的推荐分高 0.2。你的判断又是怎样呢？

第二十二章

瑞可利：日本巨头的全球经济版图

　　日本 90% 的应届毕业生会通过瑞可利集团（以下简称"瑞可利"）旗下的产品进行求职。作为日本最大的人力资源、分类信息服务企业，瑞可利旗下的产品覆盖人力资源、房产、婚庆、旅行、餐饮、美容等十大领域，业务场景几乎覆盖人的出生至死亡。

　　人力资源是其占比最大的业务，瑞可利 2019 财年营业收入为 2.4 万亿日元，约折合 220.17 亿美元，位列"2020 HRoot 全球人力资源服务机构 50 强"第 3。

　　截至 2020 年 8 月 31 日，瑞可利的市值为 6.636 万亿日元，约折合 628 亿美元，超过美国薪酬管理公司 ADP，成为全球人力资源服务领域市值最高的公司。

　　瑞可利是前程无忧（51job）最大的股东，曾投资 58 同城，它是全球最大的招聘信息搜索引擎 Indeed 的母公司，旗下拥有在日本细分领域头部的品牌，如日本最大的订房网站 Jalan、胡椒蓓蓓等。

瑞可利概况

　　瑞可利创立于 1960 年，最早为毕业生提供纸质版工作信息。它由人才匹配业务起家，围绕员工工作、生活构建交易场景。

　　20 世纪 70 年代，瑞可利提供的分类信息范围进一步扩大，开始涉足房地产等领域，并开展招聘业务。

20 世纪 80 年代，瑞可利提供的分类信息扩展到海外旅游、美容等领域。1986 年 7 月，日本以内阁令形式出现的《劳动者派遣法》开始实施，日本的劳务派遣业开始在明确的法律规范下以商业方式运营。借这股风潮，瑞可利开始其临时派遣业务。

21 世纪之后，瑞可利开始全球化布局之路。2012 年，瑞可利进行了经营改制，公司正式转为股份制；2014 年，瑞可利在东京证券交易所挂牌上市。

通过不断发展和优化现有业务，以及在全球投资和并购，瑞可利目前在全球拥有 366 个分公司，其业务实行精细化和品牌化管理。2018 年，瑞可利进行了内部改革，公司内部重新整合出了三大业务：人才技术业务（HR Technology）、媒体与解决方案业务（Media & Solutions）和人才服务业务（Staffing）。（见表 22-1）

表 22-1　瑞可利主要的业务及品牌

战略业务	分部	业务	品牌与服务	业务内容
人才技术业务	—	人才技术	Indeed	在线招聘及技术平台
			Indeed	在线招聘及技术平台
媒体与解决方案业务	市场信息业务	房产及租赁	SUUMO	线上平台、杂志，为用户提供买房、租房、装修或卖房等信息，并提供个性化咨询顾问
		婚庆	Zexy	线上平台、杂志，提供场地、服装、首饰等与婚庆相关信息，并提供个性化咨询顾问
		旅行	Jalan	线上平台、杂志，提供预定活动、旅游信息
		餐饮	Hot Pepper Gourmet	线上平台、杂志，提供预定活动、优惠等信息
		丽人	Hot Pepper Beauty	线上平台、杂志，提供美发、休闲和美容沙龙等信息，以及预订服务
		汽车	Car Sensor	线上平台、杂志，汽车领域
		在线学习	Study Sapuri Shinro	线上平台、杂志，高中生再教育与职业发展

续表

战略业务	分部	业务	品牌与服务	业务内容
媒体与解决方案业务	市场信息业务	在线学习	Study Sapuri	在线学习支持平台
		软件	Air BusinessTools	基于云端的支持日常管理和运营的解决方案
	人力资源信息业务	人才媒体业务	Rikunabi	求职资讯平台，针对应届毕业生
			Rikunabi NEXT	求职资讯平台，针对社会招聘
			RECRUIT AGENT	职业介绍服务
			TOWNWORK	线上平台、杂志，兼职和全职
人才服务业务	—	人才服务业务（日本）		
		人才服务业务（美国、欧洲、澳大利亚等）		

资料来源：瑞可利公司财报，数据截至 2020 年 3 月 31 日。

人才技术业务主要通过全球招聘服务平台，提供招聘广告服务及招聘解决方案，包括其所收购的全球最大的招聘搜索引擎 Indeed 和全球最大的雇主点评类网站 Glassdoor。目前，每月约有 2.5 亿用户会访问 Indeed 的网站，6 000 万用户访问 Glassdoor。

Indeed 与 Glassdoor 帮助瑞可利快速打开美国市场，其专有的搜索算法和评价系统也为瑞可利整体人力资源服务业务提供强劲技术支持，为瑞可利快速进军其他市场奠定技术基础。

媒体与解决方案业务由两大部分组成：市场信息业务和人力资源信息业务。市场信息业务通过线上、线下媒体平台，提供生活事件和生活方式等方面信息，如住宅与房地产、婚庆、旅游、餐饮及美容等。不仅为客户提供资讯的发布及媒体服务，更提供一套基于云端的 SaaS（Software as a Service，软件即服务）软件、Air BusinessTools，支持客户日常的管理和运营。人力资源信息业务则通过线上线下的媒体平台和工具，帮助求职者与雇主精准匹配，根据不同的求职者及需求，采用多平台、多品牌运作模式，比如 Rikunabi 针对的是应届毕业生，Rikunabi Next 针对的是社会招聘等。

人才服务业务主要由日本本土和海外业务组成，为客户提供临时性、灵活性的人才服务，如转职介绍、灵活用工、兼职、派遣等。在海外，主要通过收购等方式进行布局。

从营业收入角度来看，人才服务业务占据瑞可利营业收入的半壁江山；从营业利润角度来看，媒体与解决方案业务对瑞可利的贡献最大，超过 50%。

瑞可利的生态圈战略

战略是长出来的，如果战略发展不基于使命、愿景、价值观，就不会长久。纵观瑞可利的发展史，组织治理 10S 协同模型中战略 / 战略决策与共同价值 / 首要目标的协同发展，为企业的可持续发展奠定基础；在制度 / 模式上交互作用，则保证了战略的落地与经营的开展。

打造超级生活服务平台

瑞可利的经营理念是通过创造全新的价值来回应社会的需求，让每一个人都能实现自身的价值。它以"遵从你的内心"为愿景，以"人生机遇，更快、更简单、更贴近你"为使命，让更多的人可以自由地挥洒他们的激情，未来就会变得更好。因此，瑞可利以消除个人和企业之间匹配不对称问题，为双方提供最合适的解决方案为目的设立战略，通过活用最新的科技，让企业和个人之间的对接匹配更加精确，为用户提供更好的选择，同时也为中小型企业客户提供提升业务效率的产品与工具。

从战略和业务模式发展角度看，自 1960 年创立以来，瑞可利始终致力于"连接人与人"，它从招聘信息广告出发，由人才匹配业务起家，见证了日本劳务派遣行业兴起的全过程，并逐步成长为一家涉及多项业务、覆盖多个领域的公司，最终构建起一个超级生活服务平台。

在业务模式上，瑞可利的业务包括人力资源服务、互联网、消费行业等，尽管各个业态和市场估值各异，但跨界服务实现的价值溢出较大，业务组合的多元化也增加了业务的抗风险性。

招聘是个非常强大的入口，90% 的日本应届生毕业后都会通过瑞可利的产品找工作，由此形成一个非常精准的职业档案。同时，通过职业档案，将这些精准的数据转化到人们的生活消费环节上。瑞可利以招聘广告和招聘服务为切入口，主营产品线覆盖婚姻、房屋、旅游、食品、美容等领域。以招聘网站为基础，瑞可利得以收集大量求职者的精准信息，并将其转换为消费市场信息，更是打通了人力资源和市场营销双市场的信息壁垒。

B2B2C 蝴蝶结业务模型

如图 22-1 所示，瑞可利的业务模式围绕 B2B2C 蝴蝶结业务模型展开，连接个人（C 端）用户和企业（B 端）用户，通过精准匹配为两端提供价值。它通过大数据打通了 B 端和 C 端的联系，两端越分散，平台价值越大。

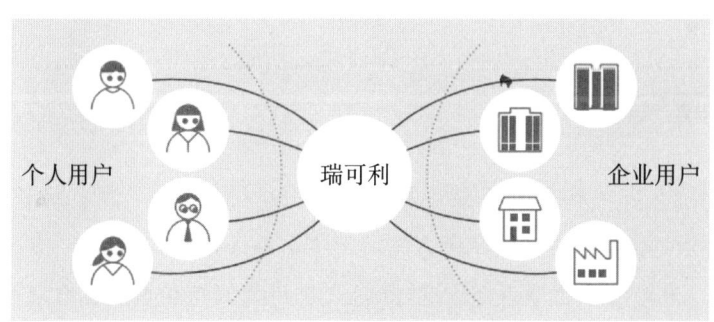

图 22-1　瑞可利的业务模式

资料来源：瑞可利公司财报。

2010 年之后，瑞可利战略转向互联网，房产中介、餐饮、团队、订票等领域都有对应的 App 应用。除了提供广告发布等服务，对于个人用户，可以通过此 App 进行支付，在线支付业务和功能则让瑞可利能嫁接消费金融业务，实现更加多元的业务场景。

瑞可利推出单一ID制，各平台间会员体制互通，有助于增加用户黏性，用户在平台上的行为轨迹、交易数据、相关趋势以及口碑信息等也能进一步加强瑞可利基于大数据的预测能力。

通过B端、C端用户的连接，瑞可利在所涉及的生活的多个领域解决信息不对称问题，各个平台收集到C端的数据和B端的数据，形成一个大数据库。通过数据库进行大数据分析和机器学习，使得最终的客户交易持续扩大，进而扩大收入。

2019年瑞可利推出Air BusinessTools，这是一套基于云端的支持日常管理和运营的解决方案，提供包括预订、CRM、POS系统、支付、劳动力管理、招聘和其他领域的解决方案，为B端客户的经营管理提供帮助。瑞可利不仅降低了B端企业的经营成本，也精准掌握了B端信息，将信息传递给C端。SaaS模式的解决方案也进一步提高了单客户收入，降低了现有客户流失率。

此外，瑞可利在技术与分析能力方面的投入持续加大，项目开发部门共有约1 800名员工分析用户数据并确定需求。在餐饮、丽人等领域，瑞可利在日本市场罕有与其相匹配的竞争对手，因而对于用户有更高的使用率，对客户的广告投入会产生更高的收益。

构建生态圈战略

正如美国《连线》杂志总编、未来学家凯文·凯利在《技术元素》一书中所言："所有的公司都难逃一死，所有的城市都近乎不朽。"城市是个开放系统，历经800年、1 000年，商业生态依然发达。对企业的进化而言，要构建一个生生不息的商业生态，企业不能过于封闭，无论是内部进化，还是外部适应与延展、吸纳，企业都应着眼于打造生态圈战略，成为亚马逊的热带雨林。

行业会被生态所覆盖，场景会发生多重变化，对用户而言，他们的需求是整合的。对组织而言，竞争的目标就是看谁拥有更多的终身用户数量。瑞可利的业务拓展在内部不断形成良性延展，并串联起更多企业外延资源，构建起一个个生态圈，通过综合平台为企业和个人提供一站式的服务，从雇佣、生活应用场景，到技术平台、移动支付等，既满足用户的便利性要求，也减少其搜索和获取其他产品和服务的时间，并且，用户能够通过生态圈获得最新、更好的服务。

对瑞可利而言，通过生态圈的良性运作，可以通过用户的需求不断获取新的收入来源，也可以通过简化用户日常运营提高用户满意度，更能收集更多用户数据以构建／应用于更多场景。

它所构建起来的生态圈战略也为瑞可利带来了巨大回报，一跃成为全球第三大人力资源服务机构，拥有全球访问量最大的求职网站，业务遍布全球60多个国家。

瑞可利的扩张路径

没有成功的企业，只有时代的企业。

一个企业的盈利能力不仅取决于其自身的竞争能力，也受到产业周期和宏观经济环境的影响。用组织治理10S协同模型来看，周边环境／竞争态势以及规模／范围要素的变化，对战略的产生及执行至关重要。

深耕本土市场

20世纪60年代，日本经济快速增长，使得劳务派遣的需求出现；到了70年代后期，随着日本产业结构调整，日本境内的劳务派遣业务快速发展；80年代，日本正式出台了《劳动者派遣法》，并在此后多次修订，逐渐开放劳务派遣的限制。日本的劳务派遣运作成熟，即使是日本泡沫经济破灭的那几年里，劳务派遣也依然呈上升趋势。步入20世纪90年代，在泡沫经济下，日本的雇佣体制和劳动力市场发生了很大变化。为了节省成本，企业开始裁减人员，并倾向雇佣派遣员工。终身制雇佣理念被淡化，企业开始积极雇用临时工。瑞可利的临时派遣业务开始崭露头角。而随着互联网的开始，在线招聘业务也逐渐开展。

瑞可利的快速发展开始于21世纪，并逐渐成为日本数一数二的招聘集团。事实上，尽管日本国土面积不大，但市场潜力巨大。根据WEC经济报告，日本一度是继欧洲、美国之后的全球第三大人力资源服务行业市场，虽近年来被中国市场赶超，但潜力依然巨大。

日本的人力资源服务业市场是寡头市场，而全球人力资源市场相比而言则较为分散。瑞可利在日本国内的产品与服务均非常强，2012 年，在新任 CEO 峰岸真澄的带领下，积极开拓海外市场，彼时海外业务占比仅 3.6%，至 2020 年，瑞可利的海外业务占比已达到近 50%。

全球扩张路径

全球扩张的路径一般分为 3 类：一是自然增长，即企业靠自身的努力逐步积累全球化的能力和资源；二是并购重组，通过收购海外企业的方式比较快速地提升全球化程度；三是战略联盟，与海外企业结成利益共同体以开拓全球市场。21世纪之初，瑞可利曾在海外从零开始建立公司的分支机构，并派人前往管理和开展业务，但初期的尝试以失败告终。因此，在 2012 年重启全球化战略时，瑞可利通过收购扩大全球的市场占有率。

在开拓海外业务的过程中，瑞可利的海外收购从人力资源业务着手，开拓中高端人才寻猎、在线招聘、人才派遣等领域，再切入生活领域，最终实现全覆盖。除在业务领域的拓展外，瑞可利通过并购战略实现了在区域上的延伸和覆盖，如今在全球 60 个国家和地区开展业务，快速实现全球化。

瑞可利的全球扩展战略根据区域市场业态的不同而有所差异。在亚洲的布局以在线招聘、中高端人才寻猎业务为主，2006 年收购 51job 15% 的股份，并在此后几年持续增加持股比例，成为 51job 的最大股东。2007 年，瑞可利创建 RGF HR Agent，进行海外人力资源业务扩展。

在欧美市场，瑞可利的并购策略略有不同。欧洲、美国的临时雇佣市场为全球第一、第二大市场，在经济不景气时期，临时雇佣业务甚至成为欧洲很多企业渡过难关的主要力量，弹性用工、劳务派遣、灵活用工等业态较为发达。因此，瑞可利在欧美市场的收购集中在人才服务方面。

2010 年 6 月，瑞可利开始在欧美市场的第一笔收购，收购美国的人力资源服务公司 CSI，这家公司为文秘和 IT 等行业人才提供雇员服务。此后，瑞可利陆续收购 Staffmark、Advantage Resourcing 的英美业务，以及全球领先的招聘搜索引擎 Indeed.com 等，进一步完善其全球性布局。

2012 年 10 月，瑞可利变更组织架构，以加速在人力资源和招聘领域的全球化布局。为实现整合效应，瑞可利设立人才技术业务运营部门。2018 年 6 月，瑞可利将以 12 亿美元收购的全球最大的雇主点评平台 Glassdoor 归入人才技术业务部门，市场信息及人才信息业务则并入新设立的媒体－解决方案业务部门，三大业务板块蓝图至此确立。

较为特别的是，瑞可利以 CVC 型投资模式推动全球市场外延，占据主要市场，充分挖掘市场潜力，利用集团资源为所孵化创业项目赋能。瑞可利在 2006 年成立了第一期基金，主要投资中国、美国、欧洲、印度，后又布局了两只美元基金，专注于早期和成长期的创业公司，目前投资领域包括众包、金融科技、在线教育、医疗保健、人才、生活服务等。

以人力资源服务行业的全球并购为基础，瑞可利通过收购技术平台和海外平台（见表 22-2），提升用户体验并扩大市场规模。与此同时，通过技术嫁接与延伸介入大消费领域，实现生活领域全覆盖。2015 年，瑞可利收购教育科技创业公司 Quipper，扩大了其 K12 产品在全球的销售渠道；继投资度假租赁平台 Tripping.com 之后，又以 2 亿欧元收购了德国餐厅预订网站 Quandoo；2017 年收购"全球最大酒店客户反馈平台"的 TrustYou，加强了对国际酒店和旅游市场的投资。

表 22-2　瑞可利上市之后的重大并购事项

时间	并购公司	信息
2014 年 12 月	Zirtual	美国拉斯维加斯的运用众包技术为客户提供虚拟助理服务供应商
2015 年 1 月	Peoplebank	澳大利亚的上市 IT 行业招聘服务商
2015 年 1 月	Tradeshift Holdings Inc.	美国 B2B 云服务平台服务供应商
2015 年 1 月	Tradeshift Japan, Inc	日本的 B2B 云服务平台服务供应商
2015 年 3 月	Quandoo	德国的在线餐厅服务供应商
2015 年 3 月	Chandler MacLeod	澳大利亚的知名上市人力资源服务商
2015 年 3 月	All4Staff Inc.	美国的提供自动化入职管理解决方案的人力资源服务商

续表

时间	并购公司	信息
2015 年 4 月	Gengo	日本本土的众包模式翻译服务供应商
2015 年 4 月	Atterro	美国的人才服务及外包服务供应商
2015 年 4 月	99desgins	美国的众包设计模式先驱
2015 年 5 月	XICA Co., Ltd.	日本的本土数据分析供应商
2015 年 7 月	Quipper	英国的伦敦的教育科技创业公司
2015 年 7 月	HackerRank	美国的科技招聘平台
2016 年 6 月	USG People	荷兰的人才服务公司
2017 年 6 月	TrustYou	酒店点评分析工具
2018 年 6 月	Glassdoor	全球最大的雇主点评网站

资料来源：根据公司官网及媒体报道整理。

从人力资源服务入口，瑞可利以专有搜索技术、匹配算法、预测算法、移动支付技术等连接各分支业务，通过加强各服务之间的联系以实现协同效应，使得用户在瑞可利各业务产品内部循环，从而增加用户黏性，产生增量市场，推动产业链延伸。

用组织治理10S协同模型分析瑞可利海外业务的发展

海外业务的发展作为瑞可利的重要战略，目前占比已逐渐扩大。用组织治理10S协同模型分析瑞可利海外业务发展发现，共同价值／首要目标、战略／战略决策、制度／模式3个层面高度协同，而在6个支点部分，也形成了若干小协同。

瑞可利能够在短短几年间，全球业务快速扩张，周边环境／竞争态势因素提供了极大助力。一方面是同时期日本宏观经济环境相对较好，2012 年 11 月起，日本实施"安倍经济学"，量化宽松政策在一定时期内帮助日本经济有所增长，也帮助瑞可利用户市场实现 5 年激增，为其全球化发展奠定基础。另一方面，瑞可利在全球布局的业务所在市场规模较大，以人力资源服务行业为例，据 WEC 经济报告数据显示，2018 年全球人力资源服务行业规模达到 4730 亿欧元，美国、日本、英国、德国、法国、澳大利亚等市场活跃，产业规模大，而瑞可利人力资源业务的全球布局重点也是在这些国家。

很多企业的并购失败在于文化不同，无法协同发展，就如沙拉里的各种蔬菜，缺少沙拉酱来整合。在并购策略实施过程中，瑞可利的价值观和使命起到了非常重要的作用，瑞可利的并购战略更注重公司对被并购企业的赋能及所给予的价值。

在对海外业务经营方面，瑞可利对当地市场的授权力度较大，在收购一家公司之后，其运营会交给当地对业务状况有了解的单元。以人才服务业务为例，瑞可利采用单位管理系统，根据求职者的性别、年龄、职业阶段、行业等特征细致划分市场，并针对各细分市场设立独立品牌，使集团业务能迅速满足市场变化。同时，海外业务将单位管理系统延伸至子公司层面，其业务由当地管理层负责，母公司只派高管任职关键岗位，各市场业务运营更为自主，能够快速适应新市场，有效提高新市场的拓展效率。

与此同时，公司的治理结构也根据战略不断完善。自 2016 年 4 月以来，瑞可利通过旗下三大战略业务单元来运营业务。为了在全球技术变革中保持领先地位，不断快速完善业务组合，2018 年 4 月，瑞可利在每个战略业务单元内部设立了战略业务单元总部，允许每个战略业务单元以自我持续的方式执行其独立的战略。同时，重点加强控股公司内部的控股公司职能，建立新的集团治理结构、业务监控机制和财务数据管理体系。

踏准时代的节拍

2018 年，日本进行《工作方式改革法案》修法，对派遣等工作，强化工作与薪酬平等待遇，于 2020 年 4 月实行。这一法律的变化对于瑞可利的人才服务业务将产生重大影响。此外，受 2020 新冠肺炎疫情的影响，全球人力资源服务市场均在发生诸多变化，在瑞可利的业务领域也是如此，人力资源、市场营销等各项业务均遭遇各种不同程度的挑战。从危机中寻找新的商业机会，成为很多企业的发展方式。

企业的发展之路，要么僵化，要么进化。疫情之下，用户依然还是原来的用户，但是用户的需求已经发生变化，而需求一旦发生变化，新的市场机会就会出现。商业的本质是变现，更精准就意味着变现的效率更高，而商业生态中，资源也会向着变现效率高的方向倾斜。

标杆组织的协同基石总结

组织治理 10S 协同模型的顶层是协同，由共同价值 / 首要目标、战略 / 战略决策、制度 / 模式 3 个维度和周边环境 / 竞争态势、规模 / 范围、满意度 / 表达、国家认同 / 社会舆论营销、结构 / 稳定、激励 / 约束 6 个支撑点共同构成立体的协同治理体系。通过瑞可利 60 多年的发展历史来看，在本土发展和布局全球化的过程中，在 3 个维度和 6 个支撑点之间形成了若干协同。

战略发展需要基于使命与价值观，否则难以持续；战略 / 战略决策与制度 / 模式协同运作，则能保证战略的有序落地与经营的开展。瑞可利致力于"连接人与人"，以招聘服务为切入口，延伸到人们所需的婚姻、房屋、食品、美容等 10 个领域，构建起一个超级生活服务平台，打通人力资源和市场营销双市场的信息壁垒。同时，瑞可利构建 B2B2C 蝴蝶结业务模型，链接用户与企业，通过大数据打通 B 端和 C 端的联系，扩大平台价值。业务从人力资源向互联网，房产中介、餐饮、团队、订票等领域扩展，也使得瑞可利串联起更多企业外延资源，构建起一个个生态圈，通过综合平台为企业和个人提供一站式的服务。

从本土发展走向全球布局，瑞可利的战略发展与周边环境 / 竞争态势、规模 / 范围也形成了若干小协同。瑞可利发展于日本宏观经济环境相对较好时期，日本的人力资源服务行业也是全球人力资源服务产业规模最大的市场之一，这为瑞可利的全球发展以及资本化运作奠定了良好的基础。

在其全球化扩张战略中，采用并购与投资的方式，在不同地区投资当地市场较为活跃且成熟的业务，如在美国、英国、德国等人才服务较为活跃且产业规模较大的地区加大投资，以快速扩大业务版图；收购全球最大的招聘搜索引擎 Indeed 和全球最大的雇主点评类网站 Glassdoor，为其整体人力资源服务业务提供强劲技术支持，也为瑞可利快速进军其他市场奠定技术基础。

瑞可利的治理结构根据战略不断完善。在并购策略实施过程中，瑞可利的价值观和使命起到了非常重要的作用。

第二十三章
威孚："野蛮生长"的印度之花

印度是外包服务发展的沃土

中国和印度是世界上最大的两个发展中国家，但两个国家的发展道路表现出明显的差异：中国随着工业技术水平的不断提高，以制造业享誉全球，而印度则以服务业作为根本，将服务业发展成为 GDP 占比 70% 的核心产业。

印度曾经是英国的殖民地，社会的方方面面被动学习了大量的西方文化，英语在印度社会通用，现代文化和行为方式也学习和模仿西方模式。由于印度拥有大量廉价的劳动力、英语水平高，加上印度和欧美国家维持了比较好的国际关系，因此承接了大量发达国家的服务外包业务。印度的大部分科技精英也都集中在美国、英国等国的外包业务上。

自 20 世纪 80 年代末开始，各大跨国公司为了运营节约成本、提高工作效率，放弃了以前的多元化发展战略，将非核心的 IT 服务业务以离岸服务外包的形式转移到人工成本较低的发展中国家，以增强企业的核心竞争能力。经过 30 多年的发展，如今的服务外包行业已具有很大的规模，并由最初的 IT 服务外包（ITO）扩大到更高层次的业务流程外包（BPO）和知识处理外包（KPO）。

发达国家的外包服务大大促进了印度的经济发展，印度通过发展第三产业实现了 GDP 的快速增长，在技术外包服务领域做到了全球最强。现在印度是软件服务业最发达的国家，是全球从事 BPO 业务最多的国家，所以印度有了世界办公室的美誉。

印度外包服务的发展优势

印度服务外包产业的崛起，离不开印度在以下 6 个方面的优势。

1. 重视教育

早在 20 世纪 80 年代，印度提出"要用教育和电子革命将印度带入 21 世纪"的口号，印度政府对高校的经费投入一般都维持在全年教育经费的 20%，为其服务人才的储备打下坚实基础，培养了大批被誉为"一高一低"的技术人才。"一高"是指专业水平高，"一低"是指工资要求低。

印度有闻名于世的印度理工学院，每年培养大量会讲英语的应用型人才。管理咨询机构麦肯锡环球经济研究所的数据显示，印度工程师总量是 52.8 万人，其中国际上公认的可以直接拿来使用的人才是 13.2 万人。

2. 法律完善

印度服务外包产业的强势地位与印度政府对离岸外包的支持政策分不开。欧美发包商在选择承包商时，对于所在国的法律规范，尤其是知识产权保护方面有着很高的要求。针对该问题，1994 年印度出台了《版权法》，并于 1995 年 5 月 10 日生效。《版权法》明确规定了版权所有人与使用人之间的权利与义务。2000 年 10 月印度《信息技术法》生效，对非法传播计算机病毒、拷贝软件、篡改源文件和伪造电子签名等违法行为规定了具体的惩罚措施。此外，与知识产权有关的国际公约，印度也是缔约国，印度在 1999 年颁布了《国际版权规则》，将版权的保护扩展至 WTO 所有成员。

3. 外包集群

20 世纪 90 年代，印度开始建立软件科技园，鼓励园区内的企业从事软件出口业务，并给予减税或者免进口税等优惠政策。在印度南、北形成了两个金三角集群，其中南部的金三角集群以班加罗尔为中心，主要包括班加罗尔、清奈、海德拉德和外加迈索尔；北部的金三角集群以孟买为中心，主要包括孟买、新德里、加尔各答和外加普内。班加罗尔已经成为世界软件中心之一，几乎可以与美国的硅谷相提并论。

4. 商会支持

印度服务外包产业受到印度政府支持的各种商业和贸易协会、信息技术协会之类的中介组织的大力推动，这些协会专门帮助印度企业搜集国际服务外包市场信息，为印度企业和外国政府之间的沟通联络建立渠道，负责组织有利于印度企业的展览会和研讨会，它们在印度服务外包发展进程中扮演了重要的市场推广角色。

5. 吸引投资

印度政府高度重视服务业的招商引资工作。环球十大信息业巨头中的微软、英特尔和德州仪器在印度投资成立了相关的分支经营机构和科技研发中心，它们的成立无疑为印度企业带来了技术溢出效应。同时，发达国家公司在印度设置服务业网点后，产生的鲶鱼效应也给印度国内服务企业造成了巨大的压力感，驱动印度本土的同行企业不得不努力提高水平以适应市场上的激烈竞争。

6. 文化兼容

由于曾是英国的殖民地，印度拥有除美国以外世界上最大的英语人口，绝大多数受过高等教育的工作人员不仅能用英语听说读写，还能用英语逻辑思考。此外，因受英国文化影响，印度拥有与欧美相近的政治制度、法律制度、教育文化体系和商业规则，加上在印度有很多殖民时期留下来的英国公司，对印度的服务业国际化影响很大。这些因素体现了文化兼容性上的优势。

印度外包服务的发展成就

事实表明，印度服务外包产业规模不断扩大，效益持续上升，印度获得了世界办公室的美誉。

1. 市场占有率高

目前，印度已承接全球 65% 的离岸软件外包业务和 46% 的服务外包业务，并已成为世界上呼叫中心服务出口最多的国家。印度开放的现代化电信业是其 IT 外包服务发达的重要原因。印度现代服务业牢牢占据了欧美市场，据印度国家软件协会统计，印度 IT 外包产品的 61% 售往美国，30% 售往欧洲国家。

2. 企业全球扩张

随着印度服务外包产业的不断发展，印度出现了 Infosys、Wipro、TCS、Satyam 等一批著名企业，这些软件巨头在印度本土做大做强后不断通过收购高端咨询业务对外积极扩张，扩大现有的产业链与规模，成长为环球性的著名企业。仅 21 世纪的头几年间，在印度最大的 15 家信息服务公司中就有 11 家在美国投资，有 6 家在英国投资，有 5 家在德国投资，有 7 家分别在日本、新加坡、瑞士等国投资。2002 年，Satyam 率先在中国设立了办事处，InfoSys、TCS 及 Wipro 等外包巨头也先后落户上海浦东软件园，形成当时投资中国的一波高潮。

3. 优势产业集聚

印度有自己的软件之都，其中最为著名的是班加罗尔。印度班加罗尔国际科技园成立于 1992 年，该园区总投资 4 亿美元，由以开发工业园区而著称的腾飞集团为主的新加坡财团、印度最大的企业集团塔塔集团及卡纳塔克邦政府合资建设开发。面积仅为 1.5 平方公里的班加罗尔软件科技园区现在是全球第五大信息科技中心和世界十大硅谷之一，目前班加罗尔被公认为软件外包产业的发源地，同时也是软件外包产业发展最成功的地方。以班加罗尔为中心的城市圈成为服务外包的集聚地带，处于这类聚居地带的企业之间相互学习运营方法和管理模式，也和对方共享基本的资源条件。在班加罗尔的带动下，马德拉斯、海得拉巴等南部城市的高科技工业园区先后兴起，同班加罗尔交相辉映，成为印度南部著名的软件产业聚集地。

签证外包行业一枝独秀的威孚

翻开历史的画卷，在 1 400 年前，东土大唐高僧玄奘一路西行取经，步行到释迦牟尼的出生地尼泊尔。每路过一个国家，必先倒换通关文牒、盖印押花，这就是最早的签证。现如今签证是一个国家的出入境管理机构，对外国公民表示批准入境所签发的一种文件，是主权国家准许外国公民或者本国公民出入境或者经过国境的许可证明。

因为每个国家的国情、政策、语言不同，对签证办理时需要的证件、文件和材料要求不尽相同，又涉及办理邀请函，填写申请表，使领馆排队等多项办理流程，费时又费力，所以对大多数人来说，亲自办签证是一件麻烦事。目前我们出国办理签证，通常都是去目的国使领馆在各个城市开设的签证中心申请，很多细心的人可能频繁地遇到一个平时不为大众所知的名字——VFS Global。

VFS（Visa Facilitation Services）Global 的中文名称是威孚环球公司，简称威孚，是一家成长于印度班加罗尔，面向全球政府和外交机构提供签证外包和技术服务的专业服务外包公司。该公司为各国的政府客户提供关于签证、护照、身份认证和公民申请的代理服务，使各领事机构能够专注于决断性的关键任务。

威孚在中国已有 17 年的运营历史。中国市场目前有 45 个国家开设了 470 个签证外包性质签证中心，威孚垄断了超过 80% 的市场份额。

威孚的诞生

威孚诞生于印度孟买，由一位土生土长的印度人祖宾·卡尔卡里亚（Zubin Karkaria）一手缔造，他将印度人在外包领域的才干发挥到了极致。直至今日，威孚揽下全球超过一半的签证申请业务，打造出一个具有印度特色的签证帝国。

威孚创始人祖宾·卡尔卡里亚出生于印度孟买郊区的达达尔（Dadar）。与其他的帕西人男孩一样，祖宾·卡尔卡里亚从 15 岁开始做一些兼职服务工作，每天可以赚 15 ~ 20 卢比，这在 20 世纪 80 年代初期是一份不错的收入。

祖宾·卡尔卡里亚的职业生涯开始于 Orbit Travel 旅行社，1989 年担任销售主管。1991 年，他加入了一家小型旅行社 SOTC，后担任首席运营官。1996 年，SOTC 被瑞士旅游集团库尼（Kuoni）集团收购，祖宾·卡尔卡里亚进入库尼印度（Kuoni Indian），一路升为公司副总裁。

1999 年，由于印度出境游火爆，办理出境旅游签证越来越难。一张人们在雨中排队办理签证的照片，让美国大使馆卷进了舆论的旋涡，于是祖宾·卡尔卡里亚逐渐萌生出要帮美国大使馆处理文件的想法。

当时库尼印度的首席执行官兰吉特·马卡尼（Ranjit Malkani）对此并不

认可。在旅游行业里，打美国和其他主要驻印度使领馆主意的人太多了，人人都能提供这样的服务。当时在各使领馆外为签证人们往往排几个小时的长队，结果签证官员因工作劳累过度，签发延误时有发生，导致签证越来越难以申请。祖宾·卡尔卡里亚作为出境旅游的首席运营官，不得不面对因此导致的旅客流失和差评。

祖宾·卡尔卡里亚并未因困难而放弃自己的想法。2001 年在《福布斯》杂志的采访中，祖宾·卡尔卡里亚介绍说："美国有最严厉的签证制度，有比任何其他国家更烦琐的流程和更多的文件。"但是严酷的现实让祖宾·卡尔卡里亚别无选择，他孤注一掷地向美使馆提交了威孚的签证代理提案，提出了"签证简化服务"的想法，该服务将收取少量服务费用来接管签证发放中涉及的全部烦琐工作：收集和检查签证、护照、签证费和其他文件，并安排面试，从而使签证官从烦琐的工作中解放出来，将重点放在更重要的决策事务上，例如决定是否应签发签证。

不顾旅游行业的同僚的反对，祖宾·卡尔卡里亚与第一个潜在客户——孟买的美国领事馆取得了联系。最初的反应是强烈的反对，但在提交了一份详细概述了整个流程（包括安全流程）的"白皮书"后，他获得了批准，在孟买、浦那和艾哈迈达巴德开设了 3 个试点签证中心。

于是，2001 年在孟买成立了威孚，作为库尼印度旗下一个负责非主营业务的下属公司。一夜之间，威孚变成了这 3 个城市的美国领事馆的代理人，它包揽了收集签证申请、审查文件、提交给使领馆并将处理过的护照退还申请人的工作，使领馆唯一要做的就是决定是否发放签证。

威孚的成长

美国人对选择的结果感到满意：威孚的代理降低了招聘签证官和房地产支出的成本。很快，威孚被授权在印度的 11 个城市处理美国签证。从美国开始，威孚的签证代理成了一个经典案例。其他国家都在考虑是否效仿美国的做法。随后，祖宾·卡尔卡里亚开始游说印度其他大使馆。美国签证中心试点 2 年后，其他小型合同开始陆续找上门来。到 2005 年，库尼印度代理的政府客户达到 11 个，包括英国、加拿大和澳大利亚，祖宾·卡尔卡里亚也顺理成章升任该公司的首席执行官兼董事总经理。

2007 年，英国政府将 33 个国家的签证代理交给祖宾·卡尔卡里亚，这就是威孚走向全球的开端。在他的带领下，公司陆续建立了配备有咖啡机和免费杂志的舒适的签证中心，首先是与美国政府的试点，然后推广到全世界。在签证中心，训练有素的员工会帮助申请者填写来自 50 个不同国家的表格，申请人可以坐在单独的 VIP 休息室享用咖啡和甜点。

这样，以一种私营企业和各国政府协同的方式来运作，避免人群进入使领馆造成不必要的风险和麻烦，对使领馆和公众来说是双赢。威孚的快速发展引起了库尼集团瑞士总部的注意。祖宾·卡尔卡里亚向总部展示了自己业务的重要性，从而获得了更多总部资源的支持。在这之后，威孚开始迅速扩张，逐渐成长为全球签证业务的领导者。

威孚的发展

祖宾·卡尔卡里亚的经历是一个创业成功的经典故事。

作为库尼印度子公司成立的威孚，2014 财年营业收入达到 2.76 亿美元。虽说威孚的收入只是库尼集团 56 亿美元营业额的一小部分，但它却占据 2014 财年库尼集团 8 900 万美元息税前利润（扣除利息和税前利润）的 61%。威孚的表现为祖宾·卡尔卡里亚在母公司董事会赢得了一席之地，他直接向库尼集团首席执行官汇报。他在 46 岁时，被认为是未来的库尼集团 CEO 接班人。

祖宾·卡尔卡里亚是幸运的，但这种幸运也建立在他一贯的果敢之上。在他提出激进的威孚经营理念时，已经是一位小有名气的创业者了。他率先在库尼印度推出金融分期假日游，并且在金融方面绑定库尼银行。而在当时人们普遍认为这个想法很危险，旅行不像车子和房子，有人违约，你不可能立即制止违约人度假。但祖宾·卡尔卡里亚根据经验判断，认为人们通常不会因旅游费用而违约。

作为一个拿着自己的钱去冒险的企业家，祖宾·卡尔卡里亚还格外节俭。在建立美国签证中心的初期投资是 500 万美元，他向首席执行官承诺，他将通过自已在 2011 年以来一直努力的出境旅游项目为签证中心提供资金支持，超过收入目标的资金都将用于投资威孚。

当威孚在英国的授权下达成规模时，祖宾·卡尔卡里亚做出了一个重大决定：将威孚的总部迁出印度，转移到新加坡。他希望把威孚打造成一家全球性公司，并逐步在越南、泰国、马来西亚展开业务，加强彼此的协同联系。他认为，创建跨国公司文化的最佳方式是把顶级的公司管理从印度转移到新加坡这样的国际大都市。

今天，威孚占有超过全球签证代理市场 50% 的份额，并与同行业的法国和美国公司展开竞争。印度政府也使用威孚的服务在 10 个国家签发签证，包括沙特阿拉伯、澳大利亚、英国、新加坡等。

目前，签证服务仍占据威孚收入的 80%，但随着时间的推移，祖宾·卡尔卡里亚希望不断开拓的新业务收入能占据半壁江山。在孟买，威孚正在与市政公司讨论代理出生和死亡证明的可能性。在南非，它得到了办理外国人居留许可办理的代理权。祖宾·卡尔卡里亚认为，公司的优势便是为各国政府提供前台服务，不只是签证代办，还包括其他可能的便民服务。

祖宾·卡尔卡里亚鼓励员工尽可能走入各种相关领域，尝试拓展业务范围。作为老板，他赋予员工足够的权利，因为他相信，对威孚这样的公司来讲，创新只会出现在业务中，而不是实验室内。

威孚的"10S"内部管理之道

威孚的政府合作客户有 64 家，且在 150 个国家经营 3 390 个签证中心，服务通过 40 多个联系中心为全球运营提供支持，以 50 多种语言提供相关服务信息，并维护了约 1 500 个网站。

该公司为其客户政府提供差异化的服务和解决方案，其签证申请处理和领事支持服务为外交机构提供了从提交到交付的完整过程。根据不同国家的要求，这些服务包括 B2B 的流程化运营、信息和财务解决方案。

凭借在签证服务领域的专业知识，威孚还通过其便民服务组合为全球各地和地方政府提供了可靠的技术支持方案，旨在通过自动化和无缝的流程增强客户在公共服务方面的体验。威孚基于生物识别进行身份验证的解决方案寻求在各种应用领域中提供高效、安全和创新的服务，例如，出入境控制管理和居民身份证、信用旅行和外国人登记服务。

周边环境 / 竞争态势

在外国使馆面临削减成本的压力下，威孚抓住了一个新兴的机会。

作为库尼印度的一个部门，威孚不断壮大，并将总部从孟买迁至新加坡，然后是苏黎世、迪拜。2015 年，库尼集团出售了其全球目的地管理（旅行社）业务。2016 年，瑞典私募股权公司 EQT 收购了库尼集团，随后从苏黎世证券交易所摘牌。2017 年，EQT 出售了库尼集团的另外两家 B2B 旅游业务，专注于发展威孚。2018 年，库尼集团与威孚合并，以在印度形成的签证代办业务作为支柱产业。

规模 / 范围

作为世界上最大的政府签证外包和技术服务外包公司，威孚在这个迅速扩张的行业领域的前景是被普遍看好的。在各个新兴经济体，旅游热持续升温，生物识别技术的应用和创新使签证服务变得更加重要。目前威孚在很好地利用这些机遇，不断发展壮大。

威孚的宗旨是为客户提供顺畅的出行服务，为政府及外交机构提供高效的签证外包服务程序。截至 2019 年 12 月 31 日，威孚为五大洲 150 个国家的 64 个政府客户提供服务。2019 年，威孚的 3 390 个签证申请中心共处理了 3 000 多万份签证申请，自 2001 年成立以来，共处理了 2.19 亿份签证申请。

满意度 / 表达

作为值得信赖的行业领导者，威孚有着良好的信誉记录。威孚的业务建立在信任的基础上，信誉建立在业绩的基础上。

为了取得成功，威孚对自己的员工、自己的系统和自己的技术进行持续投资，并创建支持未来业务增长的有效框架。以客户为中心的服务，对客户体验的关注是威孚所做的一切的核心，通过可获得的技术、培训和增值服务的结合来实现客户体验。威孚的目标是为客户和政府提供可靠、及时、准确和高质量的服务；跨渠道提供一致的一流体验，从而提高客户满意度、忠诚度和品牌感。

威孚提供一流客户体验的方法：

（1）推广客户至上、以客户为中心的服务承诺；

（2）通过团队协同来解决客户问题；

（3）捕捉客户的非典型诉求；

（4）持续改进和越来越快地解决任何服务问题；

（5）在所有签证中心使用直观、客户友好的客户界面。

价值认同 / 社会舆论营销

2019年4月，威孚获得迪拜质量全球奖（DQGA），并在阿联酋商业评级计划（EBRS）中获得5星，是阿拉伯联合酋长国首家也是唯一一家在服务领域获得EBRS评级的跨国公司。

遵守法律是威孚的底线。威孚还认识到，积极主动的"超越合规"方法是产生新业务的价值主张和差异化因素。2019年4月，威孚推出了对现有准则更新和扩展的"全球行为准则2.0"。这一准则定义了每个员工期望的价值观、原则和行为，旨在帮助威孚的员工在开放和信任的文化中作出合乎道德标准的决定。准则是一种资源，用于挑战以前没有遇到过的情况，并将威孚的价值带入日常工作中。

作为入职流程的一部分，每位员工都必须完成强制性的在线行为准则培训模块，培训评估员工对行为准则所有内容的理解。

诚信、承诺和创业精神是威孚的核心。这些价值观在威孚的行为准则中被多次阐明，还通过12个以道德规范为中心的实用的原则用于日常决策。威孚的原则包括不容忍贿赂或贪污、直言举报违反守则的行为、公平和礼貌对待彼此，以及尊重威孚所遇到的文化和取向。

威孚知道，说出一件令人担忧的事情需要勇气，这就是为什么要求管理者创造一种信任的文化，让员工感到他们是真诚的，鼓励员工敞开心扉，畅所欲言。威孚的行为守则张贴在各办事处的海报上，都清楚地说明了威孚的"畅所欲言"计划的机制。问题可以向任何经理、任何主管或合规委员会的任何人提出，合规委员会由首席执行官、首席财务官、首席人力资源官和合规负责人组成。威孚还有一个专用的"大声说"电子邮件地址，员工可以匿名发言。所有案例都由合规团队进行评估和调查。

结构 / 稳定

威孚是一家全球性公司，高标准的一致性是非常具有价值的商业管理工具。为此，威孚遵守各种公认的商业标准，并根据这些标准进行评估或认证。

（1）ISO 9001:2015 质量管理体系。评估所有过程的风险标准，并测量结果。内部审计确定差距，并通过持续改进的方法加以解决。其结果是改善了业务成果，提供了更好的客户服务。

（2）ISO 27001:2013 信息安全管理。为确保客户资料在任何时候都是安全的，威孚使用信息安全管理系统来执行国际认可的标准，通过第三方定期进行审查，以衡量威孚系统的有效性。

（3）ISO 14001:2015 环境管理体系认证。威孚通过测量和管理气体排放、水资源的使用、电子垃圾和填埋垃圾，努力减少威孚对环境的影响。威孚回收纸张，减少塑料使用。威孚鼓励员工在各地方层面上发展绿色项目。

（4）OHSIS 18001:2007 职业健康和安全评估。威孚的每一位员工、威孚的合作伙伴和客户的健康、安全是威孚的首要任务。威孚通过签证中心的室内设计，布置监控和安防系统，降低事故的可能性。这一标准帮助威孚遵守 150 个国家的法律要求，并鼓励健康的工作与生活。

（5）CMMI SVC 1.3 提高能力的方法。为了保持威孚的行业领先地位，采用了一个卓越的商业模型 CMMI 框架。在威孚的所有流程中实现了模型管理，直到微观层面，威孚能看到业务在所有领域的改进。

（6）PCCM/5个人的能力成熟度模型。作为一个以人力为驱动的业务，威孚选择PCMM作为指导员工实践的路线图，以持续改进员工能力。通过吸引、发展、组织、激励手段来留住员工，PCMM的每一个层面都能实现企业文化的转变，从而实现威孚的商业目标。

（7）GDPR欧盟一般数据保护条例。威孚致力保障客户及雇员的隐私，确保在所有流程中保护资料及维护资料安全。威孚遵守欧洲的GDPR条例和数据保护法，当GDPR于2018年5月生效时，威孚是全球为数不多的已经遵守该法规的公司之一。

激励／约束

目前，威孚在全球雇用了1.1万名员工，而且这个数字还在增长中。除了为员工提供优厚的薪水、友好的工作环境和良好的培训外，威孚将可持续性发展理念还融入人员管理之中。相互尊重是威孚工作文化的核心，也是个人发展的核心，这些价值观对威孚员工的敬业度很重要。

"敬业调查"每年进行一次，目的是为员工提供一个自由和诚实地表达意见的机会，并就影响员工对工作的满意程度的各个方面向管理层提供反馈。2019年，6 000多名员工有资格参与调查。整体敬业度得分为65%，较2018年上升了3%。

每个新员工在加入公司的1个月内完成6个强制性的培训模块。这些模块的主题包括VFS行为准则、数据隐私、公司安全、IT安全、反贿赂和腐败。由于威孚的业务快速发展，需要对员工进行不断的培训和再培训，让他们掌握适应威孚业务变化和发展的核心能力。

思维的多样性是一个健康、创业型组织的本质，而威孚多元的文化是威孚成功的重要驱动力。有150个国家的人在威孚工作，这一点给公司带来了各种各样的好处，包括创业精神、网络开拓、协同管理、人际沟通和系统管理。为了支持员工的软技能，为不同级别的员工开发了一系列学习工具，主要包括：

管理发展课程：为期两周的创业课程，集中在IT、人力资源、金融和商业发展等方面。

实时项目组建：每年，经理级学员都是来自不同地区。2019年，该项目有

32 名参与者，参与者发现，他们在参加课程后获得了创业精神和领导技能。

InstaLearn：集视频、在职培训、案例研究和经验分享为一体的学习平台。威孚提供 5 种语言：英语、阿拉伯语、俄语、汉语和西班牙语。

VideoTube：威孚自己设定进度的学习门户网站，里面有很多培训视频（到目前为止有 77 个）。这些主题包括流程知识、最佳销售实践和客户服务软技能。

指导：集中干预，为组织中的高级职位培养有前途的员工。2019 年，大约有 50 名员工参加了这个项目。

领导能力发展课程：针对高层人员的高级管理课程。每年大约有 25 名来自各地的团队领导参加这个课程。

性骚扰是一个世界性的问题，也会对业务产生负面影响，因为它会造成同事关系紧张，不利于合作。威孚根据各国法律要求，制定了工作场所性骚扰防止政策，为女雇员提供安全保障。不遵守规定可能会导致罚款、开除甚至取消公司间的合作，威孚对性骚扰采取零容忍态度。

战略 / 战略决策

威孚是全球最大的签证和领事服务的提供商，通过管理与签证、护照、身份相关的任务，以及包括处理数据和签证申请在内的其他公民服务，为客户政府和外交机构提供支持。公司总部设在瑞士苏黎世，管理总部设在阿联酋迪拜。威孚是 EQT 基金投资的公司，EQT 基金是全球领先的私人股本公司，总部位于瑞典斯德哥尔摩。

威孚的目标是通过使签证申请过程和其他领事相关服务尽可能安全、自动化和无缝连接来增强客户体验。通过威孚的全球公司网络和多样化用工，为包括整个社会在内的所有利益相关者创造价值。威孚坚持以人为本，建立了强大的以客户为中心的企业文化。威孚的团队由爱岗敬业的员工组成，并以创新的技术平台为支持，以确保信息安全、顾客满意和保持高效率。

通过威孚的定制服务，帮助政府和外交机构降低工作流程的复杂性，同时将成本降至最低，并提升客户体验。在威孚所做的一切事情中，数据隐私和安全是最重要的。由于这个原因，威孚不存储签证申请过程之外的任何客户数据。本着诚信、敬业和创业精神的核心价值观，威孚在整个申请流程、注册和生物特征信息加密方面都采用了严格规章来保证遵守协议。除了前台的接待操作以外，威孚还提供一系列额外附加的服务，如在 VIP 休息室方便快捷地递交申请，以及上门签注等。

签证代办行业非常注重合法合规的操作，威孚专门负责合规审计的主管可以直接向首席执行官和审计委员会报告情况。目前，威孚正在开发企业风险管理体系，并成立了由首席财务官、首席人力资源官和首席公关官组成的企业社会责任委员会，制定了企业社会责任政策，以确保符合各国法律规定的企业社会责任。

制度 / 模式

威孚遵守所在地区或客户所在地的所有当地和国际法律，运营、产品和服务都遵守这些法律要求和精神。有 3 点被认为是合法合规工作之外最重要的领域，即反贿赂和反腐败、数据保护、反人口贩运和奴隶制。

威孚的成功依赖于与客户和客户的信任关系。有关贿赂或贪污的指控可能损害公司的声誉，也可能招致相关调查，贿赂和腐败也腐蚀了国家发展的经济健康，因此，威孚不参与任何不道德的业务，在发现诚信风险时拒绝新的业务，或不使用特定顾问或合作伙伴的服务。

威孚对合作伙伴进行尽职调查，评估工作中每个领域的贿赂和腐败风险，要求员工们通过公司建立的"畅所欲言"渠道向上级报告他们的发现或者怀疑。

作为全球最大的签证服务提供商，拥有一个强大的数据保护能力一直是威孚的责任，遵守所有服务和运营国家的数据保护法规至关重要。为了更新这些国家的数据保护法规，时刻关注每个国家的数据保护法律的发展使威孚能够积极主动地遵守新法律，不增加签证中心运营的行政负担。

威孚强烈反对贩卖人口、奴役和使用童工，并有针对此项的系统设置和控制方案，以确保在威孚和威孚的合作伙伴的工作范围中都不存在这样的情况。

共同价值 / 首要目标

展望未来，威孚的重点将继续放在整合全球签证服务业务上，在非洲、中国、印度和独联体国家会有强劲的增长趋势。就处理的应用程序和运营网络而言，这些地区是威孚未来最大的客户来源和发展市场，因此威孚将继续在此基础上发展签证中心的运营。

威孚将继续投资技术，以便在服务上不断突破，提高政府和客户对服务的速度、便利性、安全性和可靠性的评价。使用人工智能可以创造出效率更高的流程，从而使政府和客户最终受益。区块链技术可以为人们的数据和身份创建更安全的环境。

威孚还利用在签证领域的专业知识来扩展服务范围，广泛地向许多国家和地区的政府寻求拓展服务的可能性，并且期望这些业务可以得到长足的发展。在一些非洲国家，通过使用识别技术支持的生物特征验证系统来提供移民和边境管理服务，如长期居留和工作许可证的处理、外国人登记、驾驶执照和电子护照办理等。在南非，为政府提供了移民登记计划，这些计划是短期项目，需要高度专业化服务和移动技术支持形成的解决方案。

随着世界各地越来越多的政府使用生物技术验证来处理公民身份证明，威孚将致力于增强政府服务多领域的客户体验，并成为这一新兴服务系统中的领先者。

协同

2017 年初，威孚收购了一家签证中心运营公司，该公司在 8 个独联体国家经营着 550 个签证申请中心。2017 年 8 月，威孚收购英国签证服务提供商 TT Services，该公司在超过 35 个国家和地区设有 51 个应用中心，拥有 216 名员工。2018 年 4 月，威孚收购 Al Etimad，该公司曾是威孚在沙特阿拉伯、埃及、巴林、利比亚和突尼斯的合作伙伴。2018 年 8 月，威孚接管 VFS TasHeel 的全部所有权，该公司自 2013 年以来在 30 个国家和地区管理沙特阿拉伯签证申请服务。

威孚每年在技术上投资约 2000 万美元，并在英国的创新实验室上再投资上千万美元。威孚现在提供的便利服务可以使申请人在印度的小城镇通过便携的生物识别设备进行签证申请；通过现有的技术，威孚可以发送护照图像，以便芬兰的签证官可以实现虚拟翻页并以3种照明方式查看护照，包括白光、红外和UVA；威孚已经开发出签证官和申请人不需要面对面的签证技术，远在本国的签证官只需按一下按钮就可以在签证处打印签证贴纸；威孚还投资了聊天机器人技术，用于回答常见的客户提问。

标杆组织的协同基石总结

目前，威孚通过多个商业要素的关联和支持，协同与匹配各要素之间的关系，加强了全球化的核心业务能力，降低了服务每单位人数的经济成本，优化了岗位、设备、房租的结构，在产生业务协同的同时，建立了财务协同、技术协同和经济协同的巨大优势，使得签证外包的服务范围仍在全球快速扩张。

在中国，包括英国、加拿大、巴西等20多个国家在华签证业务都由威孚代理，而与之相应的却是差评如潮。在网络媒体上，吐槽威孚服务质量差、系统不稳定、乱收费、不提供发票等新闻报道、网友爆料和评论比比皆是，但威孚的行业老大地位却难以撼动。一方面，是因为在世界范围内具备相当国际经营经验的签证外包公司并不多，各国使领馆的选择面很小。另一方面，不得不承认威孚这家生于印度的企业，其在全球运营和管理签证中心的能力、经验和技术，在签证服务外包行业中不是其他公司一时之间可望其项背的。

第二十四章

联合健康：美国最大商业保险公司的崛起

获得组织生命力的联合健康

美国是世界上商业健康保险最为发达的国家之一，自 1840 年开始，经历了近 80 年的健康保险初级发展探索阶段。这个过程中，健康保险市场历经零散健康险、工伤保险基金的发展和衰退等，直至 1966 年管理式医疗兴起，商业健康保险才正式步入飞速发展期。美国联合健康集团（以下简称"联合健康"）是这个变革过程的典型代表，它的成功反映了美国国家健康保障系统协同治理的成就。

联合健康成立于 1974 年，目前已成为美国最大的商业健康险公司，当前市值近 2 000 亿美元。2020 年 5 月 18 日，联合健康在 2020 年《财富》美国 500 强排行榜中排名第 7。

联合健康主要分为健康保险和健康管理产业链两个业务板块。健康管理产业链作为健康保险业务的延伸，主要由健康管理公司、健康信息技术服务公司及药品福利管理公司 3 家子公司组成。

健康管理公司是联合健康旗下为团体客户提供健康管理的公司。目前，它主要面向联合健康保险板块的团体客户提供个性化的服务并收取相应的管理费用。服务范围包括日常保健、慢性病管理、情绪管理等领域。

健康信息技术服务公司是专注于医疗行业内信息系统研发和运维的 IT 公司，它旨在为医院、商业健康保险公司、政府医疗保健计划等行业主体提供信息系统、数据管理和咨询服务。经过多年的努力，健康信息技术服务公司已经由一家局限于医药数据处理和分析的 IT 公司，成长为覆盖整个医疗行业，年收入超过 26 亿美元的大型 IT 系统服务商。它不仅可以为医院设计临床诊疗路径，也可以帮助保险公司设计核心业务、财务系统，同时它还能通过历史数据分析帮助政府优化医保方案，提升政府公共服务的效率和质量。

药品福利管理公司是联合健康旗下的药品福利管理公司，是介于保险机构、药品供应商、医院、药房间的管理协调机构，成立的目的在于满足客户便利化的购药需求，同时帮助患者对医疗费用，特别是药品费用进行有效管理。目前，药品福利管理公司已拥有一个覆盖 6.6 万所药店和两个邮局系统的药品配送体系，及一套连接医院、药房和保险公司的后台支持系统。

回馈社会，价值引擎

联合健康自成立之初，就致力于回馈社会。"提供优质健康福利，并提高健康服务的效能"是联合健康的使命表达，也是美国政府对提升整个健康保障系统治理水平的意志体现，如此才能使医疗健康保障系统的共同价值最大化。

联合健康集团秉承诚信、同情、创新、人际关系和绩效的价值观，致力于帮助每一个社区的所有人。"以回馈"为核心，驱动联合健康践行承诺。在发展的过程中，联合健康不断制订捐赠计划以支持员工的愿望和努力，回馈他们生活和工作的社区。公司拥有 32.5 万名员工，一直专注于为所服务的客户和社区提供健康、安全和支持。

为了实现"回馈"的社会价值，联合健康成立联合健康基金会（United Health Foundation），将员工每一美元的捐款与几乎所有非营利性组织匹配，使其影响力最大化。员工可以在任何时间、任何地点以任何他们选择的方式对自己的捐款作出决定。此外，员工在完成 30 小时的志愿者工作时间后，还能获得公司发放的500 美元的慈善捐款额度。

在此次新冠肺炎疫情期间，联合健康集团正在全美范围内大胆推进广泛的健康公平倡议，努力消除有色人种遭受的不公平待遇。

管理式医疗保险模式引领发展

联合健康的业务本质是保险业务和医疗健康服务业务一体化，其模式核心是美国 20 世纪 70 年代开始兴起的管理式医疗保险模式。

管理式医疗保险模式是一种集融资和供应、医疗与保险为一体，针对医疗保险参加者提供综合性医疗照顾服务的运营管理模式。在传统医疗保险模式中，保险机构和医疗机构是各自独立的利润中心，而管理式医疗保险模式区别于传统医疗保险模式最大的特点在于该系统整合了医疗机构和保险机构，给特定的人群提供一系列连续的服务范畴。管理式医疗保险组织将从前通常分散的卫生保健系统从纵向上集中起来，这种整合能够使医疗保险费用按照一种符合经济效率标准的方式进行配置。管理式医疗保险组织既是保险机构同时也是医疗机构。在联合健康的健康服务业务板块中，既有自建、并购整合的医疗机构，又有合作的医疗机构；既有签约合作的医疗机构，又有医生个体；从而一方面建立起覆盖广域的医疗服务合作网络，另一方面又直接进行早期健康管理的直控网络，能够很好地通过对投保人有效健康管理，降低理赔概率，从而降低运营成本。

管理式医疗保险模式的产生既是整个健康保障系统自组织演化的结果，又是组织协同治理思想的体现。这些系统要素或子系统的相互竞争与合作，推动了系统的自组织演化，从无序到有序，催生了管理式医疗保险模式这一新的"生态"。

旧的保障系统医、保、患三者分立，由信息不对称产生保障福利与保障成本的价值对立，医、保间的竞争博弈，因此，首先是确立协同治理原则，协同意味着消解利益价值对立，化竞争博弈为合作，并将协同原则体现在共同价值/首要目标上，如联合健康的使命所述"提供优质健康福利，并提高健康服务的效能"，这不仅是联合健康的使命表达，也是国家对于提升整个健康保障系统治理水平的意志体现，如此才能使医疗健康保障系统的共同价值最大化。从系统协同的角度讲，这一共同价值体现了系统演化的内在目的性。美国从 20 世纪 60 年代中期到 1973 年对管理式医疗保险立法，其间近 10 年保险系统与医疗系统就医疗主导控制权展开了激烈的竞争与对抗，每一方都力争在与对方的抗衡中取得优势，而最终保险力量作为整个保障系统取得控制与支配地位，成为整个系统演化的序参量，其中的一个重要原因便是对共同价值的持续有效的价值认同/社会舆论营销，从而形成了广泛的社会共识。

管理式医疗保险模式作为一种商业模式或战略创新，其涌现有两个条件：一是充分市场化的医疗体制环境，二是市场化医疗供给体系的规模。正是由于美国庞大的市场化、营利性医疗机构群体间的激烈竞争，才使管理式医疗保险模式作为能够适应系统内外条件变化且具有较高的组织秩序性，在模式的竞争对抗中得以涌现出来。管理式医疗保险起初应用于商业医疗保险，后来美国政府把老年人医疗照顾和医疗救助计划的很多业务交给非营利性管理式医疗保险组织去做，由此可以发现，当一种模式通过放大机制从局域性秩序扩展为全局性秩序时，复杂系统便会趋于形成多方面、多要素之间全面性的集中统一与合作的局面，并且系统的整体统一性主要体现为在序参量支配下的多方面、多要素之间的协同作用与联合一致。

国家治理战略作为多方博弈、合作及决策主体的主动性选择的结果，其实施必然体现于制度性安排。1973 年，尼克松执政期间美国通过《健康维护组织法案》。这一法案的通过是基于政府相信这种作为替代传统的医疗方案可以刺激医疗保险之间的竞争，提升效率以及减缓医疗费用支出的增长率。这是美国联邦政策促进管理式医疗保险发展的转折点，该法案使得健康维护组织在联邦内合法化了，并大大激励了维护健康组织（HMO）的成长。法案规定，只要 HMO 为消费者提供综合服务，并遵守其他规定，就可以得到贷款许可和启动资金许可，其他管制性障碍也随之减弱。合法化的 HMO 获得的最大的好处是它可以要求其服务范围内雇员超过 25 人的企业将 HMO 作为一种选择。

《健康维护组织法案》带来了美国商业健康保险业的结构变化，形成了以蓝十字蓝盾为代表的非营利性商业健康保险，商业保险公司提供的健康保险，及管理式医疗模式下的 HMO、PPO、POS 等预付型医疗保险计划三大体系。同时从满意度／表达层次也给予积极的反馈。管理式医疗保险正是由于其有效控制了医疗保险费用的浪费而得到各国政府的支持与扶持。管理式医疗保险组织透过较低的保险费及更广泛的服务成功地打败了传统保险方案。美国密歇根大学健康管理研究中心主任 Deewedington 博士在美国经过 20 多年的研究，得出这样一个结论：90% 的个人和企业通过健康管理后，医疗费用降到了原来的 10%；10% 的个人和企业未做健康管理，医疗费用比原来上升了 90%。他所说的健康管理即管理式医疗保险。

联合健康作为管理式医疗保险模式的典型代表，自身拥有庞大的不同层次的医疗服务合作网络。与传统保险方案只有在有人生病或有需要医疗评估与治疗的病情时才会给付服务的做法不同，联合健康对投保人进行预防、诊断、治疗、保健全方位的保障，并逐渐发展成为一种健康管理模式。它将管理贯穿医疗服务的整个过程，这种管理根据时间可分为利用前管理、利用中管理和利用后管理。利用前管理包括：对投保人的健康状况和疾病危险评估；利用 24 小时免费热线电话、录音记录系统以及电子邮件为病人解答疑问，减少病人就诊次数；建立一整套临床指标体系，据此对病人提出的住院或手术申请进行审批。尤其值得一提的是，病人预约处可以直接指导病人做一些检查，当他们去诊室时，各种检查已经传到了医生办公室。这样就提高了早期诊断率，减少了病人访问次数。利用中管理即医疗服务过程中同步管理，包括住院的连续性管理和大病例管理。利用后管理包括抽查部分病例，进行个案评价，对大量数据进行统计分析，找出原因，减少将来的不合理费用。

联合健康另一个关键成功要素和竞争优势在于其强大的信息化系统，这也是联合健康在业务布局中最大的亮点。联合健康始终高度关注信息化建设，20 世纪 80 年代起就成立了 Ingenix 公司（OptumInsight 的前身），专注于公司核心系统建设和业务数据分析。进入 21 世纪，联合健康将打造信息系统的核心竞争力摆在集团产业链延伸的首要位置，2009—2010 年，Ingenix 先后并购了一家数据挖掘公司和一家医疗系统研发公司，并与原有业务一起整合为健康信息技术服务公司。目前健康信息技术服务公司的客户已经延伸至包括政府、保险公司、药品福利公司在内的产业链各环节。

联合健康的信息管理系统主要应用于服务质量与费用控制的效率管理、医疗服务利用的供方与需求分析与控制、产品计划评估和改善客户关系以及控制医疗欺诈和服务滥用等领域；支持医疗服务提供者与保险公司之间的电子数据交换，可免除或减少参保登记、转诊、赔付等大量数据录入的工作量。在某些情况下，理赔系统可实现计算机自动赔付，无须人工干预，极大提高了理赔的效率和准确性。另外，在风险管理方面也发挥着关键作用，比如，建立了一个涵盖所有基本业务风险的标准数据库，将原先考虑的 100 多类风险整合成 40 类，通过强大信息技术支撑的风险管理提高了企业对收益风险和损失风险的敏感度，同时改进了运营部门的质量、成本和生产力。

标杆组织的协同基石总结

运用组织治理 10S 协同模型，通过联合健康这一案例，分析美国管理式医疗保险模式发展历程，可以看到：从本体论角度，社会系统治理是一个由不同治理主体所构成的子系统在一个更高层次的系统环境内相互作用，协同演化的过程，因而治理主体在认识论层面应将协同作为治理的首要原则；在这个案例中，由于信息不对称造成的健康保障与医疗控费的价值对立使系统处于非平衡态，而消除这种价值对立成为系统演化的内在目的和动力，因此，共同价值 / 首要目标、战略 / 战略决策与制度 / 模式的相互协同就构成治理的总体方法论。市场化医疗供给的系统环境和营利性医疗机构的规模构成了管理式医疗保险模式涌现的客观条件，而通过稳定 / 激励的机制及社会舆论行销的手段强化主体对共同价值 / 首要目标的认同，并且保持稳定与进取间的渐进平衡则强化了各主体的行为选择，在这样的动态演化过程中，包括各方主体的结构和制度相互作用，互为因果，最终经由系统主体的满意度 / 表达反馈而达到新的平衡。按照协同学理论，序参量是决定系统自组织演化的关键，在管理式医疗模式推动演化过程中，"对称信息"就是系统演化的序参量，它决定了系统演化的方向和状态，而联合健康将信息化系统建设作为其业务布局中的重点，并形成了其竞争优势，正是抓住了系统演化的本质，因而取得了成功。

下　篇
方案研究：631 对标框架与行动方案

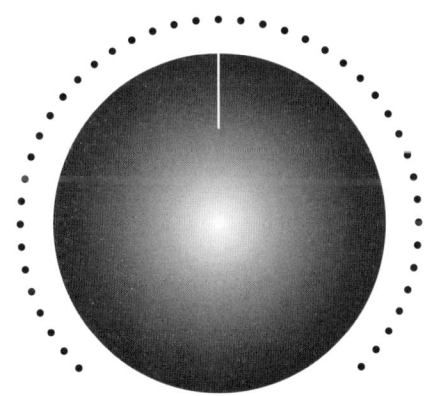

第二十五章
631 对标框架

631 对标框架是什么

众所周知，对标管理是企业提升管理能力的重要管理手段之一。然而，传统的对标管理往往由于企业内的认知不足、体系不健全、力度不够等，导致对标管理成为一项局部化、短期化、任务化的临时性项目，致使对标效果大打折扣。

我们以组织治理 10S 协同模型为基础，对构成现代经济体系的制造、科技、金融、服务等领域的共 21 家世界一流企业进行了系统研究，在国务院国资委《关于开展对标世界一流管理提升行动的通知》的指导下，提出了一套体系化的631 对标框架，旨在为中国企业在价值、战略、制度协同匹配的体系化对标管理建设中提供参考和建议。

631 对标框架是通过对标世界一流企业的对标提升行动，运用"10S"分析框架构建并持续优化一套对标指标体系，自上而下实现高质量组织协同发展的对标方法论。框架围绕整个组织的协同发展，以构建世界一流的协同型商业组织的基石为核心，通过 6 个对标子系统的建立和相互协同匹配，加强 3 个维度的组织协同能力建设，促进 1 个目标——协同的实现。

"631"是从组织治理 10S 协同模型中提炼的 10 个要素，分为 3 个层次的 6-3-1 结构。

第一个层次是处于顶层的"协同"；

第二个层次是处于中间层的 3 个维度的组织协同能力建设，包括共同价值 / 首要目标、战略 / 战略决策和制度 / 模式；

第三个层次是处于底层的 6 根支柱，包括周边环境 / 竞争态势、规模 / 范围、满意度 / 表达、价值认同 / 社会舆论营销、结构 / 稳定、激励 / 约束。

631 对标框架采用组织治理 10S 协同模型的静态协同和动态协同两种分析模式，从 3 个层次、10 个不同要素之间的静态匹配关系入手，分析企业战略 / 战略决策、共同价值 / 首要目标产生重要影响以及企业的制度 / 模式的子系统，再通过每个要素在整个协同系统中都发挥参量的作用，在组织发展的不同阶段，结合企业实际情况进行动态协同度测量和分析，找到不协同的原因。在动态模式下，631 对标框架中每个要素的地位和重要性会出现变化，每个要素与其他要素也相互影响、相互制约。在协同角度下进行对标体系建立，夯实企业基石，是 631 对标框架的根本出发点。

631 对标框架中包含了 631 对标法和 631 行动方案两个部分。

631 对标法是指使用在对标过程中构建"6 根支柱、3 层修炼、1 个顶层"的分析框架，构建对标管理目标实现的由评价指标构建的方法和相关测评工具。使用 631 对标法可以帮助企业构建一套适合自己的对标评价体系，用来衡量企业各子系统建设的协同和匹配度。

631 行动方案是一套旨在协助企业完整实施对标提升 3 年行动计划的对标学习解决方案。其中包含不同周期的项目目标设计、对标项目实施操作和安排、培训和团队学习的设计方法和执行要点等。

对标提升 3 年行动计划是中央企业巩固之前改革取得的硕果，建立长效机制，持续发力，不断提质增效，实现做大做强国有企业的重要工作部署。我们希望以 631 行动方案为抓手，为中央企业提供一套具有实效性和广泛适用性的对标管理创新方法和工具，构建对标世界一流的协同体系，促进对标管理行动计划目标的实现。

631 对标框架的终极目标是夯实成为世界一流企业的基石，在成为协同型商业组织的道路上不断焕发出可以快速、自动匹配外部复杂环境变化的组织生命力。

对标提升行动目标的实现路径

631 对标框架是一套具有实效性和广泛适用性的对标管理的方法和工具，是为了帮助企业构建适合自身发展需要的对标指标体系，促进对标提升行动计划目标的实现。631 对标框架的实施就是在此次对标行动中，推动企业变革成为协同型商业组织，打造标杆的基石。

当今世界的快速复杂变化使得外部环境不再如工业时代那样相对稳定。当今各类组织所在的市场环境更是充满了极其复杂的不确定性。在这样的情况下，任何企业随时都可能面临巨变带来的新挑战，依靠传统的战略观念和方法制定的线性的、确定的甚至是静态的决策，在现在的外部环境中很难有所作为，甚至会使得企业的危机加重、加深。所以，组织必须改变观念，改变组织的心智模式，从控制变为自组织，从静态变为动态，在协作模式上从金字塔式结构变成网络的和跨界的，这样才能在不确定的复杂环境下，开放、高效快速地匹配外部变化，释放人的主动性和创造性，真正形成协同的力量，迎接挑战，实现共同价值／首要目标。

631 对标框架是以整个组织协同发展为对象，以对标提升计划为抓手，将构建世界一流的协同型商业组织的过程整合为一个心智模式转变、价值共识、知行合一的发展行动方案。行动方案的具体设计以心智模式转变为前提，以提升组织绩效为首要目标，以人才发展为实践基础，从系统的视角构建对标提升行动，实现战略协同、开放和动态地调整并推动执行落地。

631 对标框架以解决问题为载体，战略管理、组织管理、运营管理、财务管理、科技管理、风险管理、人力资源管理、信息化管理 8 个重点领域能力的提升是组织绩效得以提升的具体表现。为了防止对标管理成为一项"头疼医头，脚痛医脚"的任务，需要从组织协同体系间的匹配和不足入手，聚焦与一流企业相比存在的主要差距，通过制定时间表、路线图等方法，有针对性地提出提升的具体目标、改进措施、工作要求，推动各项管理取得最终的实质性进展。

如图 25-1 所示，631 对标框架从组织协同现状的匹配和不足入手，结合企业实际，应用 631 对标法构建满足 8 项重点任务的价值、战略和制度匹配的协同评价指标体系，运用 631 行动方案推动长效机制的建立，包括通过制定时间表、路线图等方法，高效厘清对标阶段目标、改进措施、工作要求，推动各项对标管理工作的协同，实现最终目标。

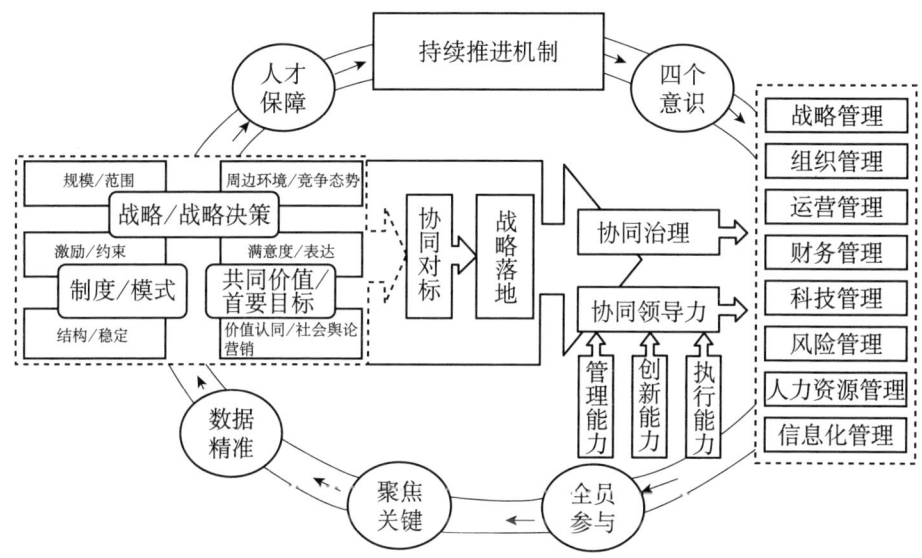

图 25-1 对标提升行动计划终极目标的实现路径

从夯实企业基石开始，梳理企业协同能力现状，以协同思维确立对标范围和目标，以共创内生的方式构建对标指标体系，以转变组织心智模式促进对标行动方案落地，以协同度评价体系进行衡量、实现持续改善，最终创建"三个领军""三个领先""三个典范"的世界一流示范企业。

以对标世界一流为出发点和切入点，以加强管理体系和管理能力建设为主线，坚持突出重点、统筹推进、因企施策，对照世界一流企业、行业先进企业找差距，有针对性地采取务实管用的工作措施，促进企业管理水平在现有基础上的明显提升。到 2022 年，国有重点企业管理理念、管理文化更加先进，管理制度、管理流程更加完善，管理方法、管理手段更加有效，管理基础不断夯实，创新成果不断涌现，基本形成系统完备、科学规范、运行高效的中国特色现代国有企业管理体系，企业总体管理能力明显增强，部分国有重点企业管理达到或接近世界一流水平。

只有企业敢于真正将刀口向内，真实、准确、客观地找到自身问题的根源所在，通过 631 对标框架有效识别并形成夯实世界一流企业基石的行动方案，才能实现价值、战略、制度的匹配，支撑战略真正落地，正如当年的华为在真正认识到了世界一流企业的基石之后，才有可能以持续性投入对组织进化能力进行重构。

所以，对标提升行动的总体目标，也就是明确与谁对标和对什么的问题，必须是企业领导者从内而外找到的，是在组织心智模式的转变，至少是企业领导者认知改变的前提下，才能挖掘出不协同的本质原因。对标提升方案的形成不能生搬硬套，是在组织必须知其所以然的过程中提炼出来的。

很多世界一流的标杆企业为什么是伟大的企业？一些曾经辉煌的企业又为何会崩溃而黯然退出历史舞台？这些企业在冰山下的三维协同究竟是如何动态匹配的？我们在对标的时候，如果只把生长在黑土地上的珍贵树木移植过来，在盐碱地上它能够存活吗？

有人可能会问：如果什么都要从根本上作改变，那正常工作应该如何开展？不会乱套吗？

变革的道路总是充满艰辛。这就是无论环境怎么变化都没能推动很多大企业像华为那样真正举起刀，毫不犹豫砍掉自己的尾巴，在 IBM 的帮助下，插上翅膀，进化为鸟，从此腾飞的原因。而且，华为也并非自己亲自挥刀，而是让 IBM 下手帮助实施。但是，如果仅仅靠 IBM 是不行的，必须有任正非这样的领袖的力推、重压，形成治理、制度上的巨大变革才能支撑如此大的变革，实现腾飞。这是脱胎换骨式的变革。为什么要这么做？因为不飞起来，就要在没有食物的小森林里饿死了；只有成功起飞了，一切才有可能。

现在的环境是不是比 20 年前更加复杂？答案是不言而喻的。

如果让华为现在去做 1998 年同样的事，5 年的变革时间恐怕是远远不行了。因为在当今的复杂环境下，华为还没变革到一半，外部环境就会发生巨变，那么它很可能还没来得及实现目标，就会面临死亡。这也是为什么任正非天天把"危机"挂在嘴边的原因。所以，在这个层次上，如果企业变革无法以夯实基石为核心，仅仅为了解决某些要素上的静态问题，那么这次变革的实质依然无法脱离"头疼医头，脚痛医脚"的范畴。

在有了明确的对标目标和范围后，企业要进行对标指标体系的构建。这个对标指标体系是 631 对标框架中最关键的一步。运用 631 对标法实现两大体系的有机集合，一个是协同治理指标体系，一个是协同领导力体系，二者相辅相成，缺一不可。这个指标体系的构建一定是企业内部与外部共创的结果，是企业内部凝聚共识，群策群力，与外部不断进行信息交换，从而产出全员参与的智慧成果。

631 对标法根据国务院国资委《关于开展对标世界一流管理提升行动的通知》中的总体要求和重点任务，根据组织治理 10S 协同模型设立总的协同目标→分目标（价值、战略、制度的三项修炼）→对照六大支柱的指标→结合企业八大任务的路线与途径，具体对标的方案进行指标化的提取。

通过真正的价值、战略、制度的协同匹配，在全员参与下，协同领导力的体现是一个推动整体对标提升行动融入企业使之脱胎换骨的过程。这个过程需要指标体系的牵引，更需要协同领导力每时每刻的推、拉、引、帮的力量，才能在凝聚共同认知的过程中，通过治理变革，发挥组织和人的管理、创新和执行能力的最大化效能，推动战略落地，螺旋式实现八项重要任务。

631 对标框架的特点与创新

631 对标框架是由协同治理和协同领导力双轮驱动的，同时解决组织能力和人才发展"两层皮"的脱节问题，通过建立对标提升的持续机制，以真正推动企业实现世界一流水平为管理提升目标。

共创、内生与主动，真正激发企业内驱力

与过去几十年的个体思想相比，当今社会的个体思想已经发生了天翻地覆的变化。在当今的复杂环境下，VUCA 造就了每个人都希望能够全面参与变革、充

分参与凝聚共识的过程，而非仅仅等待命令。由于个人的思想异常活跃，只有将组织中每个人的思想都"联结"起来，才能达成共识。然而，仅仅通过传统的企业宣贯，很难在变革中让员工放弃旧观念，产生对新方案的共识。所以，只有让全员参与过程，在过程中凝聚变革的共识，建立行为的承诺，再以协同领导力推动每个人的行为落地，才能提升组织绩效。

631 对标框架充分考虑到在对标提升过程中，只有减小阻力，发挥群体智慧，顺应新时代个体思想的特点，才能在复杂多变的市场环境中共创适合组织的行动方案。这个过程是凝聚力和向心力增强的过程，更是全员都能够进行模仿性创新的孵化器。让每个人都成为共享、传递、创造和执行的智慧个体，更是贯彻对标方案落地执行的一个不可或缺的组织环节，在过程中做到相互理解和支持，在思想观念上相互碰撞和尊重，不再呆板地接受指令，而是主动为自己创造任务，获得更多机会。

此次对标行动必然是一个识别"奋斗者"的过程，不参与的员工很难融入，甚至难以理解和反对，一旦变革开始，他们中的大部分人很难适应，而快速适应并主动发挥作用的员工就较为容易识别。

631 对标框架的核心理念之一是组织从上到下充分释放群体智慧，改变以往自上而下发号施令的方式，促进企业构建内部网络化、扁平化释放群体智慧的通道，打造组织内部知识和成果共享的高效结构。

631 行动方案正是基于释放群体智慧的思考进行的一套完整的行动方案，从内生到主动，促使团队成员激发创意，主动担当责任，发挥集体智慧，以创造更大的整体贡献。以 631 行动方案进行对标学习时，促使企业内部价值认同模式的转变，使组织智慧内外共创，更加符合复杂环境的高速变化。

通过 631 行动方案为团队成员赋能，充分发挥团队成员的自主性，自下而上释放群体智慧，让团队成员主动开展支持目标达成的行动，是当代组织的必然选择。

融入日常工作

631 行动方案促使企业所有员工"干中学"，将执行与日常工作融合。当员工已经将对标方案的流程和工作日常化后，可以说，这个组织已经具备成为协同型商业组织的基础了，也具备了成为世界一流、基业长青的百年企业的重要前提。

坚持"聚焦关键"原则

以"聚焦关键"原则，制订高执行力的对标管理提升方案，可以有效提升组织与人的"专注力"，在对标落地过程中推动强执行力的打造，是获得对标提升的重要基础。根据以往经验，我们更加专注在方案中进行"聚焦减肥"，而非"增加任务"。然而在对标过程中，管理方案往往倾向追求精益，却忽略了专注力分散造成的执行力下降的趋势。在以往项目中，我们甚至发现不少管理者持有这样的观点：如果他们能够同时兼顾和处理不同的事项，反而体现出他们的高超管理能力。这显然是非常不可取的观点。通过 631 行动方案，在对标过程中，寻找更多促进执行力提高的"减肥"手段，是促使对标提升计划目标得以实现的重要执行保障。

631 行动方案创新团队学习系统

建设围绕对标目标的团队学习系统，在组织内部以实际情况为出发点，创新开放的学习和促进机制，是保证对标提升目标的重要条件。以提高团队凝聚力、提升团队效能为导向，在团队学习中进行团队学习空间的建设，加强对标提升的团队学习转化效果，并在过程中完善团队创新支持系统。

631 行动方案在方案设计时聚焦团队学习的空间能否具备紧密的知识交流网络和有利的知识分布结构。具备开放、高紧密度、异质性的结构不但有利于知识交流和学习效果，也有效促进对标行动目标的共同价值 / 首要目标在组织内的传播效率。在以往经验中，这对团队学习的效果至关重要。具体设计内容包括以下4 个方面。

（1）建设开放型团队。在行动方案中，着重扩展团队社交面，加强与外部的信息交流，并增加信息获取渠道。不断从团队的内外部环境中汲取知识。关注外部环境与组织内部的变化，获取更多的信息与资源，在开阔视野、自我驱动提升学习力的同时，也可以扩大社交，这对团队未来发展与个人成长具有重要意义。

（2）增加团队成员间的紧密度。这是组织凝聚和创新能力的具体体现。尤其对于存在"95后"管理困境的企业，要在631行动方案中善于利用团队学习和行动落地的机制建设，消解成员间在工作中存在的矛盾或者隔阂，以营造融洽的团队氛围和提高团队凝聚力。

（3）利用组织治理10S协同模型的"631"要素构建异质性小组，扩大团队空间知识面。在配置631行动方案小组成员时，以实现协同目标为契机，促进不同岗位、背景的异质员工实现价值认同，促进协作共赢，创新协同成果，实现管理提升目标。要注意，人员异质性是把"双刃剑"，并不是异质性越高越好。631行动方案在对不同项目活动的小组进行分类和组建时，要在教育背景、职能经验、特长等方面应挑选适度不同的组员，这将增加团队的活力与创造力。

（4）通过631行动方案凝练对标提升的创新价值观，高效进行内部传播，有效激发组织创造活力和创新潜能。通过631行动方案中的各类项目带动组织内部创新氛围、创新文化共识，促使小组成员主动进行知识共享、交流互动，提高协同率，最终实现创新绩效。

协同领导力体系

构建协同领导力体系是631对标框架的重中之重。以往领导力培训的效果往往是有限的，很多管理者都感觉领导力理论很好，但就是用不到实际工作中。其实，无论是绩效领导力还是变革领导力，都必须在"协同"的顶层向下，凝聚明确的方向和逻辑清晰的战略规划与方案，在匹配的制度和模式支撑下，获得合理预期的激励空间，才能感觉"有动力，有方向，有荣誉感或价值感，领导力发挥才能感受到劲有地方使的激情"。

在构建协同领导力体系时，应根据企业实际的领导力状况，针对631对标法提炼的对标目标和范围进行梯队领导力的能力指标建构。

在构建对标指标体系时，必须将组织协同治理的指标与协同领导力指标全部纳入，形成相互支撑，像华为一样，在全员参与、对标到岗的动员机制下，在贯彻执行和辅导过程中，真正识别企业的"奋斗者"和"领导者"，而不是通过权利和职位来识别，并在制度上有足够的创新，予以有效激励，在内部满意度和价值表达上获得最大的认同，真正实现人心凝聚，促进全员心智模式改变，推动自发的内部活力形成。

第二十六章
631 行动方案

631 行动方案是在 631 对标框架中形成的对标学习具体解决方案，包含不同周期的项目目标设计、对标项目实施操作和安排、培训和团队学习的设计方法和执行要点等。

631 行动方案本质上是以行动学习为基础，通过协同领导力提升辅导，促进学习型组织的打造，从推动"组织"与"人"协同和开放的角度，促进组织实现协同目标的具体行动解决方案。

虽然 631 对标框架为对标提升行动建设提供了方法论，但我们也要认识到，让人们改变过去的工作习惯、走出舒适区并不容易。所以，用 631 对标框架进行对标管理行动需要由浅入深，循序渐进。

从过去十几年的对标学习经验和服务成果来看，企业利用 2 ～ 3 年时间，设置不同周期的对标目标，最初在 631 对行动方案的 5 个关键阶段导入对标提升行动并进行体系性建设，将更容易实现对标提升的终极目标。

631 对行动方案的设计既针对行动的落地实施，又聚焦提升组织学习能力，为对标提升行动提供了完美的模型和实践的舞台。每个 631 行动方案的具体活动都是一个具体的小型协同对标计划。通过整体的安排和灵活的调整，631 行动方案的总体方案构成了一个相互协作的统一整体，系统性促进协同对标的终极目标实现。

理论和实践都证明，当将 631 行动方案作为协调型商业组织的组织生命力建设时，组织及个人心智模式将发生重大变化，组织协同的对标"瘦身"结果就会将组织向自组织的目标大力推进。所以，631 行动方案是对标提升行动建设的有效解决方案。

精准对标

推行对标管理，就是将企业的目标紧紧钉住业界最好水平，明确自身与业界的差距，有效推动企业向业界最好水平看齐。在对标提升行动中，采用"10S"分析框架，是为了更好地实现精准对标，解决"跟谁对""对什么""怎么对"的问题。

在解决"跟谁对"和"对什么"的问题上，组织治理 10S 协同模型扩展了对标的思路。企业并非一定要选择竞争对手作为标杆，更非一定要以本行业中最好的企业作为标杆，企业可以通过行业标准值和行业非竞争对标伙伴信息相关数据来开展对标管理。

跟谁对：做好标杆池建设

在解决"跟谁对"的问题上，应遵循国际性、竞争性、先进性、创新性原则，选择不同维度的标杆企业，广泛向业内和业外的最优企业学习。既不拘泥于战略对标，也不拘泥于规模或技术创新，要建立标杆池，横向纵向全覆盖地研究和学习，为后面的对标工作建立正确基础。

总结起来，可以形成 4 个维度的标杆池，包括：①基业长青的协同标杆公司；②竞争性的战略对标公司；③跨界 / 创新模式标杆公司；④子维度精益标杆公司。

通过与基业长青的协同标杆公司对标，在全球化战略下，学习协同型商业组织的系统性整合、协同治理模式和领导力体系建构等。通过分析这些标杆公司的发展历程和借鉴协同组织的建设经验，结合自身实际，探寻协同系统与培育发展之道，从真正夯实基石的角度出发，分析标杆企业的特点，从中汲取先进经验，寻找差距，进行顶层的协同标杆标准设计。我们在本书中篇对 21 家世界一流标杆公司进行了分析，以扩展对标池的建设。

通过与竞争性的战略公司对标，在激烈的市场竞争中，对标处于领先地位的竞争对手，分析其成功之道，以不同维度深入挖掘其战略落地的战术和方法，借鉴其优点，实现竞争性学习、进行管理改进和创新等，同时弥补自身的协同度不足。

通过与跨界 / 创新模式的标杆公司对标，更多可以关注其创新速度带来的竞争优势，对标重点可根据其速度优势的特点，分析其创新管理、"赛道"选择、"护城河"建设、人才匹配、满意度表达和价值实现等一系列的协同，为获取自身速度优势而进行协同设计，确保在自己的实际战略决策和匹配的落地方案中，提高速度，提升核心竞争力。

在六支柱的子维度中进行精益模块的标杆池建设，既是实现八大重点任务所要求的精益对标学习和管理提升指标建设以及团队学习的分模块对标对象的确认过程，也是对标指标体系子系统最为重要的分解环节。此标杆池筛选过程长，是发挥全员参与、实现人人对标的重要环节。

对什么：着眼于八大重点任务

在完成协同度校验后，通过与世界一流标杆公司对标，在协同和三重修炼的层面提炼出协同型组织的具体建设目标。

在分析标杆池内的对标对象后，进行指标体系设计。着重考虑在竞争、模仿、创新和速度等方面展现出的自身的薄弱环节，并针对协同匹配中较差的子系统，以阶段性设计开始进行对标切入点优化，确保阶段性对标提升的有效性。

国务院国资委在本次对标提升行动中提出八大重点任务，并对每个任务的具体范围进行了细致的描述和说明。（见表 26-1）

表 26-1　对标提升行动八大重点任务

重点任务要求	对什么	解决问题	对标思考要点
（一）加强战略管理，提升战略引领能力	战略管理 投资管理 国际化经营 主业管理	重点解决战略管理意识不强、投资决策不科学、主责主业不突出、国际化经营水平不高等问题。尤其应注意企业现状中的战略与运营脱节，避免人财物"三张皮""墙上挂"等问题	从战略出发，与共同价值／首要目标和制度／模式的协同建设。战略反映了管理者对竞争环境、组织规模等关键要素的理解，用以确保已确定的使命、愿景、价值观的实现 战略决策是组织管理团队对事关组织未来方向的大政方针的判断、规划和把握 战略决策与周边环境／竞争态势、企业规模／范围的协同度。客观剖析自身战略不清晰、边界模糊、过去投机性规模扩张的决策、行业和赛道的选择决策等，进行认真反思 从三重协同角度，审视企业全球业务规模、结构质量等健康指标，分析可持续发展的不足。切实加强投资活动的规范性，排查在各环节曾经出现和可能出现的风险问题
（二）加强组织管理，提升科学管控能力	法人治理 组织结构 组织流程 文化建设	重点解决总部定位不清晰、机构设置不匹配、授权放权不充分、流程运转不顺畅、管理方式不合理等问题。尤其应注意组织结构臃肿、总部机关化、组织定位不清晰、无人担责、频繁换将、价值链割裂、流程不畅等问题	从制度／模式出发，与战略／战略决策和共同价值／首要目标作协同建设。组织管理对标是提高企业运营效率，提升组织竞争优势的关键 进一步明确总部职能定位，科学设置组织架构，打造精简高效的组织体系；分类开展授权放权，确保组织高效运转、快速响应；转变行政化管理方式，依据股权关系，通过法人治理结构，依法履职行权，提升企业管理市场化、法治化水平；加强组织文化建设，着力培育传承国有企业优良传统、体现时代特征的企业文化，积极履行社会责任，塑造良好企业形象，不断增强企业凝聚力、向心力和软实力
（三）加强运营管理，提升精益运营能力	精益管理 现场管理 供应链 营销与服务	针对精细化管理能力不强、成本和质量管控不到位、运营效率不高等问题。尤其应消除利益割据、山头主义等现象	从共同价值／首要目标出发，与战略／战略决策和制度／模式作协同建设。以最小资源投入，创造更多、更大价值；完善营销管理和用户服务体系，科学制定营销策略，创新服务模式，不断提升服务质量和品牌形象，提高客户忠诚度和满意度 新技术应用与现代供应链建设和升级结合，品牌建设与服务转型结合，树立全员参与、协同高效、持续改善的精益管理理念，将精益管理运用到研发设计、生产制造、供应链管理、营销服务等全流程、全链条

重点任务要求	对什么	解决问题	对标思考要点
（四）加强财务管理，提升价值创造能力	财务管理 资本结构 资本管理 市值管理	重点解决集团财务管控薄弱、"两金"规模较大、资金使用效率不高、资本运营能力不足等问题	无论价值、战略和制度发生何种程度的协同调整，财务集中统一管理不能变，而且需要持续加强，坚定地持续推进一体化财务管控体系，深入推进资金集中统一管理，完善全面预算管理和财务信息化建设，实现财务信息贯通和管控落地 企业资本结构必须保持健康且可持续，"两金比例"不能偏高。解决财务杠杆和经营杠杆效率提升的问题。加强成本费用控制，不断提高资源配置效率。更加重视资本运作，建立健全资本管理体系，通过资本化、证券化和收购兼并、市值管理等方式提升国有资本的收益性和流动性，提高上市公司透明度，不断提升价值创造能力
（五）加强科技管理，提升自主创新能力	科技规划 研发投入 技术创新 创新激励	重点解决关键核心技术受制于人、创新效率不高、科技领军人才不足、创新体制机制有待完善等问题，尤其注意一些企业创新与活力不足、未老先衰的问题	进行开放性协同组织建设，加强技术领域的相互连接和跨界链接，持续在全球范围内进行技术合作，是构建可以持续发展的世界一流企业的必要条件 对标标杆池公司的科技创新战略规划、研发投资额和强度，对标知识产权体系，对标科技人才梯队建设和激励体系，对标科技成果转移转化体制机制等
（六）加强风险管理，提升合规经营能力	风险管理 内部控制 企业法务 合规与追责	重点解决风险防范意识不强、内控体系不完善、合规管理不到位、责任追究力度不够等突出问题	对标世界一流标杆企业的风险管理体系是国企要从形似到神似的具体落地。作为世界标杆企业的核心要素之一，对标的重点是企业法务组织和合规管理体系建设，筑牢风险识别和把控的防线 在对标过程中，提高风险防控意识并加强贯彻和落地，科学、系统地监测预警、识别评估和研判处置风险 对标内控体系建设，法律管理与经营管理深度融合，健全合规管理制度，加强责任追究体系建设等

续表

重点任务要求	对什么	解决问题	对标思考要点
（七）加强人力资源管理，提升科学选人用人能力	人才规划选人用人薪酬激励人才培养	重点解决人力资源规划不清晰、三项制度改革落实不到位、人才队伍活力不足、高层次领军人才缺乏等突出问题	人力资源管理既要对标世界一流企业，也要与国内企业对标；既要围绕"三项制度改革""市场化用工改革"等问题开展工作，也要推动价值、国际化战略和模式协同 对标应围绕标杆企业的人力资源价值实现的每一个核心环节深入探索和思考，在模仿性创新中坚持与国企释放企业活力、激发市场化动能的原则保持协同 在对标中学习标杆企业共同价值/首要目标与满意度/表达中人力资本的激励体系，摸索创新自己的特色，还要特别关注标杆企业在长期发展中与价值、战略和制度相匹配的激励体系、正向激励方式的机制构建、协同变化和体系优化
（八）加强信息化管理，提升系统集成能力	信息规划信息平台数字化转型网络安全	重点解决信息化管理缺乏统筹规划、信息化与业务"两张皮"、信息系统互联互通不够、存在安全隐患等问题	极其复杂的外部环境决定了所有行业可能在未来或者正在发生颠覆性变化。能够成为标杆的企业无一不在经历深刻的数字化转型历程 与标杆池中的标杆企业对标，尤其应注意各企业在信息规划、信息平台、数字化转型、网络安全这四个方面的战略规划、共同价值与制度的协同构建。国有企业必须持续前瞻性地在数字化的迭代升级的对标中实现追随、复制和创新，将数字化智能化升级转型提高到战略层面，进行顶层协同设计，促进组织变革和管理提升 对标必须结合"十四五"网络安全和信息化规划制定和落实，学习和提升网络安全管理体系建设，完善技术手段，健全完善应急响应体制机制，优化应急资源配备，完善应急预案，提高网络安全运行应急保障水平

怎么对：631行动方案的设计思路

对标提升行动的持续性及单个周期流程设计

对标提升行动终极协同目标的取得是个动态的过程，需要在多个周期内持续迭代、改进。

631整体行动方案的一个实施周期为2～8个月，企业应持续设计并实施多个周期以确保终极协同目标的实现。631整体行动方案的具体项目应根据企业在对标提升不同周期的核心问题和目标进行实际情况的落地设计，针对不同周期所聚焦的关键问题的不同，采取不同形式支持战略变革、业绩突破、组织文化建设、梯队领导力建设等不同对标提升阶段的周期性目标实现。

每一个周期的631行动方案的基本设计流程都围绕以下内容展开：①对对标提升行动进行深度访谈和诊断；②制定共同目标及愿景，群策群力，共创策略及计划；③阶段性复盘与辅导和教练；④内部辅导和外部跟踪辅导；⑤全面复盘并进行下一周期的631行动方案设计。

"六阶段模式"的项目安排

本部分内容仅探讨在一个确定的周期内，以首个对标周期为例（2020年8月后开始首次导入组织治理10S协同模型、采取631行动的第一个阶段），对"六阶段模式"的631行动方案的整体项目安排进行说明，见图26-1。

"六阶段模式"的项目内容

在首个对标周期中，631行动方案的项目内容包括组织测评、对标总体培训、四次共创工坊、开放性对标研学、两阶段辅导和协同教练队伍培养等6个部分。

由于需要按照企业定制内容，所以开放性对标研学和两阶段辅导的内容安排本书不做详述。协同教练队伍培养则另有重点讲述。

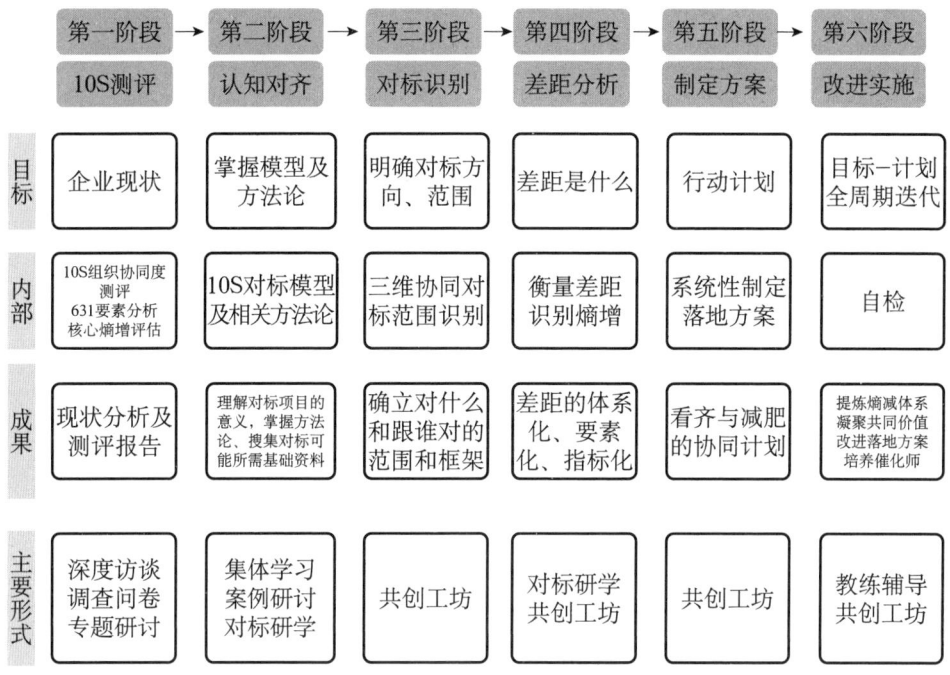

图 26-1　首个对标周期的"六阶段"整体项目安排

1. 组织测评

631 行动方案首先导入组织测评。组织测评由 3 个重要部分组成：10S 组织协同度测评、631 核心序参量评估和 10S 协同熵增评估。

其中，631 核心序参量评估与 10S 协同熵增评估在整体方案的中期和后期也会使用，要与最初评测情况进行对比分析，并进行动态调整。

2. 对标整体培训

培训内容包括知识、技能和工具 3 个部分。知识包括对标管理相关知识、组织治理 10S 模型及协同对标案例分析、对标提升项目目标和要求等；技能包括气氛控制、表达、沟通、实质性讨论、信息整理等；工具包括 631 行动方案方法及研讨工具、决策方法及工具、解决方案步骤及工具等。

在整体培训过程中，企业应重点培养一定数量的协同教练，达到协同教练的能力素质要求，并能够按照协同教练工具包和技巧辅助导师对企业对标成果的产出和落地进行辅导和教练和转化。

集中培训时长根据企业的实际情况在 1 ～ 3 天。其间根据小组的产出和实际需求，可与共创工坊和对标学习内容相结合，设计并安排具体的学习内容。

3. 四次共创工坊

631 行动方案中的共创工坊项目由一系列共创工坊流程组成。共创工坊项目设计由 631 行动方案中最大、最核心的一系列嵌套的流程组成。其中，每一个共创工坊又由解决问题研讨流程组成，而解决问题研讨流程又由多个研讨环节组成。

在这里纠正一个常识性错误。很多人对于共创工坊就是"世界咖啡、研讨会、头脑风暴活动"等的认知和理解都是不准确，甚至不正确的。从严格意义上来讲，这些理解只能说看到了共创工坊过程中用到的一些解决问题的工具，而并非共创工坊的实质。

把对标提升行动与落实当作组织学习的机会，让对标学习的过程和组织绩效的提升贯穿于所有日常工作，真正使"对标提升学习化，学习成果工作化"，才能真正体现出企业对标提升行动的根本效果，使得对标成果带来的组织绩效和人才发展成为有质量的世界一流标杆工程。

共创工坊的设计和应用体现了 631 行动方案以行动学习形式把对标提升、组织心智模式转变、10S 协同体系建设、发展和培养人才、统一认知和协同观念与改变作风、实现整体绩效提升完全融合在一起。

四次共创工坊的衔接和整体安排围绕对标提升的终极目标，以组织创新推动组织变革，以战略落地实现组织绩效的高质量提升，促进个人与组织共同发展，从底层构建并打造世界一流的协同型商业组织。

共创工坊的设计和应用

分组原则

任何组织都有局部协同度高、生命力较强的部分，也有局部协同度弱、活力弱的部分。631 分组原则立足于组织治理 10S 协同模型的分析框架，在共创工坊的分组设计时，力求贴合企业实际，又能最大化发挥要素间天然协同和冲突的特性，让分组讨论的定位和角色发挥最大作用，增加共创工坊的研讨效率和产出效能。

共创工坊的分组以三维协同分组原则进行。

具体分组根据对标提升的阶段性目标为导向，按照企业实际情况以价值、战略、制度三大不同维度进行。分组并非以部门为界限进行"一刀切"，也不以决策或者任务流程为依据，而是按照指测评中的协同度进行协同分组。

对于 6S 中薄弱协同子系统，需要三维度 3S 全部门参与，分配适当的小组组员，以内部问题和内部对标为导向进行解决方案的共创和承诺。对于协同度较强但熵增较低的子系统，着重以单一维度的部门参与，以外部对标和开放性组织构建为目标进行对标提升方案的导出。

每一次共创工坊的成功实施都离不开组织领导的推动和参与者的共同努力。在分组原则下，所有参与者都应保持开放的心态，向专家学、向同事学、从实践中学，在研讨中做到直面问题、批判性思考、主动分享信息与经验。

导师和协同教练

导师和协同教练是共创工坊的重要设置，在每一个研讨环节前，导师会先做该环节研讨内容的讲解和示范，然后各小组均有一名协同教练来推进本小组的研讨。

导师一般由对标管理办公室领导和外部的组织治理 10S 协同模型及 631 行动方案专家担任。导师通过巡视对各小组的协同教练提供支持，并根据大家在研讨过程中暴露出来的知识短板适时予以补充。知识补充将高效提升研讨质量，而针对难题的辅导也将提升知识的转化效果。

研讨规则

导师、协同教练和小组组长在所有共创工坊和行动方案所涉及的研讨过程中均应严格遵循研讨规则。

规则一：每人均需有效表达。

长期在金字塔型结构下形成的不主动表达已经成为大多数企业员工的习惯。即便领导主动询问，员工发言也必然会权衡再三。在研讨过程中，导师、协同教练和小组组长如发现有人始终保持沉默或是始终附和他人，就应以合适方式（提问、带动、引动等）介入，确保所有人都有机会表达意见，且有效表达自己的真实观点。

规则二：每次只能有一个人发言。

为防止出现乱哄哄的低效讨论场面，防止出现表面热闹、实际没什么效果的场面，导师、协同教练和小组组长应以合适的方式确保每次只能有一个人发言，对过分发散和无效的场面予以干预，明确讨论主线，确保研讨质量。

规则三：群体智慧首先确保观点数量最大化。

鼓励、引导表达各类观点，不断追问引导新角度、引发观点，对明显荒谬的观点也要尊重，并采用一定的教练和辅导方法与工具激发创意和灵感。

规则四：不质疑，不批评，不打断。

创新与荒谬常常一线之隔，甚至很多情况下就是一体两面。如果在研讨过程中不能及时制止对类似观点的负面评价，那么创意就会被停止，研讨氛围会被破坏，参与者的情绪也会被影响，最终极为可能导致研讨就此终止。

导师、协同教练和小组组长必须严格执行这条规则，做到不质疑，不批评，不打断，而且要多鼓励，并中立、如实地记录所有观点。

规则五：视不同意见为进步的机会。

研讨无领导、无权威，每个人都是"盲人"，从自身角度出发，任何人看到的都是局部。所以，导师、协同教练和小组组长要在研讨过程中维持平等、开放的气氛，鼓励更多人表达观点，使用更多的适当工具，让所有人都能切身感受到任何一个建议都可能是自己反思与进步的机会。

实施步骤

虽然企业现状和对标提升目的的差别很大，开展631行动的具体方案也千差万别，但整体而言，四次共创工坊的目标设计原则是一致的，且整体安排中各项目的目标和执行结果具有依存关系，既相互衔接又相互支撑。

总的来说，每一次共创工坊项目的设计和实施都离不开五大步骤，即准备、启动、跟进、强化和总结。需要指出的是，这虽然是一个标准的设计与实施模式，但针对不同阶段的共创工坊，因其目标和议题不同，每个工坊的流程设计具体会有差异，所以需要引入不同的研讨工具辅助进行。

步骤一：准备。

每个共创工坊项目都必须在准备阶段中进行沟通与设计。这个阶段的主要工作包括前期调研、深度会谈、小组与成员的筛选和确定。

例如，首次共创工坊的准备阶段的重点是与企业已成立的对标行动办公室的领导成员进行深度会谈。结合 10S 组织协同度测评、10S 协同熵增评估等 10S 模型工具的导入，结合深度会谈的共识，明确并设计出此次 631 行动方案的周期性关键目标是对标对象和对象范围的确定，并梳理出现状和实现此目标的关键难题。

在此基础上，确定首次共创工坊项目的具体目标、参与者（按照 631 分组原则进行分组所确定的具体人员和协同教练人选）、范围、团队组成形式、流程等。一旦确定之后，可以责成相关组织人员进行具体的准备工作安排。

如表 26-2 所示，一般情况下，共创工坊项目的准备工作最迟于预定时间的前 4 周启动，围绕共创工坊的主题和研讨范围确认此次共创工坊目标、人员选择原则及分组名单，准备相关材料，制定议程，进行流程设定、情景分析及冲突预案管理等。

表 26-2　共创工坊项目的准备工作

准备内容	具体任务	参考时间
人员选择及分组	631 分组原则分析 人员评估及沟通 确认分组及组长名单 确认导师与协同教	工坊前 4 周
工坊准备	工坊目标及主要内容 理论、方法、工具 案例及成果报告格式 与导师进行沟通 与小组组长沟通	工坊前 3 周

续表

准备内容	具体任务	参考时间
工坊流程及预案	细化流程、日程及安排 工坊形式及研讨逻辑 研讨情景及冲突预案	工坊前 2 周
通知及资料发放	发送安排及议程 发送研讨前的准备任务 发送阅读资料等	工坊前 1 周

步骤二：启动。

每个共创工坊项目的合理完成时间在 2～3 天，这是一个实现预设成果产出、团队凝聚共识的过程。每个工坊的成果具有不同项目的特征，但高度共识和承诺所形成的成果应在导师和协同教练的共同引导下，转化为可执行、可操作的并可进行绩效评估的行动计划。

共创工坊的具体形式和工具应根据企业的实际情况量身定做，比如世界咖啡、头脑风暴、六顶思考帽等。以世界咖啡形式为例，共创工坊的具体启动阶段的流程如图 26-2 所示。

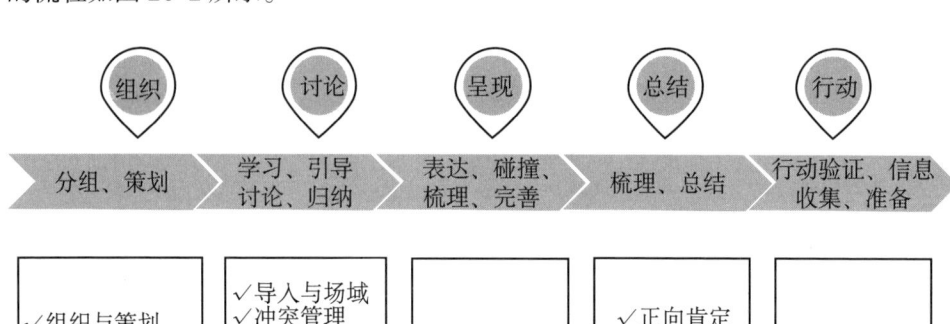

图 26-2　世界咖啡形式的共创工坊

启动流程的核心是小组研讨，这是群策群力的内生过程，更是共创工坊成果产出最重要的部分。如表 26-3 所示，所有的参与者应在导师和协同教练的帮助下，发挥群体智慧，以解决方案七步骤工具（图 26-3）完成问题澄清、分析原因等工作，最终提出可能的解决方案。

启动阶段由一系列研讨环节组成，小组成员通过对问题进行研讨，群策群力澄清议题、设定目标，探寻达成目标的路径，寻找解决方案。这正是共创工坊通过质疑与反思，释放群体智慧从而解决难题的核心流程。每一个研讨环节的核心逻辑都是按照一个橄榄球模型展开，包括发散、碰撞和收敛 3 个部分。

表 26-3　启动阶段的检查重点

模板	具体内容	检查重点
导入与场域	✓ 之前 631 内容回顾及进度汇总 ✓ 本次工坊目标及难点 ✓ 本次工坊时间安排 ✓ 本次工坊研讨规则及要求 ✓ 本次工坊成果预期 ✓ 导师、协同教练介绍	□是否可以促进平等沟通 □场地环境与布置和主题是否一致 □导入过程是否简短、明确 □参与者研讨状态是否积极 □参与者是否已经破冰 □参与者是否已掌握研讨规则 □整体时间不应超过 60 分钟
讨论与呈现	✓ 讲授研讨工具、流程 ✓ 小组成员质疑与反思 ✓ 研讨的进程 ✓ 概括、提炼、总结	协同教练是否做到： □避免提出自己的观点 □不对小组成员施加压力 □不过分拘泥于程序 □出现冲突及时干预和引导 □讨论过程中适时记录、总结
梳理与反思	✓ 梳理研讨成果 ✓ 协同对标验证确认 ✓ 小组 / 参与者有效性反馈	□对研讨逻辑和研讨成果的认识 □要能容忍模糊的存在 □不回避对失败和不足的总结 □引发小组成员反思 □加深参加者对团队行为的认知
研讨总结	✓ 必要时可再次概括主题，再次确定下一步行动计划 ✓ 提出今后尚待研讨的题目和方向 ✓ 向参与者表示感谢	□要提出明确的行动推进要求

续表

模板	具体内容	检查重点
导出行动计划	使用适当工具进行计划导出，取得认知一致，如 5WHY、5W2H、WBS 和甘特图	□是否明确监督机制 □参与者及小组成员之间是否有畅通的沟通机制 □参与者是否对自己所参与的计划有足够清晰和正确的认知 □是否提供足够的资源支持行动落地 □参与者是否清晰了解对执行力不到位的奖惩机制

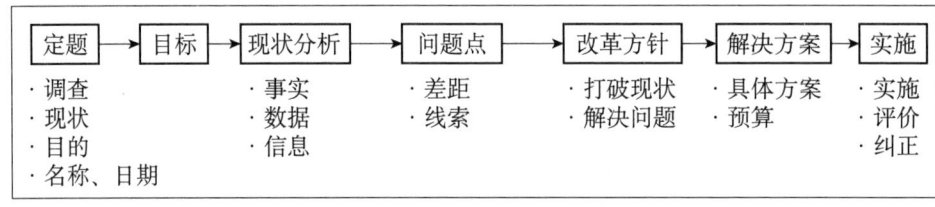

图 26-3　解决方案七步骤示意

步骤三：跟进。

在共创工坊结束后的固定期内，如每月 1 次、每次 1 ~ 2 天，对行动计划进行复盘与跟进。跟进检查进度，推进项目进程并通过质疑和反思促进参加者心智模式转化，加强动力，并提供解决问题的流程工具，以更好地帮助相关员工深化理解共创工坊流程工具并应用于解决问题的过程，促进计划目标的达成。如果不进行跟进，则在上一步骤中形成的决议和建立的承诺很容易流于形式，所以保持持续的跟进对成果的落地至关重要。

步骤四：强化。

知识和技能强化培训通常穿插安排在共创工坊的执行过程中，以补充在此过程中参加者解决问题所缺失的相关知识，支持项目的推进。不同类型的共创工坊项目在项目设计上有一定差异，具体将结合企业的实际情况制定。

步骤五：总结。

在下一次 631 行动项目开始前，应有计划地对前次共创工坊的计划实施情况进行总结。对标管理办公室应对前次共创工坊的项目成果进行验收，并对全流程进行复盘和总结。总结本身的形式可以为会议、小型研讨会甚至小型工坊。其形式不限，但目的是将共创工坊中学到的工具、方法及创新成果进行日常工作化的迁移，同时结合下一次 631 行动方案中的准备阶段，进行相关的成果转化工作。

在本步骤中首先对研讨会过程进行回顾，再对会议期间形成的共识及行动计划予以确认，最后对共创工坊的目标、流程和组织等进行有效反馈，以便在下一次的共创工坊组织中改进、提升。

共创工坊的实施要点

对标的目标与范围

通过对大量对标案例进行分析，我们发现基业长青的世界一流企业无不在变革中聚焦于三层次协同的组织生命力建设，而非仅仅围绕或依赖于要素、指标或者某些子系统的局部协同。因此，如何以协同为目标确定对标目标和对标范围，是对标管理能否成功实施的基础。

运用 631 行动方案的相关工具，以三维协同维度进行对标范围识别与筛选，可以有效提升对标目标和对标范围的选取效率，避免对标范围过大或过小带来的相应问题。

识别对标差距

631 行动方案在识别对标差距时，可以使得衡量过程更加系统化，防止目标异化，提高对标指标的提炼效率，并提供一定的调研方法和评估工具，为对标项目的实际落地提供有力保障。通常情况下，第二次共创工坊已识别与对标对象间的差距，并要在此基础上形成体系化、要素化和指标化的行动方案。

如图 26-4 所示，第二次工坊结合组织协同度雷达图和三维协同部诊断结果，与第一次工坊后的对标研学、信息调研和分析进行有机集合，以组织治理 10S 协同模型为体系，整理六支柱对标差距矩阵列表。在导师和协同教练的引导和辅助下，以企业自身现状为出发点，分析并识别不同支柱的差别要素，最后提炼出相关指标。

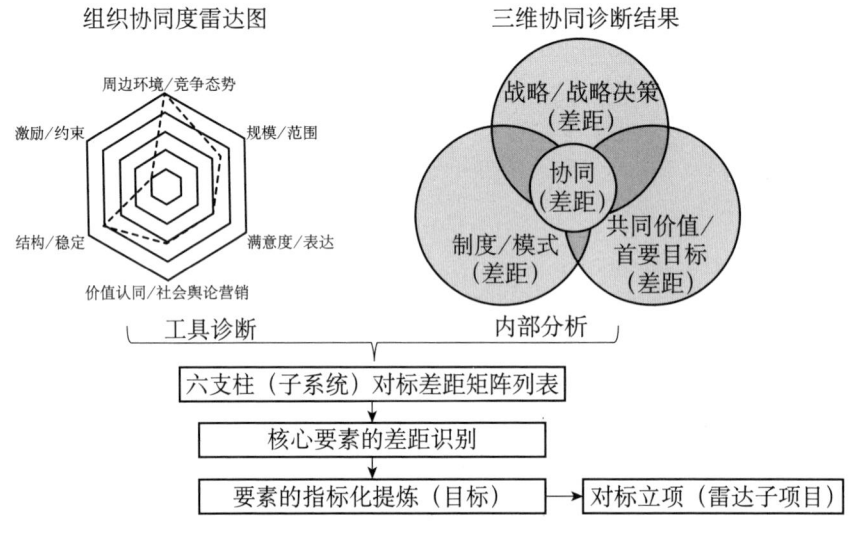

图 26-4　631 对标差距识别基本流程

推动落地执行

落地方案的形成过程就是该周期对标提升执行方案的凝聚过程，是所有参与者共同参与，最终形成决策的过程。（见图 26-5）

第三次共创工坊需要使用多种工具，在充足的信息准备中，聚焦对标指标体系的产出，群策群力，聚焦量化决策，确保共识的达成。

决策方法和工具需要在研讨过程中反复使用，在各种观点中，要筛选出共识成果，而非遵从某些领导或权威的意见。针对一些简单的研讨环节，可以采用直接共识法或投票决策法；而针对一些复杂的研讨环节，则可以采用一些更为结构化的决策工具。

对复杂、重大的事项进行决策时，可以采用要素权重评分法。小组成员共同讨论决策涉及的要素，为每个要素设定权重，建立决策矩阵，独立评分，然后针对分歧较大的评分进行澄清，凝聚共识。

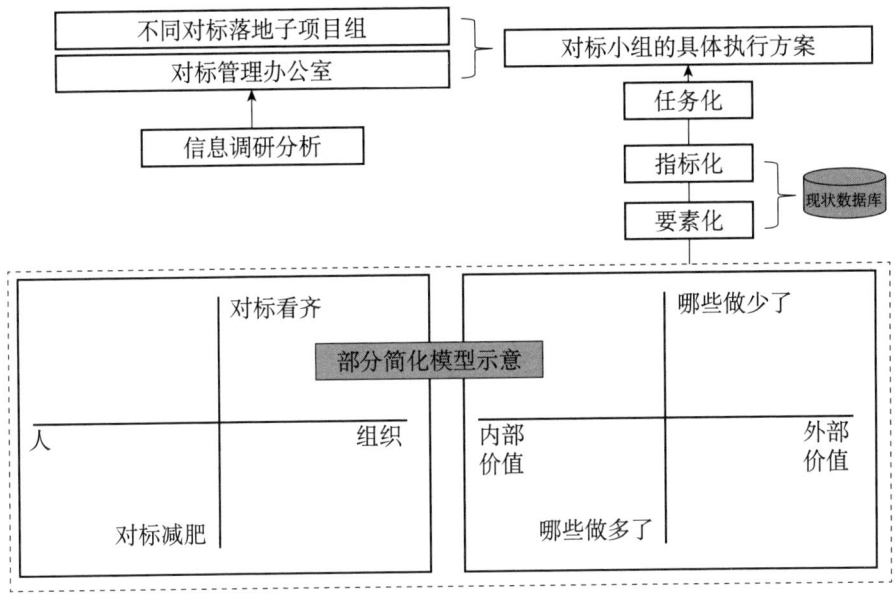

图 26-5　631 对标落地方案的形成过程

对相对简单的事项进行决策时，可以选择两个核心要素，构建二维评估矩阵进行决策。

无论哪一种决策方式，共识的达成最为重要，通过反复的质疑与澄清凝聚共识，而不是简单粗暴地强调少数服从多数或服从权威，因为少数服从多数会扼杀创新方案，服从权威则会扼杀参加者再次参与决策的积极性。

在研讨过程中，应对决策草案进行反复验证。其中包括 6S 要素验证、三维协同 3S 分组研讨验证和决策方案的熵减分析验证。这三次验证分别针对局部、全局和组织活力，从不同维度、不同层次、不同聚焦点出发，确保执行方案的可操作、可量化和可激活。

持续改善与协同教练体系建立

第四次工坊以持续改进与协同教练体系建立为目标，为之前工坊的成果转化和辅导以及教练落地保驾护航。此次工坊针对之前出现的问题和遗漏进行改善式成果共创，主题可以根据实际情况而定，包括战略、绩效、文化、方案执行难点或其他任何与631行动方案目标相关的与跟踪改善有关的范畴，在组织领导层面推动。

具体内容在本书中不做展开，设计流程与工具与前述工坊一致。

人才保障核心：协同教练的培养

协同教练是631行动方案中的重要角色，掌握组织治理10S协同模型的精髓，在现场与631导师配合，利用参与型领导技术，围绕难题对参与者进行引导，以激发群体智慧，为群体的互动提供结构性的支持，使会议过程更加高效，采用专业化的程序和技术引导群体的活动，使之达到最佳效果。

协同教练是企业建立对标体系不可或缺的内部力量，是在企业实现协同发展目标的过程中，能够以共创工坊和成果落地为基础，组织并开发群体智慧，解决企业难题的专业人才。

协同教练并不是一个专职岗位，而是通过系统学习，从认知、方法和工具等方面促使631对标体系中的所有项目和活动高效达成，并伴随着成果产出而将任务融入团队日常管理，激发员工自主承担责任，释放管理者效能，使管理者有更充裕的时间提高管理质量，更加聚焦于如何保证对标提升结果的实现。

同时，协同教练在成果落地过程中担任团队辅导和教练成员成长的角色，在过程中协助员工主动改进行为，积极参与创新，在完成对标建设的同时促进员工的成长，促进团队成员在工作挑战中共同成长，激发员工内在动力，真正做到协同发展的共同价值认知与行为转换，实现员工心智模式从静态到动态的迅速转变。

协同教练的角色

协同教练同时扮演3个角色：组织者、跟进者和辅导者。

1. 组织者：共创工坊的场域建立与流程控制

组织者是指协同教练在共创工坊的现场组织并参与活动的主持，主要负责控制流程和时间安排，辅助 631 导师进行研讨的引导，并营造大家愿意热情参与、人人愿意积极贡献创意、相互支持信任的场域和氛围。激发参与者的热情和动力是协同教练的首要职责，所以组织者看似没有多少技术含量，却是协同教练首先要修炼的角色，因为如果不能激发参与者的参与动力，也就谈不上问题的解决和学习发展。

共创工坊的场地选择应遵循避免干扰的原则，场域的建立围绕良好的空间氛围进行。631 行动方案中的共创工坊的每一议题一般会持续 1 ~ 3 天的时间，需要活动参与者能够全身心投入研讨中，减少被不必要事务打扰的概率。

协同教练在组织者角色中的主要任务是按照共创工坊的预先安排，结合参加者研讨的实际情况动态推进会议，确保既定成果的产生，并在活动过程中提升共创工坊小组研讨、行动、反思、学习和自我促动的效能，提升小组成员在问题呈现、倾听、提问、反思等方面的效果，让 631 行动方案的每一个项目能够达成发自内心的共识并获得切实的成效。

协同教练应使用恰当的语言表达，有效地提升参与者的参与度。协同教练应及时发现小组成员情感、情绪的细微变化，以采取针对性的举措。如果发现小组成员比较疲劳，就要安排休息或者游戏；如果发现小组成员对某个环节比较抵触，就要征求小组成员的意见和建议并作出改进；如果发现小组成员比较沉闷，就可以增加一些小幽默调动气氛。

协同教练要主动创造融洽的沟通，鼓励小组内部的沟通，促进相互开放和接纳。协同教练在组织小组研讨时应遵循研讨规则，避免人身攻击，一旦讨论中出现冲突，应积极、主动地解决。协同教练不要随意评价他人的观点，应通过发问的方式，让参与者自己澄清观点，自主发现观点中的错误或不足。

2. 跟进者：项目成果的整理与跟进

跟进者首先负责对 631 行动方案的项目产出进行整理与跟进。每一个组织的情况都不相同，面对的问题也不相同，跟进者要评价组织实施共创工坊项目的进展，并和组织高层沟通，获得支持和承诺，明确发起人对课题的期望，然后根据组织的准备度和课题方向设计共创工坊流程，协助确定小组成员，预设共创工坊过程中可能出现的问题并制订预案，在共创工坊结束时评估项目得失并持续对项目流程进行改进。

在共创工坊或者相关活动结束后，跟进者产出的项目成果可能包括：记录团体的数据、分析、反思和结论的报告或文件，记录团体讨论、共识过程和行动计划的报告或文件，反映团体的观点和共识的图表或图片等。参加者在热情、承诺、信心、团队融合、沟通协作、相互信任及学习成长方面收获的成果也非常重要，跟进者应予以收集或记录。

协同教练应营造每个人都被尊重、每个人的发言都被珍视的气氛，对所有人及所有发言都给予感谢。协同教练做记录时，引用小组成员的语言原文，可以最大限度地体现对小组成员的尊重。如果研讨涉及一些较为敏感的环节和信息，可采用匿名方式收集敏感信息，并对敏感信息进行保密，如有需要，可签订保密协议。

协同教练要在共创工坊或者相关活动开始前设计量化和非量化的成果，并根据实际产出进行复盘。

3.辅导者：团队成长的辅导和催化剂

每个企业都有其特定的规则、制度、流程、体系和文化，其中影响参与者行为模式最重要的就是潜在行为规范了。与631导师专注于解决问题不同，辅导者更关注的是在631行动方案整体过程中出现的团队学习和成长的机会。

作为辅导者，协同教练通过专项技术和工具引发参加者的反思，促成个人及团队的心智模式转变。辅导者不给答案，只是通过提问来启发思考，小组成员的学习成长就像是产妇生产的过程，辅导者协助小组成员产生共创工坊成果，并通过心智模式转变将计划变为实际行动，因此这个角色定位就是实实在在的团队成长辅导和催化剂。

只有当协同教练发挥辅导和教练的作用，让所有参与者都充满创造活力，让团体成员能够充分放飞想象力，愿意释放其智慧为集体贡献价值时，才有望形成切实的方案、可行的计划和发自内心的承诺。

协同教练的七大能力

第一，对组织治理10S协同模型的准确解读和分析能力。

第二，对协同教练工具包中工具的熟练运用和讲解的能力。

第三，在研讨中保持中立的能力。协同教练专注于研讨过程，对研讨内容保持中立，不介入具体的研讨内容。尽管协同教练可以针对内容进行提问或者提出建议，但协同教练永远都不能把自己的观点强加给小组，也不能代替小组进行决策。

第四，在沟通中保持深度倾听的能力。放下自我和固有假设，不评判，不过滤任何信息，充分理解发言者，理解表面含义的同时也要理解其意图。协同教练要促进小组成员之间相互倾听。

第五，准确表达、澄清观点、促进理解的能力。协同教练能够准确复述谈话内容和观点，以澄清要点，但要忠于原来的语言。

第六，收集观点，准确记录并能够直观呈现的能力。

第七，推动流程和跟进的能力。有效确保研讨目标的达成，对跑题、离题能够进行有效管理。

协同教练工具包

协同教练在学习过程中，必须掌握协同教练工具包中的工具。掌握了这些工具，不但可以让共创工坊的研讨过程更加有效，而且可以更好地辅助工坊成果的转化和落地。

下面是几种常用的研讨工具。

（1）头脑风暴法。在群体研讨中，由于群体成员受心理相互作用的影响，易屈从于权威或大多数人的意见，形成所谓的群体思维。群体思维削弱了群体的批判精神和创造力，损害了决策的质量。为了保证群体决策的创造性，提高决策质量，管理上发展了一系列改善群体决策的方法，头脑风暴法是较为典型的一个。该方法主要由小组人员在融洽和不受任何限制的气氛中以会议形式进行讨论，打破常规，积极思考，畅所欲言，充分发表看法。

（2）团队共创法。这种方法由 ICA 研发并在全世界推广，作为促进团队达成共识的流程开始使用。它既可以在简单的主题上运用，也可以在复杂的主题上运用。简单的如某专案团队需要脑力激荡，思考下周必须完成的任务有哪些；复杂的可用于公司改造的策略规划流程中。团队共创法是有效形成团队共识的方法，团队可通过此方法对任何主题达成共识

（3）智慧雪球法。这是一种整合了头脑风暴法和团队共创法的团队创新方

法，更便于激发团体智慧、创新观点，并充分凝聚共识。

（4）六顶思考帽。六顶思考帽是"创新思维学之父"爱德华·德·博诺博士开发的一种思维训练模式，或者说是一个全面思考问题的模型。它提供了"水平思维"的方式，避免将时间浪费在互相争执上。六顶思考帽强调的是"能够成为什么"，而非"本身是什么"，是寻求一条向前发展的路，而不是争论谁对谁错。运用六顶思考帽会使混乱的思考变得更清晰，使团体中无意义的争论变成集思广益的创造，使每个人变得富有创造性。六顶帽子的含义为：白色象征纯洁，白帽思维代表客观的事实和数字；红色暗示喜欢、厌倦、愤怒等情感特征，红帽思维代表直觉和预感；黄色代表阳光和乐观，黄帽思维代表正面、积极；黑色代表阴沉、负面，黑帽思维代表事物的负面影响和风险；绿色代表生机，绿帽思维代表创造力和新的想法；蓝色代表冷静，蓝帽思维代表规划和管理整个思考过程，并负责作出结论。

631 行动方案的体系建设

组织领导

加强组织领导，设立对标管理办公室。在办公室领导下，建立企业协同对标提升的总体目标（终极协同目标的具体化呈现），确保 631 行动方案成果转化和实施高效的协同对标制度和管理体系。

要建立持续的保障机制，确保对标提升项目的全员参与，能够使对标世界一流企业的提升战略、过程方法和资源匹配保持一致，从组织发展和个人发展两个层面实现对标提升的各阶段目标。

我们建议企业在建立对标持续保障机制时应充分考虑以下 7 个方面的问题。

第一，使战略落地的过程更加协调，改善中心各层次、各职能间的沟通。

第二，在中心所有层次创建并保持共同的价值观和公平道德的行为模式。

第三，培育诚信和正直的文化。

第四，鼓励在整个组织范围内履行对对标行动的承诺。

第五，提升各级领导者的领导力。

第六，为人员提供履行承诺所需的资源、培训和权限。

第七，激发、鼓励和表彰员工的贡献。

持续机制

持续机制必须建立在全员参与的基础上，群策群力的过程是激发所有参与者心智模式改变的过程。只有充分发动全体人员参与到对标提升的行动建设中，才能充分发挥集体的工作热情和干劲。在过程中创新组织内各级人员的授权和参与度，也是对标提升中促进企业制度和模式创新的重要尝试，是凝聚价值共识的重要基础，是企业实现提高价值创造的必要条件。

通过631行动方案，让组织内人员最大限度地参与研讨和学习，以对标体系建设为抓手，提高全员对于对标提升行动的理解，达成认知一致，并通过631行动项目中的内容安排，群策群力，提高员工的满意度，促进个人发展，提高主动性和创造力，增强企业内部的整体信任和协作，从而实现企业所有员工的共同价值凝练与企业文化的落地。

631行动方案在设计共创工坊的分组和研讨过程中，要以10S协同为原则，通过形式安排，促进整个组织的协作；着重培养和引导协同教练在行动过程中促进员工之间的沟通，以增强他们对个人贡献的重要性的认识，在活动过程中打造内部开放的氛围，赞赏和表彰员工的贡献、进步和钻研精神。同时在落地方案的共创过程中，强调激励和约束，让员工确定工作中的制约因素，毫不犹豫地主动参与，更清晰地针对目标进行绩效的自我测评，培养协同教练采用合适工具对评估员工的满意度和沟通结果进行调查，并采取适当的措施持续改进。

持续机制不应只看结果，而忽略过程和方法。631行动方案在设计时应强调如何聚焦关键，要在共创过程中提高识别关键过程和改进机会的能力，对可能影响过程输出和协同对标体系建立的冗余作识别，提炼减少浪费和消耗的产出结果。

持续机制应加强各种渠道的对标对象的信息建设，并建立数据系统加以分析。通过数据统计，分析协同对标体系过程的有效性、效率和业绩，立足于企业的实际协同目标，构建并逐步完善对标提升数据指标体系。

持续机制需重点培养知识合格、能力和技能达标的协同教练队伍，建立人才保障机制，持续不断地从外部吸收调研信息，促进内部共识并辅导和教练落地的执行体系。

参考文献

［1］饶恒.央企高质量发展规划图日渐清晰［J］.国资报告，2019（11）：50-52.

［2］李君清，李寅琪.创建具有全球竞争力的世界一流能源企业规划目标体系研究［J］.中国能源，2019（9）：43-47.

［3］晏梦灵，董小英，余艳.多层次组织学习与企业研发双元能力构建：以华为IPD系统实施为例［J］.研究与发展管理，2016（4）：72-86.

［4］张利华.华为从IBM买了什么［J］.中国机电工业，2010（3）：74-79.

［5］杰弗瑞 莱克.丰田模式：精益制造的14项管理原则［M］.李芳龄，译.北京：机械工业出版社，2011.

［6］黄文，成波，柴宝亭.丰田管理模式全集［M］.武汉：武汉大学出版社，2007.

［7］OJT解决方案股份有限公司.丰田高效工作法［M］.韩光，译.北京：北京联合出版公司，2014.

［8］蔺雪竹.典型企业信息化管理模式研究［D］.保定：华北电力大学，2013.

［9］李洙德.从公司治理论企业社会责任法制化［D］.北京：中国政法大学，2008.

［10］周放生.台塑管理的"诀窍"［J］.现代国企研究，2014（7）：13.

［11］孟亮.台塑企业成本管理特点［J］.电子世界，2012（1）：158-160.

［12］董文海.向台塑集团学习什么［J］.企业管理.2008（6）：43-47.

［13］刘文静.让世界认识友嘉：访友嘉集团总裁朱志洋［N］.机电商报，2015-07-13.

［14］晁瑞，赵宝山.台湾机床制造企业剪影之五　友嘉实业集团：横跨两岸的机床制造大厂［J］.海峡科技与产业，2013（12）：28-32.

［15］张明.河南省承接电子信息产业转移现状及对策研究［D］.开封：河南大学，2016.

［16］黄镇宇.并购中跨文化整合的机理研究［J］.上海对外经贸大学学报，2015（5）：36-46.

［17］周建波，李婧.基于文化网络的跨文化整合探究：以友嘉集团为例［J］.中南财经政法大学学报，2018（6）：134-143.

［18］张连成.企业并购策略与后期整合之研究：以友嘉实业集团为例［D］.台中：逢甲大学，2016.

［19］程义辉.万华化学集团股份有限公司的发展战略研究［D］.长春：吉林大学，2016.

［20］贺之杲.中国企业并购欧洲企业的成功案例：烟台万华收购匈牙利宝思德公司［J］.国际融资，2018（11）：47-50.

［21］韩洋.烟台万华：在国际市场卓越经营［J］.商业价值，2011（7）：124-126.

［22］郑韵之，宋登辉.微软公司公司治理分析［J］.财经界（学术版），2015（10）：1-2.

［23］吴军.浪潮之巅［M］.北京：人民邮电出版社，2019.

［24］宣晓东.托普集团软件项目团队管理研究［D］.大连：大连理工大学，2004.

［25］张戈.苹果公司战略成本管理案例研究［D］.长春：吉林财经大学，2017.

［26］魏洁琼.苹果与华为手机品牌竞争力比较研究［D］.长沙：湖南大学，2018.

［27］张晓雨.智能科技品牌文化构建探析［D］.兰州：兰州大学，2019.

［28］张红艳.消费主义视角下苹果公司的品牌研究［D］.哈尔滨：黑龙江大学，2016.

［29］尹若男.移动终端的营销策略研究［D］.北京：首都经济贸易大学，2017.

［30］彭静静，梅业琴.论苹果公司的现代企业管理创新：基于企业文化、战略、组织结构的视角［J］.商丘职业技术学院学报，2013，12（4）：45-47.

［31］张英华，姚丽.从苹果公司的案例看管理创新［J］.天津师范大学学报（社会科学版），2014（06）：77-80.

［32］黄玉玺.苹果公司的管理经验及其对中国 IT 企业的启示［J］.北京市经济管理干部学院学报，2013，28（4）：43-49.

［33］王春香.苹果公司成功的奥秘及对中国企业的启示［J］.辽宁经济管理干部学院·辽宁经济职业技术学院学报，2012（3）：1-4.

［34］孟庆博，王磊.亚马逊经营模式研究［J］.科技创新与应用，2017（9）：278.

［35］高旭涛.从美国亚马逊的发展看线上与线下融合［J］.中国流通经济，2017（5）：105-116.

［36］钟惟楚.亚马逊网站经营模式研究分析［J］.中国集体经济，2017（36）：56-57.

［37］黄继伟.华为管理法：任正非的企业管理心得［M］.北京：中国友谊出版公司，2017.

［38］王伟立.华为的管理模式［M］.深圳：海天出版社，2010.

［39］冠良.任正非谈管理［M］.深圳：海天出版社，2009.

［40］倪耀琦.中国互联网企业并购逻辑研究：基于资源观的 BAT 并购战略比较分析［J］.时代金融，2018（15）：102-103.

［41］李伟智.腾讯公司企业伦理与社会责任研究［J］.环球市场，2018（22）：47-48.

［42］宋虹漫.腾讯公司协同战略研究［D］.上海：上海交通大学，2010.

［43］黄牡丹.腾讯公司核心价值观探究［J］.产业与科技论坛，2017（16）：109-111.

［44］王伟业.当代互联网企业危机公关研究：以腾讯"王者荣耀"事件为例［J］.中国管理信息化，2018，21（13）：87-89.

［45］高淑芬.不单做保险，平安如何走进世界 500 强［M］.海口：南方出版社，

2017.

［46］麦克唐纳.最后的胜者：杰米·戴蒙与摩根大通的兴起［M］.孙晓芳，
译.北京：东方出版社，2010.

［47］罗恩 彻诺.摩根财团［M］.金立群，译.北京：文汇出版社，2017.

［48］王礼.富国之本：全球标杆银行的得失之道［M］.北京：中信出版社，
2018.

［49］王应贵，王圆圆.摩根大通银行的经营特色及启示［J］.新金融，2019
（5）：33-38.

［50］支东生，周海晨，周丽莎.摩根大通：胜者的秘诀［J］.企业管理，2018
（3）：66-68.

［51］毕夫.摩根：告别原点［J］.中外企业文化，2019（3）：62-66.

［52］张锐.摩根家族：遥感国家经济命脉的"金元帝国"［J］.环球经营人物，
2019（1）：13-17.

［53］李寿喜.美国银行业巨头为何被重罚：来自摩根大通的教训［J］.现代管
理科学，2015（7）：48-50.

［54］周琼，韩军伟.摩根大通近十年发展情况分析及启示［J］.银行家2016
（8）：95-100.

［55］查尔斯 埃利斯.高盛帝国［M］.卢青，张玲，束宇，译.北京：中信出
版社，2010.

［56］黄剑辉.高盛集团运营模式借鉴与启示［J］.民银智库研究，2016（31）：
21.

［57］黄贤环，吴秋生.阿米巴模式下的管理会计理念、方法与创新［J］.云南
财经大学学报，2018，34（8）：104-112.

［58］晶焦.稻盛和夫：没有秘诀的秘诀［J］.中外管理，2011（3）：72-79.

［59］凯文 凯利.技术元素［M］.张行舟，余倩，译.北京：电子工业出版社，
2012.

［60］卢建平.印度发展服务外包的优劣势分析［J］.现代商贸工业，2011，23
（17）：93-94.

［61］周长辉，曹英慧.组织的学习空间：紧密度、知识面与创新单元的创新绩

效〔J〕.管理世界，2011，（4）：84-97.

〔62〕李柏洲，徐广玉.共享心智模式、组织学习空间与创新绩效关系的研究〔J〕.科学学与科学技术管理，2013（10）：171-180.

〔63〕王丹.中职生日常情绪调节状况及其焦点解决团体辅导干预研究〔D〕.石家庄：河北师范大学，2016.

后　记

　　2009 年以来，中智集团承办的台塑"合理化"管理理论与实践研讨班项目持续开展。十多年来，中智集团以对标一流企业管理提升为目标，对台塑企业"合理化"管理的协同模式有了较为全面系统的了解，并持续开展了形式多样的对标研讨。对标涵盖石化、机械制造、矿业煤炭、能源电力、电子通信、科研设计、交通运输、建筑业和服务业等十余个行业。在组织对标研讨的同时，公司组织研究力量，成立"标杆基石"研究课题组，针对对标方法模型、指标体系与对标企业案例开展了系统的研究和梳理。

　　本书研究课题组由徐晓冬担任组长，杨帆、张黎立、刘德锋、靳中美、叶琼亚担任副组长。课题组成员为：于翰婷、白宇铭、刘媛、毕景艳、刘朝锋、陈斐然、徐天舒、徐天翼、徐坚、贾轩、程春雷、彭海燕、熊丽琴、蔺博。感谢研究课题组同事的辛勤付出！

　　本书的研究主要通过组织协同治理理论，把握组织发展规律，庖丁解牛式研究各标杆企业的协同发展模式和其中的特点。本书着重分析了 21 家企业，以标杆基石的协同建设为起点，为各企业在开展对标行动时提供深层次的参考，提升企业对标的科学性、有效性与针对性。

　　中国企业要准确把握高质量发展的根本要求，加快培育世界一流企业，不断增强企业竞争力、创新力、控制力、影响力、抗风险能力。进一步提高企业管理水平，综合分析世界一流企业的优秀实践，深入查找企业管理的薄弱环节，通过

后　记

健全工作制度、完善运行机制、优化管理流程、明确岗位职责、严格监督检查等措施，持续加强企业管理的制度体系、组织体系、责任体系、执行体系、评价体系等建设，全面提升管理能力和水平。

在商业组织修炼进化的过程中，组织要学会透过现象看本质，直抵事物的核心，提出新的商业组织治理的新理解。在激烈的竞争博弈中，组织基石与协同领导决定了最后的成败。当然，管理没有放之四海而皆准的准则，发展是企业永恒的主题。从世界一流企业的发展历程和发展模式中汲取先进的养分，是中国企业向世界一流企业迈进的最佳路径之一。

组织的协同能力是组织持续不断的生命力。它来自组织内部与外部的自动匹配与协同，是企业在价值、战略和制度3个维度上的终极协同。组织生命力的建设是需要全方位的巨大资源投入持续协同体系的建设，需要商业领袖发挥卓越的企业家精神，突破变革障碍，以开放的心态向标杆企业不断学习，以自我变革的心态主动汲取先进经验的精华，在模仿中夯实世界一流企业的组织基石，在学习、创新和超越中实现企业可持续发展。

在不断自我完善和创新前行的道路上，基于中国企业的管理实践理论、路径和工具也在不断更新。我们希望从夯实组织基石出发，为企业对标一流管理提升提供支撑，助力中央企业创建世界一流企业，为中华民族的伟大复兴贡献力量！